Laß und Maier

Haftpflichtrecht
und
Reichs-Versicherungsgesetzgebung

Haftpflichtrecht

und

Reichs-Versicherungsgesetzgebung

Zum praktischen Gebrauche bearbeitet

von

Dr. jur. Ludw. Laß u. **Dr. jur. Rudolf Maier,**

Kaiserl. Regierungsrat
im Reichs-Versicherungsamt zu Berlin.

Rechtsanwalt in München
u. Syndikus mehrerer Vers.-Gesellschaften.

Zweite nach dem neuesten Stande der Gesetzgebung bearbeitete Auflage.

München 1902
J. Schweitzer Verlag (Arthur Sellier).

K. b. Hof- und Univ.-Buchdruckerei von Fr. Junge (Junge & Sohn) in Erlangen.

Vorrede.

Im Schlußwort der ersten Auflage dieser Schrift war schon in Hinblick auf die §§ 704—736 des Entwurfs eines Bürgerlichen Gesetzbuches für das Deutsche Reich zum Ausdruck gebracht, daß die haftpflichtrechtlichen Bestimmungen der Partikularrechte ihre Gültigkeit verlieren würden. Diese Prognose hat sich dank der energischen und gründlichen Arbeit der gesetzgebenden Faktoren bestätigt. Es war nach dieser Richtung schon damals ausgemacht, daß mit Inkrafttreten des neuen bürgerlichen Rechts dieser Teil der Schrift nur noch historischen Wert besitzen würde.

Dagegen wurde an der gleichen Stelle der Voraussicht nach ausgesprochen, daß auch nach dem Inkrafttreten des Bürgerlichen Gesetzbuchs das bezüglich der Reichs-Versicherungsgesetzgebung Gesagte unverändert zutreffen werde; denn es war nicht vorauszusehen, daß das in seinem ganzen Umfange damals noch nicht lange bestehende Reichs-Versicherungsrecht gleichfalls eine einschneidende Umänderung erfahren würde. Und doch ist dies Thatsache geworden. Sämtliche Arbeiterversicherungsgesetze haben im Laufe des letzten Jahrzehnts tiefgreifende Änderungen erfahren und neue Gruppen der Bevölkerung wurden in den Kreis der Versicherungsgesetze einbezogen.

Es war daher eine vollständige Bearbeitung des nunmehr neuen, einheitlich geschaffenen Stoffes dringend geboten, um in der so wichtigen Frage des Schadensersatz- und Haftpflichtrechts, das in alle Sphären des wirtschaftlichen und sozialen Lebens eindringt, den

Beteiligten baldmöglichst ein dem praktischen Gebrauche dienendes Werk in die Hand zu geben.

Denn die Bedeutung dieser gesetzlichen Bestimmungen, die namentlich auch für den wichtigen Versicherungszweig — die Haftpflichtversicherung — in Betracht kommt, fordert ein Werk, das den im Leben stehenden Juristen, Versicherungsbeamten, Direktoren von Verkehrsanstalten und Versicherungsgesellschaften, Fabriken u. s. w., den Verwaltungsbeamten, Vorständen der Berufsgenossenschaften &c. mit den leitenden Gedanken auf diesem Rechtsgebiet vertraut macht.

Abgesehen von den wertvollen Aufsätzen in — der Allgemeinheit oft schwer zugänglichen — Zeitschriften, sowie von den trefflichen Kommentaren von Planck, v. Staudinger, Oertmann &c., hat die Litteratur insbesondere auf dem Gebiete des Bürgerlichen Gesetzbuches hervorragende und höchst verdienstvolle Arbeiten z. B. v. Liszts Deliktsobligationen, Linckelmanns Schadensersatzpflicht &c. gezeitigt, Werke, welche ihre Aufgabe in der Kritik der Gesetzgebung sehen und theoretisch von unschätzbarem Werte sind. Dem praktischen Gebrauche stehen sie zu ferne und sie wollen demselben anscheinend auch gar nicht dienen, wie ja schon — um ein rein äußerliches Moment zu betonen — aus dem Mangel eines Sachregisters hervorgehen dürfte.

Um so erwünschter dürfte eine Arbeit sein, welche das Zerstreutliegende sammelt, die Ergebnisse jener Forschungen nach reiflicher Prüfung zusammenfaßt und dem Praktiker einen Leitfaden an die Hand gibt, in dem er nicht nur sich Rats erholen kann, sondern auch zur eigenen weiteren Forschung bei Bearbeitung eines praktischen Falles reichliches Material findet. Die Hauptarbeit ist allerdings weder vom Gesetzgeber noch vom Bearbeiter einer solchen speziellen Frage gethan. Diese wird vielmehr von der Rechtsprechung übernommen und ausgebaut werden müssen. Sie wird zwar gar manche in dem oder jenem Werke als unumstößlich dargestellte Ansicht verwerfen; die Hypothese ist aber darum nicht entbehrlich, sie läutert den Gedanken, indem sie sich mit ihm beschäftigt und fordert von der Rechtsprechung eine gegründete Widerlegung. Für den Praktiker genügt der Hinweis auf das Bestehen einer Kontroverse und dies muß genügen, bis ein entscheidendes Wort vom Richter gesprochen ist.

Aus diesen Gründen wurde es hier unternommen, nach gewissenhafter Prüfung aller über eine Frage bestehenden Ansichten, diejenige herauszuheben, welche die meiste Wahrscheinlichkeit einer Sanktionierung durch die Gerichte für sich hat; die Vertreter der anderen Meinungen sind nach Möglichkeit genannt, und wurde aus Zweckmäßigkeitsgründen im Interesse des Praktikers von der manchmal höchst anziehenden Verlockung einer Widerlegung Umgang genommen.

An dieser Stelle dagegen soll auf eine durch die Kritik gegebene Anregung eingegangen werden, wonach das Bedauern ausgesprochen war, daß in der vorliegenden Schrift nicht auch das Haftpflichtrecht in Bezug auf Sachschaden behandelt worden sei.

Die Schrift will — wie aus dem Titel zu ersehen — die Bestimmungen des Reichszivilrechts und jene des Reichs-Versicherungsrechts in Parallele stellen, den Einfluß des letzteren auf das Reichszivilrecht erschöpfend behandeln. Da das Reichs-Versicherungsrecht sich aber nur auf Personen bezieht, ist damit die Beschränkung des Themas auf das Schadensersatz- und Haftpflichtrecht aus Tötung und Körperverletzung eines Menschen von selbst gegeben.

Übrigens würde auch eine Behandlung so heterogener Stoffe wie die Haftpflicht aus Tötung und Körperverletzung einerseits und aus Sachbeschädigung andererseits in einem Werke, abgesehen von dem geäußerten systematischen Bedenken, zu dem weiteren Übelstande der Unübersichtlichkeit führen und Anlaß zur Verwirrung geben; es sei hierbei nur daran erinnert, daß selbst eines der wichtigsten Gesetze, das Reichshaftpflichtgesetz, die Entschädigungspflicht aus Sachbeschädigung nicht regelt.

Schon im Interesse der Klarheit und Einheitlichkeit der Behandlung war somit eine Trennung der beiden Stoffe bezw. die Ausscheidung des Haftpflichtrechts aus Sachbeschädigung — wie dies schon in der ersten Auflage der Fall war — dringend geboten.

So möge denn die neue Auflage ihre Aufgabe erfüllen und eine ebenso gute Aufnahme finden, wie sie der ersten zu teil ward.

Berlin-München, Ende November 1901.

Die Verfasser.

Inhaltsübersicht.

II. Teil. Das Haftpflichtrecht in der Reichs-Versicherungsgesetzgebung.

Verzeichnis der Abkürzungen.

(Vorbemerkung. Die Werke sind mit dem Namen des Verfassers zitiert. Bei mehreren Werken desselben Verfassers ist der Deutlichkeit wegen ein Schlagwort beigefügt.)

Besonders bedeutet im **I. Teil**: Cosack = Lehrbuch des Bürgerlichen Rechts; Endemann = Lehrbuch des Bürgerlichen Rechts; v. Liszt = Deliktsobligationen; Schollmeyer = Das Recht der einzelnen Schuldverhältnisse; Weyl = Vorträge; — und im **II. Teil**: Riesenfeld = Das besondere Haftpflichtrecht; Weyl = Lehrbuch des Reichs-Versicherungsrechts.

(Ohne Zusatz sind aufgeführt die Kommentare. Die jeweils den Band angebende Zahl ist fett gedruckt.)

1. Abkürzung von Gesetzen:

AG. = Ausführungsgesetz.
BFG. = Beamten-Unfallfürsorgegesetz.
BG. = Bau-Unfallversicherungsgesetz.
BGB. = Bürgerliches Gesetzbuch für das Deutsche Reich.
BSchG. = Gesetz, betr. die privatrechtlichen Verhältnisse der Binnenschiffahrt.
CPO. = Civilprozeßordnung.
EG. = Einführungsgesetz.
FlG. = Gesetz, betr. die privatrechtlichen Verhältnisse der Flößerei.
GG. = Gewerbe-Unfallversicherungsgesetz.
GFG. = Gefangenen-Unfallfürsorgegesetz.
Gew.O. = Reichsgewerbeordnung.
HG. = Hauptgesetz (Mantelgesetz), d. h. Gesetz, betr. die Abänderung der Unfallversicherungsgesetze.
HGB. = Handelsgesetzbuch.
HPG. = Reichs-Haftpflichtgesetz.
KG. = Krankenversicherungsgesetz.
LG. = Unfallversicherungsgesetz für Land- und Forstwirtschaft.
PG. = Reichsgesetz, betr. das Postwesen für das Deutsche Reich.
SG. = See-Unfallversicherungsgesetz.
StGB. = Reichs-Strafgesetzbuch.
StPO. = Reichs-Strafprozeßordnung.
UVG. = Unfallversicherungsgesetz vom 6. Juli 1884.

2. Abkürzung von Sammelwerken (Zeitschriften) und Behörden:

A. N. = Amtliche Nachrichten des Reichs-Versicherungsamts.
Annalen = Annalen des Deutschen Reichs von Hirt und Seydel.
Arb.Versorg. = Die Arbeiterversorgung, herausgegeben von P. Honigmann.
Arch. f. b. R. = Archiv für bürgerliches Recht von Kohler, Ring und Oertmann.
Arch. f. z. Pr. = Archiv für zivilistische Praxis, herausgegeben von Franklin, Mandry, M. Rümelin, Wendt, Bülow und v. Kohlhaas.

B.G. = Berufsgenossenschaft.
Bl. f. RA. = Blätter für Rechtsanwendung, herausgegeben von v. Staudinger.
Bolze = Die Praxis des Reichsgerichts in Zivilsachen.
EEE. = Eisenbahnrechtliche Entscheidungen von Eger.
Goldschmidt Z. = Goldschmidt's Zeitschrift für Handelsrecht.
Gruchot, Beitr. = Beiträge zur Erläuterung des deutschen Rechts.
Grünhut Z. = Zeitschrift für privates und öffentliches Recht.
Handbuch = Handbuch der Unfallversicherung.
Iherings Jahrb. = Iherings Jahrbücher für die Dogmatik des bürgerlichen Rechts, herausgegeben von F. Regelsberger und V. Ehrenberg.
Jur. W. = Juristische Wochenschrift.
Jur. Ztg. = Deutsche Juristenzeitung.
Regers Entsch. = Entscheidungen der Gerichte und Verwaltungsbehörden aus dem Gebiete des auf reichsgesetzlichen und gemeinrechtlichen Bestimmungen beruhenden Verwaltungs- und Polizeistrafrechts (einschließlich des gesamten Arbeiter-Versicherungsrechts), herausgegeben von A. Reger, Nördlingen-München.
RG. = Reichsgericht(-Entscheidungen in Zivilsachen).
RGBl. = Reichs-Gesetzblatt.
ROHG. = Reichsoberhandelsgericht.
RVA. = Reichs-Versicherungsamt.
Seuff. Arch. = Seufferts Archiv für die Entscheidungen der obersten Gerichte in deutschen Staaten.
Zeitschrift f. J.- u. A.Vers. = Zeitschrift für Invaliditäts- und Altersversicherung von Fey und Zeller.

3. Sonstige Abkürzungen:

a. A. = Anderer Ansicht.
a. a. O. = am angegebenen Ort.
a. E. = am Ende.
Besch. = Bescheid oder Beschluß.
Gl. A. = Gleicher Ansicht.
RE. = Rekursentscheidung.
s., S. = siehe; Seite.
UV. = Unfallversicherung.
U. E. = Unseres Erachtens.
u. U. = unter Umständen.
Vf. = Verfügung.
Vgl. = Vergleiche.

Litteratur.

1. Teil: Das Haftpflichtrecht nach Reichszivilrecht.

Zum Bürgerlichen Gesetzbuch.

I. Kommentare.

Fischer-Henle, Bürgerliches Gesetzbuch, Handausgabe, München 1900, 4. Aufl.

Haidlen, Bürgerliches Gesetzbuch, Stuttgart 1897, I. Band.

Kuhlenbeck, Das bürgerliche Gesetzbuch. Erläutert im Auftrage des Vorstandes des deutschen Anwaltvereines. Berlin 1899.

Meisner, Dr. J., Das Recht der Schuldverhältnisse. Breslau 1898.

Neumann, Handausgabe des bürgerlichen Gesetzbuches, I. Band, 2. Auflage. Berlin 1900.

Oertmann, Das Recht der Schuldverhältnisse. Berlin 1899.

Planck, Dr. G., Bürgerliches Gesetzbuch, 1. u. 2. Auflage. Berlin 1900.

Scherer, Dr. M., Recht der Schuldverhältnisse. BGB. II. Buch. Erlangen 1899.

Staudinger, Dr. v., Recht der Schuldverhältnisse (Mayring und Engelmann) München 1899.

II. Systematische Werke.

v. Buchka, Vergleichende Darstellung des BGB. und des Gemeinen Rechts. 3. Aufl. Berlin 1899.

Cosack, Dr. Konrad, Lehrbuch des Deutschen Bürgerlichen Rechts. 3. Aufl. I. Band. Jena 1900.

Crome, Dr. Karl, System des Deutschen Bürgerlichen Rechts. I. Band. Tübingen und Leipzig 1900.

Dernburg, Das bürgerliche Recht des Deutschen Reiches und Preußens. II. Band. Halle 1899 u. 1901.

Dernburg, Pandekten. 6. Aufl. Berlin 1900.

Endemann, Dr. F., Lehrbuch des Bürgerlichen Rechts. 6. Aufl. I. Band. Berlin 1899 (unveränderter Abdruck der 5. Auflage).

Enneccerus u. Lehmann, Das Bürgerliche Recht. I. Band. Marburg 1900.

Kuhlenbeck, Dr. Ludwig, Von den Pandekten zum Bürgerlichen Gesetzbuch. Berlin 1899.

Mandry-Geib, Der zivilrechtliche Inhalt der Reichsgesetze. 4. Aufl. Freiburg 1898.
Matthiaß, Dr. Bernhard, Lehrbuch des Bürgerlichen Rechts. 3. Aufl. Berlin 1900.
Stammler, Dr. Rud., Das Recht der Schuldverhältnisse in seinen allgemeinen Lehren. Berlin 1897.
v. Staudinger, Vorträge aus dem Gebiete des Bürgerlichen Gesetzbuches für Verwaltungsbeamte. München 1900.
Weyl, Dr. Richard, Vorträge über das Bürgerliche Gesetzbuch für Praktiker. München 1898.

III. Monographien.

Arnold, Fritz, Der Einfluß der Ablehnung einer Operation seitens des körperlich Verletzten auf die zivilrechtl. Haftung des Delinquenten. Inaug.-Dissert. Erlangen 1899.
Beckh, Dr. Hermann, Die Beweislast nach dem Bürgerlichen Gesetzbuch. München 1899.
Cohn, Untersuchungen zu § 254 BGB. in Gruchot, Beiträge zur Erläuterung des Deutschen Rechts. **43** S. 96 ff. 1899.
Endemann, Dr. Fr., Die Rechtswirkungen der Ablehnung einer Operation. Berlin 1893.
Fuld, Dr. Ludw., Die Versicherungsgesellschaften und das Duell. Bl. f. Rechtsanwendung. **63** S. 253—261. 1898.
Hiestand, Dr. Paul, Der Schadenersatzanspruch des Versicherers gegen den Urheber der Körperverletzung oder Tötung des Versicherten. Stuttgart 1896.
Jung, Delikt und Schadenverursachung. Heidelberg 1897.
Laun, Haftung für Hauseinsturz. Erlangen. Dissert. 1899.
Lenel, Zum Begriff der unerlaubten Handlung im BGB. Deutsche Jur.-Zeitung **2** Nr. 21 S. 409 ff. 1897.
Lilienthal, K. v., Die pflichtmäßige ärztliche Handlung und das Strafrecht (in der Festgabe u. s. w. für Ernst Immanuel Bekker). Berlin 1899.
Linckelmann, Dr. Karl, Die Schadenersatzpflicht aus unerlaubten Handlungen nach dem BGB. Berlin 1898.
Liszt, Dr. Franz v., Die Deliktsobligationen im System des Bürgerlichen Gesetzbuches. Berlin 1898.
Luehl, Gründe und Arten der Deliktshaftung nach dem neuen BGB. Erlangen. Dissert. Düsseldorf 1897.
Mataja, Dr. Viktor, Das Schadenersatzrecht im Entwurf des BGB. Arch. f. bürg. R. **1** S. 267 ff. 1889.
Merkel, Dr. Rud., Kollision rechtmäßiger Interessen und die Schadensersatzpflicht bei rechtmäßigem Handeln. Straßburg 1895.
Müller, Dr. Gustav, Der Begriff der unerlaubten Handlung im Sinne des BGB. Bl. f. RA. **65** S. 373 ff. 1900.
Müller, W., Begriff der unerlaubten Handlung. Halle 1900.

Noeldecke, Die außerkontraktliche Haftung für fremdes Verschulden nach den §§ 831, 832 BGB. in Gruchot, Beitr. **41** S. 766 ff. 1897.

Nußbaum, Dr. Arthur, Haftung für Hilfspersonen nach § 278 BGB. im Vergleich mit dem gemeinen und dem Landrecht. Berlin 1898 (in Ebering: Rechts- und staatswissenschaftliche Studien).

Rümelin, Dr. G., Kulpahaftung und Kausalhaftung. Arch. f. ziv. Pr. **88** S. 285 ff. 1898.

Rümelin, Dr. M., Die Verwendung der Kausalbegriffe im Straf- und Zivilrecht. Arch. f. ziv. Praxis **90** S. 171—344. 1900.

Rümelin, Dr. M., Die Gründe der Schadenszurechnung und die Stellung des BGB. zur objektiven Schadensersatzpflicht. Freiburg 1896.

Ruhm, E., Das eigene Verschulden des Verletzten. Dissert. Greifswald 1898.

Schoenfeld, Leo, Zum § 823 BGB. Dissert. München 1899.

Schollmeyer, Dr. F., Das Recht der Notwehr nach BGB. Würzburg 1899. (Festrede vom 10. Mai 1899.)

Schollmeyer, Das Recht der einzelnen Schuldverhältnisse im BGB. Berlin 1897.

Schultze, Dr. Ernst, Psychiatrische Bemerkungen zum BGB. im Arch. f. bürg. R. **17** S. 89 ff. 1900.

Sjoegren, Formen des Unrechts und Thatbestände der Schadenstiftung. Jherings Jahrb. **35** S. 343—430. 1896.

Stammler, Dr. Rudolf, Das Recht der Schuldverhältnisse in seinen allgem. Lehren. Berlin 1897.

Titze, Heinr., Die Notstandsrechte im Deutschen Bürgerlichen Gesetzbuch und ihre geschichtliche Entwickelung. Berl. Dissert. Leipzig 1897.

Unger, Dr. J., Handeln auf eigene Gefahr. 2. Aufl. 1893.

Unger, Dr. J., Handeln auf fremde Gefahr in Jherings Jahrb. **33** S. 299 ff. 1894.

Weinrich, Dr. Otto v., Die Haftpflicht wegen Körperverletzung und Tötung. Straßburg 1883.

Wendt, Dr. Otto, Eigenes Verschulden in Jherings Jahrbücher f. Dogmatik **31** S. 137 ff. 1892.

Wendt, Dr. Otto, Die im Verkehr erforderliche Sorgfalt. Arch. f. ziv. Pr. **87** S. 422 ff. 1897.

Weyl, Dr. Richard, Das Verschulden und die verwandten Begriffe im BGB. Arch. f. bürg. Recht **14** S. 79 ff. 1898.

Zum Reichshaftpflichtgesetz.

I. Kommentare.

Coermann, Das Reichshaftpflichtgesetz. Berlin 1898.

Eger, Das Reichshaftpflichtgesetz vom 7. Juni 1871 in der Fassung des Art. 42 EG. z. BGB. Hannover 5. Aufl. 1900.

Endemann, W., Erläuterungen zum Reichshaftpflichtgesetz. Berlin 3. Aufl. 1885.

II. Monographien.

Aron, E., Die durch Art. 42 des EG. z. BGB. abgeänderten Vorschriften des RHPG. EEE. **14** S. 183 ff. 1898.

Endemann, W., Das Recht der Eisenbahnen § 134 S. 688 ff. Leipzig 1886.

Jaeger, F., Die Umwandlungsklage im deutschen Haftrechte jetzt und nach 1900. Berlin 1898.

Reindl, M., Das Reichs-Haftpflichtgesetz vom 7. Juni 1871 in der Fassung des EG. z. BGB. München 1901, in welchem Werk die Abhandlung betr. die Abänderung des RHPG. durch Art. 42 des EG. z. BGB., i. d. Zeitung des Vereins deutscher Eisenbahnverwaltungen 1897 S. 338 ff., verarbeitet ist.

v. Rutz, Über die Änderungen am RHPG. Bl. f. RA. **64** Nr. 1, 4 u. 6.

Westerkamp in Endemanns Handbuch des Handelsrechts III. 8. Abschnitt. § 376 ff.

Weitere Litteratur in Eger l. c. S. XIX fg. und Reindl S. VII f.

Zum Postrecht.

I. Kommentar.

Dambach, Das Gesetz über das Postwesen des Deutschen Reiches vom 28. Oktober 1871, 6. Aufl. von E. v. Grimm. Berlin 1901.

II. Monographien.

Meili, Die Haftpflicht der Postanstalten. Leipzig 1877.

Meili, Das Recht der modernen Verkehrs- u. Transportanstalten. Leipzig 1888.

Mittelstein, Beiträge zum Postrecht. Berlin 1891.

Wirsing, Die zivilrechtliche Haftung der Post. Würzburg 1892.

Zum Seerecht.

Cosack, Konrad, Lehrbuch des Handelsrechts. 5. Aufl. Stuttgart 1900.

Boyens, Das deutsche Seerecht I. Band. Leipzig 1897.

Boyens, Über den Begriff der Schiffsbesatzung und dessen Anwendung auf die Schleppschiffahrt, in Goldschm. Z. f. d. ges. Handelsrecht **50** S. 56 bis 99.

Lewis, Seerecht in Endemann Handbuch des Handelsrechts IV S. 1 ff.

Makower-Loewe, Kommentar zum HGB. 12. Aufl. II. Band 1900.

Pappenheim, Über den Begriff der Schiffsbesatzung im deutschen Privatseerecht. Gruchot, Beitr. **43** S. 342 ff. 1899.

Schaps, Das Deutsche Seerecht. Kommentar zum IV. Buche des HGB. vom 10. Mai 1897. Berlin 1897 — unvollendet geblieben.

Wagner, R., Beiträge zum Seerecht. Riga 1880.

Zum Binnenschiffahrts- und Flößereirecht.

Cosack, Lehrbuch des Handelsrechts. 5. Aufl. § 37 S. 180 ff.

Foertsch, R., Die Reichsgesetze betr. die privatrechtlichen Verhältnisse der Binnenschiffahrt und Flößerei. II. Aufl. Leipzig 1901.

Goldmann, Kommentar. Berlin 1896.

Keidel, Abhandlung in den Annalen des Deutschen Reiches **30** S. 289 ff. 1897.

Landgraf, Kommentar II. Aufl. Berlin 1900.

Makower-Loewe, Textausgabe mit Anmerkungen. Berlin 1898.

Mittelstein, Dr. Max, Deutsches Binnenschiffahrtsrecht. II. Band. 1900.

2. Teil: Das Haftpflichtrecht in der Reichsversicherungsgesetzgebung.

Die Arbeiter-Versorgung. Zentralorgan für das gesamte Kranken-, Unfall-, Invaliditäts- und Altersversicherungswesen im Deutschen Reiche. Begründet von J. Schmitz. Herausgegeben von P. Honigmann. 1884 ff. (jetzt Berlin).

Bornhak, Konrad, Das deutsche Arbeiterrecht. III. Abschnitt: Die Arbeiterversicherung, in den Annalen des Deutschen Reichs von Dr. Georg Hirth und Dr. Max Seydel. Jahrgang 1892 S. 556 ff., jetzt die deutsche Sozialgesetzgebung, 4. Aufl. Tübingen und Leipzig 1900.

Chrzescinski, R., Bau-Unfallversicherungsgesetz vom 30. Juni 1900 in der Fassung der Bekanntmachung vom 5. Juli 1900. 3. Aufl. Berlin 1901.

Fuld, Haftpflichtrecht und Unfallversicherung, im Magazin für das deutsche Recht der Gegenwart **5** (1885) S. 270 ff.

Fuld, Reichsgesetz, betr. die Unfall- und Krankenversicherung der in land- und forstwirtschaftlichen Betrieben beschäftigten Personen vom 5. Mai 1886. Berlin 1886.

Gebhard, Hermann u. Düttmann, Invalidenversicherungsgesetz vom 13. Juli 1899. II. Aufl. Altenburg 1901.

Gierke, O., Die Genossenschaftstheorie u. die deutsche Rechtsprechung. Berlin 1887.

Graef, E., Die Unfallversicherungsgesetze des Deutschen Reichs. Berlin 1900. 3. Aufl. Berlin 1901. (Die Citate beziehen sich auf die 1. Auflage; beim BFG. auf die 3.)

Hahn, Julius, Das Krankenversicherungsgesetz vom $\frac{\text{15. Juni 1883}}{\text{10. April 1892}}$. II. Aufl. Berlin 1898.

Handbuch der Unfallversicherung. Die Reichs-Unfallversicherungsgesetze, dargestellt von Mitgliedern des Reichs-Versicherungsamts. II. Aufl. Leipzig 1897.

Hilse, Benno, Einfluß der öffentlich-rechtlichen Kranken-, Unfall-, Alters- und Invaliden-Versicherung auf die Grundsätze des Bürgerlichen Rechts; in Gruchot, Beiträge **34** (1890) S. 320 ff.

Hilse, Benno, Eingriff der öffentlich-rechtlichen Versicherung in das Strafrechtsgebiet, i. d. Zeitschrift für die gesamte Strafrechtswissenschaft **12** (1892) S. 552 ff.

Hilse, Dr. Karl, Einfluß der Kranken- und Unfall-Fürsorge auf den Ersatzanspruch des Verletzten gegen den Beschädiger. Ein Rechtsgutachten für die Straßenbahn-Berufsgenossenschaft. Berlin 1888.

Isenbart und Spielhagen, Das Invalidenversicherungsgesetz vom 13. Juli 1899. Berlin 1900.

Just, Die Unfallversicherung der in land- und forstwirtschaftlichen Betrieben beschäftigten Personen nach dem Reichsgesetz vom 5. Mai 1886. Berlin 1888.

Landmann, Robert v., Das Unfallversicherungsgesetz vom 6. Juli 1884. Nördlingen 1886.

Laß, Dr. Ludwig, Das Prozeßrecht in Unfallversicherungssachen. Berlin 1899.

Laß, Dr. Ludwig und Zahn, Dr. Friedrich, Einrichtung und Wirkung der deutschen Arbeiterversicherung. Denkschrift für die Weltausstellung zu Paris 1900. Berlin 1900.

Menzel, Dr. Adolf, a. o. Prof. an der Univ. Wien, Die Arbeiterversicherung nach österreichischem Rechte. Leipzig 1893.

Piloty, Robert, Das Reichs-Unfallversicherungsrecht. 3 Bände. Würzburg 1890—1891.

Redenbacher, Wilhelm, Das Invalidenversicherungsgesetz ꝛc. München 1900.

Riesenfeld, C. E., Das besondere Haftpflichtrecht der deutschen Arbeiter-Versicherungs-Gesetze. Berlin 1894.

Riesenfeld, C. E., Reichs-Unfallversicherung und Individualhaftung in ihrer Bedeutung für die private Haftpflichtversicherung, in Baumgartners Zeitschrift **1** (1895) S. 303 ff.

Rosin, Heinrich, Das Recht der Arbeiterversicherung. 1. Band. Berlin 1893.

v. Schulze-Gaevernitz, Die Geltung des Reichshaftpflichtgesetzes neben dem Unfallversicherungsgesetz, in Grünhuts Z. **16** (1889) S. 457 ff.

Seydel, Max, Bayerisches Staatsrecht. V. Band. Freiburg i. B. 1890 u. 1891.

Wengler, Die Reform der Unfallversicherungsgesetzgebung und die Praxis, im Arch. f. öffentl. R. **15** (1900) S. 448–510.

Weyl, Richard, Lehrbuch des Reichs-Versicherungsrechts. Leipzig 1894.

Weymann, Dr. Konrad, Das Invalidenversicherungsgesetz a) Textausgabe, Berlin 1900, b) Kommentar, Berlin 1901.

Woedtke, E. v., Krankenversicherungsgesetz. In der Fassung der Novelle vom 10. April 1892. Textausgabe mit Anmerkungen. 8. Aufl. Berlin 1901.

Woedtke, E. v., Unfallversicherungsgesetz 4. Aufl. Berlin 1889, jetzt 5. Aufl. (besorgt von Caspar, Direktor im Reichsamt des Innern). Berlin 1901.

Sonstige Litteratur.

Gaupp-Stein, Kommentar zur Reichszivilprozeßordnung 4. Aufl. Tübingen und Leipzig 1901.

Landmann, Dr. Robert v., Kommentar zur Reichsgewerbeordnung. 3. Aufl. München 1897.

Liszt, Dr. Franz v., Lehrbuch des deutschen Strafrechts 10. Aufl. Berlin 1900.

Olshausen, Dr. Justus, Kommentar zum Strafgesetzbuch für das Deutsche Reich. 6. Aufl. Berlin 1900.

Einleitung.

Wenn eine Person körperlich verletzt[1]) oder getötet[2]) worden ist, so können für den Verletzten oder für die Hinterbliebenen des Getöteten je nach Lage des Falles verschiedene Ansprüche in Frage kommen:

1. Der Anspruch auf Unterhalt gegenüber einer Person, welche zur Bestreitung der Kosten der Krankheit und des ferneren Unterhaltes des Verletzten oder der Hinterbliebenen des Getöteten verpflichtet ist[3]).

2. Der Anspruch aus einem Versicherungsvertrag, welchen der Verletzte zu seinen Gunsten oder zu Gunsten seiner Hinterbliebenen mit einer Versicherungsgesellschaft abgeschlossen hat.

3. Der Anspruch auf Ruhegehalt oder auf Wittwen- und Waisengelder, wenn der Verletzte oder Getötete ein pensionsberechtigter Beamter war.

---

[1]) Unter Körperverletzung — als der Störung der körperlichen Unversehrtheit eines Anderen — ist jede Beschädigung der Gesundheit zu verstehen, welche einen nachweisbaren Schaden zur Folge hat. Es gehören also nicht nur äußere Verletzungen des Körpers, Verwundungen oder Verstümmelungen hierher, sondern auch Störungen der geistigen Funktionen des Menschen. Vgl. auch Seuff. Arch. **54** Nr. 88 u. v. Liszt, Lehrbuch des Strafrechts 10. Aufl. § 87 S. 297 ff.

[2]) Der Begriff der Tötung — als der Zerstörung des menschlichen Lebens — ist nicht nur dann gegeben, wenn der Tod unmittelbar nach der todbringenden Handlung eintritt, sondern auch dann, wenn er erst nach längerer Zeit erfolgt, sofern er nur durch die Körperverletzung herbeigeführt ist (sogen. Körperverletzung mit tödlichem Ausgang). Vgl. näheres v. Liszt, Strafrecht § 81 S. 287 ff.

[3]) Vgl. BGB. §§ 1360, 1361, 1601 ff., 1708.

4. Endlich kann auch die öffentliche Armenpflege in Frage kommen, welche nötigenfalls die Kosten der Heilung des Verletzten und der Beerdigung des Getöteten zu tragen, sowie für den weiteren Unterhalt des Verletzten oder der Hinterbliebenen des Getöteten zu sorgen hat.

Diese Ansprüche, welche sich nicht als Entschädigungsansprüche darstellen, scheiden aus dem Kreise der nachstehenden Erörterungen aus.

Was die privatrechtlichen Entschädigungs- und Haftpflichtansprüche anlangt, welche den Gegenstand der vorliegenden Abhandlung bilden, so ist zu unterscheiden Schadensstiftung und Schadensersatz.

Unter Schadensstiftung versteht man die gewollte oder ungewollte Setzung von Momenten, welche eine Vernichtung oder Minderung von Werten, mithin einen Schaden zur Folge haben. Kann ein Schaden mit einem schadenstiftenden Subjekte in Verbindung gebracht werden — liegt mit anderen Worten kein unvertretbarer Umstand vor — so entsteht die Frage nach dem Ersatze des Schadens.

Die erste Voraussetzung für die Schadensstiftung bildet die Thatsache, daß ein Rechtsgut verletzt wurde. Es beschäftigt uns somit nach der Erörterung der Rechtsgüter als der Objekte der Schadenshaftung das Subjekt der Schadensstiftung (der Mensch), sei es, daß er allein, sei es, daß er in Verbindung mit anderen, durch ein Thun oder Unterlassen in die befriedete Rechtssphäre eines Anderen eingegriffen hat.

In allen Fällen ist zu prüfen, ob die Handlung rechtswidrig ist, d. h. ob sie gegen die Rechtsordnung verstößt (objektiver Gesichtspunkt); ferner, ob sie der Ausfluß einer schuldhaften Willensrichtung des Thäters ist (subjektiver Gesichtspunkt); und schließlich, ob zwischen ihr und dem schädigenden Erfolge ein ursächlicher Zusammenhang besteht. Regelmäßig kann nur bei dem Vorhandensein dieser drei Erfordernisse von einem Recht auf Schadensersatz gesprochen werden.

In Verbindung hiermit stehen die den Gegensatz betonenden Fragen:

Wann ist eine Handlung nicht rechtswidrig? (Lehre von der Notwehr).

Wann ist sie nicht schuldhaft? (Lehre von der Unzurechnungsfähigkeit).

Wann ist sie nicht kausal? (Lehre von der Unterbrechung des ursächlichen Zusammenhangs).

In unmittelbarer Wechselbeziehung zu den beiden letztgenannten Punkten steht die Erörterung der Haftung für fremde Delikte und des konkurrierenden Verschuldens des Verletzten.

An die Lehre der Schadensstiftung schließt sich die Betrachtung des Schadensersatzes an, und zwar behandeln wir Wesen, Arten, Umfang sowie Berechnung der Schadensersatzleistung; den Schluß bildet die Erörterung über den Gerichtsstand und die Verjährung. Anhangsweise wird die Buße im Verhältnis zum Schadensersatz betrachtet.

Unter Haftpflichtrecht sind im folgenden die Rechtssätze über die Verpflichtung zum Schadensersatz im Falle der Tötung und Körperverletzung eines Menschen zu verstehen.

Das Haftpflichtrecht ist in verschiedenen Gesetzen niedergelegt, welche man in zwei Gruppen scheiden kann: die zivilrechtlichen Reichsgesetze und die Reichs-Versicherungsgesetze:

Zu den ersteren gehören:

1. Das Bürgerliche Gesetzbuch für das Deutsche Reich vom 18. August 1896 — II. Buch, 7 Abschnitt, 25. Titel, §§ 823 bis 853 — überschrieben „Unerlaubte Handlungen".

2. Das Reichs-Haftpflichtgesetz vom 7. Juni 1871 in der Fassung des Art. 42 EG. z. GBB.

3. Das Reichsgesetz über das Postwesen des Deutschen Reiches vom 28. Oktober 1871.

4. Das Handelsgesetzbuch vom 10. Mai 1897.

5. Das Reichsgesetz betr. die privatrechtlichen Verhältnisse der Binnenschiffahrt vom 15. Juni 1895 in der Fassung der Art. 12 und 13 des EG. z. HGB.

6. Das Reichsgesetz betr. die privatrechtlichen Verhältnisse der Flößerei vom 15. Juni 1895.

Zu den letzteren gehören die im zweiten Teile § 23 aufgeführten Reichsgesetze:

1. Das Reichsgesetz betr. die Krankenversicherung der Arbeiter vom 15. Juni 1883 in der Fassung vom 10. April 1892.

2. Die Unfallversicherungsgesetze vom 30. Juni 1900 in der

Fassung der Bekanntmachung vom 5. Juli 1900 (RGBl. S. 573 bis 773).

3. Das Gesetz, betreffend die Unfallfürsorge für Gefangene, vom 30. Juni 1900 (RGBl. S. 536—545).

4. Das Beamten-Unfallfürsorgegesetz vom 18. Juni 1901 (RGBl. S. 211—216).

5. Das Invalidenversicherungsgesetz vom 13. Juli 1899 (RGBl. S. 393—462).

I. Teil.

Das Haftpflichtrecht nach Reichszivilrecht.

Erster Abschnitt.

Die Bestimmungen des Bürgerlichen Gesetzbuchs für das Deutsche Reich.

A. Die Schadensstiftung.

§ 1.

1. Die Objekte der Schadensstiftung. (Die Rechtsgüter*).

Der § 823 BGB. bestimmt in seinem 1. Absatz:

„Wer vorsätzlich oder fahrlässig das Leben, den Körper, die „Gesundheit, die Freiheit, das Eigentum oder ein sonstiges Recht „eines Anderen widerrechtlich verletzt, ist dem Anderen zum Ersatze „des daraus entstehenden Schadens verpflichtet.“

Aus dieser Fassung erhellt zunächst, daß das BGB. die Rechtsgüter ausdrücklich abgegrenzt und unter seinen Schutz gestellt hat; sodann, daß die Haftpflicht grundsätzlich nur eintritt, wenn die Erfordernisse der Widerrechtlichkeit und der Schuldhaftigkeit der Handlung gegeben sind[1]). Für die vorliegende Abhandlung genügt es hervorzuheben, daß das BGB. die Rechtsgüter des Lebens und der körperlichen Unversehrtheit durch eine positive Bestimmung

*) Litteratur: Cosack I § 163 S. 595 ff.; Dernburg II § 383 S. 610 ff.; Endemann I § 200 S. 906 ff.; Enneccerus u. Lehmann I § 359; Matthiaß I § 142 S. 709; Oertmann, Komm. S. 552 ff.; Planck, Komm. S. 606 ff.; Schollmeyer S. 109; v. Staudinger II S. 705 ff.

[1]) Vgl. Schollmeyer S. 109.

schützt[2]). Auch sind ausnahmsweise gewisse in den §§ 844 u. 845 angeführte Vermögensrechte, nämlich das Recht auf Unterhaltsgewährung und das Recht auf bestimmte im Gesetze näher umgrenzte Leistungen gegen die Verletzungen durch dritte Personen geschützt [3]).

Die Verletzung von Forderungen überhaupt ist kein Delikt im Sinne des BGB.; es muß sich vielmehr wie in den genannten Paragraphen um ein absolutes Recht handeln, welches gegen jedermann verfolgbar ist [4]) [5]) [6]).

Unter „Verletzen" ist jede wie immer geartete Störung des bestehenden thatsächlichen Zustandes zu verstehen, und hat nach allgemeinen Grundsätzen der Zivilrichter selbständig, ohne Rücksicht auf die Thatbestände des Strafgesetzbuches oder auf ein strafgerichtliches Urteil über die Frage zu entscheiden, ob eine Verletzung vorliegt [7]).

Schwieriger [8]) als der Abs. 1 des § 823 ist für die Frage nach dem Schutz der Rechtsgüter der Abs. 2, welcher lautet:

„Die gleiche Verpflichtung (sc. zum Schadensersatz) trifft denjenigen, welcher gegen ein den Schutz eines Anderen bezweckendes „Gesetz verstößt. Ist nach dem Inhalte des Gesetzes ein Verstoß

[2]) Vgl. Planck S. 606 f.; s. auch unten Abh. § 1 S. 12.

[3]) Die Ansicht „das obligatorische Recht" gehört zu den „sonstigen Rechten" im Sinne des § 823 Abs. 1 wird vertreten von Cosack § 163 Ia S. 596; Meisner S. 290, § 823 sub 3; Stammler S. 10; v. Liszt S. 10, 21; Weyl S. 525; Kuhlenbeck II § 54 S. 357, welche in der Hervorhebung jener einzelnen obligatorischen Rechte in den §§ 844 u. 845 bloß die Erörterung besonderer Rechtsfolgen erblicken.

[4]) Das obligatorische Recht gehört nicht zu den „sonstigen Rechten" so Endemann § 200 Note 8 S. 908; Schollmeyer S. 109 u. 110; Dernburg l. c. S. 614 f.; Linckelmann S. 20 f.; Jung S. 25 u. 30; Planck S. 602, 605, 608 f.; Motive II S. 727, III S. 392; Oertmann S. 557; Matthiaß S. 709; Neumann S. 392.

[5]) Danach hat z. B. der Besteller eines Gemäldes bei einem berühmten Maler keinen Entschädigungsanspruch gegen den Mörder dieses Künstlers wegen Nichtvollendung des Bildes.

[6]) Über die mangelhafte Formulierung des § 823 Abs. 1 vgl. Schollmeyer S. 109 Anm. 1; Lenel: Deutsch. Jur.-Ztg. II 1897, S. 409 Anm. 1; Dernburg § 383 S. 611 f.

[7]) So auch v. Liszt S. 28.

[8]) Zum folgenden v. Liszt S. 30 ff.; Kuhlenbeck II S. 54, S. 358; Linckelmann S. 24 ff.

„gegen dieses auch ohne Verschulden möglich, so tritt die Ersatzpflicht „nur im Falle des Verschuldens ein."

Der § 823 Abs. 2 ist eine Vorschrift, welche in ihrer Tragweite, wie v. Liszt sagt [9]), schon heute den größten Zweifeln unterliegt. Es tauchen folgende Fragen auf:

1. Was ist ein den **Schutz** eines Anderen bezweckendes Gesetz? [10]).

2. Was ist ein den Schutz eines **Anderen** bezweckendes Gesetz?

3. Worauf muß sich das Verschulden beziehen?

Wie unglücklich die Fassung des Paragraphen ist, erhellt schon jetzt aus der Heftigkeit des Streites, welcher anläßlich der Auslegung des Begriffes „den Schutz eines Anderen bezweckendes Gesetz" entbrannt ist. Teilweise wird er auch uns in vorliegender Abhandlung berühren, namentlich hinsichtlich der Polizeibestimmungen sowie der Unfallverhütungsvorschriften [11]).

Beispiele: Die Reichs-Gewerbeordnung [12]) bestimmt in § 120a: „Die Gewerbeunternehmer sind verpflichtet, die Arbeitsräume, Be„triebsvorrichtungen, Maschinen und Gerätschaften so einzurichten und „zu unterhalten, und den Betrieb so zu regeln, daß die Arbeiter „gegen Gefahren für Leben und Gesundheit so weit geschützt sind, „wie es die Natur des Betriebes gestattet. Insbesondere ist für „genügendes Licht, ausreichenden Luftraum und Luftwechsel, Besei„tigung des bei dem Betrieb entstehenden Staubes, der dabei ent„wickelten Dünste und Gase sowie der dabei entstehenden Abfälle „Sorge zu tragen."

„Ebenso sind diejenigen Vorrichtungen herzustellen, welche zum „Schutze der Arbeiter gegen gefährliche Berührungen mit Maschinen „oder Maschinenteilen oder gegen andere in der Natur der Betriebs„stätte oder des Betriebes liegende Gefahren, namentlich auch gegen

---

[9]) Vgl. a. a. O. S. 7.

[10]) Gegen den Ausdruck „Schutzgesetz" im allgemeinen Cosack S. 599. Vgl. ferner Dernburg § 383 II 3 S. 615 f.

[11]) Vgl. §§ 112 ff. GG. §§ 120 ff. LG. § 40 BG. §§ 118 ff. SG. im übrigen vgl. Rechtsprechung in Seuff. Arch. **50** Nr. 87; **52** Nr. 155, 156, 202; **55** Nr. 138; **56** Nr. 25. Bl. f. RA. **62** S. 39.

[12]) Vgl. v. Landmann II. Band (1897) 3. Auflage S. 167 ff. und 179 zu § 120a Nr. 3d; a. A. Schoenfeld S. 76; Mandry-Geib S. 470 ff. § 45, mit Unrecht.

„die Gefahren, welche aus Fabrikbränden erwachsen können, er„forderlich sind.“ „Endlich sind diejenigen Vorschriften über die „Ordnung des Betriebs und das Verhalten der Arbeiter zu er„lassen, welche zur Sicherung eines gefahrlosen Betriebs erforder„lich sind.“

§ 120b Abs. 4: . . . . . „Die Bedürfnisanstalten müssen so „eingerichtet sein, daß sie für die Zahl der Arbeiter ausreichen, daß „den Anforderungen der Gesundheitspflege entsprochen wird . . . . .

§ 120c: „Gewerbeunternehmer, welche Arbeiter unter 18 Jahren „beschäftigen, sind verpflichtet, bei der Einrichtung der Betriebs„stätte und bei der Regelung des Betriebs diejenigen besonderen „Rücksichten auf Gesundheit und Sittlichkeit zu nehmen, welche „durch das Alter dieser Arbeiter geboten sind.“

Die angegebenen Paragraphen stellen bloß Grundzüge auf; die weitere Ausführung im einzelnen ist nach § 120d und e den dort genannten Behörden übertragen.

§ 120d Abs. 2: „Soweit die angeordneten Maßregeln nicht „die Beseitigung einer dringenden, das Leben oder die Gesundheit „bedrohenden Gefahr bezwecken, muß für die Ausführung (sc. der „Polizeiverfügungen) eine angemessene Frist gelassen werden.“

U. E. sind diese Ausführungsvorschriften gleichfalls als „Schutzgesetz“ im Sinne des BGB. aufzufassen.

In den §§ 135—137 der Reichs-Gewerbeordnung, betr. die Beschäftigung von Kindern in Fabriken, sowie die Dauer dieser Beschäftigung, sodann betr. die Beschäftigung von Frauen und Wöchnerinnen, finden sich gleichfalls Bestimmungen, die den Charakter des Schutzgesetzes haben.

Ebenso bestimmt das Handelsgesetzbuch vom 10. Mai 1897 im § 62 Abs. 1[13]): „Der Prinzipal ist verpflichtet, die Geschäftsräume „und die für den Geschäftsbetrieb bestimmten Vorrichtungen und „Gerätschaften so einzurichten und zu unterhalten, auch den Ge„schäftsbetrieb und die Arbeitszeit so zu regeln, daß der Handlungs„gehilfe gegen eine Gefährdung seiner Gesundheit, soweit die Natur „des Betriebes es gestattet, geschützt . . . ist.“

Abs. 2: „Ist der Handlungsgehilfe in die häusliche Gemein„schaft aufgenommen, so hat der Prinzipal in Ansehung des Wohn-

[13]) Siehe S. 9 der Abh. Anm. 14.

„und Schlafraumes, der Verpflegung, sowie der Arbeits- und Erholungszeit diejenigen Einrichtungen und Anordnungen zu treffen, „welche mit Rücksicht auf die Gesundheit .... erforderlich sind."

§ 76. „Die Vorschriften der §§ 60—63 . . finden auch für „Handlungslehrlinge Anwendung."

In fast wörtlichem Gleichlaut bestimmt das BGB. in seinem § 618 das nämliche für die im Dienstvertragsverhältnis stehenden Personen[14]).

Während nun aber im BGB. und HGB. für den Fall der Übertretung der genannten Vorschriften ausdrücklich auf die Bestimmungen der §§ 842—846 BGB. verwiesen wird, ist dies bei der Reichs-Gewerbeordnung nicht der Fall; es erhalten vielmehr die dort gegebenen Maßregeln ihre zivilrechtliche Entschädigungsunterlage für den Fall der Übertretung durch Vermittlung des § 823 Abs. 2 BGB.

Daß wir es hier mit Normen zu thun haben, welche den Schutz eines Anderen bezwecken, liegt auf der Hand. Wir wenden uns somit zu der zweiten Frage: Was heißt „eines Anderen"?

Treffend bemerkt Lenel[15]), daß Rechtsnormen niemals zum Schutze bloß einer Person erlassen werden, es sollte vielmehr unter Schutzgesetz ein solches verstanden werden, dessen Übertretung die Interessen bestimmter Einzelner verletzt oder gefährdet und das gerade zum Schutze dieser Interessen erlassen ist.

Das Schutzgesetz setzt also — und dafür sprechen die oben angeführten Gesetzestexte — ein Rechtsverhältnis zwischen Demjenigen, an den das Gebot bezw. Verbot gerichtet ist, und der Person des Anderen voraus, welche durch das Gebot oder Verbot geschützt werden soll. Es müssen dem Einen im Interesse des Anderen „Pflichten" auferlegt sein[16]).

Der Gegensatz zu dieser Vorschrift wären hienach Gesetze, welche bestimmt sind, Rechtsgüter der Gesamtheit zu schützen, Gesetze, die dem Schutze der Allgemeinheit dienen. Dazu gehören die Ver-

---

[14]) Schoenfeld S. 69 faßt diese Bestimmung nicht als Schutzgesetz im Sinne des § 823 Abs. 2 auf unter Hinweis auf RG. **21** S. 77, 170. (Nicht überzeugende Begründung.)

[15]) Vgl. Deutsch. Jur.-Ztg. II 1897 S. 409 u. f.

[16]) Vgl. Lenel Interpretation aus den Worten „eines Anderen". Gl. M. Linckelmann S. 26; Schollmeyer S. 111; Schoenfeld S. 45; Endemann § 200 S. 910; Crome, System § 108 S. 480.

bote des Verkaufs verfälschter Nahrungsmittel[17]), kranken Viehs[18]) u. s. f.[19]), Übertretungen, welche schwere Gesundheitsschädigungen und den Tod zur Folge haben können[20]).

Die Ansicht, daß die Schutzgesetze dem Strafrechte angehören, wird gleichfalls in der Litteratur vertreten[21]); ob mit Recht, dürfte im Hinblick darauf zweifelhaft sein, daß die Aufgabe des Strafrechts in dem Schutze der Rechtsgüter im allgemeinen besteht, während die Regelung der Rechtsbeziehungen zwischen der Person des Angreifers und der durch das Gesetz geschützten Person streng genommen außerhalb des Rahmens des Strafrechts liegt.

Für vorliegende Abhandlung, welche sich mit der Haftpflicht aus Tötung und Körperverletzung befaßt, wozu auch die Gesundheitsschädigung und Freiheitsentziehung[22]) gerechnet werden muß, ist diese Frage bedeutungslos, da die Verletzung gegen ein Schutzgesetz, welches dem Strafrecht angehört, mit der Thatsache der Verletzung des Rechtsgutes, also schon nach § 823 Abs. 1 zum Schadensersatz verpflichtet. Es fragt sich aber, ob nicht zu den Schutzgesetzen alle Normen gehören, welche im Interesse der Allgemeinheit, zum Schutze eines jeden Einzelnen in ihr, ein gewisses Verhalten gebieten oder verbieten, wie die polizeilichen (insbes. gewerbe- u. baupolizeilichen) Vorschriften, die in Bezug auf die Regelung und Sicherung der Verkehrs erlassen sind: Die Gebote der Beleuchtung von Treppen[23]), der Kenntlichmachung von Verkehrshindernissen, das Gebot des Sandstreuens bei Glatteis, das Verbot des allzu schnellen Fahrens in den Straßen u. a. m.

[17]) Gesetz vom 14. Mai 1879 §§ 12, 13, 14

[18]) V. vom 6 III. 1883 betr Einfuhr von Schweinen u. a. amerikan. Ursprungs

[19]) Ges. v. 8. IV. 1874 Impfgesetz (§§ 13, 15, 16). Ges. v. 13. V. 1884 (Zündholzverfertigung) § 1, § 2 u. Bekanntmachung vom 8. VII. 1893; Ges v. 5. VII. 1887 (gesundheitsschädliche Farben in Nahrungsmitteln u. s. w. § 9, § 12, Ges. v. 25 VI. 1887 Verkehr mit blei- und zinkhaltigen Gegenständen; V. v. 27. I. 1890 Verkehr mit Arzneimitteln; Ges. v 19. V 1891 Prüfung der Handfeuerwaffen §§ 1 u 9

[20]) Vgl. Weyl S. 525; Schoenfeld S 103 ff.; Haidlen S. 935.

[21]) v. Liszt, Lehrbuch des Strafrechts 10. Aufl. §§ 79 u. 80.

[22]) Vgl. Planck, S. 607 § 823 Abs. 1 Note 2a.

[23]) Vgl. Entscheidungen in Seuff. Arch. **46** Nr. 96, **48** Nr. 179; **50** Nr. 17; **55** Nr. 202 (= Urteil des RG. vom 23. II. 1900), Gruchot, Beitr **41** S. 652, **42** S 1126.

Diese Frage ist zu bejahen[24]). Denn in diesen Vorschriften kommen in gebietender oder verbietender Form allgemeine Erfahrungssätze zum Ausdruck, deren Befolgung streng genommen nichts anderes ist, als die Wahrnehmung „der im Verkehr erforderlichen Sorgfalt". Damit diese Elementarregeln zur Schadensverhütung für das Zusammenleben in einem Gemeinwesen auch gehalten werden, hat man deren Übertretung mit Strafe belegt. Andrerseits sollte ihre Übertretung auch zivilrechtlich verantwortlich machen, d. h. zum Schadensersatz verpflichten. Dies ist der Gedanke, welcher dem § 823 Abs. 2 zu Grunde liegt. In Anbetracht der hier in Rede stehenden Rechtsgüter ergibt sich die Schadensersatzpflicht meist schon aus § 823 Abs. 1. Nicht weil ein Schutzgesetz, sondern weil ein Rechtsgut verletzt wurde, wird aus dem, mindestens Fahrlässigkeit[25]) darstellenden, Verhalten des Thäters[26]) gehaftet. § 823 Abs. 1 will die in diesem Absatz aufgeführten Rechtsgüter schützen, § 823 Abs. 2 ist dem Schutze von Interessen gewidmet[27]). Die große Bedeutung des § 823 Abs. 2 liegt 1. darin, daß er eine Verstärkung der Haftung schafft[28]), indem er den Inhalt der Polizeivorschriften zur Norm für ordnungsgemäßes Handeln erhebt und 2. dem Verletzten den Beweis erleichtert[29]); denn es bedarf nicht des Nachweises eines schuldhaften Verhaltens in Bezug auf seine That, sondern es bedarf nur des Nachweises, daß schuldhaft gegen ein Schutzgesetz

---

[24]) Cosack S. 599; Kuhlenbeck S. 359 f.; v. Liszt S. 30 ff.; Meisner S. 289; Oertmann S. 558; Endemann § 200 S. 909; Neumann S. 393; Schoenfeld S. 52 ff. Dieser Auffassung wandten sich bereits die Gerichte zu AG. Hamburg 21. IV. 1900, Hanseatische Ger.-Ztg. Beibl. S. 130, cit. in Soergel, Rechtsprechung 1900. 4. Aufl. Die Frage wird verneint von Lenel a. a. O. S. 409; u. Linckelmann S. 27; welche es als vollkommene Verkennung des Begriffs des Schutzgesetzes betrachten, wenn hierunter solche im Interesse der Gesamtheit erlassenen Vorschriften einbegriffen werden. Schwankend Matthiaß I § 142 S. 710.

[25]) Vgl. unten S. 20.

[26]) Vgl. auch Lenel a. a. O. S. 413; Oertmann S. 559.

[27]) Die Ansicht, daß zum Schadensersatz schon die bloße Übertretung des Schutzgesetzes genügt und ein Rechtsgut nicht verletzt zu sein braucht — vgl. Schollmeyer S. 111 —, geht entschieden zu weit. Wo kein Schaden, da kein Schadensersatz.

[28]) Vgl. Linckelmann S. 24; Planck S. 611.

[29]) So Planck S. 611; Dernburg § 383 II a. E. S. 616.

verstoßen wurde[30]). Die Norm für die Art des Verschuldens (Vorsatz oder Fahrlässigkeit), welches die Ersatzpflicht zur Folge hat, ist „dem Inhalte des Gesetzes" selbst zu entnehmen. Das Verschulden braucht sich lediglich auf das durch das Schutzgesetz (Polizeivorschrift) gebotene Verhalten zu beziehen; auf den Erfolg der Verhaltens (der Handlung oder Unterlassung) braucht sich das Verschulden nicht mehr zu erstrecken[31]). Verbietet das Schutzgesetz nur ein vorsätzliches Zuwiderhandeln, so macht eine fahrlässige Übertretung desselben nicht verantwortlich[32]). Eine Präsumtion des Verschuldens, welches bei den Polizeidelikten eine große Rolle spielt, indem es bei Vorliegen eines gewissen Thatbestandes als vorhanden angenommen wird, ist ausgeschlossen[33]), indem die Verletzung eines Schutzgesetzes ohne Verschuldung zwar straffällig, aber nach § 823 Abs. 2 letzter Satz nicht zivilrechtlich haftbar machen kann.

Gegen das Rechtsgut der Unversehrtheit des Körpers einschließlich der freien Willensbestimmung wenden sich noch besondere Vergehungen, welche im Gesetz als zum Schadensersatz verpflichtend aufgeführt sind:

Die Gesundheitsschädigung[34]), die Folgen der Freiheitsentziehung und der geschlechtlichen Vergehung gegen eine Frauensperson.

Die Freiheitsentziehung[35]) — gleichviel, ob sie vom Strafgesetzbuch mit Strafe belegt ist oder nicht — verpflichtet zum Schadensersatz und ist im Zivilrecht in jeder Form — sei es vorsätzliche Einsperrung, Entführung, Bedrohung oder bloß fahrlässige rechtswidrige Freiheitsberaubung — eine unerlaubte Handlung.

Ein spezielles zivilrechtliches Delikt[36]) ist der Thatbestand des § 825:

---

[30]) Vgl. auch Cosack S. 599.

[31]) Gleicher Ansicht Kuhlenbeck S. 359; Oertmann S. 559; v. Liszt S. 35; Lenel S. 413.

[32]) Haidlen S. 936; Matthiaß I § 142 S. 715.

[33]) Endemann § 200 S. 910; Cosack S. 600; Kuhlenbeck S. 360; Oertmann S. 559.

[34]) d. i. die Störung der inneren Funktionen des Körpers (Planck S. 607).

[35]) Vgl. Dernburg § 390 S. 631; v. Liszt S. 24 ff.; auch dessen Strafrecht § 98 S. 334 ff.; Kuhlenbeck II S. 358; Oertmann S. 556; Cosack I S. 608; Planck S. 607; auch der Mädchenhandel dürfte hieher gehören, vgl. v. Liszt, Strafrecht § 108 S. 365 f.

[36]) Zum folgenden v. Liszt S. 38 ff.; Endemann § 201 S. 910;

„Wer eine Frauensperson durch Hinterlist[37]), durch Drohung „oder unter Mißbrauch eines Abhängigkeitsverhältnisses zu Gestattung „der außerehelichen Beiwohnung bestimmt, ist ihr zum Ersatz des „daraus entstehenden Schadens verpflichtet."

Hiedurch wird nicht die weibliche Geschlechtsehre[38]), sondern der weibliche Körper als solcher gegen Mißbrauch geschützt und stellt sich das Delikt dar als ein gegen die Freiheit, insbesondere auch des Willens, gerichtetes Vergehen. Daher wird Unbescholtenheit der Verletzten nicht verlangt[39]), ebenso wenig ein bestimmtes Alter.

Ersatzberechtigt ist, wer an dem Rechtsgut durch die unerlaubte Handlung **unmittelbar** geschädigt wurde. Dazu kommen als Ausnahme von dieser Regel[40]) noch gewisse mittelbar Beschädigte gemäß §§ 844, 845. Davon unten § 15.

§ 2.

2. Die Subjekte der Schadensstiftung.

I. Die Schadensstiftung, wenn nur eine Person in Frage kommt. — Der Thäter.

Allgemeines*). Für die Begründung von Rechten und Pflichten durch menschliche Handlungen gibt es zwei Entstehungsarten:

1. Rechtsgeschäfte — und 2. Delikte[1]).

Der Entstehungsgrund für Obligationen, von denen hier gesprochen werden soll, können nur unerlaubte Handlungen, Delikte im Sinne des Privatrechts sein.

Grundlage jeder Schadenshaftung ist, daß ein Schaden eingetreten ist, und dieser muß **verursacht** worden sein. Ausgehend von dieser Rechtsauffassung hat sich jede Rechtsentwicklung an den

---

Dernburg § 390 S. 633; **Cosack** I S. 608; auch Kommentare **Planck**, **Oertmann**, v. **Staudinger**.

[37]) Z. B. Scheintrauung, Beibringen von Getränken, deren berauschende Wirkung die Frauensperson nicht kennt; **Haidlen** Komm. z. § 825.

[38]) Wie **Kuhlenbeck** II S. 362; v. **Liszt** S. 38 f.; **Planck** S. 599, 615 meinen; wie im Text **Endemann** § 201 S. 910 Anm. 16.

[39]) **Matthiaß** I § 142 S. 711.

[40]) Vgl. **Meisner** S. 290 u. 304.

*) Vgl. auch **Matthiaß** I § 61 S. 269 ff. und unten zu Note 2 G. **Rümelin**, Kulpahaftung und Kausalhaftung im Arch. f. ziv. Pr. 88 (1898) S. 285—316 und M. **Rümelin**, Schadenszurechnung S. 6 ff. und 24 ff.

[1]) Vgl. **Hellmann** S. 175.

objektiven Thatbestand gehalten und galt das sogen. „Verursachungsprinzip“[2]). Die Auffassung, daß nur der Verursacher eines Schadens hafte, konnte indessen bloß den ersten Anfängen einer Rechtsentwicklung genügen, denn sie sieht von jeder Individualisierung ab und führt zur Unbilligkeit[3]).

Dieses Mißverhältnis zwischen Schadensstiftung und der endgültigen Haftung für den Schaden drängte dazu, eine innere Rechtfertigung zu suchen, welche man auch in der subjektiven Seite der Schadensstiftung, in dem schuldhaften Verhalten des Thäters, fand.

Man kam im Laufe der Kulturentwicklung somit zum Verschuldungsprinzip[4]). „Nicht der Schaden verpflichtet zum Schadensersatz, sondern die Schuld,“[5]) oder anders ausgedrückt: „Keine zivilrechtliche Haftung ohne subjektives Verschulden des Thäters[6]). Gegen das Verschuldungs- und für das Verursachungsprinzip machte sich bei Beratung des BGB. eine Strömung geltend. Mit Recht wurde sie überwunden. Der Schuldbegriff als der weniger sinnfällige hat sich später entwickelt und stellt somit eine Verfeinerung des Rechtsgefühles dar. Das Veranlassungsprinzip dieser Kulturerrungenschaft zum Trotz wieder aufzunehmen, wäre ein Rückschritt gewesen. Um gelegentlich auch Denjenigen haftbar zu machen, der, wenn auch ohne Verschulden, einem Anderen widerrechtlich Schaden zugefügt hat, brauchte man ein bewährtes Prinzip nicht aufzugeben. Eine andere Frage ist, ob man nicht die Veranlassungshaftung da und dort, aus Zweckmäßigkeits- oder Billigkeitsrücksichten wieder einführen solle; und das ist denn auch geschehen.

Wir haben im BGB. ein gemischtes Prinzip[7]). Die Grundlage

---

[2]) Auch Veranlassungsprinzip oder Erfolghaftung genannt. Vgl. Beckh S. 206; Endemann § 129 S. 567 u. § 130 S. 579; Enneccerus u. Lehmann § 120 S. 266 f.; Haidlen S. 936.

[3]) Deutschrechtlicher Grundsatz: Wer Schaden thut, muß Schaden bessern.

[4]) So das Gemeine Recht und die Partikularrechte.

[5]) Vgl. Jhering, Das Schuldmoment im römischen Privatrecht S. 40; Linckelmann S. 1.

[6]) Vgl. Endemann S. 579 l. c.; Schollmeyer S. 169; auch G. Müller: Bl. f. RA. 65 S. 375.

[7]) Vgl. auch Dissert.-Schrift v. Adolf Lühl S. 8; Haidlen S. 936; Beckh S. 206 f.

bildet das Verschuldungsprinzip [8]). Das Veranlassungsprinzip kommt durch den § 829 zur Geltung, und die dritte Art der Haftung, die Gefährdungshaftung, findet sich in § 833, Haftung für den durch Tiere angerichteten Schaden, sowie in § 836, Haftung für den durch Einsturz eines Gebäudes rc. entstandenen Schaden. Letztere nähert sich indessen schon wieder mehr dem Verschuldungsprinzip.

Die Schadensstiftung im Regelfalle.

§ 3.

a) Die Widerrechtlichkeit *).

Um von einer Schadensersatzobligation sprechen zu können, müssen regelmäßig zwei Momente gegeben sein:

1. die Widerrechtlichkeit (Rechtswidrigkeit) der Schadensstiftung,
2. ein Verschulden des Schadensstifters,

wovon die erstere sowohl auf objektivem wie subjektivem, letzteres lediglich auf subjektivem Gebiete liegt.

Die Rechtswidrigkeit ist die erste Voraussetzung zur Schadenshaftung [1]). Widerrechtlich ist der Eingriff in die fremde, durch das BGB. §§ 823 ff. befriedete Rechtssphäre eines Anderen dann, wenn der Angreifer kein Recht zur Verletzung hatte. Ein solches Recht kann auf der Rechtsordnung beruhen, so das Züchtigungsrecht [2]), oder es kann auf Grund gesetzlicher Bestimmung oder gerichtlicher Verfügung in der öffentlichen Strafgewalt des Staates [3]) seine Wurzel haben. Praktisch am wichtigsten ist indessen das thatsächliche Moment des überwiegenden Eigeninteresses des Verletzers bei

---

[8]) Beweis: § 823 BGB., wo mindestens Fahrlässigkeit erfordert wird: auch Hellmann S. 176; Meisner S. 291 Nr. 5.

*) Litteratur: Cosack I § 163 S. 597; Kuhlenbeck I S. 533 ff.: Linckelmann S. 72; v. Liszt S. 86 ff.; derselbe in Bekker u. Fischer, Grenzgebiete Heft 5 S. 8 ff.; Merkel, Kollision rechtmäßiger Interessen und Schadensersatzpflicht; Oertmann S. 560; Unger, Handeln auf eigene Gefahr: Jahrb. f. Dogm. 30 (1891) Nr. 6 S. 363 ff.

[1]) Vgl Endemann § 201 S. 914; Schollmeyer S. 113.

[2]) Vgl. BGB. §§ 1631; 1634; 1698. — Crome, System § 107 S. 474. Gegenüber dem Gesinde ist es nach Art. 95 EG. z. BGB. ausgeschlossen.

[3]) Z. B. behufs Vollziehung der Todes- und Freiheitsstrafen (Oertmann a. a. O.)

Vorliegen der Notwehr (BGB. § 227)[4]. Von geringerer Bedeutung ist die Einwilligung des Verletzten in die schadensstiftende Handlung. (Über Notwehr und Einwilligung s. unten § 6.) Der klagende Beschädigte braucht nicht den Beweis der Widerrechtlichkeit des Angriffs zu führen, sondern der beklagte Schadensstifter hat den Entlastungsbeweis zu erbringen[5].

§ 4.

b) Zurechnungsfähigkeit und Schuld*).

Verursachung und Verschulden — causa et culpa — sind zwei selbständige, von einander durchaus unabhängige Bestandteile des Thatbestandes[1]. Der allgemeinste Ausdruck für alle Schuldformen ist nach der Terminologie des BGB. „Verschulden". Der Gegensatz hiezu ist „Zufall", d. h. ein Umstand, den der Schuldner gewöhnlich nicht zu vertreten hat[2]. Nur die schuldhafte unerlaubte Handlung verpflichtet regelmäßig zum Schadensersatz[3].

„Schuld" ist nach v. Liszt[4] jene subjektive Beziehung des Thäters zu dem eingetretenen Erfolg, an welche die rechtliche Verantwortlichkeit geknüpft ist; weil er an jenem schuld ist, muß er diese als Folge seines Unrechts auf sich nehmen. Damit man aber von „Schuld" sprechen kann, müssen, wie im Strafrecht, so auch im Privatrecht, zwei Momente gegeben sein:

1. ein subjektives, d. i. die Zurechnungsfähigkeit (auch Verantwortungsfähigkeit)[5] des Thäters,
2. ein objektives, d. i. die Zurechenbarkeit des Erfolges.

---

[4]) Das Notstands- und Selbsthülferecht — BGB. §§ 228 und 229 — gehören nicht hieher.

[5]) Vgl. Beckh, Beweislast S. 212.

*) Litteratur: Cosack I § 71 S. 236 ff.; Dernburg § 64 ff.; Crome, System § 109 S. 481 ff.; Endemann I § 130; Enneccerus u. Lehmann § 117 S. 260 f.; Kuhlenbeck II § 9 S. 54 ff.; Matthiaß I § 61 S. 271; G. Rümelin, Kulpahaftung vgl. Abh. § 2 Litteraturangabe vor Note 1.

[1]) Eine Handlung des A kann den Tod des B verursacht haben, ohne daß ein Verschulden des A vorliegt.

[2]) Zusammenstellung der Grade des Verschuldens im BGB. vgl. Hellmann S. 178; Weyl im Arch. f. bürg. R. **14** (1898) S. 79 ff.

[3]) Endemann § 201 S. 914; Henrici in Gruchot **42** S. 632 ff.

[4]) a. a. O. S. 46; ders. S. 47 gegen die Definition von Endemann § 130 S. 580: „Schuld ist die mit Schadenhaftung belegte Pflichtverletzung."

[5]) S. auch Endemann § 24 S. 102.

Nur wenn die Frage nach der Zurechnungsfähigkeit des Thäters bejaht ist, kann in eine Erörterung über das Vorliegen einer „Schuld“ desselben an dem Erfolge eingetreten werden.

Zurechnungsfähig ist jeder, der ein Urteil über seine Handlung und eine Vorstellung von deren Wirkung hat; kurz, Jeder, der weiß, was er thut. Mithin sind alle körperlich und geistig gesunden Menschen, sofern sie großjährig sind, ebenso von den nicht großjährigen Diejenigen, welche das 18. Lebensjahr vollendet haben, voll zurechnungsfähig. Nur solche Menschen können einen schuldhaften Willen fassen, der sie für ihre Handlungen verantwortlich macht. Voraussetzung für die Zurechnungsfähigkeit ist vor allem eine gewisse Reife des Körpers und der geistigen Entwicklung und in deren Folge ein gewisser Grad von Einsicht [6]).

Über die Abstufungen der Zurechnungsfähigkeit und über die Unzurechnungsfähigkeit wird unter „Schadensstiftung im Ausnahmefalle“ — § 7 — näher eingegangen.

Das BGB. unterscheidet zwei Hauptarten des Verschuldens, welche grundsätzlich in gleicher Weise zum Schadensersatz verpflichten:

1. Vorsatz = dolus und
2. Fahrlässigkeit [7]) = culpa lata bezw. culpa levis.

Vorsatz ist das bewußte Wollen des Unrechts [8]), oder genauer, die durch eine absichtliche Handlung oder Unterlassung herbeigeführte bewußte Schädigung von fremden oder eigenen Interessen [9]).

Der Schadensstifter muß wissen, daß durch seine Handlung das Rechtsgut verletzt oder zerstört wird, gegen das sich sein Angriff richtet, und er muß seine Handlung trotzdem oder ebendeshalb wollen. Zum Vorsatzdelikt ist wesentlich, daß der Thäter die Wirkung seiner Handlung vorausgesehen hat, aber er braucht nicht alle Folgen, sondern nur die unmittelbare Wirkung vorausgesehen zu haben [10]),

---

[6]) Vgl. Endemann I § 24 S. 102; BGB. § 828.

[7]) Von einer genaueren Unterscheidung der Verschuldungsformen, wie sie bes. das Pr. Allg. LR. kennt, hat das BGB. Abstand genommen. Vgl. Weyl S. 339. Im übrigen Endemann § 201 S. 914; Hellmann S. 179.

[8]) Liszt definiert § 39 S. 148: „Vorsatz ist die Voraussicht des durch die Willensbethätigung bewirkten oder nicht gehinderten Erfolges.“

[9]) Vgl. Cosack § 71 2 S. 237.

[10]) Vgl. auch Cosack l. c.; Endemann S. 914 f. u. S. 581.

und auch nur das bewußte und verantwortliche Verursachen dieser letzteren braucht nachgewiesen zu werden [11]) [12]).

Für den Begriff der „Fahrlässigkeit" [13]) stellt das BGB. selbst eine Begriffsbestimmung auf, die man als allgemein gültig sowohl für das Gebiet der Vertragsverhältnisse wie für jenes der unerlaubten Handlungen ansehen darf [14]). Sie lautet:

„Fahrlässig handelt, wer die im Verkehr erforderliche Sorgfalt außer acht läßt" — BGB. § 276 [15]). Diese Definition war Gegenstand lebhafter Angriffe. Man wollte durch diese Fassung den subjektiven, individualistischen Gesichtspunkt des RR., wie er in der ‚diligentia diligentis patris familias' zum Ausdruck kommt, aufgeben und eine mehr objektive Beurteilung anstreben [16]). Ob dies mit der ins Gesetz aufgenommenen Formulierung gelungen ist, erscheint zweifelhaft.

Die Einen erblicken in ihr eine äußerliche Aufgabe des römisch-rechtlichen Begriffs, der aber im Wesen beibehalten wurde [17]), und ward hiebei der „pater familias", der „homme moyen", besonders von Liszt [18]) stark angegriffen.

Die Anderen, an ihrer Spitze Linckelmann [19]), treten für den Begriff ein. Mit Recht; die Hauptsache ist nicht die Formulierung, da wohl jede von ihnen eine angriffsfähige Stelle aufweisen dürfte,

---

[11]) Vgl. Endemann S. 582 Anm. 7.

[12]) Über die „weiteren Wirkungen" vgl. unten bei „ursächl. Zusammenhang" S. 24.

[13]) Vgl. Buchka S. 69 f.; Crome, System § 109 S. 486; v. Liszt S. 55; Beckh S. 209 definiert: Fahrlässigkeit als „die mangelnde Vorstellung von der Verursachung eines Erfolges, welchen der Handelnde bei Anwendung pflichtgemäßer Sorgfalt voraussehen müßte". Hölder im Arch. f. ziv. Pr. **73** S. 130 f.

[14]) So Wendt: Arch. f. ziv. Pr. **87** S. 422 ff.

[15]) Gegen die Legaldefinition überhaupt vgl. Hartmann: Arch. f. ziv. Pr. **73** S. 382.

[16]) Linckelmann S. 36 ff.

[17]) So Hellmann S. 179; Wendt a. a. O.: „Die Formel § 276 bietet uns in Wirklichkeit nichts", denn auch der Begriff der „im Verkehr erforderlichen Sorgfalt" ist hinlänglich unbestimmt, ja unbestimmbar; schlechter als dieser Begriff sei übrigens der des diligens pater familias auch nicht. Laband: Arch. f. ziv. Pr. **74** S. 3 nennt sie eine „doktrinäre inhaltslose Ausdrucksweise".

[18]) v. Liszt in Bekker u. Fischer Grenzgebiete S. 16.

[19]) a. a. O. S. 36; vgl. auch Cosack § 71 2 a S. 238; Enneccerus u. Lehmann § 117 S. 262. S. auch unten S. 22 der Abh.

sondern die Erkenntnis dessen, worauf es ankommt, und dies ist: dasjenige Maß von Sorgfalt, welches nach „allgemeiner Verkehrsauffassung", nach der „Norm des Lebens" bei einem „gesunden und normalen Verkehr" erforderlich ist. Hiebei kann stets noch die Individualität Berücksichtigung finden[20]).

Daß es aber gewissermaßen allgemeine Verkehrsgrundsätze gibt, die sich immer mehr ausbilden und nach und nach Gemeingut werden, so daß sie sehr wohl zur „Norm" werden können, wird nicht zu bestreiten sein[21]). Übrigens dürfte für die Beurteilung, ob die „im Verkehr erforderliche Sorgfalt" im einzelnen Falle angewendet wurde, nach wie vor — trotz der Fassung des § 276 — das richterliche Urteil den rechten Weg finden.

Nach v. Liszt[22]) ist der Begriff der Fahrlässigkeit im Zivilrecht derselbe wie im Strafrecht und für ihn wesentlich die Voraussehbarkeit des Erfolgs, wenn also Jemand den Erfolg hätte voraussehen können, aber nicht vorausgesehen hat. Wie „Vorsatz" das Kennen des zu vertretenden Umstandes bedingt, so erfordert „Fahrlässigkeit" das Kennen-„Müssen", bezw. das Kennen-„Können".

Für die Beurteilung des Grades der Fahrlässigkeit wird man sich, zumal bei Feststellung, ob grobe Fahrlässigkeit vorliegt[23]), an das römische: „non intelligere, quod omnes intelligunt"[24]) halten können, d. h. die Fahrlässigkeit ist um so schwerwiegender, je größer der Personenkreis ist, welcher die im Verkehr erforderliche Sorgfalt wahrzunehmen pflegt, und je sicherer das Kennen-Müssen des zu vertretenden Umstandes von dem Einzelnen zu erwarten ist. In einem Falle — § 827 Satz 2 — wird ex lege angenommen, daß Fahrlässigkeit vorliege[25]).

[20]) Vgl. auch Seuff. Arch. 53 Nr. 86.

[21]) Man denke an die polizeilichen einfachen Verwarnungen des Abspringens von den im Laufe befindlichen Straßenbahnwagen, sowie des Aufspringens auf solche, an das „Rechtsbesteigen" u. s. f., in denen schon solche Normen für sorgfältiges Handeln zu erkennen sind. Daß sie einer Strafsanktion entbehren, ist Nebensache. Von großer Bedeutung können sie werden besonders hinsichtlich des § 254 BGB. s. unten § 13 eigenes Verschulden des Verletzten.

[22]) a. a. O. S. 55; auch v. Liszt, Strafrecht § 42 S 161, 162; A. A. Rümelin, Kausalbegriffe S. 259; Binding, Normen II S. 115.

[23]) Die Abwägung beiderseitigen Verschuldens ist besonders nach § 254 Abs. 1 sehr wichtig; s. auch Rümelin, Kausalbegriffe § 8 S. 307 ff.

[24]) S. Hellmann S. 179.

[25]) „Actiones liberae in causa", s. unten S. 33 f.

Die Hauptfälle, in welchen es sich um Fahrlässigkeit handeln dürfte, sind die Uebertretungen polizeilicher Vorschriften. Es ist ein Verdienst Linckelmanns, darauf hingewiesen zu haben[26]), daß „die große Masse der Zwangspflichten nichts anderes sind als Regeln des individuellen Verhaltens, durch welche eine abstrakte Gefahr beseitigt werden soll". Die polizeilichen Gebote betr. Treppenbeleuchtung oder Sandstreuen, die polizeilichen Verbote betr. das zu schnelle Reiten und Fahren auf öffentlichen Straßen, besonders bei Kreuzungen, die öffentlichrechtliche Verpflichtung der Gemeinden, im Interesse der Sicherheit Straßen, Brücken in ordentlichem Stande zu erhalten, das Ausstellen der Warnungstafeln bei Dacharbeit, der Stangen bei Gefahr des Absturzes von Schnee und Eismassen von den Dächern — dies alles, gekleidet in Form von Geboten bezw. Verboten, ist nichts anderes, als die Aufstellung einer allgemeinen aus der Erfahrung hergeleiteten Garantiepflicht, verschärft durch Androhung von Strafen. In der Außerachtlassung[27]), mithin in einer nach der allgemeinen, modernen Verkehrsansicht zu beurteilenden, mehr oder minder groben Fahrlässigkeit liegt das zum Schadensersatz verpflichtende Moment. Jeder weiß, daß durch zu schnelles Reiten oder Fahren, durch Unterlassung der Treppenbeleuchtung[28]) oder der Kenntlichmachung von Verkehrshindernissen u. s. w. Schaden angerichtet werden kann. Durch die polizeiliche Norm wird er überdies noch auf das Gefährliche seiner Handlung bezw. Unterlassung aufmerksam gemacht. Maßgebend ist die durch Außerachtlassung jener Garantiepflicht verschuldete Rechtsgutsverletzung. Daher ist auch das Nichtkennen einer solchen Norm für die zivilrechtliche Haftung irrelevant, wenn nur objektiv feststeht, daß die Handlung des Schadensstifters die Außerachtlassung „der im Verkehr erforderlichen Sorgfalt" einschließt[29]).

---

[26]) Arch. f. bürg. R. **13** (1897) S. 79—101; Schadensersatzpflicht S. 27, 28 und 41.

[27]) Vgl. auch unten S. 25 die Kausalität der Unterlassung.

[28]) Übrigens liegt in der Unterlassung der Treppenbeleuchtung nicht immer und nicht Jedermann gegenüber ein Verschulden vgl. Seuff. Arch. **48** Nr. 179; auch spielt gerade hier das eigene Verschulden des Verletzten eine große Rolle vgl. Seuff. Arch. **46** Nr. 96; **50** Nr. 17; **55** Nr. 202.

[29]) Um Denjenigen, der eine Polizeivorschrift übertritt, straffällig zu machen, bedarf es nur der Gefährdung von Rechtsgütern, nicht einer Verletzung.

Den Beweis der Schuld hat der Kläger zu erbringen. Schuld liegt aber insbesondere schon dann nicht vor, wenn die verantwortlich gemachte Person sich in dem guten Glauben befand, das Ihrige zur Vermeidung von Unglücksfällen gethan zu haben, also den Mietern die Treppenbeleuchtung zur Pflicht gemacht, oder hierfür eine gewissenhafte Person engagiert hat (Hausverwalter) u. s. w. Das Verschulden beginnt dann erst wieder mit mangelnder Beaufsichtigung, Bestellung einer unzuverlässigen Person[30]).

Vorsatz braucht in den uns hier interessierenden Fällen wohl nie besonders bewiesen zu werden. Es ist indessen wohl zu beachten, daß nach §§ 827, 828 Abs. 2 der Entlastungsbeweis den Beklagten trifft, somit die Beweislast des Klägers wesentlich erleichtert ist[31]).

§ 5.

c) Der ursächliche Zusammenhang. (Thun und Unterlassen). *)

Liegt ein rechtswidriges und schuldhaftes Handeln vor, so ist zur Begründung der Schadensersatzverpflichtung notwendig, daß eben dieses Handeln für den eingetretenen Schaden kausal war. Erst wenn der ursächliche Zusammenhang zwischen Handlung und Erfolg gegeben ist, kann man von Zurechenbarkeit in dem Sinne sprechen, daß der Schadensstifter für seine Handlung und deren Erfolg aufzukommen hat.

Der Ursachenbegriff ist in jeder Wissenschaft derselbe, nur ist es stets ein anderer Umstand, der als Ursache in Beziehung zu einem gewissen Erfolg gebracht wird, je nach der Richtung und dem Zweck der Untersuchung. Ist der Tod eines Menschen erfolgt, wird der Arzt ein anderes Moment als Ursache betonen als der Jurist.

Die Zahl der Ursachen für ein Geschehnis ist eine unendlich große; jeder auch noch so geringfügige Umstand kann die Thatsachen so verändern, daß sie mit ihm ein anderes Resultat erzeugen als ohne ihn. Für die rechtliche Betrachtung im einzelnen Falle bleibt weitaus der größte Teil jener Ursachen als zu untergeordnet

---

[30]) Vgl. auch Linckelmann S. 37 Anm. 3.

[31]) Vgl. Beckh, Beweislast S. 209.

*) Litteratur: Neuestens bes. M. Rümelin, Die Verwendung der Kausalbegriffe in Straf- u. Zivilrecht: Arch. f. ziv. Pr. **90** (1900) S. 171—344; G. Rümelin, Kulpahaftung u. Kausalhaftung dortselbst **88** S. 285 ff.

überhaupt außer Ansatz [1]). Hinsichtlich eines anderen Teiles von Thatsachen rechnet der Jurist lediglich mit der Annahme eines Normalmaßstabes, wie ihn das praktische Leben bietet. Aus letzterem sowohl im allgemeinen wie für bestimmte Kreise suchte man für gewisse Verhältnisse ein möglichst [2]) objektives Normalmoment abzuleiten und so kam man, wie wir oben sahen, zu dem Begriff der „im Verkehr erforderlichen Sorgfalt"; mit Vollendung des 18. Lebensjahres nimmt man objektiv die volle Deliktsfähigkeit als gegeben an; so wurden die Begriffe der „ordnungsgemäßen Wirtschaft" [3]) des „ordentlichen Kaufmanns", des „gewöhnlichen Laufes der Dinge" [4]) geschaffen, worunter man sich nach Treu und Glauben sowie nach der Verkehrs- und Lebensauffassung [5]) ein gewisses Normalmaß vorzustellen gewöhnt hat. In der Lehre vom Kausalzusammenhange ist es der „ordentliche Gang der Geschehnisse in der Außenwelt", den man als Norm aufstellen kann. Dieser Begriff findet seine klarste Erläuterung bei der Besprechung der Unterbrechung des Kausalzusammenhangs [6]).

Neben diesem Normalmaß gibt es aber weitere Bedingungen, die in einem gegebenen Fall den Schadenserfolg gezeitigt haben, und von diesen muß die (positive oder negative) Handlung des Menschen die zum Erfolg überwiegende Bedingung gewesen sein [7]).

Von den Kausaltheorien hat im Zivilrecht die objektive Theorie Birkmeyers gesiegt. Es ist dies die Theorie von der überwiegenden Bedingung zum Erfolg; nicht durch subjektive, sondern durch objektive Momente wird der Kausalzusammenhang hergestellt [8]).

[1]) Vgl. auch Crome, System § 108 S. 475 f.; Dernburg § 383 III S. 617.

[2]) Dies ist der Kernpunkt in der Streitfrage über gewisse Normalbegriffe. Für manche Beziehungen, zumal wenn sie auf ethischem Gebiete liegen, läßt sich ein Normalbegriff überhaupt nicht aufstellen, weil hier die Subjektivität des Individuums das Übergewicht gegenüber einem objektiven Maßstabe behauptet. Dies ist das Moment, welches z. B. bei den Verhandlungen über die lex Heinze viel zu wenig prägnant zum Ausdruck kam.

[3]) BGB. §§ 586, 1045 f.

[4]) BGB. § 252.

[5]) Rümelin, Kausalbegriffe S. 336.

[6]) S. § 10 der Abh.

[7]) Vgl. auch Endemann § 129 S. 569/70; dort weitere Litteratur.

[8]) Vgl. auch Linckelmann S. 52; Birkmeyer „Über Ursachenbegriff

Es fragt sich, welche Bedingung zum Schadenserfolge kausal war und speziell, ob die Handlung des Thäters das überwiegende, d. h. den Erfolg im letzten Grunde herbeiführende Moment war. Soweit, aber auch nur soweit ist der Thäter verantwortlich, m. a. W.: in demselben Augenblick, wo andere Ereignisse eingreifen, z. B. das konkurrierende Verschulden des Verletzten, werden diese zum Schadenserfolge kausal und hört insoweit die Haftung des Thäters auf. Um zu einem befriedigenden Resultat in der Schadensersatzlehre zu kommen, muß man in diesem Zusammenhange als obersten Grundsatz aufstellen, daß zwischen der schädigenden Handlung und dem Schadenserfolg eine ununterbrochene Kausalitätskette nachgewiesen sein muß. Die objektive Thatsache des Schadenserfolges ist für die Verpflichtung zum Schadensersatz ausschlaggebend. Es bedarf nicht mehr des subjektiven Momentes der Vorhersehbarkeit des Erfolges, wie dies im Strafrecht verlangt wird [9] [10]); die subjektive Seite ist vielmehr schon mit der Aufstellung der Erfordernisse des Vorsatzes und der Fahrlässigkeit bei der Ausführung der Handlung genügend berücksichtigt.

Der schließliche Schadenserfolg ist aber nicht immer die unmittelbare Folge der Handlung des Thäters. Soweit er dies ist, muß selbstredend der Thäter dafür eintreten. Es fragt sich also, inwieweit er für die mittelbaren Folgen seiner Handlung, für deren „weitere Wirkungen" verantwortlich gemacht werden kann. Zweifellos haftet er bei vorsätzlichem Handeln auch für sie unbedingt, bei fahrlässigem dagegen nach dem Prinzip der objektiven Schadenshaftung [11]) nur in dem Maße, als der ursächliche Zusammenhang zwischen seiner Handlung und dem Erfolge nachweisbar ist und nicht durch andere Momente ausgelöst wurde [12]).

---

und Kausalzusammenhang im Strafrecht" (1885); A. M. v. Liszt S. 68, welcher Ursache und Bedingung gleichstellt. Überhaupt auch Rümelin Kausalbegriff S. 259.

[9]) Vgl. Oertmann S. 583; auch Rümelin a. a. O. S. 259.

[10]) Nur ausnahmsweise bei den jugendlichen Thätern und den Taubstummen (s. unten S. 31). Eine Ausnahme von diesem Prinzip enthält auch § 254 Abs. 2, wonach der Thäter „für einen ungewöhnlich hohen Schaden, den er weder kannte noch kennen mußte", haftfrei wird; vgl. Crome, System S. 479 (§ 108 Note 19) und unten Abh. § 13 III; auch v. Liszt S. 84; Hiestand, Schadensersatzanspruch S. 30 ff.

[11]) Vgl. Endemann § 129 S. 572—575.

[12]) Vgl. auch RG. 6 S. 1—4; Linckelmann S. 51.

Wie weit man die Nachweisbarkeit als gegeben annehmen darf, ohne ungerecht zu werden, ist Thatfrage und lassen sich hierüber feste Normen nicht aufstellen. Es wird im einzelnen Fall oft außerordentlich schwierig sein, die richtige Lösung zu finden[13]).

Eine besondere Art der „weiteren Wirkungen" ist der Eintritt des Todes nach einer erfolgten Körperverletzung, in welchem Falle die Schadensersatzleistungen aus den §§ 843 und 844 BGB. miteinander in Kollision geraten. § 844 spricht im weitesten Sinne von „Tötung". Er denkt nur an die objektive Thatsache, daß der Tod eingetreten ist[14]), und knüpft daran als Wirkung die Haftung für die Tötung; im Hinblick auf die Thatsache des eingetretenen Todes ist die verursachende Handlung insbesondere deren strafrechtliche Qualifikation — ob Mord, Totschlag, fahrlässige Tötung, Tötung im Zweikampf, oder Tod als Folge einer Körperverletzung — gleichgültig[15]). So ist es vor allem in dem letzten der aufgeführten Fälle lediglich Sache der richterlichen Feststellung und der Beurteilung aller in Frage kommenden Momente nach ihrer Kausalität, ob auf Schadensersatz nach § 844 (Tötung) oder nach § 843 (Körperverletzung) zu erkennen ist. Hiebei wird von besonderer Bedeutung das eigene Verhalten des Verletzten sein, durch welches der Kausalzusammenhang unterbrochen werden kann, z. B. die ungerechtfertigte Weigerung, sich einer Operation zu unterziehen[16]).

Die „weiteren Wirkungen" der schadenstiftenden Handlung des Thäters werden uns noch in anderem Zusammenhang, in ihrer Be-

---

[13]) Muß der Urheber einer unbedeutenden Fingerverletzung, welche er fahrlässig einem Virtuosen zugefügt hat, den großen pekuniären Ausfall tragen, den dieser dadurch erleidet, daß er seine Kunst nicht mehr in seiner Eigenschaft als Virtuose ausüben kann, während er sonst vollkommen erwerbsfähig bleibt? (vgl. Endemann S. 582 Anm. 7). Oder: Muß der Schadenstifter für die schweren Folgen einer unbedeutenden Körperverletzung aufkommen, welche infolge der schwächlichen Körperbeschaffenheit des Verletzten zu dessen lebenslänglichem Siechtum führt? ist er wirklich „für die schwersten Komplikationen" haftbar? die Frage ist mit Dernburg § 383 III S. 617 zu bejahen. Vgl. auch Rümelin, Kausalbegriffe a. a. O.

[14]) So auch Crome, System § 109 S. 482; Planck S. 645; Neumann S. 406; Dernburg S. 633 zu Note 4 § 391; Rümelin, Kausalbegriffe S. 245 ff.

[15]) So auch Endemann § 201 Note 5 S. 913; dazu auch v. Liszt S. 29, welche beide strafrechtliche Gesichtspunkte betonen.

[16]) S. unten § 13 a. E.

deutung für dritte d. h. nicht direkt geschädigte Personen beschäftigen; man bezeichnet sie auch als „Reflexwirkungen“ [17]).

Zur Lehre vom ursächlichen Zusammenhang gehört auch die Betrachtung der Unterlassung [18]), wenn durch eine solche ein Rechtsgut verletzt wurde.

Unterlassen ist nicht ein bloßes „Nichtsthun“ — dies ist juristisch belanglos, — sondern Unterlassen bedeutet: „Nicht handeln trotz vorhandener Pflicht zum Handeln“. Ein „Nichthandeln“ muß gegeben sein, und eine konkrete Rechtspflicht muß durch das „Nichthandeln“ verletzt sein. Durch Vermittlung dieser „Pflicht zum Handeln“ wird die Kausalitätskette zwischen Unterlassung und Erfolg hergestellt [19]).

Um nun die Haftung des Schadenstifters zu begründen, muß auch für die Unterlassung eine der beiden Schuldarten — Vorsatz oder Fahrlässigkeit — gegeben sein, und hiedurch wird die Kausalitätskette zwischen Schadenserfolg und Schadensersatz vermittelt.

Gerade auf dem Gebiete der Unterlassung haben wir es, wie schon oben in § 4 (S. 20) ausgeführt ist, mit Rechtsgütern zu thun, zu deren Schutz eine allgemeine Rechtspflicht besteht, die in Normen meist strafrechtlichen oder polizeilichen Charakters [20]) zum Ausdruck kommt. Auch wurde durch § 823 Abs. 2 die Schadensersatzpflicht aus Unterlassungen in hohem Maße erweitert [21]). Von den polizeilichen Normen haben insbesondere Bedeutung das Gebot des Aschestreuens bei Glatteis, der Treppenbeleuchtung, der Kenntlichmachung von Verkehrshindernissen, das Gebot bezüglich der Anbringung von Hemmvorrichtungen an Wagen (Radschuh, Bremsen) u. s. w. [22]). Es steht somit dem positiven schuldhaften Thun das pflichtwidrige Unter-

---

[17]) S. unten § 14 IV.

[18]) Vgl. zum Ganzen Litteratur: v. Liszt, Strafrecht § 30 S. 111 definiert „Unterlassen als willkürliche Nichthinderung des Erfolgs“; Endemann § 131 S. 586; Gruchot Beitr. **43** S. 111; Crome, System § 108 S. 480; auch Linckelmann S. 40 Anm. 6 a. E.; Dernburg § 383 III S. 617; Cosack § 163 I 2 u. II 2 S. 598 f.; Rümelin, Kausalbegriffe S. 197 u. bes. S. 319; Rechtsprechung: Bl. f. RA. **61** (1896) S. 258; **64** (1899) S. 345.

[19]) Vgl. Arnoldi S. 17 ff. 26.

[20]) RStGB. § 367 Ziff. 12, 14; vgl. insb. Seuff. Arch. **45** Nr. 90; **52** Nr. 155 u. 156; bes. Nr. 220; **53** Nr. 74 (= RG. **39** Nr. 47); **53** Nr. 226; **55** Nr. 138; **56** Nr. 25; Bl. f. RA. **62** S. 39.

[21]) So auch Rümelin, Kausalbegriffe S. 327.

[22]) Vgl. Endemann S. 588 l. c.

lassen gleich[23]). Natürlich mußte der Thäter die Verpflichtung zum Handeln gekannt haben und die Handlung haben vornehmen können[24]). Vgl. auch unten § 13 a. E. über die Frage, ob eine Verpflichtung besteht, sich einer Operation zu unterziehen, und ob die Nichtunterziehung sich als ein Unterlassen darstellt, welches die Schadensersatzpflicht ganz oder teilweise ausschließt.

Die Schadensstiftung im Ausnahmefalle[25]).

Vorbemerkung.

Wie wir im Vorangehenden gesehen haben, gehören zur normalen Schadensstiftung drei Hauptelemente: die Widerrechtlichkeit, das Verschulden und der Kausalzusammenhang zwischen Handlung und Schadenserfolg. Nach jeder dieser drei Richtungen gibt es Ausnahmen. Es gibt Schadensstiftungen, bei denen es am Erfordernis der Widerrechtlichkeit fehlt, ferner solche ohne Verschulden des Thäters, schließlich solche, bei denen der Kausalzusammenhang zwischen Handlung und Erfolg nicht nachgewiesen werden kann bezw. nicht nachgewiesen zu werden braucht.

§ 6.

a) Bei aufgehobener Widerrechtlichkeit, die Notwehr*).

I. In sinngemäßer Übereinstimmung mit dem RStGB. § 53 bestimmt BGB. § 227: „Eine durch Notwehr gebotene Handlung ist nicht widerrechtlich." — „Notwehr ist diejenige Verteidigung, welche erforderlich ist, um einen gegenwärtigen rechtswidrigen Angriff von sich oder einem Anderen abzuwenden."

---

23) Vgl. auch v. Liszt S. 72; wie überhaupt v. Liszt, Strafrecht 10. Aufl. § 30 S. 111.

24) Vgl. auch Endemann l. c. S. 590; Beckh S. 208; Exkulpationsbeweis, z. B. BGB. § 831, 832.

25) Vgl. oben S. 15 der Abh.

*) Litteratur: Endemann § 87 S. 367 ff.; Enneccerus u Lehmann § 143 S. 321; Planck S. 609 f.; Linckelmann S. 72 ff.; Cosack I § 78 S. 274; Weyl: Arch. f. bürg. R. **14** (1898) S. 79—180; Mot. II S. 728 f.; v. Liszt, Strafrecht § 33 S. 122 ff. u. die dort angeführte Litteratur; Schollmeyer, Das Recht der Notwehr nach BGB. Würzburg 1899.

Dadurch, daß eine durch Notwehr gebotene Handlung nicht widerrechtlich ist, fehlt ihr die erste Voraussetzung zur Schadensersatzverpflichtung. Notwehr [1]) — als selbstverständliches Erfordernis der Reaktion gegen das Unrecht [2]) — ist zugelassen, wenn es sich um einen gegenwärtigen Angriff sowohl auf ein eigenes Rechtsgut des Angegriffenen handelt, als auch wenn das Rechtsgut eines Anderen in Frage steht [3]). Sie ist die Verteidigung gegen eine Person, von welcher der „rechtswidrige" Angriff ausgegangen ist. Daß dieser Angriff „rechtswidrig" ist, hat aber das Bewußtsein des Angreifenden von der Rechtswidrigkeit seiner Handlung nicht zur Voraussetzung [4]). Anderenfalls wäre der strengen Auslegung des §227 BGB. nach eine Notwehrhandlung gegen Unzurechnungsfähige — gegen ein Kind, einen Wahnsinnigen oder Betrunkenen — nicht unter den Schutz dieses Paragraphen gestellt. Dies kann aber unmöglich der Wille des Gesetzgebers gewesen sein [5]); weshalb billigerweise auch Unzurechnungsfähigen gegenüber Notwehr nach § 227 BGB. gestattet sein muß [6]).

Die Fragen, ob irrtümlich Notwehr angenommen wurde oder ob ein Exzeß der Notwehr stattfand, sind Thatfragen, welche im

---

[1]) Über Form und Grenzen der Notwehr s. auch Bl. f. RA. **61** S. 392 ff. Die Notwehr ist nicht subsidiär, aber von mehreren gleich sicheren Abwehrmitteln ist das wenigst schädigende zu wählen, soweit dessen Wahl dem Angegriffenen nach Lage der Sache zugemutet werden kann, also z. B. nicht eine schimpfliche Flucht; vgl. auch Enneccerus u. Lehmann § 143 S. 323; sodann Beckh, Beweislast S. 212 der Kläger hat die Replik des Exzesses der Notwehr. Vgl. über die Beweislast bei Notwehr noch Seuff. Arch. 50 Nr. 88 (= RG. **33** Nr. 85 S. 352) RG. **21** S. 295.

[2]) So Schollmeyc, Notwehr S. 4; S. 16.

[3]) So auch Weyl S. 303; Lühl S. 51.

[4]) Enneccerus u. Lehmann l. c. S. 322: „Subjektive Rechtswidrigkeit, Vorsatz oder Verschulden des Angreifers, wird nicht erfordert."

[5]) Vgl. Titze S. 83; Weyl S. 303 Anm. 5; Endemann S. 368 l. c.; Linckelmann S. 75.

[6]) So v. Liszt S. 16 u. 87; Gl. M. Linckelmann S. 75, welcher aber den Fall dem § 228 unterstellt. M. E. mit Unrecht; vgl. für die hier vertretene Ansicht: Birkmeyer: Mecklenbg. Zeitschr. **7** S. 192; Planck zu § 227 Ziff. 1 litt. c. Abs. 2. Es dürfte nicht angängig sein, die Unzurechnungsfähigen mit Tieren und leblosen Sachen auf eine Stufe zu stellen, nur um gegen deren Angriffe das Notstandsrecht des § 228 BGB. zu gewähren. A. A. Schollmeyer, Notwehr S. 19 u. 21, welcher in der Notwehrfrage den Unzurechnungsfähigen dem Tiere gleichstellt.

einzelnen Falle vom Richter nach den Umständen, insbesondere nach der Individualität des in Notwehr Handelnden zu prüfen sind. Vor allem darf an die Energie der Abwehr kein zu strenger Maßstab gelegt werden; ein Exzeß muß schon offensichtlich sein, wenn er als vorhanden angenommen werden soll, denn immerhin ist der Angreifer Derjenige, der den Anderen in Notlage versetzt hat, und muß dies gegen sich gelten lassen. Es muß also in der Überschreitungshandlung mindestens Fahrlässigkeit liegen, sodaß ein Exzeß nicht gegeben ist, wenn die Überschreitung durch Schrecken, Bestürzung, auch Leidenschaft, Kampfeshitze verursacht wurde [7]). Entschuldbarer Irrtum über die Berechtigung zum Eingriff in eine fremde Rechtssphäre kann der Handlung den Charakter der Unerlaubtheit nehmen [8]). Ob ein solcher entschuldbarer Irrtum vorliegt, ist vom Richter als Thatfrage zu entscheiden; den Beweis hat der Beklagte zu erbringen [9]). Auch der Unzurechnungsfähige hat das Recht der Notwehr sowie der Nothülfe [10]).

II. Ob die Einwilligung des Verletzten [11]) die Widerrechtlichkeit ausschließt, ist eine vielumstrittene Frage, und kommt es hiebei lediglich darauf an, auf was sich die Einwilligung bezieht. Ist sie ein einseitiges Rechtsgeschäft [12]), dann stellt sie sich dar als Verzicht auf die Entschädigung [13]). Dieses Rechtsgeschäft ist aber in Anbetracht der Rechtsgüter, um die es sich hier handelt, nichtig, da es gegen die guten Sitten verstößt. Ist sie aber eine Willenserklärung rein thatsächlicher Natur [14]), so ist sie wirkungslos, da man gegenüber den unverzichtbaren Rechtsgütern des Lebens und der körperlichen Integrität keine Dispositionsbefugnis hat; denn diese werden selbst

---

[7]) So Schollmeyer, Notwehr S. 24.

[8]) Vgl. Endemann § 201 S. 914; Enneccerus u. Lehmann l. c. S. 324; Oertmann S. 560; A. A. Linckelmann S. 72: Nur die objektiv vorhandene Notwehr schließt die Widerrechtlichkeit aus.

[9]) Vgl. Beckh S. 212; Crome § 109 Note 21 S. 485.

[10]) Schollmeyer, Notwehr S. 18, z. B. ein Kind kommt seiner Mutter zu Hülfe.

[11]) Litteratur s. Linckelmann S. 77; im übrigen Linckelmann S. 77 bis 82; Matthiaß I § 142 S. 713; Oertmann S. 560; v. Liszt, Strafrecht § 35 S. 133; § 85 S. 295; § 88 III S. 299; v. Staudinger II S. 711 Note 5.

[12]) So die Motive II S. 730.

[13]) So Planck S. 610.

[14]) So Linckelmann S. 78.

gegen den Willen einer Person geschützt[15]). Hienach darf auch die Annahme eines Duells nicht als „Einwilligung" aufgefaßt werden[16]). Die Abgabe der Einwilligung in eine gegen das Leben oder die körperliche Integrität gerichtete Handlung ist sonach für die zivilrechtliche Schadenshaftung hinsichtlich der hier in Rede stehenden Rechtsgüter belanglos[17]); sie könnte höchstens als Irrtum erzeugend in Betracht kommen, in der Art, daß der Schadensstifter durch die Einwilligung des Beschädigten in den entschuldbaren Irrtum versetzt wurde, daß er mit seiner Handlung keine unerlaubte Handlung begehe (z. B. Einsperrung zum Scherz), wobei sie dann als eigenes Verschulden zu berücksichtigen wäre[18]). Nach dem Gesagten ist es gleichgültig, ob die Einwilligung von einem Zurechnungsfähigen oder Unzurechnungsfähigen ausging, sie ist von beiden rechtsunwirksam. Ein besonderer Fall, wonach die einwilligende Person ganz ausdrücklich gegen die Folgen ihrer Einwilligung geschützt werden soll, ist in § 825 gegeben, weil hier die Einwilligung selbst durch unerlaubte Mittel herbeigeführt wird[19]).

Nur in einer Richtung benimmt die Einwilligung in eine gegen die Integrität des Körpers gerichtete Handlung derselben den Charakter der Rechtswidrigkeit: es ist dies die Einwilligung in eine Operation. Hier gestattet der Kranke einen Eingriff in seine körperliche Integrität, um ein ihm wichtiger erscheinendes Rechtsgut — das Leben, die Sehkraft u. s. f. — zu erhalten. Die Einwilligungserklärung kann als höchstpersönlich ausschließlich von dem Berechtigten abgegeben werden; eine Stellvertretung in der Abgabe dieser Erklärung ist nur möglich in Ausübung der Fürsorgepflicht für einen Einwilligungsunmündigen[20]).

III. Endlich gehört hieher das Züchtigungsrecht der Lehrer, Erzieher, Meister gegenüber Schülern und Lehrlingen[21]), sowie das Recht des Staates, welcher in Ausübung seiner öffentlichen Straf-

[15]) Beweis: RStGB. § 201 ff. § 216; RGewerbeordnung § 120 a ff.; HGB. § 62 Abs. 4 § 76 Abs. 1; BGB. § 619, § 823 Abs. 2, s. oben S. 7 ff.

[16]) Vgl. Schoenfeld S. 89 u. unten Abh. § 13.

[17]) Gegen die im Text vertretene Ansicht Oertmann S. 560.

[18]) Ähnlich Planck a. a. O. S. 610.

[19]) Matthiaß I § 142 S. 713.

[20]) Vgl. Linckelmann S. 81.

[21]) Vgl. Bl. f. RA. 63 S. 471.

gewalt in die Rechtsgüter des Lebens und der Freiheit des Straffälligen eingreift[22]).

b) Mangels eines Verschuldens.

§ 7.

1. Die Unzurechnungsfähigkeit*).

Die Schuldhaftigkeit einer Handlung wird ausgeschlossen durch die Unzurechnungsfähigkeit der handelnden Person. Wer nicht zurechnungsfähig ist, kann auch nicht verantwortlich sein, und wer für einen Schaden nicht verantwortlich ist, ist frei von Ersatzpflicht[1]).

Der Unzurechnungsfähige hat kein Urteil über seine Handlung als solche und auch keine Vorstellung über deren Folgen. Daher bestimmt das BGB.:

„Wer im Zustande der Bewußtlosigkeit oder in einem die freie „Willensbestimmung ausschließenden Zustande krankhafter Störung „der Geistesthätigkeit einem Anderen Schaden zufügt, ist für den „Schaden nicht verantwortlich“ — § 827 Satz 1[2]).

„Wer nicht das 7. Lebensjahr vollendet hat, ist für einen „Schaden, den er einem Anderen zufügt, nicht verantwortlich“ — § 828 Abs. 1.

„Wer das 7., aber nicht das 18. Lebensjahr vollendet hat, ist „für einen Schaden, den er einem Anderen zufügt, nicht verant„wortlich, wenn er bei der Begehung der schädigenden Handlung nicht „die zur Erkenntnis der Verantwortlichkeit erforderliche Einsicht hat“ — § 828 Abs. 2 Satz 1.

„Das Gleiche gilt von einem Taubstummen“ — § 828 Abs. 2 Satz 2.

I. Die Unzurechnungsfähigkeit beruht zunächst nach biologischen

---

[22]) Planck S. 609; v. Liszt, Strafrecht § 58 ff.

*) Litteratur: Vgl. oben Abh. § 4; Cosack I § 166 II S. 615 f.; Dernburg II § 384 S. 618 ff.; Endemann I §§ 27 mit 31 insb. S. 150, dann §§ 35 u. 36; Enneccerus u. Lehmann § 119 S. 264 f.; Kuhlenbeck II § 61 S. 372; Linckelmann S. 107 ff.; v. Liszt S. 51 ff.; v. Liszt, Strafrecht § 37 S. 141 § 38 S. 144; Matthiaß I § 142 S. 714. Ferner Psychiatrische Bemerkungen v. E. Schultze im Arch. f. bürg. R. **17** (1900) S. 89 ff.

[1]) S. unten Ausnahme § 829 BGB.

[2]) Über § 827 Satz 2 s. unten S. 33.

Gesetzen im normalen Entwicklungsgang des Menschen. Dahin gehört die Zeit des Reifens der körperlichen, der Verstandes- und Willenskräfte, d. i. das Kindesalter; mithin sind Kinder bis zum vollendeten 7. Lebensjahre vollständig unzurechnungsfähig.

Die zweite Gruppe bilden die Minderjährigen vom vollendeten 7. bis zum vollendeten 18. Lebensjahre, die sogen. „jugendlichen Thäter". Bei diesen muß im einzelnen Falle untersucht werden, ob und inwieweit sie z. Z. der That die zur Erkenntnis ihrer Verantwortlichkeit erforderliche Einsicht besaßen[3]). Bei ihnen wird die Voraussehbarkeit des Schadens gefordert[4]), d. h. es genügt nicht das „Kennenmüssen" oder das „Kennenkönnen" des zu vertretenden Umstandes, sondern der jugendliche Thäter muß ihn wirklich gekannt haben und darauf hat sich die Prüfung zu erstrecken[5]).

Die der dritten Gruppe angehörenden Minderjährigen — vom vollendeten 18. bis zum vollendeten 21. Lebensjahre — sind voll zurechnungsfähig.

II. Die Unzurechnungsfähigkeit kann aber auch im pathologischen Gebiete ihre Wurzel haben und wird hier begründet:

1. durch Bewußtseinsstörungen,
2. durch Willensstörungen.

Im ersteren Falle weiß der Thäter überhaupt nichts von sich, dabei kann seine Psyche normal oder abnorm sein. Ist die Psyche normal, so kann sich die Bewußtseinsstörung darstellen als vollkommene Aufhebung des Bewußtseins, d. i. Bewußtlosigkeit[6]), z. B. Ohnmacht, Schlaftrunkenheit oder als Trübung des Bewußtseins, z. B. epileptoide oder hypnotische Zustände[7]).

Ist die Psyche des Thäters abnorm, so liegen in den meisten Fällen weniger Bewußtseinsstörungen als vielmehr Willensstörungen vor[8]), sei es infolge einer Erkrankung des Gehirns (= eigentliche

---

[3]) Cosack I § 71 5 S. 241; Hellmann S. 180f.; Oertmann S. 564; Seuff. Arch. **53** Nr. 226; **54** Nr. 78; Bl. f. RA. **63** S. 440.

[4]) Vgl. v. Liszt S. 52; Dernburg § 384 S. 619; Gruchot, Beitr. **43** S. 235.

[5]) Vgl. oben Abh. S. 17 u. 19.

[6]) Vgl. auch Kuhlenbeck I § 5 S. 117—124; Schultze a. a. O. S. 89.

[7]) Ersteres verlangt Endemann I § 36 S. 170; letzteres v. Liszt S. 48; auch Gruchot, Beitr. **43** S. 234.

[8]) Die Grenzen beider verwischen sich häufig und gehen ineinander über.

Geisteskrankheit) oder infolge einer sonstigen Körpererkrankung, welche Störungen der geistigen Funktionen im Gefolge hat, z. B. Delirium. In solchen Fällen wird die freie Willensbestimmung aufgehoben[9]). Der Thäter handelt unter dem Eindruck krankhafter Störung der Geistesthätigkeit. Lichte Zwischenräume[10]) — deren schwierige Nachweisbarkeit stets etwas Mißliches hat — lassen die Verantwortlichkeit wieder aufleben. Bei Beurteilung der vollkommenen Unzurechnungsfähigkeit ist es aber gleichgültig, ob der Thäter schuldlos in diesen Zustand von Bewußtlosigkeit oder geistiger Unfreiheit geraten ist, oder ob er durch eigene Schuld seine geistige Freiheit eingebüßt hat, sobald der krankhafte Zustand ein dauernder geworden ist, wie z. B. bei einem dem Delirium verfallenen Trinker[11]).

Die Entmündigung eines Geisteskranken als solche schließt die Verantwortlichkeit nicht aus[12]). Bei den hier besprochenen Fragen sind fast ausschließlich die Umstände des einzelnen Falles — so wie sie von den Sachverständigen begutachtet und vom Richter nach dessen freiem Ermessen gewürdigt werden — entscheidend. So kann auch bei Geistesschwachen, entmündigten Verschwendern, Trinkern u. s. f. — welche Personen regelmäßig vollkommen zurechnungsfähig sind[13]) — der Richter im einzelnen Falle zur Überzeugung gelangen, daß die freie Willensbestimmung gehemmt und daher der Zustand der Unzurechnungsfähigkeit gegeben war.

Relativ zurechnungsfähig sind die Taubstummen, welche sonach mit den sogen. jugendlichen Thätern auf einer Stufe stehen. Auch bei diesen muß die zur Erkenntnis ihrer Verantwortlichkeit erforderliche Einsicht nach Lage des Falles geprüft werden[14]).

Wie für schuldhaftes Handeln die Zurechnungsfähigkeit gegeben sein muß, so auch für pflichtwidriges Unterlassen. Es ist somit notwendige Voraussetzung für die Verantwortlichkeit aus einer Unterlassung das Erkennen der korrespondierenden Pflicht zum Handeln.

---

[9]) Vgl. Hellmann S. 180.

[10]) Vgl. Crome, System § 83 S. 363; Matthiaß a. a. O. S. 714; v. Staudinger Vorträge S. 566; dessen Komm. S. 719 Note 1; nach v. Liszt S. 49 Anm. 3 kennt die moderne Psychiatrie diesen Begriff nicht.

[11]) Vgl. Cosack I § 71 S. 241.

[12]) So auch Linckelmann S. 107; Haidlen S. 940; CPO. § 645 ff.

[13]) Vgl. Cosack I § 71 S. 241.

[14]) Vgl. BGB. § 828 Abs. 2; Dernburg § 384 S. 619 u. oben S. 31.

Wer unfähig ist, diese Pflicht zu erkennen, der kann auch für die Unterlassung nicht verantwortlich gemacht werden. In welcher Form diese Pflicht auferlegt ist, ob als Verbot einer Rechtsverletzung, oder als Gebot, insbesondere als Schutzgesetz, ist gleichgültig. Damit die Pflicht erfüllt werde, muß eine Person eintreten, welche an Stelle des Unzurechnungsfähigen diese Pflicht wahrnimmt. Und dies geschieht auch; so ist z. B. die Pflicht der Treppenbeleuchtung, des Sandstreuens u. s. f. bezw. die Sorge dafür, daß dies geschieht, zur Pflicht des gesetzlichen Vertreters an Stelle des Deliktsunfähigen geworden. Er allein kann wegen der Verletzung der Pflicht verantwortlich gemacht werden.

Die Deliktsunfähigkeit schützt nach dem Verschuldungsprinzip regelmäßig gegen alle Ansprüche, soweit sie auf ein Verschulden des Thäters zurückzuführen sind[15]). Von dieser Regel gibt es zwei Ausnahmefälle, in welchen unzurechnungsfähige Personen trotz ihrer mangelnden Verantwortlichkeit zur Schadenshaftung herangezogen werden können.

Über die Sonderhaftung deliktsunfähiger Personen für durch Tiere und Gebäude verursachte Schäden s. unten §§ 8 u. 9 der Abh. S. 38 u. 45.

a) Der erste dieser im BGB. besonders geregelten Fälle ist die Haftung eines solchen — unzurechnungsfähig gewordenen — Zurechnungsfähigen, welcher sich durch geistige Getränke oder ähnliche Mittel in einen vorübergehenden Zustand der Unzurechnungsfähigkeit versetzt und in diesem Zustande widerrechtlich einen Schaden verursacht hat[16]). In dieser Richtung bestimmt § 827 BGB. in seinem 2. Satz:

„Hat er (der Thäter) sich durch geistige Getränke oder ähnliche „Mittel in einen vorübergehenden Zustand dieser Art — § 827 „Satz 1 — versetzt, so ist er für einen Schaden, den er in diesem „Zustande widerrechtlich verursacht, in gleicher Weise verantwortlich, „wie wenn ihm Fahrlässigkeit zur Last fiele; die Verantwort-

[15]) Vgl. Linckelmann S. 110; über den Beweis s. oben S. 21; Enneccerus u. Lehmann § 119 S. 266.

[16]) Buchka S. 175; Cosack I § 71 S. 241; Crome § 109 S. 484; Dernburg § 384 S. 618f.; Endemann S. 915 Note 21 (§ 201); Hellmann S. 180; v. Liszt S. 50; Matthiaß I § 142 S. 714 u. 719; Schollmeyer S. 113; v. Staudinger, Vorträge S. 566; Schultze a. a. O. S. 94ff.

„lichkeit tritt nicht ein, wenn er ohne Verschulden in den Zustand „geraten ist.“

Diese Haftung hat indessen ihre Wurzel immer noch in dem Verschuldungsprinzip; es ist zwar nicht die schadenstiftende Handlung selbst, welche zum Schadensersatz verpflichtet; denn diese ist von einem bereits Unzurechnungsfähigen begangen; es ist vielmehr die der schädigenden Handlung zeitlich vorausgehende, noch im Zustande der Zurechnungsfähigkeit begangene schuldhafte Herbeiführung eines die Zurechnungsfähigkeit aufhebenden Zustandes, welche die Haftung bedingt. Das Besondere ist hier noch weiter die vom Gesetz selbst aufgestellte Qualifikation der schadenstiftenden Handlung als einer „fahrlässigen“. Ob das „freiwillige Sich-Versetzen“ in den in Rede stehenden Zustand ein absichtliches war, um in diesem die unerlaubte Handlung zu begehen, oder ein fahrlässiges, ist gleichgültig. Voraussetzung der Schuldhaftigkeit dieser Handlung ist aber wieder die Kenntnis von der Wirkung des Getränkes u. s. w. oder die verschuldete Unkenntnis derselben[17]). Zwang, Irrtum, Betrug vermögen das Verschulden auszuschließen, m. a. W. der Thäter hat den Exkulpationsbeweis[18]), daß er ohne Verschulden in den Zustand geraten ist. Gelingt ihm der Beweis, so haftet er wie ein Unzurechnungsfähiger nach § 829[19]), von welchem sofort die Rede ist.

Dies ist die moderne und von v. Liszt mit Recht angegriffene Behandlung der actiones liberae in causa. die Haftung für sie ward indessen als ein Erfordernis des praktischen Bedürfnisses[20]) eingeführt.

b) Der zweite Fall, der hier zu besprechen ist, stellt sich als eine wirkliche Ausnahme von dem Verschuldungsprinzip dar[21]), indem das BGB. im Interesse der Billigkeit zu Gunsten des Veranlassungsprinzips in § 829 bestimmt:

---

[17]) Vgl. Crome a. a. O. S. 484 Note 11; Enneccerus u. Lehmann § 119 S. 265; Kuhlenbeck II § 55 S. 365.

[18]) Vgl. Beckh, Beweislast S. 211; Enneccerus u. Lehmann a. a. O.

[19]) So Matthiaß l. c. S. 720.

[20]) Vgl. Haidlen S. 940.

[21]) Für die Haftung Unzurechnungsfähiger dient nach Einigen zur Begründung, daß der Einzelne für die Anlage seiner vom Normaltypus abweichenden Individualität aufzukommen habe (Strohal, Rümelin, Schadenszurechnung S. 66 f.).

„Wer in einem der in den §§ 823—826 bezeichneten Fälle für „einen von ihm verursachten Schaden auf Grund der §§ 827, 828 „nicht verantwortlich ist, hat **gleichwohl** — sofern der Ersatz des „Schadens nicht von einem aufsichtspflichtigen Dritten erlangt werden „kann — den Schaden insoweit zu ersetzen, als die Billigkeit nach „den Umständen, insbesondere nach den Verhältnissen der Beteiligten, „eine Schadloshaltung erfordert und ihm nicht die Mittel entzogen „werden, deren er zum standesgemäßen Unterhalte sowie zur Er„füllung seiner gesetzlichen Unterhaltspflichten bedarf“.

In dieser Bestimmung des BGB. kommt die moderne sozialpolitische Auffassung von der ausgleichenden Gerechtigkeit in der Verteilung von Gütern zum Ausdruck, wonach die Kapitalkraft in erhöhtem Maße zur allgemeinen Wohlfahrt herangezogen wird[22]).

Es kann also eine unzurechnungsfähige Person, vorausgesetzt, daß sie sich in günstigen Vermögensverhältnissen befindet, zur Schadloshaltung verpflichtet werden, wenn durch ihre Handlung eine unbemittelte Person geschädigt wurde[23]). Der Richter hat auf die Umstände zu sehen und auf die Verhältnisse der Beteiligten, z. B. Reichtum des Thäters, Armut des Verletzten ꝛc., Rücksicht zu nehmen[24]).

Auf der anderen Seite sieht das Gesetz selbst wieder den Schutz des unzurechnungsfähigen Schadenstifters insofern vor, als dessen Haftung eingeschränkt wird. Bedingung für seinen Haftungseintritt ist der relative Wohlstand des Unzurechnungsfähigen; er darf nicht der Mittel beraubt werden, deren er selbst zum eigenen standesgemäßen Unterhalte sowie zur Erfüllung seiner gesetzlichen Unterhaltungspflichten bedarf. Diese Haftpflicht ist sonach eine bedingte, eine beschränkte, und sie ist auch nur subsidiär, d. h. primär hat sich der Verletzte an den aufsichtspflichtigen Dritten zu halten[25]).

Die Schuldhaftigkeit einer Handlung wird weiter ausgeschlossen

---

[22]) Unger, Handeln auf eigene Gefahr 1893 S. 140: richesse oblige.

[23]) Vgl. Endemann § 201 S. 915 erkennt in dieser Bestimmung „eine Ergänzung der allgemeinen Fürsorge durch die Kranken- u. Unfall-Gesetzgebung“.

[24]) Vgl. auch Schollmeyer S. 114; v. Staudinger, Vorträge S. 567; Dernburg § 384 II S. 619; Matthiaß I § 142 S. 714; Oertmann S. 565; v. Staudinger II S. 722.

[25]) Vgl. BGB. § 829: „... sofern der Ersatz des Schadens nicht von einem aufsichtspflichtigen Dritten erlangt werden kann“ ....; auch Cosack I § 164 Ziff. 3 S. 603.

durch entschuldbaren Irrtum; natürlich muß Derjenige, der sich auf Irrtum beruft, denselben beweisen[26]).

Für die uns beschäftigenden Fragen ist dieser Ausschließungsgrund von untergeordneter Bedeutung, da gegenüber den Rechtsgütern des Lebens und der körperlichen Integrität in den seltensten Fällen entschuldbarer Irrtum vorliegt.

§ 8.

2. Die Haftung für durch Tiere angerichtete Schäden*).

I. Allgemeines. Wie bereits oben angedeutet, ist das Verschuldungsprinzip des BGB. nicht ausnahmslos festgehalten[1]). Es sind vielmehr zu Gunsten des Veranlassungsprinzipes Abweichungen beliebt worden, und wird namentlich die Haftung für den durch Tiere angerichteten Schaden ausschließlich von diesem beherrscht. Bei der Tierhaftung handelt es sich überhaupt nicht um eine „unerlaubte Handlung" im eigentlichen Sinne des Wortes[2]); dieselbe ist vielmehr aus Zweckmäßigkeitsgründen dem 25. Titel des II. Buches BGB. unterstellt worden, wonach auch für sie die Grundsätze für die unerlaubten Handlungen (z. B. hinsichtlich der Zurechnungsfähigkeit, der Verjährung u. s. w.) maßgebend sind.

Der innere Grund der Haftung ist der, daß Derjenige, welcher aus einer Sache Vorteil hat, auch für die derselben eigentümlichen Gefahren aufkommen muß[3]).

---

[26]) Vgl. Gruchot, Beitr. **43** S. 235; Henrici in Gruchot, Beitr. **42** S. 633; v. Staudinger II S. 713.

*) Litteratur: Buchka S. 176; Cosack I § 166 S. 613; Dernburg II § 396 S. 648ff.; Endemann § 202 S. 918f.; Enneccerus u. Lehmann § 116 III S. 259; Kuhlenbeck II § 62 S. 373; Linckelmann S. 85ff.; Matthiaß I § 143 S. 722; Isay in Jhering Jahrb. **39** (1898) S. 209ff. bis 322; Unger, Handeln auf eigene Gefahr IX S. 70ff., auch S. 146; Rechtsprechung: Seuff. Arch. **47** Nr. 28; **52** Nr. 155; **54** Nr. 138; Bl. f. RA. **62** S. 35. S. ferner die Komm. v. Kuhlenbeck, Oertmann, Planck und v. Staudinger zu §§ 833 u. 834.

[1]) Vgl. Hellmann S. 177.

[2]) Vgl. Enneccerus u. Lehmann § 116 III S. 259, wo die Thatbestände §§ 833 (u. 835) „uneigentliche unerlaubte Handlungen", „Quasidelicte" genannt werden. Die §§ 827 u. 828 können auf sie nicht angewendet werden. Ebenso v. Staudinger II S. 719 Note 3. Siehe dagegen Text unten S. 38; G. Müller in Bl. f. RA. **65** S. 375.

[3]) Analoger Haftungsgrund wie für den Unternehmer im RHPG. „Gefährdungshaftung", auch Haftung im eigenen Interesse genannt. Gl. A. Cosack l. c. S. 614.

II. Der Tierhalter. Der § 833 BGB. bestimmt: „Wird „durch ein Tier ein Mensch getötet oder der Körper oder die Ge-„sundheit eines Menschen verletzt oder eine Sache beschädigt, so ist „Derjenige, **welcher das Tier hält,** verpflichtet, dem Verletzten den „daraus entstehenden Schaden zu ersetzen."

A. Es haftet „Derjenige, der das Tier[4]) hält", primär und unbedingt für den durch dasselbe angerichteten Schaden. Es entscheidet lediglich die Thatsache des „Haltens", d. h. der unmittelbaren Herrschaft über das Tier, daß man es in Gewahrsam hat und für dasselbe Sorge trägt[5]).

Die juristische Qualität des Tierhalters, sei er Eigentümer oder Mieter, Pächter, Entleiher, Nießbraucher, Verwahrer u. s. w., ist für die Haftung ohne Bedeutung[6]). Daß er seinerseits sich wegen eines durch das Tier angerichteten und von ihm vertretenen Schadens an seinen Gegenkontrahenten (den Vermieter, Hinterleger u. s. w.) halten kann, wenn diesem infolge arglistiger Verschweigung eines Fehlers der Sache — Bissigkeit des Hundes — ein Verschulden zur Last fällt, soll hier kurz erwähnt werden (§ 600 BGB.). Der Verleiher selbst wird dem Beschädigten **nicht** schadensersatzpflichtig. Ein Dresseur haftet für die in seine Zucht gegebenen Tiere als Tierhalter, wobei wegen eines eventuellen Rückgriffrechtes die Grundsätze des § 694 BGB. berücksichtigt werden müssen, wonach: „der Hinterleger den durch die Beschaffenheit der hinterlegten „Sache dem Verwahrer entstehenden Schaden zu ersetzen" hat, „es „sei denn, daß er die gefahrdrohende Beschaffenheit der Sache bei „der Hinterlegung weder kennt noch kennen muß, oder daß er sie „dem Verwahrer angezeigt oder dieser sie ohne Anzeige gekannt hat."

Man haftet nicht für Tiere, die man nur vorübergehend, z. B. aus Gefälligkeit, hält oder die man im Interesse des Verlierers bis zu dessen Auffindung in Verwahrung nahm, wohl aber für zu-

---

[4]) Bienen gehören selbstredend zu den Tieren; auch Bakterien, so Oertmann S. 570, der an die Wiener Pestfälle erinnert; Kuhlenbeck, Komm. Nr. 3; A. A. Dernburg § 396 S. 649; v. Staudinger II S. 729 Note 4.

[5]) Vgl. Linckelmann S. 87.

[6]) Nach Cosack l. c. S. 614 hält bei einem mit Inventar verpachteten Gute der Pächter das Vieh; bei einem administrierten Gute der Dienstherr, nicht der Verwalter; was nicht unwidersprochen blieb (Dernburg S. 650 Anm. 11); vgl. auch Schollmeyer S. 119; Endemann l. c. S. 918.

gelaufene Tiere, die man bis auf weiteres behält[7]). Es entscheidet der aus schlüssigen Handlungen erkennbare Besitzwille (animus rem sibi habendi).

B. Zur Haftung ist derjenige Tierhalter verpflichtet, welcher das Tier zur Zeit des Unfalles gehalten hat; durch Veräußerung wird er nicht frei[8]). Das Verhältnis zwischen Halter und Tier dauert fort, wenn das Tier bloß vorübergehend entlaufen[9]) ist; dagegen durch endgültiges Entlaufen wird es aufgehoben, ebenso durch Diebstahl, in welchem Falle die Haftung auf den neuen Tierhalter bzw. Dieb übergeht[10]).

C. Der Tierhalter muß zurechnungsfähig sein[11]), obgleich es sich nicht um eine Verschuldungshaftung handelt; dies folgt aus der Stellung dieser Haftungsbestimmung im BGB., denn die §§ 827 bis 829 l. c. gelten für den ganzen Titel[12]). Hält somit ein Unzurechnungsfähiger ein Tier, so hat er für den Schaden nur nach Maßgabe des BGB. § 829 also aus Billigkeitsrücksichten und unter

---

[7]) Vgl. auch Oertmann S. 571.

[8]) Direkt entgegen dem Röm. Recht. Vgl. auch Cosack a. a. O. S. 614.

[9]) Vgl. § 856 BGB.; diese Unterscheidung macht Oertmann S. 571 nicht: er macht Denjenigen, der das Tier schuldhaft entweichen läßt, nach § 823 verantwortlich; m. E. mit Unrecht; § 833 deckt auch diesen Fall.

[10]) So Linckelmann S. 87; A. A. Dernburg a. a. O. S. 650; Oertmann S. 571.

[11]) So Liszt S. 107; Kuhlenbeck Komm. zu § 833 Note 4; Cosack S. 614; ferner oben § 7 a. E. S. 34 u. 35; A. A. mit triftigen Gründen Linckelmann S. 87 u. 110; Oertmann S. 570; Matthiaß a. a. O. S. 722, u. v. Staudinger II S. 719 Note 3, nach welchen es „belanglos ist, ob der Halter des Tieres deliktsunfähig ist". Dies ist auch der Natur der Sache entsprechender. Die Sonderhaftung für Tiere ist an den objektiven Thatbestand „des Haltens des Tieres" geknüpft. Deliktsunfähige Personen sind primär aus diesem thatsächlichen Verhältnis haftbar. Diese können sich dann ihrerseits bei Nachweis der Nachlässigkeit des Aufsichtspflichtigen an diesen halten, bezw. an ihren gesetzlichen Vertreter. (§ 1833 BGB). Die im Text niedergelegte Ansicht stimmt lediglich mit der Meinung des Gesetzgebers überein, welcher die Tierhaftung als Haftung aus einer „unerlaubten Handlung" aufgefaßt wissen will, für welche nach allgemeinen Auslegungsregeln die übrigen Bestimmungen dieses Titels, z. B. auch die Verjährung — trotz einer den Fall der Tierhaftung nicht deckenden Formulierung, s. unten S. 96 —, maßgebend sind.

[12]) Vgl. vorangehende Anm. 11; Cosack S. 614; Enneccerus u. Lehmann § 116 S. 259; Dernburg a. a. O. S. 649; v. Staudinger zieht a. a. O. aus der Stellung im System Konsequenzen, die er für § 833 nicht gelten lassen will.

den dort angegebenen Beschränkungen zu haften. Praktisch dürfte die Frage aus dem Grunde von untergeordneter Bedeutung sein, als meist eine vertragsmäßige Uebernahme der Aufsichtsführung vorliegen wird, wenn ein Unzurechnungsfähiger der Tierhalter ist.

D. Die Haftung tritt ein für jeden durch ein Tier verursachten Schaden ohne Rücksicht darauf, ob es sich um zahme oder wilde Tiere handelt, ohne Rücksicht auf deren Nutzen, ohne Rücksicht auf die Vorhersehbarkeit eines Schadens[13]).

E. Zu beweisen ist lediglich die Thatsache der Schädigung durch das Tier und die im Gesetze gedachte Beziehung des in Anspruch Genommenen zu dem Tier[14]).

III. Der Aufsichtsführende.

„Wer **für** Denjenigen, welcher ein Tier hält, die Führung „der Aufsicht über das Tier **durch Vertrag** übernimmt, ist für den „Schaden verantwortlich, den das Tier einem Dritten in der im „§ 833 bezeichneten Weise zufügt" — § 834 Satz 1.

Es kann also Jemand die Führung der Aufsicht über ein Tier dauernd oder vorübergehend durch Vertrag übernehmen, z. B. ein Pferdeknecht, eine Viehmagd, ein Hüter, Fuhrhalter, Hundezüchter. Diese Person ist aber im Vergleich zum Tierhalter günstiger gestellt, da ihr durch § 834 Satz 2 ein Exkulpationsbeweis[15]) eingeräumt wurde, den der Tierhalter nicht hat, und welcher die Verantwortlichkeit nicht eintreten läßt, wenn der Aufsichtsführende:

1. „bei der Führung der Aufsicht die im Verkehr erforderliche „Sorgfalt beobachtet" oder

2. „wenn der Schaden auch bei Anwendung dieser Sorgfalt „entstanden sein würde".

Wenn dieser Beweis gelingt, ist die Haftung des Aufsichtführenden ausgeschlossen.

Zu beachten ist hiebei das Schuldmoment, welches in der Person des Aufsichtsführenden als vorhanden angenommen wird — ein Fall von Schuldpräsumtion, gegen welche indessen ein Gegenbeweis gewährt wird[16]). Die §§ 833 u. 834 sind als eine zusammengehörige Gruppe zu betrachten. Die in § 833 ausgesprochene,

---

[13]) Vgl. Schollmeyer S. 119; Cosack S. 614.

[14]) So Beckh, Beweislast S. 212.

[15]) Vgl. Beckh, Beweislast S. 208, 211.

[16]) Vgl. Cosack l. c. S. 615; Schollmeyer S. 120.

durch keinen Zusatz beschränkte Haftung des Tierhalters wird durch die Bestimmung des § 834 nicht beeinträchtigt.

§ 834 bedeutet eine Verschärfung der Garantie für den Beschädigten. Der Tierhalter haftet kumulativ neben dem vertragsmäßig Aufsichtsführenden. Letzterer haftet selbständig, so besonders wenn dem Besteller auch kein Verschulden in der Auswahl nach § 831 zur Last fällt[17]).

§ 834 BGB. ist ein Analogon zum Abs. 2 des § 832, im Interesse des Beschädigten.

Eine Folgerung aus dem Zusatze „durch Vertrag" in § 834 ist es, daß der gesetzliche Vertreter aus § 834 **nicht** haftet[18]).

IV. Halten Mehrere gemeinschaftlich[19]) ein Tier, z. B. als Miteigentümer, so haften sie als Gesamtschuldner[20]); dies ist eine Folge der Stellung der §§ 833 ff. im System des BGB.[21]).

V. Ausschluß der Haftung. Sowohl von einer Schuld als auch von der Präsumtion einer Schuld kann beim Tierhalter nicht gesprochen werden[22])[23]). Somit ist die Haftung sowohl des Tierhalters

---

[17]) Vgl. auch Haidlen S. 948; Oertmann S. 572; Schollmeyer S. 120; A. A. v. Liszt S. 108 u. Endemann § 202 Anm. 10 S. 919, welcher neben dem Aufsichtsführer den Tierhalter nach § 831 **unter derselben Beschränkung** als Gesamtschuldner haften läßt. Endemann folgert aus dem Verhältnis zwischen § 834 mit § 831 zu § 833 eine Haftungs**minderung** für den Tierhalter. Sobald er durch Vertrag einen Anderen mit der Aufsicht betraut hat, reduziert sich seine Haftung Dritten gegenüber auf die culpa in eligendo (Versehen in der Auswahl). Das war kaum die Absicht des Gesetzgebers, daß man durch Vertrag eine gesetzliche Haftpflicht wesentlich abschwächen kann. Auch der Satz in Endemann S. 919: „Nach § 840 Abs. 3 kann der Tierhalter vollen Regreß gegen den von ihm Bestellten nehmen," dürfte sich nicht rechtfertigen lassen, denn der „Bestellte" erscheint u. E. nicht als „Dritter" im Sinne des § 840 Abs. 3.

[18]) So Endemann l. c. S. 919 Anm. 9; A. M. Haidlen S. 948, M. E. mit Unrecht; er folgert die Haftung des gesetzlichen Vertreters aus der, der Fassung des § 832 Abs. 2 sich anschließenden Formulierung des § 834.

[19]) Der Zusammengehörigkeit wegen hier behandelt, s. auch unten § 11; BGB. §§ 830, 840.

[20]) Vgl. Endemann S. 918; Schollmeyer S. 120; A. A. Dernburg S. 650, welcher sie nach § 420 geteilt haften läßt.

[21]) So auch Oertmann S. 571.

[22]) A. A. Linckelmann S. 60 u. 88, welcher die Präsumtion eines Verschuldens in der dem Tierhalter auferlegten Haftung erblickt. Nach ihm kann selbst das größte eigene Verschulden des Verletzten nur als mit-

als des Aufsichtsführenden ausgeschlossen, wenn der Verletzte selbst den Schaden schuldhaft verursacht hat, z. B. durch Reizen des Tieres, unvorsichtiges Spielen mit demselben. Denn die Verantwortlichkeit des Tierhalters, welcher durch das Halten des Tieres einen Zustand der Gefahr schafft, wird — gegebenenfalls bis zum vollständigen Wegfall der Haftung — beeinflußt von dem eigenen Verschulden des Verletzten nach Maßgabe des § 254 BGB., indem von den Umständen abhängenden Verhältnisse: je größer das Verschulden des Verletzten um so geringer die Verantwortlichkeit des Tierhalters. Andererseits bleibt, wenn dem Verletzten wegen seiner Unzurechnungsfähigkeit ein eigenes Verschulden gar nicht zur Last gelegt werden kann, die Haftung des Tierhalters ungeschmälert bestehen[24]). Dagegen wird sie wieder eingeengt, wenn nach dem in § 254 allegierten § 278 dem Deliktsunfähigen ein Verschulden seines gesetzlichen Vertreters oder einer Hülfsperson wie eigenes Verschulden angerechnet wird[25]).

VI. Wohl zu unterscheiden von dem Fall, in welchem der Verletzte selbst das Tier gereizt hat, ist der Fall, wenn ein Dritter — also weder Tierhalter noch Verletzter — ein fremdes Tier auf Menschen hetzt. Dieser Dritte haftet neben dem Tierhalter bezw. dem Aufsichtsführenden nach außen als Gesamtschuldner[26]). Über das Haftungsverhältnis zwischen Tierhalter bezw. Aufsichtsführenden und dem Dritten untereinander bestimmt das BGB.:

„Ist neben Demjenigen, welcher nach den §§ 833, 834[27]) zum „Ersatze des Schadens verpflichtet ist, ein Dritter für den Schaden „verantwortlich, so ist in ihrem Verhältnis zu einander der „Dritte allein verpflichtet“ — § 840 Abs. 3[28]).

---

wirkendes Verschulden nach § 254 gewürdigt werden, so daß der Tierhalter stets bis zu einem und wenn auch noch so geringen Teile verantwortlich bliebe. Dies ist nach der im Text vertretenen Ansicht ungenau, denn nur zu einem schon vorhandenen oder als vorhanden angenommenen Verschulden kann schuldhaft „**mit**gewirkt“ werden.

[23]) S. oben S. 36, Grund der Haftung.

[24]) Vgl. Linckelmann S. 88.

[25]) Vgl. unten § 13 S. 71.

[26]) Ist dieser Dritte unzurechnungsfähig, haftet er für seine Person nach BGB. § 829.

[27]) Im Text steht „§§ 833—838“; über die §§ 836—838 vgl. folg. Paragraph.

[28]) Vgl. Linckelmann S. 88.

VII. Durch Anschläge, wie: „Vor Hunden wird gewarnt“, wird die Haftung des Tierhalters nicht beseitigt[29]).

Betritt Jemand ein Grundstück, z. B. einen Bauplatz, und wird von dem Wächterhund gebissen, so haftet der Tierhalter trotz einer solchen die Haftung ausschließenden Warnung; allerdings wird dabei geprüft, inwieweit das Betreten des Grundstückes selbst ein eigenes Verschulden des Verletzten in sich birgt, z. B. wenn ein Anschlag an dem Eingang zu dem Grundstück angebracht ist: „Unberechtigten ist der Eintritt strengstens untersagt.“

§ 9.

3. Die Haftung für durch Bauwerke verursachte Schäden*).

I. Allgemeines. Wie der Haftung für Schädigung durch Tiere das Veranlassungsprinzip zu Grunde liegt, so fällt die Haftung für die von Gebäuden drohenden Schäden unter die Gefährdungshaftung[1]). Auch hier handelt es sich nicht um ein wirkliches Delikt, doch gelten für dieselbe gleichfalls die im 25. Titel BGB. aufgestellten Grundsätze[2]). Die Schadensersatzpflicht stützt sich lediglich auf den aus fehlerhafter Errichtung oder mangelhafter Unterhaltung sich ergebenden Zustand, nicht auf ein Verschulden. Das Verschuldungsprinzip spielt jedoch insofern herein[3]), als der Besitzer, der seine persönliche Schuldlosigkeit nachzuweisen im stande ist, von Haftung frei wird[4]); dem Gebäudebesitzer ist die Sorgfalt für Erhaltung seines Gebäudes zur Pflicht gemacht (Garantiepflicht).

---

[29]) A. A. Dernburg a. a. O. S. 650, welcher eigenes Verschulden des Verletzten annimmt, wenn dieser trotz Warnung durch Anschlag das Gehöft unbefugt betritt.

*) Litteratur: Buchka S. 177 ff.; Cosack I § 165 X S. 611 f.; Dernburg II § 398 S. 654 ff.; Endemann I § 202 S. 919; Enneccerus u. Lehmann I § 364 S. 770; Kuhlenbeck II § 63 S. 375; Linckelmann S. 94 ff.; Matthiaß I § 143 S. 723 f.; Unger, Handeln auf eigene Gefahr X S. 75 ff. und die Kommentare von Planck, Oertmann S. 574 f., v. Staudinger II S. 733 ff.; Rechtsprechung: Seuff. Arch. **46** Nr. 17; **49** Nr. 76.

[1]) Vgl. auch Adolf Lühl l. c. S. 47.

[2]) Vgl. hierüber sowie teilweise über den inneren Grund der Haftung auch § 8 unter I oben S. 36.

[3]) Vgl. Kuhlenbeck II § 60 S. 371 f.

[4]) So Kuhlenbeck a. a. O. S. 372.

Die Fehler der Errichtung und Unterhaltung können ja wohl meist auf ein Verschulden zurückgeführt werden; es ist dies aber nicht immer unbedingt der Fall, eine unglückliche Verkettung von Umständen kann an dem Unfall schuld sein, von denen kein einziger allein denselben herbeigeführt haben würde.

Aus Zweckmäßigkeitsgründen macht man den Besitzer verantwortlich, er muß — wenn auch den Baumeister oder den Vorbesitzer ein Verschulden trifft — zunächst einstehen[5]).

Der innere Grund, warum gerade dem Besitzer die Haftung auferlegt ist, besteht darin, daß dieser infolge seiner körperlichen Beziehung zur Sache fast ausschließlich in der Lage ist, sich über den baulichen Zustand des Gebäudes zu unterrichten und das zur Abwendung der Gefahr Erforderliche zu veranlassen. Dazu ist der Eigentümer, der oft nicht Besitzer ist, nicht in der Lage[6]).

Einzelne Schriftsteller lassen den Besitzer aus einer schuldhaften Unterlassung haften, indem sie behaupten, daß durch § 836 BGB. eine allgemeine gesetzliche Verpflichtung geschaffen wurde, Gebäude u. s. w. in einem ordnungsmäßigen Zustande zu erhalten[7]).

II. Der Eigenbesitzer. Das BGB. bestimmt:

„Wird durch den Einsturz eines Gebäudes oder eines anderen „mit einem Grundstücke verbundenen Werkes oder durch die Ablösung „von Teilen des Gebäudes oder des Werkes ein Mensch getötet, der „Körper oder die Gesundheit eines Menschen verletzt oder eine Sache „beschädigt, so ist der Besitzer des Grundstücks, soferne der Einsturz „oder die Ablösung die Folge fehlerhafter Errichtung oder mangel„hafter Unterhaltung ist, verpflichtet, dem Verletzten den daraus ent„stehenden Schaden zu ersetzen." § 836 Abs. 1 Satz 1.

Über die Haftung des „früheren" Besitzers — § 836 Abs. 2 — wird sofort gesprochen werden. Für beide Absätze des § 836 hat der Paragraph hinsichtlich der juristischen Qualität des Besitzers eine Bestimmung getroffen:

„Besitzer im Sinne dieser Vorschriften ist der Eigenbesitzer" — § 836 Abs. 3, d. h. er muß das Grundstück „als ihm gehörend" besitzen — § 872. Im übrigen ist es gleichgültig, ob er Eigentümer, gut- oder bösgläubiger Besitzer, Pächter (§ 582), Nießbraucher (§§ 1041,

[5]) Vgl. Cosack l. c. S. 611.

[6]) Vgl. auch Meisner zu § 836 S. 301.

[7]) Vgl. unten S. 47.

1042, 1020) — kurz Besitzer in Ausübung eines dinglichen oder persönlichen Rechtes am Grundstücke ist.

„Ein früherer Besitzer des Grundstücks ist für den Schaden „verantwortlich" und zwar in den gleichen Fällen und unter denselben Voraussetzungen, für welche der gegenwärtige Besitzer verantwortlich ist, nur unter einer zeitlichen Beschränkung und unter Erweiterung seines Entlastungsbeweises; also: „wenn der Einsturz oder „die Ablösung innerhalb eines Jahres nach der Beendigung „seines Besitzes eintritt, es sei denn, daß er während seines Be„sitzes die im Verkehr erforderliche Sorgfalt beobachtet hat oder" — und hierin liegt die Erweiterung des Entlastungsbeweises — „ein späterer Besitzer durch Beobachtung dieser Sorgfalt die Gefahr „hätte abwenden können" § 836 Abs. 2.

III. Regelmäßig haftet der „Eigenbesitzer" des Grundstücks aus dem Besitze des Gebäudes, daher regeln die §§ 837, 838 die Haftung des Gebäudebesitzers als solchen:

1. „Besitzt Jemand auf einem fremden Grundstück in Aus„übung eines Rechtes ein Gebäude oder ein anderes Werk, so trifft „ihn **an Stelle** des Besitzers des Grundstücks die im § 836 „bestimmte Verantwortlichkeit" — § 837. Welcher Art das Recht am Gebäude ist, ist wieder ohne Bedeutung, es mag Pacht, Nießbrauch, ein Wohnungsrecht (§ 1093 Abs. 1)[8]), ein Erbbau-, Servitutenbau-, Überbau-Recht sein; das Gebäude braucht auch nicht Bestandteil des Grundstücks zu sein[9]).

2. Schließlich bestimmt noch § 838:

„Wer die Unterhaltung eines Gebäudes oder eines mit einem „Grundstücke verbundenen Werkes **für** den Besitzer übernimmt oder „das Gebäude oder das Werk vermöge eines ihm zustehenden Nutz„ungsrechts zu unterhalten hat, ist für den durch den Einsturz oder „die Ablösung von Teilen verursachten Schaden in gleicher Weise „verantwortlich wie der Besitzer." —

Die Übernahme geschieht mittels Vertrags, und die Haftung besteht ohne Rücksicht auf den Besitz des Gebäudes[10]) entweder auf Grund des Vertrags oder auf Grund des Nutzungsrechts.

---

[8]) Linckelmann S. 98.

[9]) Vgl. Endemann S. 919 Anm. 15; Schollmeyer S. 121; Haidlen S. 933; Meisner, Komm. S. 302; Mot. II S. 819; Cosack S. 612 Ziff. 2b.

[10]) Schollmeyer S. 122; Oertmann S. 576.

A. Für alle drei Gattungen von Besitzern gilt folgendes gemeinsam:

Die Objekte, an welche sich die Haftung knüpft, sind Gebäude, oder andere, mit dem Grundstück verbundene Werke, also Zäune, Schornsteine, Bildsäulen, Stukkaturen, Dachziegel, Mauern, eingerammte Fahnenstangen, elektrische Leitungen u. s. w.[11]), nicht dagegen Pflanzen, Bäume, oder sogen. vitia loci, wie Felsstücke, die sich loslösen[12]). Die Gefahr, für welche der Besitzer haftet, ist der Einsturz des Gebäudes oder die Ablösung von Gebäudeteilen, sofern sich diese Ereignisse als Folge fehlerhafter Errichtung oder mangelhafter Unterhaltung darstellen. Dieser objektive Thatbestand macht haftpflichtig. Es bedarf nicht des Nachweises eines Verschuldens bei der Errichtung oder in der Unterhaltung. Selbstredend entfällt die Haftung bei Vorliegen „höherer Gewalt“, z. B. Einsturz eines Gebäudes infolge Erdbebens, Abbrechen von Stromleitungsstangen durch Sturm u. s. w.[13]).

B. Der Zeitpunkt für die Haftung ist der Augenblick des Einsturzes bezw. der Ablösung; die Dauer der Haftung ist — wie wir oben sahen — für den früheren Besitzer auf ein Jahr nach Beendigung seines Besitzes verlängert[14]).

C. Unzurechnungsfähige Besitzer haften nur nach Maßgabe des BGB. § 829[15]).

IV. Sind Mehrere gemeinschaftlich Besitzer eines Gebäudes, z. B. Miteigentümer, so haften sie als Gesamtschuldner.

V. Ausschluß der Haftung.

1. Die Besitzer aus § 836 Abs. 1, § 837 u. § 838 können ihre Ersatzpflicht ablehnen, wenn ihnen der Beweis gelingt, daß sie „zum Zwecke der Abwendung der Gefahr die im Verkehr erforder-

---

[11]) Also nicht Blumentöpfe, Fensterbretter, Destillierflaschen; hier haftet der betreffende Wohnungsinhaber nach § 823 Abs. 1 bezw. § 823 Abs. 2, wenn das Hinausstellen solcher Gegenstände polizeilich verboten ist. Auch für nicht eingerammte Flaggen wird aus § 823 gehaftet werden müssen. Vgl. auch Cosack S. 612.

[12]) Linckelmann S. 96; Kuhlenbeck, Komm. S. 587 Note 2.

[13]) Vgl. Oertmann S. 575.

[14]) Vgl. Schollmeyer S. 121; Meisner S. 301: „damit der Besitzer sich nicht durch Aufgeben des Besitzes seiner Verpflichtung entziehen kann“.

[15]) Vgl. Cosack l. c. S. 612; Dernburg a. a. O. S. 656 und Abh. oben S. 38.

liche Sorgfalt beobachtet haben"[16]) § 836 Abs. 1 Satz 2. Man hat somit das Gefährdungsprinzip zu Gunsten des Verschuldungsprinzips verlassen. Nach ersterem wird in der Person des Besitzers zur Begründung seiner Haftung das Vorliegen eines Verschuldens präsumiert. Man gewährt ihm aber in Verfolgung des letzteren einen Exkulpationsbeweis, d. h. bei nachweisbarem Fehlen seines Verschuldens ist er von Haftung frei[17]).

Es wird also auf alle subjektiven Umstände ankommen, welche im stande sind, ein Verschulden des Besitzers auszuschließen z. B., daß er das Grundstück eben erst geerbt hat, und noch nicht besichtigen konnte[18]). Gelingt dem Besitzer der Beweis, dann wird sich auch in der Mehrzahl der Fälle herausstellen, wen ein Verschulden trifft oder ob ein unvertretbarer Zufall vorliegt.

2. Auch die oben besprochene Haftung nach Aufgabe des Besitzes kann ausgeschlossen werden; der den Besitz aufgebende Grundstücksinhaber muß aber nachweisen können:

1. daß er „während seines Besitzes die im Verkehr erforderliche „Sorgfalt beobachtet hat" oder

2. „ein späterer Besitzer durch Beobachtung dieser Sorgfalt „die Gefahr hätte abwenden können".

Der erste dieser Beweise ist der regelmäßige Entlastungsbeweis, — nämlich, daß ihn selbst kein Verschulden trifft — der zweite ist eine Erweiterung seines Entlastungsbeweises als Äquivalent für die Fortdauer seiner Haftung nach Beendigung des Besitzes.

Es müssen nicht beide Beweise erbracht werden, daher die Verbindung durch „oder". Der in Anspruch Genommene hat aber die Wahl, welchen er erbringen will, den Beweis des eigenen Nichtverschuldens oder den weitergehenden, des Verschuldens des späteren Besitzers. Ein Nichtverschulden liegt insbesondere vor, wenn er den Mangel während der Zeit nicht erkannt hat bezw. derselbe von ihm nicht beseitigt werden mußte[19]). Diese Bestimmung über den Ausschluß der Haftung gilt auch für den früheren Pächter u. s. f.[20]).

---

[16]) Vgl. Schollmeyer S. 121; Endemann S. 920.

[17]) Vgl. Beckh, Beweislast S. 208, 211.

[18]) Vgl. Cosack l. c. S. 612, welchem jedoch nach dem Wortlaut des Gesetzes diese Ansicht nicht ganz unzweifelhaft erscheint. Indessen ergibt sich diese Auffassung aus dem Grundsatz der freien Beweiswürdigung von selbst.

[19]) So Endemann S. 920.

[20]) So Cosack S. 612, 2, Anm. c (§ 165 X).

Ging das Gebäude bezw. Grundstück an Niemand über, so dauert die Haftung nicht länger, aber es es entfällt natürlich der zweite Entlastungsbeweis.

Hinsichtlich des Haftungsverhältnisses der Personen aus § 836 bis § 838 ist folgendes zu bemerken:

1. ein früherer Besitzer haftet neben dem Besitzer des Grundstücks — (§ 836 Abs. 2).

2. „in gleicher Weise verantwortlich wie der Besitzer" ist der nach § 838 Haftpflichtige; er haftet neben dem Eigenbesitzer.

3. Neben den nach §§ 836—838 haftpflichtigen Personen haftet schließlich der Dritte als Urheber des Schadens aus seinem nachgewiesenen Verschulden gemäß § 823 Abs. 1 u. 2, z. B. der Baumeister für die von ihm geschaffenen fehlerhaften Einrichtungen, sei es infolge Verwendung schlechten Materials oder Konstruktionsfehler u. s. f. [21]).

Dem Beschädigten haften in diesen Fällen beide als Gesamtschuldner nach BGB. § 840 Abs. 1; „in ihrem Verhältnisse zu einander" aber „ist der Dritte allein verpflichtet" BGB. § 840 Abs. 3[22]). Haften nach § 836 Abs. 1, 2 der frühere und der gegenwärtige Besitzer dem Beschädigten als Gesamtschuldner, so bestimmt sich ihre Haftung unter einander nach § 426, nicht nach § 840 Abs. 3[23]).

4. Im Falle des § 837 haftet der in diesem Paragraphen benannte Besitzer „an Stelle" des Eigenbesitzers des § 836.

Schließlich ist zu betonen, daß die §§ 836—838 lediglich Sondervorschriften im Interesse der allgemeinen Sicherheit zu Gunsten des Beschädigten enthalten, d. h. sein Schadensersatzrecht ist gegeben bei Vorliegen eines gewissen Zustandes, gegen eine bestimmte Person, ohne die Pflicht, ein Verschulden derselben nachzuweisen. Daneben bleiben natürlich die allgemeinen Bestimmungen der §§ 823 ff. voll in Kraft, wenn dem Besitzer nachweisbar Vorsatz oder Fahrlässigkeit oder ein schuldhafter Verstoß gegen ein Schutzgesetz oder Bestellung

---

[21]) Vgl. RStGB. §§ 330, 367 Abs. 1 Nr. 13, 14, 15 und landesgesetzl. Baupolizeivorschriften; dann Endemann S. 920 Anm. 17; Dernburg S. 654 und 655; Schollmeyer S. 121; Linckelmann S. 98 und Komm. von Haidlen S. 954; Oertmann S. 579; Planck S. 635.

[22]) Vgl. auch oben S. 41 u. v. Staudinger II S. 734 Note 7.

[23]) So v. Staudinger a. a. O.

einer ungeeigneten Person zur Last gelegt werden kann. Die §§ 836 ff. führen nur eine Haftung aus einem Zustande ein, unter der Voraussetzung, daß ein Verschulden nicht nachweisbar ist[24]).

§ 10.

c) Aufhebung des ursächlichen Zusammenhanges, insbesondere Zufall und höhere Gewalt*).

I. Allgemeines. Zur Begründung einer Schadensersatzpflicht haben wir drei Haupterfordernisse als notwendig kennen gelernt, die Rechtswidrigkeit, die — wirkliche oder präsumierte — Schuldhaftigkeit und den Kausalzusammenhang zwischen Thätigkeit und Erfolg.

Wie es nun Verhältnisse gibt, welche die Rechtswidrigkeit oder Schuldhaftigkeit einer Handlung ausschließen, so gibt es auch Umstände, welche den Kausalzusammenhang aufheben und damit die Haftung ausschließen. Man spricht hier von „Unterbrechung des Kausalzusammenhangs" [1]).

[24]) Vgl. Planck S. 633; Oertmann S. 579; Kuhlenbeck, Komm. S. 587 Note 1 u. 2, auch Seuff. Arch. **45** Nr. 90; **50** Nr. 87; RStGB. §§ 330, 367 Nr. 14, 15; Oertmann S. 575; Matthiaß S. 724; Endemann § 202 S. 919 und 920 Anm. 16; Schollmeyer S. 121; Linckelmann S. 95, welcher die Bestimmungen der §§ 907—909 BGB. als Schutzbestimmungen im Sinne des § 823 Abs. 2 erklärt. Eine Reparaturpflicht besteht im allgemeinen nicht; im übrigen vergleiche die eingangs zitierten Entscheidungen in Seuff. Arch., woselbst das Hinausschieben einer Reparatur ebenso schuldhaft ist, wie das Unterlassen der Nachforschungen nach verborgenen Mängeln. Die Unterhaltungspflicht erschöpft sich nicht mit dem Verbessern vorhandener Mängel; schuldhaft ist auch die Unterlassung oder Verzögerung einer Reparatur wegen Geldmangel (Dernburg S. 656).

*) Litteratur: M. Rümelin, Die Verwendung der Kausalbegriffe im Straf- und Zivilrecht, Arch. für ziv. Pr. **90** (1900) S. 171—344; Endemann § 129 S. 567 ff.

[1]) Vgl. Crome § 108 S. 476 f. — Dieser Ausdruck wird in der Theorie vielfach und hart bekämpft; insbesondere wenn man von der Kausalität einer „Unterlassung" spricht (vgl. Rümelin a. a. O. S. 197, 264 u. 319). In der Praxis ist er eingebürgert und man verbindet mit dem Ausdruck im praktischen Leben den richtigen Begriff. Auch Endemann hat ihn beibehalten, ebenso Linckelmann. Dies gibt auch Rümelin S. 264 zu. Dieser spricht von „adäquatem Zusammenhang", ein Begriff, der jedenfalls nicht handlicher ist, als der angegriffene, obwohl in der Theorie sehr wohl verwendbar. — Speziell über die „Kausalität der Unterlassung" Rümelin a. a. O. S. 319 ff. Die Betrachtung derselben gehört nicht in die Lehre von der Unterbrechung des Kausalzusammenhanges, sondern in die Lehre vom Kausalzusammenhang, s. oben § 5 S. 20 f.

Die zwei wichtigsten Fälle, welche hieher gehören, sind der Zufall und die höhere Gewalt, Faktoren, welche überhaupt nicht in dem Willen eines Menschen ihre Wurzel haben, sondern von diesem unabhängig wirken. Bei ihnen springt unter der Voraussetzung, daß über ihr Vorliegen kein Zweifel besteht — was ja im einzelnen Fall sehr bestritten sein kann —, ihre Bedeutung als „Kausalität unterbrechend“ in die Augen. Dagegen ist die Entscheidung höchst schwierig, wenn es sich um eine weitere Wirkung der schadenstiftenden Handlung oder gar um eine weitere, auf dem freien Willen eines Menschen beruhende Thätigkeit handelt. In diesem Zusammenhang sollen die einzelnen Fälle nur zur Übersicht aufgeführt werden, während ihre Besprechung geeigneter an anderen Stellen der Abhandlung erfolgt.

Der schließliche Schadenserfolg stellt sich dar:

1. als eine weitere Wirkung der Handlung des Schadenstifters

a) in der Person des Verletzten, s. Abh. S. 24,

b) in der Person eines Dritten, s. unter „Reflexwirkung“ Abh. S. 77 § 14. IV;

2. als Erfolg einer neueintretenden, freien Handlung. Diese kann wieder sein:

a) eine freie Handlung (oder Unterlassung) des Verletzten selbst oder einer Person, deren Handlung sich der Verletzte zurechnen lassen muß, z. B. eine ungeschickte Abwehrhandlung, die ungerechtfertigte Weigerung einer Operation[2]), s. Abh. unten § 13 S. 64 ff. (eigenes Verschulden des Verletzten) oder

b) eine freie Handlung (oder Unterlassung) eines Dritten.

Auf diese ist hier noch näher einzugehen. Der schließliche Erfolg, z. B. der Tod, ist durch eine solche Handlung eines Dritten eingetreten. Diese kann selbst wieder „erlaubt“ gewesen sein, z. B. Operation durch den Arzt, die ohne Verschulden zum Tode führte, oder sie kann eine „unerlaubte“ Handlung gewesen sein, z. B. Fahrlässigkeit bei der Ordination oder Operation. Die Haftung geht hier soweit, als die Zurechenbarkeit im einzelnen Falle vom Richter nach dessen freiem Ermessen für jede Person angenommen werden kann. Insbesondere ist dieser ursächliche Zusammenhang nicht rein

---

[2]) Diese unterbricht den Kausalzusammenhang auf Grund des Eintritts einer neuen, in der Person des Ablehnenden entstandenen culpa; vgl. Arnoldi S. 36.

mechanisch aufzufassen, und ist daher Derjenige, welcher eine gefährliche Situation schafft, auch für den Schaden verantwortlich, den Andere erleiden, welche z. B. nach der Auffassung des Lebens behufs Abwendung der Gefahr thätig zu werden veranlaßt waren[3]).

Hieher gehört auch der Fall, der von Rümelin[4]) angeführt wird: Eine ältere Dame, die sieht, daß sie auf dem ungestreuten Bürgersteig nicht weiter kommt, wartet auf eine Droschke; der Droschkenkutscher wirft durch eine ungeschickte Wendung um, die Dame bricht einen Arm. Hier kann der Kausalzusammenhang mit der Unterlassung des Streuens und dem Armbruch nicht mehr als gegeben betrachtet werden, „der Delinquent, d. i. hier der Hausbesitzer, ist nur Demjenigen ersatzpflichtig, dessen Schutz die übertretene Norm bezwecke“, also hier dem Passanten[5]), nicht dem Fahrgast, der aus dem angegebenen Motiv die Droschke nahm, m. a. W. das betr. Rechtsgut muß durch einen Vorgang verletzt sein, welcher durch die Schutznorm verhütet werden sollte, es muß sich eine der Gefahren verwirklicht haben, auf welche die Schutznorm abzielt. Der Maßstab für alle diese Fälle ist die „Anschauung des Lebens“.

Wir wenden uns somit zu den beiden Begriffen: Zufall und höhere Gewalt.

Zufall[6]) im Rechtssinne ist — im Gegensatz zu Rechtsgeschäft oder Verschulden — ein Ereignis, welches auf die Rechtsverhältnisse einer Person einwirkt, ohne von ihr absichtlich oder fahrlässig verursacht zu sein[7]).

„Höhere Gewalt“[8]) ist eine besondere und außerordentliche Art

---

[3]) Vgl. RG. **29** S. 121 ff. = (Seuff. Arch. **48** Nr. 92); Matthiaß I § 76 S. 347; vgl. über eine Abwehrhandlung des Verletzten selbst S. 65 Note 4 u. unten S. 69 a. E.

[4]) Vgl. Rümelin, Kausalbegriffe S. 305.

[5]) Rümelin a. a. O. S. 306.

[6]) Der Zufall im Recht, Akadem. Antrittsrede von Rümelin 1896; Fischer in Iherings Jahrb. **37** (1897) S. 199, bes. 275 ff.; Stintzing im Arch. f. ziv. Pr. **81** (1893) S. 427 ff.

[7]) Vgl. Cosack S. 245: auch Seuff. Arch. **53** Nr. 227 (ein Schleuderball springt über die Umzäunung).

[8]) Litteratur: Cosack I § 72 S. 245 ff.; Dernburg II S. 147, 148; Endemann I § 115 S. 494 ff.; Crome § 110 S. 489 ff., dort auch Litteratur S. 490 Note 3; Enneccerus u. Lehmann § 121 S. 273; Hellmann S. 180; Kuhlenbeck II § 11 S. 68 ff.; Matthiaß I § 61 S. 273 f. Besonders Exner in Grünh. Z. **10** S. 495 (Unger, Baron, Cosack) objektive

des Zufalls und wird nach Lehre und Rechtsprechung definiert als die Unabwendbarkeit eines Ereignisses trotz Anwendung aller nach Lage der Sache gebotenen Vorsicht und die Unwiderstehlichkeit gegen dessen Folgen, wenn es eingetreten ist.

Den Zufall hat nach der Natur der Sache der von demselben Betroffene zu tragen [9]). Es gibt nach bürgerlichem Rechte keine Möglichkeit, für die schädigende Wirkung eines Zufalles eine dritte Person verantwortlich zu machen; denn es fehlt an jedem anderen Zusammenhang zwischen Schadenserfolg und der schädigenden Handlung als an dem rein äußerlich-mechanischen. Ob Zufall oder höhere Gewalt (vis maior) vorliegt, ist eine Thatfrage. Das Hauptanwendungsgebiet der vis maior als die Haftung ausschließendes Moment ist das Reichs-Haftpflichtgesetz [10]). Eine Haftung für Zufall gibt es aber in diesem Gesetz, ebenso in den Unfallversicherungsgesetzen im Interesse des wirtschaftlich Schwächeren [11]).

II. Die Schadensstiftung, wenn mehrere Personen in Frage kommen.

§ 11.

a) Mehrere Thäter*).

A. Allgemeines. Die Frage der Schadensersatzpflicht in den Fällen, wenn Mehrere den Schadenserfolg herbeigeführt haben, ist aufs innigste mit der Lehre vom Kausalzusammenhang verbunden [1]) und streng genommen nur eine Art der Aufhebung desselben. Sofort mit dem Eintritt der Handlung einer zweiten Person beginnen die

Theorie; Dernburg in Grünh. Z. **11** S. 334 (Goldschmidt, Stintzing) subjektive Theorie; s. a. Schneider in Z. f. HR. **44** S. 75, S. 341; Regelsberger, Pand. I § 179 S. 648 ff.; vgl. auch RG. **1** S. 276 ff.; **19** S. 41; **21** S. 18.

[9]) Vgl. Cosack S. 248.

[10]) Vgl. unten § 17.

[11]) Vgl. Crome, System § 110 S. 490.

*) Litteratur: Buchka S. 179; Cosack I § 164 I S. 601 f.; Crome, System § 109 S. 487; Crome: Von der Solidarität aus unerlaubten Handlungen in Iherings Jahrb. **35** (1896) S. 100—136; Dernburg II § 386 S. 621; Endemann I § 129 S. 578; Kuhlenbeck II § 56 S. 366 f.; Linckelmann S. 57 ff.; Matthiaß I § 142 S. 717 f.; u. Kommentare Haidlen zu § 830 S. 942; Meisner S. 295; Oertmann S. 566; v. Staudinger II S. 723 f. u. S. 741 f.

[1]) Ebenso Linckelmann, welcher mit Recht die Lehre vom Verschulden mehrerer zum Schadenserfolge mitwirkenden Personen und vom eigenen Verschulden des Verletzten in Verbindung mit dem Kausalzusammenhang behandelt, S. 57 ff.

Grenzen der Anteilschaft am Erfolge sich zu verwischen. Durch die Mitwirkung einer jeden einzelnen Person wird zum Schadenserfolg — direkt oder indirekt — eine Bedingung gesetzt; und während sich die Grenzen noch ziemlich klar bei der Mitthäterschaft bestimmen lassen, hört ihre Verfolgbarkeit beim konkurrierenden Verschulden des Verletzten unter Umständen ganz auf.

Es kann sein, daß Mehrere durch gemeinsames Handeln den Erfolg herbeigeführt haben, indem Jeder eine gleichwertige Bedingung zum Erfolg setzte (Mitthäter) — oder daß zwar der Handelnde allein den Erfolg herbeigeführt hat, für den Schaden aber, infolge gewisser zwischen dem Handelnden und einer dritten Person bestehenden Beziehungen auch diese letztere als Mitverursacher gilt (Anstifter, Gehülfe) — oder schließlich, daß der Erfolg in einem Teil seines Umfangs durch den Verletzten selbst herbeigeführt wurde.

B. Für die Gemeinschaftlichkeit der Begehung kommen hinsichtlich ihrer juristischen Behandlung besondere Rechtssätze zur Anwendung.

Voraussetzung ist die Gemeinschaft mehrerer Personen bei Begehung der unerlaubten Handlung. Diese Voraussetzung muß bewiesen bezw. festgestellt sein. Ist dies der Fall, so ist hiermit die Haftung für alle, d. h. für jeden Einzelnen für sich, und auf das Ganze gegeben. Die ganze in Frage stehende Gruppe wird grundsätzlich vom Verursachungsprinzip beherrscht[2]).

Die 3 wichtigen Grundsätze, welche § 830 BGB. aufstellt, sind:

I. „Haben Mehrere durch eine gemeinschaftlich begangene „unerlaubte Handlung einen Schaden verursacht, so ist Jeder für „den Schaden verantwortlich." BGB. § 830 Abs. 1 Satz 1. Die aus diesem Rechtssatz sich ableitenden Folgerungen sind:

1. Jeder haftet als oder gleich wie der Thäter (Primär- und Solidarhaftung), und

2. Jeder haftet unbeschränkt auf das Ganze, als sei er der alleinige Urheber des Erfolges[3]) (Totalhaftung).

II. Der zweite wichtige Grundsatz lautet: „Anstifter und Gehilfen stehen Mitthätern gleich." BGB. § 830 Abs. 2[4]).

---

[2]) Vgl. Endemann l. c. S. 578.

[3]) Vgl. Schollmeyer S. 115; Endemann § 201 S. 916; vgl. auch unten S. 81 bei „Schadensersatz".

[4]) Vgl. Linckelmann S. 57 und Endemann S. 568 ff. gegen v. Liszt S. 74 ff.

Es ist somit gleichgültig, welche Qualität[5]) eine Handlung zur Herbeiführung des Erfolges gehabt hat. Wenn sie nur überhaupt kausal war, so ist es irrelevant, ob sie den Schadenserfolg fast ausschließlich herbeigeführt oder bloß eine untergeordnete Bedingung dazu gesetzt hat.

Mit dieser Bestimmung hat sich das bürgerliche Recht in diesem Punkte prinzipiell vom Strafrecht getrennt und von jeder causa Abstand genommen; somit ist hierfür die Birkmeyersche Theorie von der überwiegenden Bedingung nicht zur Geltung gelangt[6])[7]).

III. Der dritte durch § 830 aufgestellte Grundsatz ist eine gesetzliche Präsumtion der Gemeinschaftlichkeit der Begehung mit der Konsequenz der Gesamthaftung; hierin kommt wieder das Verursachungs- bezw. Veranlassungsprinzip zum Vorschein.

Nämlich, „wenn sich nicht ermitteln läßt, wer von mehreren „Beteiligten[8]) den Schaden durch seine Handlung verursacht hat" — § 830 Abs. 1 Satz 2, dann wird im Interesse des Beschädigten prinzipiell präsumiert[9]), daß die Handlung gemeinschaftlich begangen wurde, und infolgedessen ist jeder der Beteiligten für den Schaden verantwortlich. Voraussetzung hierfür ist also die Ungewißheit darüber, welche Handlung gerade den Schaden verursacht hat, und daß die sämtlichen Mehreren nach allgemeinen Deliktsgrundsätzen in concreto ein Verschulden trifft bezw. treffen kann, z. B.

[5]) S. unten Note 8.

[6]) Vgl. Endemann l. c. S. 916 Anm. 28; dagegen oben S. 22.

[7]) Die Begriffe Anstifter, Gehilfe ergeben sich nach Analogie, aber nicht im Sinne des Strafgesetzbuches; vgl. auch v. Liszt S. 77; und dessen Strafrecht § 49 S. 195 f., § 51 S. 205.

[8]) Über den Begriff „Beteiligung" Dernburg a. a. O. S. 622; derselbe ist nicht im Sinne des StGB. § 227 zu nehmen, welcher der weiteste ist, indem auch „nichtthätliches" Dabeisein strafbar ist. Thätliches Eingreifen wird erfordert v. Liszt S. 76; Oertmann § 830; Rümelin, Kausalbegriffe S. 171 ff.

[9]) Hierin liegt ein Hauptunterschied zwischen Zivil- und Strafrecht; bei Bemessung der Strafe ist der Schuldgrad maßgebend, eine Präsumtion ist ausgeschlossen; vgl. Crome Iherings Jahrb. **35** S. 105; auch Beck S. 204. Ein weiterer Unterschied zwischen Zivil- und Strafrecht liegt darin, daß die zivilistische Haftung sich auf ein fahrlässiges Handeln sämtlicher Teilnehmer gründen kann; auch Crome, System § 109 S. 487; vgl. auch Seuff. Arch. **47** Nr. 12 (Fahrlässige Verletzung durch mehrere gleichzeitig abgegebene Schüsse). Seuff. Arch. **51** Nr. 263; **53** Nr. 226; auch Bl. f. RA. **61** S. 289.

Tötung bei Raufhändeln[10]). Hat der Einzelne überhaupt zum Erfolg „mitgewirkt", so wird die „Mitverursachung" präsumiert; es ist gleichgültig, in welchem Maße die Mitwirkung bethätigt wurde.

Es ist aber das Veranlassungsprinzip nicht in voller Strenge durchgeführt. Gegen die Präsumtion der Mitverursachung gibt es einen Gegenbeweis insofern, als Derjenige von Haftung frei ist, der zwar bei der gemeinschaftlichen Begehung dabei war, von dem sich aber ermitteln läßt, daß durch seine Handlung der Schaden **nicht** verursacht wurde; daß dessen Handlung also nachweislich für den Erfolg nicht kausal war[11]). „Wo kein Kausalzusammenhang, da auch keine Schadenhaftung[12])". Andererseits ist selbstredend der allein haftpflichtig, von dem sich herausstellt, daß seine Handlung, trotz der Beteiligung der Übrigen, allein den Schadenserfolg herbeigeführt hat. Die Übrigen werden frei[13]).

Sodann spielt auch, wie eben kurz erwähnt, das Verschuldungsprinzip herein, indem sich für die Mitthäterschaft sowohl aus dem Wortlaut des BGB. § 840 Abs. 1: „Mehrere nebeneinander verantwortlich" als wie aus der Natur des Deliktsbegriffs nach dem Verschuldungsprinzip von selbst ergibt, daß die allgemeinen Voraussetzungen, wie sie für den Einzelthäter in den früheren §§ 2—5 besprochen wurden, z. B. Widerrechtlichkeit, Zurechnungsfähigkeit, Verschulden, Kausalität der Handlung u. s. w. gegeben sein müssen[14]). Es wird somit präsumiert, daß jeden Teilnehmer an der unerlaubten Handlung ein Verschulden trifft; dabei genügt Fahrlässigkeit; Vorhandensein des dolus (daß er den Erfolg wollte) wird nicht erfordert[15]). Indessen gibt es auch gegen diese Verschuldungspräsumtion einen Gegenbeweis, z. B. der mangelnden Zurechnungsfähigkeit.

C. Die Wirkung der Gemeinschaftlichkeit bei der Begehung einer unerlaubten Handlung ist die besondere Regelung der

---

[10]) Vgl. auch Haidlen S. 942 f.; v. Staudinger S. 723 Note 3.

[11]) Vgl. Cosack l. c. S. 602; Dernburg a. a. O. S. 622; auch Crome a. a. O. S. 105.

[12]) So auch Schollmeyer S. 115.

[13]) So Oertmann S. 566.

[14]) So auch Crome in Iherings Jahrb. **35** S. 103.

[15]) Vgl. RG. **1** S. 89; auch Crome a. a. O. S. 103.

Haftung. Für die Art der Haftung[16]) stellt, wie oben schon kurz angedeutet, § 840 Abs. 1 BGB. folgenden Grundsatz auf:

„Sind für den aus einer unerlaubten Handlung entstehenden „Schaden Mehrere verantwortlich, so haften sie ..... als Ge-„samtschuldner." Also wird die Fassung des § 830 („Jeder ist für den Schaden verantwortlich") durch Abs. 1 des § 840 ex lege interpretiert, d. h. die in § 830 genannten Personen haften als Gesamtschuldner. — Gleich hier sei erwähnt, daß im Begriff „Gesamtschuldner" zwei Haftungsrichtungen verborgen sind:

1. in der Richtung nach außen, d. i. gegen den Beschädigten,
2. in der Richtung nach innen, d. h. im Verhältnis untereinander.

ad 1. Was das Gesetz wie in § 840 Abs. 1 unter „Gesamtschuldner" versteht, sagt BGB. § 421: „Schulden Mehrere eine „Leistung in der Weise, daß Jeder die ganze Leistung zu bewirken „verpflichtet, der Gläubiger die Leistung aber nur einmal zu fordern „berechtigt ist — Gesamtschuldner — so kann" ... der Beschädigte die Leistung nach seinem Belieben von jedem der Schadensstifter ganz oder zum Teil fordern[17]). Bis zur Bewirkung der ganzen Leistung bleiben sämtliche Schuldner verpflichtet. In der Richtung gegen den Beschädigten also haften die Mitthäter in solidum und zwar jeder primär, d. h. der Beschädigte muß nicht alle Thäter zusammen, und er braucht sie nicht nacheinander zu belangen, sondern er kann jeden in erster Linie in Anspruch nehmen, und zwar auf das Ganze.

ad 2. Für das Verhältnis der Gesamtschuldner untereinander ist BGB. § 426 Abs. 1 maßgebend, welcher bestimmt, daß „die „Gesamtschuldner im Verhältnis zu einander zu gleichen Teilen ver-„pflichtet sind" [18]).

§ 840 umfaßt sämtliche Fälle, in denen Jemand kraft Gesetzes mit oder neben dem Schadensstifter solidarisch haftet. Maßgebend für die solidarische Haftung waren Rücksichten der Billigkeit für den Beschädigten. Über die Fälle der Absätze 2 u. 3 des § 840 s. unten S. 59 u. oben S. 41 u. 47 der Abh.

---

[16]) Oertmann zu § 840 S. 578 f.

[17]) Jeder, der den Beschädigten voll befriedigt hat, kann dann seinerseits von den übrigen Mitschuldigen die Erstattung ihres Anteils fordern.

[18]) Vgl. auch Meisner S. 303 u. 105; Weyl S. 531.

D. Daß § 830 BGB. sowohl bei einem Thun, wie bei einem Unterlassen Anwendung findet, bedarf kaum der Erwähnung[19]).

E. In dem Falle, daß jeder selbständig seinen Beitrag zu einem einheitlichen Schadenserfolg liefert, liegen ebenso viele selbständige Handlungen vor und nicht ein gemeinschaftliches Handeln[20]).

§ 12.

b) Haftung für fremde Delikte*).

I. Allgemeines. Grundsätzlich haftet Jeder nur aus seinen eigenen unerlaubten Handlungen. Diese Haftung würde indessen nicht genügen, zumal dann, wenn der Schadenstifter mittellos ist. So kam man zur Haftung für fremde Handlungen, nämlich für die Handlungen solcher Personen, deren man sich zu seiner Hülfe bedient. Die Bestimmungen über die Haftung des Geschäftsherrn und des Aufsichtspflichtigen für das außerkontraktliche Verschulden ihrer Leute — denn nur um ein solches handelt es sich hier im Gegensatz zu dem weitergehenden, bahnbrechenden Prinzip des § 278 BGB.[1]) — sind niedergelegt in den §§ 831 und 832 BGB.

Der innere Grund für die Heranziehung einer weiteren Person neben dem Schadensstifter ist ein praktisch-ökonomischer. Es gibt Fälle, in denen die Haftung des letzteren allein den ganzen An-

---

[19]) Vgl. Gruchot, Beitr. **43** S. 235; v. Liszt S. 77; v. Staudinger II S. 724 Note 4; s. dagegen die Ausführungen in Endemann § 131 Note 9 bes. sub d. S. 590 ff.; mit Unrecht.

[20]) Vgl. Oertmann S. 567.

*) Litteratur: Buchka S. 175 ff.; Cosack I § 164 Ziff. 3 S. 602 ff.; Dernburg II § 387 S. 623; Endemann I § 201 S. 915 ff.; Enneccerus u. Lehmann I § 367 S. 774 ff.; Kuhlenbeck II § 55 S. 363; Linckelmann S. 46 ff.; v. Liszt S. 103 ff.; Matthiaß I § 143 S. 721; Schollmeyer S. 118, 119; außerdem Nöldecke, Die außerkontraktliche Haftung für fremdes Verschulden nach §§ 831, 832 BGB. in Gruchot, Beitr. **41** (1897) S. 766 bis 784, u. Kommentare Oertmann zu § 831 S. 568 f.; Planck S. 623 ff.; v. Staudinger II S. 724 ff.

[1]) Vgl. v. Liszt S. 2 u. 105; Buchka S. 70 u. 176; auch EG. z. BGB. Art. 106 u. 107 (hins. der Haftung des Betriebsunternehmers); § 278 normiert eine gesetzliche — prinzipiell **nicht** deliktische — Haftung für Vertragsverhältnisse, eine Garantiepflicht, die weit über jedes Verschulden hinausgeht: vgl. Kuhlenbeck II § 10 S. 63 und § 55 S. 364; ebenso Rümelin, Gründe der Schadenszurechnung S. 88.

spruch illusorisch macht. Aus gewissen Beziehungen nun, seien es familienrechtliche oder auf Vertrag beruhende, welche zwischen dem Schadensstifter und einer anderen Person bestehen, hat man für den Beschädigten eine weitere Garantiemöglichkeit geschaffen[2]).

II. Haftung des Bestellers oder Geschäftsherrn[3]). Der § 831 bestimmt:

1. „Wer einen Anderen zu einer Verrichtung bestellt, „ist zum Ersatze des Schadens verpflichtet, den der Andere in Aus- „führung der Verrichtung einem Dritten widerrechtlich zufügt." Abs. 1 Satz 1.

2. „Die gleiche Verantwortlichkeit trifft Denjenigen, welcher für „den Geschäftsherrn die Besorgung eines der im Abs. 1 Satz 2 „bezeichneten Geschäfte durch Vertrag übernimmt." Abs. 2.

Im ersten Falle haftet also der Geschäftsherr für den Angestellten; dies kann auch die in Abs. 2 benannte Mittelsperson sein[4]); im zweiten Falle haftet der Substitut (die Mittelsperson[5]) für die Erfüllung der in Rede stehenden gesetzlichen Verpflichtungen aus dem Vertrage.

Die Haftung erstreckt sich auf den Ersatz des Schadens, den der Ausführende[6]) „in Ausführung der Verrichtung" zufügt, d. h. der Schaden muß im Verfolge der Bestellung verübt worden sein, die schädigende Handlung muß zugleich und unmittelbar zu jenen Verrichtungen gehören, welche zur Ausführung der Bestellung vorgenommen werden. Nach dem Verschuldungsprinzip kann auch nur soweit die Ersatzpflicht des Bestellers reichen[7]).

Der Formulierung: „in Ausführung der Verrichtung" steht

[2]) Vgl. auch Nöldecke S. 766 ff.

[3]) Uebersetzung des Pandektenausdruckes „dominus negotii", z. B. auch Unternehmer, Gesellschafter, Auftraggeber, Endemann § 116 S. 502.

[4]) So Oertmann S. 569.

[5]) Z. B. Werkführer, die den Dienstboten vorgesetzten Wirtschafterinnen, Vorarbeiter in Fabriken; vgl. Endemann l. c. S. 502; Cosack l. c. S. 603.

[6]) Selbst wenn dieser unzurechnungsfähig ist, ist die Haftung des Geschäftsherrn gegeben, Arg. § 840 Abs. 2; Dernburg l. c. S. 624.

[7]) Vgl. auch Nöldecke S. 779; a. M. Endemann S. 501, der den Geschäftsherrn auch für Diebstahl und Sachbeschädigung aufkommen lassen will; eine solche Haftung kann nach § 278 BGB. als begründet erachtet werden, d. i. eine Vertragshaftung; s. v. Liszt S. 104 Anm. 6.

gegenüber: „Bei Gelegenheit der Verrichtung“ [8]), eine Unterscheidung, welche nach Weyl [9]) zu denselben Schwierigkeiten in der Rechtsprechung führen wird, wie der Begriff „Betriebsunfall“ in der Unfallversicherungs-Gesetzgebung.

Der innere Grund der Haftung des Bestellers bezw. der Mittelsperson liegt in der Verantwortlichkeit auf Grund seines Anordnungsrechtes bezw. seiner Aufsichtsverpflichtung.

Unter „Bestellung“ versteht man die Anweisung einer Person zu einer oder mehreren Rechts- oder thatsächlichen Handlungen; also es wird aus dem Auftrag, Dienstvertrag, Werkvertrag, „ja auch aus dem Gesellschaftsvertrag für Handlungen der zur Geschäftsführung oder Vertretung bestellten Gesellschafter“ gehaftet [10]).

Die juristische Person haftet [11]) in ihren verfassungsmäßigen Willensorganen bezw. Willensvertretern wie jede physische Person. Ausgedrückt ist dieses Prinzip in § 31 BGB., wobei die völlige Identifizierung der Vertreter mit der Person des Vertretenen sehr charakteristisch ist. Wer verfassungsmäßiges Organ oder Vertreter ist, bestimmt sich nach Gesetz oder Satzung, aber nur die im BGB. § 31 genannten Vertreter sind für verantwortlich erklärt. Der Vertreter muß sich in Ausführung der ihm zustehenden Verrichtung befunden haben [12]). Hiervon zu unterscheiden sind die Vereine, Korporationen, Burschenschaften u. s. w., wenn sie z. B. Klubhäuser besitzen oder einen Korpshund halten. Soweit diese Vereinigungen nicht juristische Persönlichkeit besitzen, haften die Vereinsmitglieder unter dem Gesichtspunkt des Miteigentums [13]).

---

[8]) Vgl. Mot. II S. 736.

[9]) Vgl. a. a. O. S. 528; ebenso v. Liszt S. 104; Meisner S. 296; auch Nöldecke a. a. O. S. 777 ff.

[10]) Vgl. Nöldecke a. a. O. S. 775. Beim Werkvertrag ist Geschäftsherr der Besteller gegenüber dem Unternehmer, und der Unternehmer gegenüber seinen Angestellten; so v. Staudinger II S. 724 Note 2a.

[11]) Rechtsprechung: Seuff. Arch. **49** Nr. 76, Nr. 40; **50** Nr. 87; **52** Nr. 31, Nr. 220; **53** Nr. 74 (= RG. **39** Nr. 47); **54** Nr. 209; ferner Planck S. 601; Cosack I § 71 S. 243.

[12]) Vgl. Linckelmann S. 114 ff.; Crome S. 228 § 48 Note 12; auch S. 244 § 51 Note 29; M. Rümelin, Schadenszurechnung S. 86; Rechtsprechung: Seuff. Arch. **2** Nr. 54; **3** Nr. 326.

[13]) Vgl. Cosack S. 108 u. 109; auch BGB. § 718.

Die Verpflichtungen, für welche der Geschäftsherr oder die Mittelsperson einzutreten hat und deren wichtigste selbst im Gesetze angedeutet sind, sind mancherlei Art: Auswahl der Arbeiter oder sonstiger ausführender Personen; Beschaffung des zur Ausführung notwendigen (Arbeits-)Materials[14]), sowie der Vorrichtungen, Handwerkszeuge, Gerüste, Flaschenzüge u. s. w., soweit ihm deren Beschaffung oder die Überwachung derselben oder die Leitung der Ausführung der Verrichtung u. s. w. oblag.

Die Art der Haftung nach außen ist die der Gesamthaftung[15]), d. h. es haftet sowohl der Thäter als der Geschäftsherr; der Thäter aus seiner Handlung, der Geschäftsherr ex lege, und diese gesetzliche Haftpflicht kann der Geschäftsherr durch Vertrag nicht beseitigen, da es sich im 25. Titel um zwingende Rechtsnormen handelt[16]). Es haftet somit der Dienstherr neben dem Dienstboten, der Meister neben Lehrling und Gesellen, der Prinzipal neben dem Handlungsgehülfen[17]). Die Ersatzpflicht des Bestellers ist auch dann gegeben, wenn der Schadensstifter aus Gründen der §§ 827, 828 nicht verantwortlich ist[18]). Das Haftungsverhältnis untereinander regelt sich nach § 840 Abs. 2[19]):

„Ist neben Demjenigen, welcher nach § 831 . . . zum Ersatze „des von einem Anderen verursachten Schadens verpflichtet ist, **auch** „der Andere für den Schaden verantwortlich, so ist in ihrem Ver„hältnisse zu einander der Andere allein . . . verpflichtet.“ Regreß hat nur der Geschäftsherr gegen den Substituten, nicht der Substitut gegen den Geschäftsherrn[20]).

Ausschluß der Haftung des Geschäftsherrn. „Die „Ersatzpflicht tritt nicht ein, wenn der Geschäftsherr bei der Aus„wahl der bestellten Person und, sofern er Vorrichtungen oder „Gerätschaften zu beschaffen oder die Ausführung der Verrichtung „zu leiten hat, bei der Beschaffung oder der Leitung die im Verkehr

---

[14]) Besonders wichtig für das Bauhandwerk, Linckelmann S. 48.

[15]) BGB. § 840 Abs. 1; Weyl S. 531; Cosack l. c. S. 603; s. auch oben S. 55.

[16]) Vgl. Schollmeyer S. 119.

[17]) Vgl. auch Cosack l. c. S. 603.

[18]) Vgl. Nöldecke a. a. O. S. 773.

[19]) Nicht nach der Regel des § 426.

[20]) Matthiaß I § 143 S. 721.

„erforderliche Sorgfalt beobachtet[21]) oder wenn der Schaden auch „bei Anwendung dieser Sorgfalt entstanden sein würde." § 831 Abs. 1 Satz 2.

Der erstere Beweis ist individualisierend, der zweite generell (Beweis der mangelnden Kausalität).

Der grundsätzlich weitgehende Haftungsgedanke wird somit hier wieder verengert und kommt das römisch-rechtliche Verschuldungsprinzip — wonach nur der für eine unerlaubte Handlung einzustehen hat, der selbst schuld ist — wieder zum Durchbruch. Immerhin ist die Leistung des BGB. von großer Bedeutung: es präsumiert die culpa beim Geschäftsherrn, und **er** hat den Beweis zu erbringen, daß auf seiner Seite keine culpa vorliege. Dieser Beweis fällt dem Bestellenden leichter als dem Geschädigten der Beweis des Gegenteils. „Der Beweis der Nichtschuld schließt die Haftung aus[22])." Aus der ausgedehnten Zulassung des Exkulpationsbeweises ist als Haftungsgrundlage ein Verschulden des Geschäftsherrn zu folgern[23]).

III. Die Haftung des Aufsichtspflichtigen[24]). Das Gesetz bestimmt:

1. „Wer kraft des Gesetzes zur Führung der Aufsicht über „eine Person verpflichtet ist, die wegen Minderjährigkeit oder wegen „ihres geistigen oder körperlichen Zustandes der Beaufsichtigung „bedarf, ist zum Ersatze des Schadens verpflichtet, den diese Person „einem Dritten widerrechtlich zufügt." § 832 Abs. 1 Satz 1.

2. „Die gleiche Verantwortlichkeit trifft Denjenigen, welcher die „Führung der Aufsicht durch Vertrag übernimmt." § 832 Abs. 2.

Zu den kraft Gesetzes[25]) zur Aufsichtsführung verpflichteten Personen gehören die Eltern, der Vormund oder Pfleger, zu jenen, welche kraft Vertrags sich dazu verpflichten, die Lehrer, Meister[26]), Wärter, Krankenpfleger, Kindermädchen, eine Herrschaft bezüglich

---

[21]) Vgl. auch Seuff. Arch. **52** Nr. 31.

[22]) Umkehrung der Beweislast hinsichtlich der Schuldfrage s. Linckelmann S. 47.

[23]) Mit Nöldecke S. 772 u. 773.

[24]) Vgl. Endemann § 201 S. 915; Cosack I § 164 Ziff. 3c. S. 603; Seuff. Arch. **47** Nr. 196.

[25]) BGB. §§ 1631 (Vater); 1686 (Mutter); 1800 (Vormund) 1901, 1897; 1915 (Pfleger).

[26]) S. Gewerbeordnung § 126.

des Gesindes [27]), Institutsvorsteher, Inhaber einer Irrenanstalt [28]). Die Haftung ist gegeben für den Schaden, den die der Beaufsichtigung unterworfenen Personen Dritten zugefügt haben, also Kinder, geistig oder körperlich kranke Personen. Der innere Grund der Haftung ist der Schutz fremder Interessen gegen Angriffe durch unzurechnungsfähige Personen.

Die Art der Haftung nach außen, d. h. dem Verletzten gegenüber, ist die der Gesamthaftung [29]), d. h. der Aufsichtsführende haftet neben dem Thäter primär, solidarisch und unbeschränkt. Kann von ihm der Ersatz des Schadens nicht erlangt werden, tritt die Ersatzpflicht des Nichtverantwortlichen aus § 829 ein. Das Verhältnis zwischen dem schadenstiftenden Beaufsichtigten und dem Aufsichtsführenden untereinander bestimmt sich nach § 840 Abs. 2:

„Ist neben Demjenigen, welcher nach . . . § 832 zum Ersatze „des von einem Anderen verursachten Schadens verpflichtet ist (= dem „Aufsichtspflichtigen), auch der Andere [30]) für den Schaden verant„wortlich, so ist in ihrem Verhältnisse zu einander der Andere „allein verpflichtet,“ d. h. der schadenstiftende Beaufsichtigte; der „Thäter“ muß für den Schaden einstehen [31]). „Im Falle des „§ 829 ist der Aufsichtspflichtige allein verpflichtet,“ d. h. also wenn die widerrechtliche Handlung eines Deliktsunfähigen vorliegt, der Ersatz vom Aufsichtspflichtigen, etwa wegen dessen Zahlungsunfähigkeit nicht erlangt werden kann und nun der Deliktsunfähige nach § 829 eintreten muß — so gilt gleichwohl nicht der deliktsunfähige Thäter, sondern der säumige Aufsichtspflichtige, z. B. Vater, Vormund, als Träger des Schadens, und bleibt der letztere dem deliktsunfähigen Thäter wegen der geleisteten Schadensersatzzahlung verpflichtet [32]).

---

[27]) EG. z. BGB. Art. 95 Abs. 2; Dernburg II § 387 S. 625 Ziff. 6; Meisner S. 296.

[28]) Vgl. E. Schultze, Psychiatrische Bemerkungen zum BGB. im Arch. f. bürg. R. **17** (1900) S. 89 ff.; hier S. 100 ff., welchen Ausführungen in allen Teilen beizutreten ist.

[29]) BGB. § 840 Abs. 1; ebenso haften natürlich mehrere Aufsichtspflichtige als Gesamtschuldner.

[30]) D. i. der der Aufsicht unterstellt gewesene Schadenstifter.

[31]) Ist der Aufsichtspflichtige vom Verletzten in Anspruch genommen, so hat dieser den Regreß gegen den Thäter mit Ausnahme des Falles in § 829; Matthiaß a. a. O. S. 721.

[32]) So bes. Enneccerus u. Lehmann a. a. O. S. 776 (III).

Eine weitere Verstärkung der Garantie ist, daß Derjenige, der dem Aufsichtspflichtigen die Aufsicht durch Vertrag abgenommen hat, mit ihm als Gesamtschuldner haftet [33]), d. h. der durch Vertrag die Aufsicht Übernehmende haftet selbständig aus dem Vertrag, ohne Rücksicht, ob ein Anderer kraft Gesetzes aufsichtspflichtig war.

Ausschluß der Haftung des Aufsichtspflichtigen:

„Die Ersatzpflicht tritt nicht ein, wenn er seiner Aufsichtspflicht „genügt oder wenn der Schaden auch bei gehöriger Aufsichtsführung „entstanden sein würde." BGB. § 832 Abs. 1 Satz 2.

Der Aufsichtspflichtige hat also wahlweise zwei Exkulpationseinreden, für welche er den Nachweis zu erbringen hat [34]):

1. daß er seiner Aufsichtspflicht nachgekommen ist, oder

2. daß auch trotz gehöriger Aufsichtsführung der Schaden nicht abzuwenden gewesen wäre.

Für den Aufsichtspflichtigen hat das BGB. wie für den Geschäftsherrn die Verschuldungspräsumtion eingeführt. Der innere Grund hiefür beruht hier wie dort sowohl auf Zweckmäßigkeit wie Billigkeit: Es fällt dem Aufsichtspflichtigen viel leichter, Rechenschaft darüber abzugeben, was er gethan hat, um seiner Aufsichtspflicht zu genügen, als dem Beschädigten nachzuweisen, daß der Aufsichtspflichtige seine Pflicht vernachlässigt habe [35]). Sodann soll dem Geschädigten zu dem Nachteil, der ihm durch das Verhalten des Aufsichtspflichtigen erwachsen ist, nicht auch noch die Last der Herbeischaffung der Beweismittel und der Beweisführung aufgebürdet sein.

Wer bloß thatsächlich als negotiorum gestor die Aufsicht führt ohne ex lege oder ex contractu dazu verpflichtet zu sein, kann nicht zur Haftung herangezogen werden [36]).

Im Vorstehenden sind die Bestimmungen des BGB. hinsichtlich der Haftung für fremde Delikte besprochen; diese sind aber hierfür nicht die einzige Quelle; im Gegenteil, es war sogar das Bestreben

---

[33]) So Schollmeyer S. 119 1b a. E.; Weyl S. 531; Dernburg l. c. S. 625; Planck S. 628.

[34]) S. Endemann § 201 S. 915; Beckh, Beweislast S. 208, 211.

[35]) Vgl. auch Haidlen S. 945.

[36]) Vgl. die Formulierung des Gesetzes: „kraft Gesetzes" — „durch Vertrag" Nöldecke a. a. O. S. 774; Weyl S. 527; Linckelmann S. 49.

der neueren Gesetzgebung, den Kreis der neben dem Thäter haftpflichtigen Personen zu erweitern [37]). Davon unten Näheres § 17 ff.

Die Aufsichtspflicht des BGB. hat speziell die Verhütung von Schäden aus unerlaubten Handlungen des zu Beaufsichtigenden zum Zweck. Daneben gibt es noch eine andere Aufsichtspflicht, welche der Vollständigkeit wegen erwähnt werden muß, nämlich die Dienstaufsichtspflicht [38]), wie die im Staats- und Heerdienste bestehende Aufsichtspflicht des Vorgesetzten über den Untergebenen, vorausgesetzt, daß dieser großjährig ist. So dürfte nach dem Rechte des BGB. bei Rekrutenmißhandlung nur der Thäter haftpflichtig sein (dessen Großjährigkeit vorausgesetzt), soferne nicht der die schädigende Anordnung erteilende Vorgesetzte nach § 831 zur Mithaftung herangezogen werden kann.

In diesem Zusammenhang ist schließlich noch zu besprechen die Haftung aus Schadenszufügung in Fällen der Zusammenrottung, des Auflaufs und Aufruhrs [39]). Diese ist nach Art. 108 EG. zum BGB. der Landesgesetzgebung überlassen und bleiben deren Vorschriften unberührt. Diese Materie hängt mehr mit dem öffentlichen [40]) als dem Privatrecht zusammen.

Der verursachte Schaden kann einem Unschuldigen, z. B. der Gemeinde, auf deren Gebiet die Unruhe stattfindet, auferlegt werden, ohne Rücksicht, ob ein Beamter oder Einwohner verantwortlich ist. Der in Anspruch Genommene hat natürlich den Regreß gegen den Schuldigen.

---

37) Vgl. Zusammenstellung in Haidlen S. 944.

38) Den Ausführungen in Haidlen S. 945 ist in der dort beliebten Allgemeinheit kaum beizutreten; vgl. auch Endemann § 201 S. 915 Note 24.

39) Vgl. Dernburg § 400 S. 660; Loening, Haftung des Staates 1879 S. 90—92. Das Originalgesetz ist das im Gebiete des rheinisch-französischen Rechts geltende Ges. vom 10. vend. IV (= 2. Okt. 1795); v. Staudinger, Komm. zu Art. 108; Linckelmann S. 113; Cosack S. 613.

40) RStGB. §§ (115), 122, 124, 125 (Zusammenrottung); § 116 Abs. 1 (Auflauf); §§ (90 Ziff. 6), 115, 116 Abs. 2 (Aufruhr).

Für Preußen gilt das Ges. vom 11. III. 1850 betr. die Verpflichtung der Gemeinden zum Ersatze des bei öffentlichen Aufläufen verursachten Schadens und die Verordnung vom 17. VIII. 1835 § 11.

Für Bayern das Ges. vom 12. III. 1850 betr. die Verpflichtung zum Ersatze des bei Aufläufen diesseits des Rheins verursachten Schadens, welches, soweit es noch gilt, durch Art. 142 AG. z. BGB. auf die Pfalz ausgedehnt ist, mit Art. 10 des AG. z. ZPO. in der Fassung des Art. 166 Ziff. III AG. z. BGB.

§ 13.

c) Eigenes Verschulden des Verletzten*).

I. Das Verhalten des Geschädigten ist von größtem Einfluß auf die Folgen der Handlung des Thäters. Durch dasselbe werden Bedingungen gesetzt, welche zum Erfolge in der Weise mitwirken, daß je nach den Umständen die Folgen der schuldhaften Handlung des Thäters mehr oder weniger von den Schultern des letzteren abgenommen werden und dem Verletzten selbst zur Last fallen. Das eigene Verschulden des Verletzten steht somit in unmittelbarster Verbindung mit dem Begriff des Kausalzusammenhanges und kommen wir unten (§ 15 S. 81 ff.) bei der Besprechung der Schadensersatzklage nur mehr kurz auf dasselbe zurück, wo es noch als Einrede gegen dieselbe in Betrachtung gezogen wird. Im BGB. fand es wegen seiner haftungsmindernden bezw. -ausschließenden Eigenschaft seine Stelle unter den die Schadensersatzverpflichtung regelnden Bestimmungen (§§ 842 ff.).

Der Wortlaut des § 846 ist folgender:

„Hat in den Fällen der §§ 844, 845 bei der Entstehung des „Schadens, den der Dritte erleidet, ein Verschulden des Verletzten mitgewirkt, so finden auf den Anspruch des Dritten die „Vorschriften des § 254 Anwendung."

Der § 254 BGB. bestimmt:

„Hat bei der Entstehung des Schadens ein Verschulden des „Beschädigten mitgewirkt, so hängt die Verpflichtung zum Ersatze „sowie der Umfang des zu leistenden Ersatzes von den Umständen, „insbesondere davon ab, inwieweit der Schaden vorwiegend von dem „einen oder dem anderen Teile verursacht worden ist." Abs. 1.

Den Text des § 254 Abs. 2 s. unten S. 68.

Für die beiden Absätze des § 254 gilt folgendes gemeinsam:

1. Erfordernis ist ein schuldhaftes Verhalten des Beschädigten[1]),

---

*) Litteratur: Cohn in Gruchot, Beitr. **43** (1899) S. 96 ff. u. 376 ff.; Cosack I § 91 S. 322 f.; Crome, System § 111 S. 494 ff.; Dernburg II § 32 S. 75 ff.; Endemann I § 132 S. 593 ff.; Kuhlenbeck II § 15 S. 125; Linckelmann S. 57 ff.; v. Liszt S. 81 ff.; auch Wendt im Arch. f. ziv. Pr. **87** (1897) S. 441, ders. in Iherings Jahrb. **31** (1892) S. 137—189; v. Staudinger II S. 17 f.

[1]) Vgl. auch Cosack I § 91 S. 322. Hiebei ist es unrichtig, die Worte „bei der Entstehung" zu eng aufzufassen; der Schadenserfolg kann auch nach Wochen noch durch ein schuldhaftes Handeln des Verletzten in einer Weise be-

2. die Rechtsfolge dieses schuldhaften Verhaltens des Beschädigten ist eine Alterierung der Schadensersatzleistung, sowohl hinsichtlich ihrer Existenz als ihres Umfanges, je nach den Momenten, welche den Schadenserfolg begleiteten. Die Beurteilung dieser Momente liegt im freien richterlichen Ermessen[2]).

Soweit die Ähnlichkeit der beiden Absätze des § 254.

II. Im übrigen[3]) bestimmt der Abs. 1 die zum Schadenserfolge mitwirkenden Momente nicht mehr näher, sondern läßt den Ausspruch bezüglich des Schadensersatzes von der Beurteilung der Umstände abhängig sein[4]), wobei besonders zu beachten ist, inwieweit der Schaden vorwiegend von dem einen oder anderen Teile verursacht worden ist[5]).

---

einflußt werden, daß er in dieser Gestalt dem Thäter nicht zugerechnet werden darf. Vgl. auch Eck im Jur. Litteraturblatt **6** Nr. 1 S. 10 vom 15. Jan. 1894; [gegen Endemann, Rechtswirkungen S. 57 ff.]; Arnoldi S. 56.

²) Vgl. Planck S. 25 Anm. 1 zu § 254.

³) Vgl. insbes. auch Rümelin, Kausalbegriffe S. 296 f. u. 307 ff.

⁴) So liegt z. B. in einer Handlung, die als **solche** auf dem freien Entschluß des Beschädigten beruht und welche den schädigenden Erfolg hatte, nicht immer **eigenes** Verschulden: A verunglückt auf dem Fahrdamm, den er betreten, weil B bei Glatteis den Bürgersteig nicht mit Sand gestreut hatte; die Handlung des A war eine Abwehrhandlung zur Schadensvermeidung, und bedingt durch ein **vorgängiges** schuldhaftes Verhalten des B, des eigentlichen Schadenstifters, Seuff. Arch. **48** Nr. 92 (= RG. **29** Nr. 31). Diesem Fall direkt entgegengesetzt ist folgender: X geht ohne Veranlassung auf dem Fahrdamm und wird überfahren. Hier ist von einer „Vorsichtspflicht des Fußgängers" die Rede, in deren Erfüllung man in verkehrsreichen Straßen den Bürgersteig innezuhalten hat. In der Außerachtlassung dieser Sorgfalt liegt das eigene Verschulden des Verletzten. Bl. f. RA. **62** S. 35. Vgl. auch die Zitate von Seuff. Arch. oben S. 10 Note 23, S. 20 Note 28. Vgl. auch oben S. 49.

Die Unterlassung der Treppenbeleuchtung wird unter Umständen ausgeglichen durch ein schuldhaftes Unterlassen des „Sich-selbst-leuchten"; in Seuff. Arch. **48** Nr. 179 spielt auch das Mietverhältnis herein, indem dort die unterlassene Rüge des Mangels einer Treppenbeleuchtung als Zustimmung hinsichtlich dieses Mangels der Mietsache aufgefaßt wird.

Ferner hat ein Eigentümer — abgesehen von den Fällen § 367 Ziff. 12 RStGB. § 120 RGewerbeordnung oder ähnlichen Schutzgesetzen — nicht die allgemeine Pflicht, Räumlichkeiten, welche zum Verkehr von Personen nicht bestimmt sind, oder wo solche verbotener- oder unbefugterweise verkehren, verkehrssicher zu halten, man denke an Bodenvertiefungen, an aufgestellte Maschinen u. s. w. Vgl. Bl. f. RA. **64** (1899) S. 345.

⁵) So Planck S. 25 u. 26; Oertmann S. 17, welcher von compensatio culpae spricht, s. gleich unten S. 67; a. A. Matthiaß I § 76 S. 347.

Die Verhältnisse der Schadensverteilung sind somit ungeheuer schwankend[6]) und können sich in dem Rahmen der fast vollständig gegebenen Ersatzpflicht des Thäters bis zu deren gänzlichem Wegfall bewegen.

Der Grundgedanke des § 254 ist der einer Besserstellung des Ersatzpflichtigen im Interesse der Billigkeit gegenüber der durch das BGB. so günstig gestalteten Lage des Beschädigten[7]). Der Thäter ist in Schuld; aber wenn der Verletzte auch in Schuld ist, so ist es unbillig, die Schuld des letzteren zum Nachteil des Thäters außer Ansatz zu lassen.

Es ist einleuchtend, daß, wenn bezüglich eines Teiles des Schadenserfolges der Beschädigte selbst Schadenstifter ist, auch in seiner Person alle die objektiven und subjektiven Momente gegeben sein müssen, welche wir im Vorstehenden als für den Thäter maßgebend aufgestellt haben[8]). Somit ist erste Bedingung das Verschulden des Beschädigten[9]) und Voraussetzung hierzu wieder dessen Zurechnungsfähigkeit[10]). Daher ist erstens der Schadenstifter, wenn ihm ein Verschulden nachgewiesen wird, trotz eines — thatsächlich möglichen — eigenen Verschuldens einer deliktsunfähigen Person uneingeschränkt verantwortlich[11]); ebenso zweitens, wenn ihm — wie bei der Tierhaltung — ein Verschulden gar nicht nachgewiesen zu werden braucht; selbst ein noch so großes Verschulden der deliktsunfähigen Person bleibt unberücksichtigt[12]).

Anders liegt die Sache gegenüber dem deliktsfähigen Verletzten, selbst bei der Tierhaftung, bei welcher es auf ein Verschulden des Schadenstifters nicht ankommt. Hat eine deliktsfähige Person das Tier gereizt und wurde sie infolgedessen verletzt, so kann sie nach § 254 den ganzen Schaden zu tragen haben; denn die Würdigung

---

6) Vgl. auch Buchka S. 64.

7) Vgl. Cohn in Gruchot, Beitr. **43** S. 124; Planck S. 26 Anm. 4; Arnoldi S. 46.

8) Vgl. auch Linckelmann S. 58.

9) Vgl. Eingang des § 254 BGB.

10) Vgl. Cosack I § 91 Ziff. 7 S. 322; v. Liszt S. 81; A. M. Endemann I § 132 Note 4 S. 596; ebenso Crome, System § 111 S. 497.

11) Vgl. Linckelmann S. 59.

12) Vgl. oben S. 40 u. 41 sowie unten III. den einen Fall, in welchem sich der Tierhalter der Haftung wenigstens teilweise entschlagen kann. S. 71.

des hier ungenau[13]) als mitwirkendes Verschulden bezeichneten Verhaltens des Verletzten kann bis zur Aufhebung der Ersatzpflicht führen.

Es handelt sich um eine vom Richter im Einzelfalle zu vollziehende Abgleichung der jeweils zum Schadenserfolge führenden Faktoren. Dem thatsächlich entstandenen Schaden steht der vermeidbare Schaden gegenüber[14]).

Die Handlung, welche vom Beschädigten verlangt wird, ist ein „Mitwirken" und setzt stets die verantwortliche Handlung einer zweiten Person voraus. Die Thatfrage, wer in überwiegender Weise zum Schadenserfolg mitgewirkt hat und wessen Verschulden das überwiegende war, hat der Richter zu beurteilen[15]). Nach dieser Richtung kann man sehr wohl, wie dies im praktischen Leben oft geschieht, von einer „Hauptschuld" sprechen[16]). Der Satz: „Quod quis sua culpa damnum sentit, non intelligitur damnum sentire" bleibt somit unberührt[17]), wenn z. B. das Verschulden des Beschädigten jenes des Schadenstifters überwogen hat. Andererseits kann man natürlich bei vorsätzlicher Schadenszufügung von einer Aufrechnung mit dem konkurrierenden Verschulden des Geschädigten nicht sprechen[18]).

Der Schadenstifter ist der Beweispflichtige; er hat zu beweisen, daß auf der Seite des Geschädigten Verschulden — sei es durch Thun oder Unterlassen[19]) — vorlag; er hat zu beweisen, wieweit

---

[13]) Vgl. oben S. 41.

[14]) Vgl. Endemann S. 597 Anm. 9; Crome, System § 111 S. 495 f.

[15]) Besonders hier kommt die Bedeutung der Grade des Verschuldens zur Geltung. Gl. A. E. Ruhm S. 55 Anm. 5; (a. A. Fischer-Henle zu § 254 Anm. 3); vgl. auch Mataja, Das Recht des Schadensersatzes S. 32 ff., in diesem Sinne kann man heute noch von compensatio culpae sprechen, vgl. auch Stammler, Recht der Schuldverh. S. 125; Rümelin, Kausalbegriffe S. 314 u. Anm. 181; Arnoldi S. 52; a. A. Endemann, Rechtswirkungen S. 63 u. 64; mit Unrecht.

[16]) Vgl. Dernburg, Pand. II § 45, 3 u. Anm. 11.

[17]) Vgl. Linckelmann S. 58, welcher auch zitiert: Croissant, Eigenes Verschulden u. Handlungsunfähigkeit S. 50; Cosack l. c. S. 322.

[18]) Vgl. auch Endemann S. 596; Riesenfeld S. 263 f.

[19]) Z. B. die Thatsache, daß der Verletzte, entgegen der ärztlichen Anordnung, es unterläßt, „zur Vermeidung größerer Nachteile seinen Fuß regelmäßig zu bewegen," steht seinem Ersatzanspruch entgegen; Eger S. 138 u. 66, EEE. **5** S. 281, **8** S. 197, **8** S. 222.

der Schadenserfolg auf das Handeln des Geschädigten zurückzuführen ist. Prinzip für die Berechnung und Verteilung des Schadens ist: Jeder trägt den Schaden, den er verursacht (s. weiteres unten S. 92 f.).

III. In § 254 Abs. 1 ist von einem positiven Thun des Beschädigten die Rede. Das Verschulden kann aber auch in einem Unterlassen bestehen. Nach dieser Richtung bestimmt Abs. 2 des § 254, daß die Regel des Abs. 1 auch dann gilt:

„wenn sich das Verschulden des Beschädigten darauf beschränkt, „daß er unterlassen hat, den Schuldner auf die Gefahr eines un- „gewöhnlich hohen Schadens aufmerksam zu machen, die der Schuldner „weder kannte noch kennen mußte, oder daß er unterlassen hat, den „Schaden abzuwenden oder zu mindern. Die Vorschrift des § 278 „findet entsprechende Anwendung."

Es werden also für die Person des Beschädigten drei haftungsbegründende Fälle von Unterlassung aufgeführt und damit zugleich an diesem Orte drei Pflichten statuiert. Er wird verantwortlich:

1. aus der schuldhaften Unterlassung der Anzeigepflicht,

2. aus der schuldhaften Unterlassung der Abwendung des Schadens,

3. aus der schuldhaften Unterlassung der Minderung des Schadens[20]).

Die unter 2. aufgeführte Pflicht bezieht sich auf die Abwendung eines drohenden Schadens; Verhütung ist nicht verlangt, da dies zu weit ginge, weil es sich hiebei bloß um die Möglichkeit des Eintrittes eines Schadens handelt[21]).

Die unter 3. aufgeführte Pflicht hat die Aufhebung bezw. Einschränkung der Wirkungen eines entstandenen Schadens zum Gegenstande.

Mit der Aufstellung der Abwendungs- bezw. Minderungspflicht kam das Rechtsbewußtsein zum Ausdruck, das sich dagegen sträubt, wenn der Beschädigte müßig den Schadenserfolg sich vollziehen läßt, ohne rettend Hand anzulegen, soweit es in seinen Kräften steht[22]). Dabei ist die Thätigkeit, die vom Geschädigten verlangt werden kann, eben nur wieder die angemessene[23]). Die im Abs. 2 des § 254

[20]) Vgl. bes. Cohn in Gruchot, Beitr. **43** (1899) S. 112.

[21]) So auch Cohn a. a. O.

[22]) Vgl. Cohn in Gruchot, Beitr. a. a. O. S. 121.

[23]) Wieder ein Beispiel für das Aufstellen von Normalbegriffen, oben S. 22.

statuierte sogen. Anzeigepflicht findet nach den Einen[24]) ihre Hauptanwendung in Vertragsverhältnissen wegen Nichterfüllung einer Verbindlichkeit und ist, wie Andere sagen[25]), für die Haftpflicht aus Körperverletzung und Tötung thatsächlich von geringer Bedeutung. Mit Recht. Endemann a. a. O. bringt das Beispiel, daß der Bedrohte unmöglich verpflichtet werden kann, den Angreifer auf die außergewöhnlich hohe Rente aufmerksam zu machen, die bei der großen Kinderzahl zu leisten wäre, wenn er, der Angegriffene, getötet würde[26]).

U. E. kann man in dieser Richtung[27]) sagen, daß wenigstens in Anbetracht der Rechtsgüter des Lebens und der Integrität des Körpers, deren Verletzung hier in Rede steht, von einer „Pflicht der Aufmerksammachung auf die Gefahr eines ungewöhnlich hohen Schadens“, deren Unterlassung dem Beschädigten als mitwirkendes Verschulden ausgelegt werden könnte, nicht sprechen kann[28]).

Es handelt sich bei der ganzen Lehre hinsichtlich des § 254 Abs. 2 um äußerst unbestimmte Begriffe, um ein Abwägen von Umständen, die eingetreten sind, um die Frage nach dem zweckentsprechenden Handeln des Beschädigten, insbesondere wie es dann zu halten ist, wenn sein Handeln, während er in Gefahr schwebte, nach seiner Meinung zweckentsprechend war, in der That aber erst den Schaden herbeigeführt hat[29]). Bei Beurteilung dieser Fragen spielt „Treu und Glauben im Verkehr“ die größte Rolle[30]).

---

[24]) So Linckelmann S. 58 Anm. 10; Planck, Komm. S. 26 Ziff. 3; a. A. Crome, System § 111 S. 496 Anm. 12; Dernburg § 32 Note 7; v. Staudinger II S. 18 Note 6.

[25]) Vgl. Endemann § 132 S. 599 f.; auch Crome, System, sagt in Note 12: bei außerkontraktl. Beschädigungen wird eine solche Warnung oftmals nicht möglich sein. Sodann Rümelin, Kausalbegriffe S. 335.

[26]) Ein Beispiel auch bei Cohn a. a. O. S. 123.

[27]) Ohne auf die Streitfrage näher einzugehen, „ob § 254 Abs. 1 nur auf den Fall des Schadensersatzes wegen Nichterfüllung einer Verbindlichkeit zu beschränken sei,“ (so Planck S. 26 Nr. 3 zu § 254 unter Widerspruch von Cohn a. a. O. S. 112 f.). Für Cohns Ansicht Dernburg § 32 Note 7 S. 76; Crome § 111 Note 12 S. 496.

[28]) Daß diese Benachrichtigung meist unmöglich ist, gibt zu Crome, System § 108 S. 479, § 111 Note 12 S. 496. Ist sie aber möglich, setzt sie die Voraussehbarkeit des Schadenserfolges voraus, vgl. v. Liszt S. 84 u. oben S. 23.

[29]) Vgl. oben S. 50.

[30]) So auch Rümelin, Kausalbegriffe S. 336.

Schließlich sei noch kurz die Frage gestreift, ob der Duellant, der seinen Gegner tötet, dessen Hinterbliebenen den standesgemäßen Unterhalt zu gewähren hat, oder ob die Schuld des ebenfalls vorsätzlich handelnden Getöteten — als compensatio culpae — diese Ersatzpflicht ausschließt. Die letztere Ansicht — wohl die richtige — wird vertreten von Wächter[31]) und in dem Württembergischen Gesetz vom 5. September 1839[32]), erstere von Thilo[33]), Gruchot[34]), Dernburg[35]) und Weinrich[36])[37]).

Damit ist die Betrachtung des § 254 Abs. 2 noch nicht beendet. Vielmehr hat gerade dessen letzter Satz — „Die Vorschrift „des § 278 findet entsprechende Anwendung" — zu lebhaften Erörterungen Anlaß gegeben[38]).

§ 278 lautet: „Der Schuldner hat ein Verschulden seines ge„setzlichen Vertreters und der Personen, deren er sich zur Erfüllung „seiner Verbindlichkeit bedient, in gleichem Umfange zu vertreten wie „eigenes Verschulden. Die Vorschrift des § 276 Abs. 2 findet keine „Anwendung."

Dafür, wie sich der Gesetzgeber die entsprechende Anwendung gedacht hat, fehlt jeder Anhalt[39]). Sie wird erschwert durch die Verschiedenheit der in Rede stehenden Obligationen. § 278 bezieht sich zunächst gemäß seiner Stellung im System auf das Vertragsrecht und nicht auf das private Deliktsrecht. In letzterem ist nicht von einem „Schuldner"[40]), sondern von einem „Beschädigten" die

---

[31]) Arch. f. ziv. Pr. **23** S. 81, nach dem Grundsatz „volenti non fit injuria."

[32]) Art. 13 Abs. 3.

[33]) Gruchot, Beitr. **4** S. 170 f. (Jahrgang 1860).

[34]) Gruchot, Beitr. **4** S. 171.

[35]) Dernburg, Lehrb. des Preuß. Privatrechts **2** § 297 Anm. 11 (V. Aufl. 1897).

[36]) Die Haftpflicht wegen Tötung u. Körperverletzung 1883, S. 46 a. E.

[37]) Vgl. zum Ganzen Arnoldi S. 86 f.; Schoenfeld S. 89. Die II. Kommission (Beratung des BGB.) hat die Frage absichtlich nicht entschieden; vgl. Protokolle II S. 614; Mot. II S. 770 f.; v. Staudinger II S. 712.

[38]) Cohn in Gruchot, Beitr. **43** (1899) S. 124 ff.; Dernburg II § 68, III S. 145 f.; Endemann S. 496 u. 600.

[39]) So Cohn a. a. O. S. 124, woselbst auch die Bedenken angegeben, zu denen der Paragraph Anlaß gibt.

[40]) So Planck S. 26.

Rede, welcher stets „Gläubiger" des Schadenstifters ist, und durch die ihm entgegengesetzte Einrede des „eigenen Verschuldens" nicht zum „Schuldner" wird.

Sodann kann man nur im Vertragsrecht von einer „Erfüllung seiner Verbindlichkeit" sprechen, und wird die „entsprechende Anwendung" stets gezwungen erscheinen. Setzt man für den Begriff „Schuldner" den Ausdruck „Beschädigter", so muß es sich der Beschädigte als eigenes Verschulden anrechnen lassen, wenn eine der in § 278 benannten Personen die Wahrnehmung der in § 254 Abs. 2 aufgestellten Pflichten schuldhaft unterläßt[41]). Hiebei kann in Anbetracht der in Rede stehenden Rechtsgüter des Lebens und der körperlichen Integrität die sogen. „Anzeigepflicht" so wenig wie in der Person des Beschädigten selbst in Frage kommen; dagegen sehr wohl die Pflichten der Minderung und Abwendung des Schadens.

Als Personen benennt § 278 zunächst die gesetzlichen Vertreter. Diese sind[42]) Vater[a]), bezw. Mutter[b]) für ihre ehelichen Kinder, der Vormund[c]), der Pfleger[d]), der Vorstand eines Vereins[e]) oder einer Stiftung[f]). So wäre also das Verhalten der Eltern, welche an ihrem einwilligungsunmündigen Kinde eine leichte und erfolgsichere Operation nicht vornehmen lassen, als schuldhaft zu bezeichnen und dem auf Schadensersatz klagenden beschädigten Kinde als wie eigenes Verschulden zuzurechnen und einredeweise geltend zu machen[43]). Ebenso hat z. B. gegenüber dem Tierhalter der Deliktsunfähige — der, wie wir oben[44]) sahen, selbst bei größtem eigenen Verschulden den Tierhalter haftbar machen kann — das Verschulden eines gesetzlichen Vertreters wie eigenes zu vertreten, wenn dieser seiner Pflicht den Schaden abzuwenden oder zu mindern nicht nachgekommen ist. Daß den vertretenen Deliktsunfähigen eine Verantwortung nicht treffen kann[45]), ist angesichts der gesetzlichen Bestimmung gleichgültig.

---

[41]) Vgl. auch Buchka S. 70.

[42]) a: §§ 1670, 1695, 1719, 1736, 1757; b: §§ 1684—86, 1701; c: §§ 1793, 1896 u. 1897; d: §§ 1909 ff., 1915 mit 1628 u. 1794; e: § 26 Abs. 2; f: § 86.

[43]) Vgl. auch Matthiaß I § 76 S. 348.

[44]) Vgl. Abh. oben S. 40/41.

[45]) Vgl. die Worte des Paragraphen: „**wie** eigenes Verschulden" und Buchka S. 70.

Was von den gesetzlichen Vertretern gesagt wurde, gilt auch in gleicher Weise von den „Hilfspersonen", wie sie kurz bezeichnet werden[46]). Was man unter diesen in der hier in Rede stehenden Beziehung auf Tötung und Körperverletzung sich vorstellen muß, wird erst die praktische Anwendung der Gerichte zu zeigen haben. Nach Planck sollen es die Personen sein, „deren sich der Beschädigte in der hier fraglichen Beziehung zur Wahrnehmung seiner Angelegenheiten bedient", das wäre also — wenn wir von der praktisch unwichtigen sogen. Anzeigepflicht absehen — die Abwendung oder Minderung des Schadens. Selbstredend haftet z. B. der Beschädigte für die Vergrößerung eines Schadens, welche ihren Grund in mangelhafter Behandlung seitens eines Kurpfuschers hat; aber hier liegt schon in der Zuziehung desselben statt eines Arztes ein dem Beschädigten zur Last fallendes eigenes Verschulden[47]).

Inwieweit man **außerhalb** rechtsgeschäftlicher Beziehungen für das Verschulden Anderer einzustehen hat, ergibt sich nicht aus § 278, sondern aus §§ 831 und 832[48]).

Schließlich soll noch ein besonderer Fall erwähnt werden, der bei gegebener Sachlage ein eigenes Verschulden des Beschädigten, bezw. ein demselben anrechenbares Verschulden seiner Vertreter und Hilfspersonen begründet; es ist dies die Weigerung des Beschädigten, sich einer Operation zu unterziehen[49]), bezw. die auf dem Willen

---

[46]) Vgl. Cohn a. a. O. S. 124 ff. Im übrigen Dernburg § 387 zu Note 2; v. Liszt S. 105; Cosack I § 91 S. 322; Wendt, Jahrb. f. Dogm. **31** S. 137 ff.; Rümelin, Schadenszurechnung S. 87; Schollmeyer, R. der Schuldverhältnisse S. 103; Cosack a. a. O. u. Planck S. 26 greifen zu Beispielen und legt es insbesondere letzterer als ein dem Beschädigten zuzurechnendes Verschulden aus, wenn der bei einer Körperverletzung zugezogene Arzt die zur Heilung anzuwendenden Mittel schuldhaft unterläßt. Hiergegen mit Recht Cohn hinsichtlich der auf den „Arzt als solchen" bezüglichen Einwände; aber es ist zu beachten, daß der Arzt auch unter dem Gesichtspunkt des „Beauftragten" betrachtet werden kann und — nach der Stellung des § 278 im System, wonach der Paragraph die rechtsgeschäftlichen Beziehungen im Auge hat — betrachtet werden muß. Dann wäre wieder unter Zugrundelegung der eigenen Ausführungen von Cohn a. a. O. S. 124, 125 ff. Plancks Ansicht zutreffend; ebenso v. Staudinger II S. 18 Note 7.

[47]) So auch Cohn a. a. O. S. 125.

[48]) Matthiaß I § 83 S. 376 f.; Oertmann S. 569; v. Liszt S. 104 u. 105; Kuhlenbeck II § 55 S. 364; a. A. Endemann S. 501.

[49]) Endemann, Rechtswirkungen der Ablehnung einer Operation 1893; Linckelmann S. 59; Arnoldi, Der Einfluß der Ablehnung einer Operation

der gesetzlichen Vertreter beruhende Nichtgenehmigung der Vornahme einer solchen. Daß eine schuldhafte Vergrößerung des Schadens dem Beschädigten, soweit sie ihm zugerechnet werden kann, zur Last fällt, versteht sich von selbst (§ 254 Abs. 1), aber es besteht auch nach § 254 Abs. 2 für den Beschädigten eine Pflicht behufs Vermeidung schlimmerer Folgen den normal ungünstigen Verlauf der schadenstiftenden Thätigkeit nach Kräften zu hindern. Eines dieser Mittel kann eine Operation sein, wenn sich der Beschädigte derselben unterzieht. Eine gegen dessen Willen erzwingbare Pflicht gibt es nicht[50]), da der Körper des Menschen unter einem Sonderrecht steht; ebenso gibt es aber auch kein Recht des Beschädigten auf Ablehnung[51]) des operativen Eingriffs. Aber die ungerechtfertigte Weigerung würde den Schadenstifter über die Wirkung seiner Handlung hinaus haften lassen, was unbillig wäre. Ungerechtfertigt ist die Weigerung, sich einer Operation zu unterziehen, wenn dieselbe dolos oder unvernünftig ist, also nach Lage der Umstände und unter besonderer Berücksichtigung der Individualität des Patienten[52]) ohne Gefahr für dessen Leib und Leben, mit sicherer Aussicht auf Erfolg und nur mit einem gewissen Maß von Schmerzen, deren Ertragung normalerweise zu verlangen ist, vorgenommen werden kann. Diese ungerechtfertigte Weigerung beruht auf einem schuldhaften Willen, durch welchen eine neue Kausalreihe eröffnet wird. Für diesen insoweit selbstverschuldeten Schaden kann der Gegner nicht verantwortlich gemacht werden, was billigerweise in einer Schmälerung seiner Ersatzpflicht zum Ausdruck kommt. Maßgebend für die Beurteilung dieser Fragen ist der ärztliche, eventuell oberärztliche Ausspruch[53])[54])[55]).

1899; Oertmann S. 18; Jur. Wochenschrift 1897 S. 521 bes. 526; Matthiaß I § 76 S. 348.

[50]) So auch Matthiaß a. a. O; vgl. aber v. Liszt S. 81.

[51]) So Seuff. Arch. 46 Nr. 189.

[52]) Unter Umständen kann selbst Aengstlichkeit die Weigerung rechtfertigen, wenn sie in ihrer Stärke einen schlimmen Ausgang der Operation befürchten läßt, so bes. Seuff. Arch. **46** Nr. 189.

[53]) Vgl. auch Seuff. Arch. **46** Nr. 189 I u. II.

[54]) Ein Fall berechtigter Weigerung in Seuff. Arch. 50 Nr. 166, wo eine Verwachsung bereits besteht und eine Operation nur mit großer Schmerzhaftigkeit, mehrwöchentlichem Kranksein und unbestimmtem Erfolg vorgenommen werden konnte.

[55]) Dies die Ansicht des RG.; vgl. Arnoldi S. 63, 65; a. A. Ende-

Wohl zu unterscheiden hiervon ist der Fall, wenn in Hinblick auf die Gefahr im Verzug eine Operation geboten erscheint und die Einwilligung weder des zu Operierenden noch einer anderen, dessen Willen befugterweise vertretenden Person erlangt werden kann[56]).

B. **Der Schadensersatz.**

§ 14.

1. Allgemeine Lehren*).

I. Wesen und Arten des Schadensersatzes. Schadensersatz ist die Ersetzung des Schadens, also diejenige wirtschaftliche Thätigkeit, welche die Wiederaufhebung einer Wertsminderung oder der Vernichtung eines Rechtsgutes zum Gegenstande hat. Schadensersatz ist aber auch der Ersatz des Schadens, d. h. der Erfolg der eben besprochenen Thätigkeit. Schadensersatz ist sodann schließlich die Bezeichnung für den Inbegriff der Werte, welche für diese Thätigkeit verwendet werden. Die thatsächliche Wirkung der Schadensstiftung ist der Schadenserfolg; die rechtliche Wirkung derselben ist ein Anspruch auf Schadensersatz. Ersetzt soll werden der Schaden[1]), d. h. „die nachteilige Veränderung, welche durch das vertretbare Ereignis in dem persönlichen oder wirtschaftlichen Zustande des Verletzten verursacht worden ist", und zwar in seinem vollen Umfange[2]).

Es gibt Schäden verschiedener Art, so vor allem die beiden Hauptgruppen:

---

mann, Rechtswirkungen S. 51—74; die mit letzterer Ansicht übereinstimmende Rechtsprechung des RVA. beruht auf einem Gesichtspunkt, welcher für das Zivilrecht nicht anzuerkennen ist, und es ist unrichtig, dort ausgebildete Grundsätze ohne weiteres in das Reichszivilrecht herüberzunehmen. Vgl. unten II. Teil.

[56]) Seuff. Arch. **48** Nr. 262; v. Lilienthal, Die pflichtmäßige ärztliche Handlung und das Strafrecht, Festgabe f. E. J. Bekker S. 21 ff.: das Recht zur Operation ohne Einwilligung; ebenso auf S. 41 ff. 42 finden sich wichtige, für das Zivilrecht sehr verwendbare Gesichtspunkte.

*) Litteratur: Buchka S. 180; Cosack I § 91 S. 319 ff. u. § 164 S. 605 f.; Dernburg II § 388 S. 626 f.; Endemann I § 128 S. 556 ff. u. § 201 S. 911 ff.; Linckelmann S. 60 ff.; v. Liszt S. 97 ff.; Matthiaß I § 76 S. 342 ff. u. § 142 S. 715 f.; Schollmeyer S. 114 f.; Weyl S. 324 ff.; auch Kommentare Planck bes. Oertmann § 842 S. 579 ff. u. v. Staudinger II S. 11 ff. u. S. 743 ff.

[1]) Nach Linckelmann S. 60.

[2]) Vgl. v. Liszt S. 68; Crome, System § 108 S. 478.

1. Schaden an der Person, hervorgerufen durch Tötung und Körperverletzung, und Schaden am Vermögen,

2. damnum emergens und lucrum cessans = direkter, bezw. indirekter Vermögensnachteil[3]).

Ein Schaden am Vermögen ist die nachweisbare Differenz zwischen dem Vermögensstande vor und nach dem schädigenden Ereignis[4]), oder m. a. W. die Summe des nunmehr fehlenden Vermögensbestandteils und des — ohne das Eintreten des schädigenden Ereignisses — sicheren Zuwachses. Über den Schaden, welcher nicht Vermögensschaden ist, s. unten Ziff. V.

Der Schadensersatz geht seinem Wesen nach lediglich auf die Ersetzung alles dessen, um was durch die schädigende Handlung das Rechtsgut gemindert wurde, also zunächst auf die Wiederherstellung des status quo ante, auf Schadensbeseitigung[5]).

Bei Vermögensschäden kann im allgemeinen (Affektionswerte ausgeschlossen)[6]) der frühere Zustand wieder hergestellt werden; daher ist primär Naturalherstellung Pflicht des Schadenstifters.

Ist die Naturalherstellung nicht zu bewirken — sei es wegen physischer Unmöglichkeit der Leistung, sei es, weil die bloße Herstellung selbst zur Entschädigung nicht genügen würde oder nur mit unverhältnismäßigem Aufwand möglich wäre[7]) —, so wird deren Geldwert berechnet und die Entschädigung in Geld vollzogen.

In Bezug auf das Wesen des entgangenen Gewinns enthält der Satz 2 des § 252 BGB. eine Direktive für den Richter; ein möglicher außerordentlicher Gewinn wird nicht berücksichtigt[8]).

Über Begriff und Umfang des Schadens bezw. Schadensersatzes stellt das BGB. in §§ 249—253 Normen auf, welche für alle Fälle der Schadenshaftung gelten, insbesondere also auch für die Schadenshaftung aus unerlaubten Handlungen[9]), für welche die §§ 842 ff.

---

[3]) Vgl. RG. **41** S. 243.

[4]) Vgl. auch Endemann S. 557.

[5]) Vgl. Cosack l. c. S. 605; Endemann S. 914; Weyl S. 325; v. Liszt will mehr „Genugthuung“ als Schadensersatzwirkung.

[6]) Vgl. Weyl S. 326.

[7]) Vgl. BGB. § 251; Weyl S. 325.

[8]) Vgl. Linckelmann S. 52; Crome, System § 108 S. 479.

[9]) Vgl. Dernburg § 388 S. 626; Endemann l. c. S. 556 u. 557; dort auch Litteratur.

nur noch ergänzende Bestimmungen geben. Bei den durch Körperverletzung und Tötung hervorgerufenen Schäden kann von „Ersatz" im strengen Sinne des Wortes nicht die Rede sein; doch gibt es hier kein anderes Mittel als Geldentschädigung.

II. Schadensberechnung im allgemeinen. Ein Hauptgrundsatz ist, daß der Schadensersatz den Schaden ersetzen und nicht den Beschädigten bereichern soll[10]). Daher kann der Beschädigte den Schadensersatz auch nicht mehrfach verlangen; thut er es, so handelt er wider Treu und Glauben im Verkehr. Der Geschädigte, der z. B. durch ein Tier oder den abstürzenden Teil eines Gebäudes verletzt wurde und gegen Unfall versichert ist, kann sich an die Unfallversicherungsgesellschaft halten, aber auch direkt an den Schadenstifter. Hat er sich aber an erstere gehalten, ist er verpflichtet, seinen Schadensersatzanspruch an die Unfallversicherungsgesellschaft abzutreten[11]); diese verlangt es sogar meistens bei der Schadensregulierung. Nimmt der Beschädigte den Schadenstifter in Anspruch, so hat dieser natürlich aus dem bestehenden Unfallversicherungsvertrag keinerlei Rechte. Nicht zu verwechseln mit diesem Fall, in welchem der Beschädigte eventuell bereichert wäre, ist die compensatio lucri cum damno, welche der Schadenstifter für sich behufs Minderung seiner Ersatzleistung geltend macht[12]). Die Schadensberechnung im einzelnen Fall hängt von dem Ermessen des Richters ab, da wegen der Mannigfaltigkeit der Gesichtspunkte ins Einzelne gehende Vorschriften sich nicht geben lassen. Den allgemeinen Rahmen bietet das BGB. in seinen §§ 842 ff.

III. Der Zeitpunkt für die Schadensberechnung ist zwar meist der Moment der Schadenszufügung; jedoch bleiben die späteren Folgen nicht außer Ansatz; mit der Begehung der schädigenden Handlung im weiteren Sinne ist die Ersatzpflicht gegeben. Daran knüpft sich die wichtige Folgerung, daß der Verletzte gesetzliche Ansprüche Dritter, die sich aus der Verletzung (welche sich unter Umständen später als „Tötung" darstellen kann)[13]) ergeben (BGB. §§ 844 und 845) und für welche der Schadenstifter aufzu-

[10]) Vgl. Endemann § 128 S. 564.

[11]) Vgl. Endemann l. c. S. 559 Note 9; auch Hiestand S. 60 ff.

[12]) S. unten Abh. S. 87 f. u. neuestens Oertmann, Die Vorteilsausgleichung beim Schadensersatzanspruch, Berlin 1901.

[13]) S. oben S. 24.

kommen hat, nicht mehr durch Verzicht oder durch Vergleich mit dem Ersatzpflichtigen beseitigen kann[14]).

Bei Körperverletzungen läßt sich meistens der Schaden augenblicklich nicht berechnen; der Schadensersatz unterliegt vielmehr verschiedenen Berechnungen, je nach der Besserung oder Verschlechterung des Zustandes[15]).

IV. Umfang des Schadensersatzes[16]). Eine Abgrenzung des zu ersetzenden Schadens kennt das BGB. nicht; wer Schaden zufügt, thut dies, soweit derselbe von ihm verursacht ist, regelmäßig im vollen Umfang auf seine Gefahr[17]).

Andererseits ist nur der Schaden und zwar nur soweit zu ersetzen, als er eine nachweisbare wirkliche Folge des schädigenden Ereignisses ist; ein bloß gleichzeitig anderer Schaden, welcher dem Thäter nicht zugerechnet werden kann, braucht von diesem nicht ersetzt zu werden. Dies ist eine einfache Folge der Lehre vom Kausalzusammenhang.

Zum Schaden gehört nicht mehr die sogen. „Reflexwirkung"[18]), worunter die entferntere Tragweite der schädigenden Handlung verstanden werden soll. Die Handlung des Thäters beschränkt sich in ihren Wirkungen nicht nur auf die Person des Verletzten und einen bestimmt abgegrenzten Personenkreis; sie schneidet oft gewaltig in ganze Gruppen von Interessensphären ein, z. B. der Leiter eines großen Unternehmens, welches mit diesem Leiter steht und fällt, wird getötet. Derselbe ist der Verlobte eines Mädchens, welches durch die Tötung des Bräutigams einer vorteilhaften Versorgung verlustig geht, außerdem ist er ein freigebiger Mann, der armen Familien regelmäßige Unterstützungen zuwandte. Sowohl der Unternehmer wie die sonstigen dritten Personen, welche durch den Tod des Betreffenden geschädigt wurden, haben keinen Ersatzanspruch gegen den Schadenstifter[19]). Hieher gehört auch die Frage, ob

---

[14]) S. unten S. 85; Planck S. 644.

[15]) Vgl. Endemann § 128 S. 560.

[16]) Vgl. Mommsen, Die Lehre vom Interesse §§ 15 u. 16; Weyl S. 532 bezw. 324 ff.; Crome, System § 108 S. 478 f.; Kuhlenbeck II § 58 S. 368 f.

[17]) So Gruchot, Beitr. **43** S. 111.

[18]) Ein von Jhering eingeführter, von Schollmeyer S. 117 angenommener Ausdruck, identisch mit dem Ausdruck „mittelbare Schädigung" in Cosack l. c. S. 604; Kuhlenbeck II § 57 S. 367.

[19]) Gl. A. Cosack a. a. O. S. 604.

eine Lebensversicherungsgesellschaft[20]), welche die Versicherungssumme an die Erben eines im Zweikampf Gefallenen bezahlt hat, diese Summe von dem siegreichen Gegner ersetzt verlangen kann. Soweit sie bloß mittelbar geschädigt ist, ist die Frage zu verneinen. Unmittelbar ist sie aber nur dann geschädigt, wenn der Sieger wußte, daß sein Gegner versichert ist und sein Verschulden diese Nebenwirkung nachweisbar umfaßt, § 823 Abs. 1[21]). Keinesfalls kann sie sich auf § 823 Abs. 2 berufen, denn das Verbot des Zweikampfes ist kein zu ihrem Schutze erlassenes Gesetz. Wenn hiefür eine Haftung bestehen sollte, müßte sie im Gesetz ausdrücklich ausgesprochen sein[22]). Von den mittelbar Geschädigten sind vielmehr bloß die in §§ 844 und 845 BGB. aufgeführten Personen ersatzberechtigt.

Ob eine Reflexwirkung jeweils gegeben ist, ist indessen oft schwer zu entscheiden[23]).

V. Immaterieller Schaden*). Neben dem körperlichen Schaden und neben dem Vermögensschaden, welche beide insofern

---

[20]) Eine Unfallversicherungsgesellschaft kann hier nicht in Betracht kommen, da Duell kein Unfall ist.

[21]) Aus diesem Grunde ist auch bloß der Zweikampf als praktisch wichtig besprochen: bei fahrlässiger Tötung kann diese Nebenwirkung überhaupt nicht in den Willen mit aufgenommen sein. — Da dieser Beweis sehr schwer ist, läßt sich die Gesellschaft am besten die Rechte der Hinterbliebenen abtreten. Vgl. zu der ganzen Frage L. Fuld in Bl. f. RA. **63** (1898) S. 253 ff.; auch Kuhlenbeck, Komm. zu § 823 Note 9 S. 572. S. noch Oertmann S. 559; Meisner S. 290; vgl. die Fassung des Gesetzes „eines Anderen", auch oben zu Schutzgesetz S. 9. Ebenso vgl. Paul Hiestand, Der Schadensersatzanspruch des Versicherers, Stuttg. 1896, direkt entgegen S. 31 (mit Unrecht). Dem Beispiel auf S. 40 stimme ich in der Entscheidung des letzten Satzes bei, aber mit der hier im Text vertretenen Begründung, der Mörder „wünscht den Versicherer zu schädigen"! Vgl. auch die vorzügliche Besprechung dieser Schrift von Rich. Weyl in Goldschm. Z. f. HR. **49** (1900) S. 368 f.; bes. auf S. 371 u. 372.

[22]) Vgl. Endemann § 201 Note 1b S. 913; Protokolle S. 2718; Schollmeyer S. 111.

[23]) Vgl. Schollmeyer S. 118 Anm. 1.

*) Litteratur: Buchka S. 182 f.; Cosack I § 91 S. 320, § 165 S. 607 f.; Dernburg II § 388 Ziff 3 S. 628; Endemann § 128 S. 561 f.; weitere Litteratur dortselbst Note 17; Matthiaß I § 76 S. 343 u. § 142 S. 716; auch Gierke, Entwurf S. 196 f, 266 f.; Hellmann, Arch. f. ziv. Pr. **78** S. 1 ff; Enneccerus u. Lehmann I § 370 S. 780 f.; v. Staudinger II S. 755 f.

zusammengefaßt werden können, als auch ersterer für den Verletzten bezw. dessen Hinterbliebene zunächst einen Vermögensschaden in sich begreift — z. B. direkten Aufwand für Heilung oder Beerdigung, Verdienstentgang, Unterhaltsschmälerung u. s. f. —, ist im BGB. noch der Ersatz eines anderen Schadens vorgesehen und zwar in § 847:

1. „Im Falle der Verletzung des Körpers oder der Gesund„heit, sowie im Falle der Freiheitsentziehung kann der Verletzte „auch wegen des Schadens, der nicht Vermögensschaden „ist, eine billige Entschädigung in Geld verlangen.“ Abs. 1 Satz 1.

2. „Ein gleicher Anspruch steht einer Frauensperson zu, gegen „die ein Verbrechen oder Vergehen wider die Sittlichkeit begangen, „oder die durch Hinterlist, durch Drohung oder unter Mißbrauch „eines Abhängigkeitsverhältnisses zur Gestattung der außerehelichen „Beiwohnung bestimmt wird.“ Abs. 2.

Aus dieser Formulierung wie aus jener des § 253 BGB. ergibt sich, daß ein Schaden, „der nicht Vermögensschaden“ ist, grundsätzlich nicht ersetzt wird, daß er vielmehr nur in Ausnahmsfällen zur Berechnung kommt. So billigt der Richter unter Würdigung aller einschlägigen Verhältnisse nach freiem Ermessen diesen Anspruch zu und zwar nur, wenn ein Schaden in den Rechtsgütern eingetreten ist, deren Verletzung § 847 voraussetzt [24]).

Diese sind: die Integrität des Körpers oder der Gesundheit und die Freiheit (Abs. 1). Hieher gehört vor allem die Entschädigung für Entstellung [25]), sowie das Schmerzensgeld [26]). Der Abs. 1 nimmt auf das Geschlecht des Beschädigten keine Rücksicht; der Abs. 2 dagegen bezieht sich nur auf Personen weiblichen Geschlechts, gegen welche ein Sittlichkeitsverbrechen im Sinne des Strafgesetzbuchs bezw. des § 825 BGB. begangen wurde [27]). Soweit bei unver-

---

[24]) v. Liszt S. 65; Oertmann zu § 847 Ziff. 3; weiter gehen Planck S. 648 Note 2 b; Dernburg S. 628.

[25]) Hinsichtlich des wirtschaftlichen Nachteils schon nach § 842 zu berücksichtigen, so auch Planck S. 647 f.

[26]) Vgl. auch Hellmann a. a. O.; Dernburg § 388 S. 628; Oertmann zu § 847 Ziff. 3. Maßgebend für die Berechnung ist die Dauer und der Grad des Schmerzgefühls, Seuff. Arch. **43** Nr. 115.

[27]) In dieser Richtung tritt die Entschädigung des § 847 an die Stelle der Deflorationsentschädigung; vgl. Endemann § 201 S. 912 Note 2.

heirateten weiblichen Personen ein Schadensersatz wegen Vereitelung oder Erschwerung der Heirat in Frage steht, handelt es sich nicht um einen immateriellen Schaden, gegen welchen auf eine „billige Entschädigung“ aus § 847 Abs. 2 zu erkennen ist, sondern um einen ökonomischen Schaden, der nach § 842 zu ermitteln ist. Daneben kann die billige Entschädigung aus § 847 Abs. 2 auch noch zur Schadensberechnung hinzukommen.

Bestritten ist die rechtliche Natur dieses Anspruchs [28]. Er ist eine Entschädigung rein zivilrechtlicher Natur, ohne den Charakter der Sühne oder Strafe zu haben; er ist nicht mehr und nicht weniger als das Gesetz selbst sagt: eine „billige Entschädigung“, d. h. der Richter spricht sie nach bestem Wissen und Gewissen zu, ohne sich überhaupt eingehender auf die Prüfung einzulassen, ob wirklich ein Schaden entstanden ist, der ziffernmäßig ausgedrückt werden könnte [29]. Es besteht kein Grund, ihr einen anderen Charakter unterzulegen, weder den der Genugthuung [30], oder den der Annäherung an eine Strafe [31]; selbst die Herbeiziehung der „Analogie“ der Buße ist verwirrend [32]. Die Buße [33] ist Entschädigung **und** Sühne, kann höher als der entstandene Schaden sein und neben **ihr** kann keine weitere Entschädigung beansprucht werden. Neben dem Entschädigungsanspruch aus § 847 dagegen bleibt ein Bußanspruch unberührt bestehen [34].

§ 847 bestimmt noch ferner:

„Der Anspruch ist nicht übertragbar und geht nicht auf die „Erben über, es sei denn, daß er durch Vertrag anerkannt oder daß „er rechtshängig geworden ist.“ Abs. 1 Satz 2.

Die „billige Entschädigung“ ist höchstpersönlich, d. h. sie ist

---

[28]) Keinesfalls ist er Privatstrafe, da unser modernes Recht solche nicht mehr kennt.

[29]) Es dürfte nicht korrekt sein, wenn Endemann S. 563 schreibt, sie sei „enger an den realen Nachteil gebunden, wenngleich der exakte Beweis des Ver„mögensnachteils nicht gefordert werden soll“.

[30]) So Matthiaß a. a. O. S. 343; ebenso Dernburg § 382 IV S. 610.

[31]) Dernburg § 388 S. 628.

[32]) Endemann S. 563, nach dem die Buße alternativ statt der Entschädigung gefordert werden kann.

[33]) Näheres s. unten Anhang: Die Buße.

[34]) So v. Liszt S. 65 u. 66 u. Planck S. 648 Ziff. 3.

nicht übertragbar, daher auch unpfändbar[35]) und nicht vererblich[36]), denn der Anspruch auf Entschädigung für erlittenen Schmerz und sonstigen immateriellen Schaden kann nur mit der verletzten Person selbst zusammenhängen[37]). Daß das Anerkenntnis und die Rechtshängigkeit diesen Anspruch übertragbar und vererblich machen, ist eine spezielle Wirkung dieser beiden juristischen Thatsachen[38]). Im übrigen ist der Schadensersatzanspruch abtretbar und vererblich.

§ 15.

2. Die Schadensersatzklage.

I. Aktiv- und Passivlegitimation. Berechtigt zur Anstellung der Schadensersatzklage ist[1]):

1. Derjenige, welcher durch die unerlaubte Handlung unmittelbar geschädigt ist;

2. im Falle der Tötung gewisse in den §§ 844 und 845 aufgeführte Personen, mittelbar Beschädigte[2]).

Die Schadensersatzklage kann gerichtet werden gegen den **Schadensstifter;** bei gemeinschaftlicher Begehung einer unerlaubten Handlung gegen jeden Beteiligten auf das Ganze[3]); das Gleiche findet statt für diejenigen Personen, welche neben den Thätern verantwortlich sind nach BGB. §§ 831 und 832.

Konsequenzen davon, daß die Schadensersatzklage keine Deliktsnatur mehr hat, sind:

1. daß sie aktiv und passiv vererblich ist[4]); sodann

2. daß bei gemeinschaftlicher Beschädigung derjenige Thäter, welcher für den ganzen Schaden eingetreten ist, die Möglichkeit hat,

---

[35]) Nach CPO. § 851; Dernburg l. c. S. 629.

[36]) Vgl. Endemann l. c. S. 563; Cosack S. 608; Seuff. Arch. **47** Nr. 271.

[37]) Vgl. auch Haidlen S. 977.

[38]) Vgl. Endemann S. 563, 912; Schollmeyer S. 116 f.

[1]) Dernburg I § 385 I u. IV S. 620 f.; Lenel, Deutsch. Jur. Ztg. 1897 S. 409; Linckelmann S. 23; v. Liszt S. 97; Matthiaß I § 142 S. 716 u. 718; a. A. Cosack I S. 604.

[2]) v. Liszt S. 30.

[3]) BGB. § 830 Abs. 1 u. 2, § 840 Abs. 1; Schollmeyer S. 118.

[4]) Vgl. Endemann § 201 S. 912; Schollmeyer S. 116.

gegen die Mitthäter seine Regreßansprüche geltend zu machen, denn diese wären sonst grundlos bereichert [5]).

II. Die Schadensersatzleistung [6]). Die Schadensersatzklage geht auf die Leistung des Ersatzes des durch die unerlaubte Handlung verursachten Schadens. Die Leistung ist verschieden, je nachdem der Erfolg der schädigenden Handlung der Tod oder eine Körperverletzung war.

a) Im Falle der Tötung. Die juristische Qualifikation der Tötungshandlung — ob Mord, Totschlag, fahrlässige Tötung, Tötung im Zweikampf oder Körperverletzung mit tödlichem Ausgang — ist gleichgültig [7]). Nur wird gerade im letzten Falle genau zu prüfen sein, ob der Tod mit der unerlaubten Handlung in nachweisbarem Kausalzusammenhange steht und somit § 844 und § 845 zur Anwendung kommt, oder ob nicht vielmehr die eigene Thätigkeit des Verletzten für den schlimmen Ausgang kausal war, so daß z. B. die an sich unbedeutende Kopfverletzung durch unterlassene oder mangelhafte Pflege den Tod herbeiführte [8]). Die im Falle der Tötung dem Schadensstifter auferlegten Leistungen behandeln die §§ 844, 845 und 846.

1. „Im Falle der Tötung hat der Ersatzpflichtige die Kosten „der Beerdigung Demjenigen zu ersetzen, welchem die Verpflichtung „obliegt, diese Kosten zu tragen." § 844 Abs. 1.

Diese Pflicht tritt regelmäßig [9]) ein, aber nicht immer. Sie ist ferner keine direkte Zahlungspflicht, sondern Ersatzzahlung der erwachsenen Kosten. Leistungspflichtig ist der Totschläger; empfangsberechtigt der auf Grund familienrechtlicher oder vertragsmäßiger Beziehungen oder kraft Gesetzes zur Tragung dieser Kosten Ver-

---

[5]) BGB. § 426, § 840 Abs. 2 u. 3; Schollmeyer S. 118.

[6]) Vgl. Cosack I § 164 S. 601 ff.; Dernburg II § 391 S. 633; Endemann I § 201 S. 913 ff.; Schollmeyer S. 116 ff.

[7]) „Eine richtige Auslegung wird nicht dazu gelangen, die Unterscheidungen „des StGB. in das BGB. hineinzutragen". Haidlen S. 967.

[8]) Vgl. oben S. 24.

[9]) In Seuff. Arch. **15** S. 225 wird daraus, daß die Beerdigungskosten eine sicher Jedem bevorstehende Ausgabe seien, der Schluß gezogen, daß sie deshalb nicht zum Schaden gehörten Voraussetzung und Schluß ist irrig; man denke an die Fälle, wo Beerdigungskosten nicht erwachsen, Verschollenheit, Tod im Kriege, bei einer Eisenbahn- oder Schiffskatastrophe u. s. w.

pflichtete, also nicht immer — wenn auch meistens — der Erbe[10]), sodann z. B. ein Sterbekassenverein, der Armenverband 2c.

2. Ferner ist Ersatz für Wegfall eines Unterhaltsanspruchs an bestimmte Personen zu leisten:

„Stand der Getötete zur Zeit der Verletzung zu einem „Dritten in einem Verhältnisse, vermöge dessen er diesem gegenüber „kraft Gesetzes unterhaltspflichtig war oder unterhaltspflichtig „werden konnte, und ist dem Dritten infolge der Tötung das Recht „auf den Unterhalt entzogen, so hat der Ersatzpflichtige dem Dritten „durch Entrichtung einer Geldrente insoweit Schadensersatz zu leisten, „als der Getötete während der mutmaßlichen Dauer seines Lebens „zur Gewährung des Unterhalts verpflichtet gewesen sein würde; „die Vorschriften des § 843 Abs. 2—4 finden entsprechende An„wendung." § 844 Abs. 2 Satz 1.

Voraussetzung dieses Teiles der Schadensersatzpflicht ist das Vorhandensein von Personen, denen gegenüber der Getötete kraft Gesetzes[11]) unterhaltspflichtig war oder unterhaltspflichtig werden konnte; eine vordem vom Getöteten vertragsmäßig übernommene oder letztwillig ihm auferlegte Unterhaltspflicht berechtigt den Dritten in keiner Weise gegenüber dem Schadensstifter. Sodann mußte dem Unterhaltsberechtigten infolge der Tötung das Recht auf den Unterhalt entzogen worden sein[12]). Das Recht auf Unterhalt ist zwar dann nicht entzogen, wenn kraft Gesetzes gewisse Personen verpflichtet bleiben, dem Berechtigten Unterhalt zu gewähren[13]), z. B. die Erben des unehelichen Vaters gegenüber dem unehelichen Kinde, und diese solvent[14]) sind; es ist aber erloschen, wenn an

[10]) BGB. § 1968: 1580 Abs. 3; 1615 Abs. 2; nach § 1713 Abs. 2 eventuell der uneheliche Vater; — s. auch Schollmeyer S. 117 Anm. 1, auch S. 114; Dernburg II S. 634; Linckelmann S. 68 Anm. 11 hält die Beerdigungskosten „als selbstverständlich" keiner Erwähnung wert.

[11]) Dies sind Ehegatten untereinander (BGB. §§ 1360, 1361, 1578 ff.): Verwandte in gerader Linie (§§ 1601—1615, 1700, 1703, 1705); der Vater eines unehelichen Kindes im Verhältnis zu diesem Kinde (§ 1708 ff., 1736 ff., 1757); vgl. Linckelmann S. 65; Dernburg S. 634 Note 9; Seuff. Arch. **52** Nr. 81.

[12]) Vgl. auch Seuff. Arch. **52** Nr. 81 (= Bl. f. RA. **61** S. 329).

[13]) Vgl. BGB. §§ 1712, 1582; hier bleibt der Schadensstifter aber bezüglich des Differenzanspruches haftbar soweit der Berechtigte von den Erben aus dem Grunde weniger erhält, weil diese von den ihnen nach dem Gesetz l. c. zustehenden Rechten Gebrauch gemacht haben; vgl. Planck S. 645.

[14]) So Haidlen S. 971.

Stelle des Getöteten ein subsidiär Verpflichteter eintreten würde; hier ist die Ersatzpflicht nicht ausgeschlossen, weil ohne das Dazwischentreten der Tötung die Unterhaltspflicht dieser Person nicht liquid werden konnte. Dies ist der Zweck des in § 844 Abs. 2 angegebenen Zitates des § 843 Abs. 4, wonach

„der Anspruch nicht dadurch ausgeschlossen wird, daß ein „Anderer dem Verletzten Unterhalt zu gewähren hat[15]."

Unterhaltsberechtigt sind auch nasciturі: „Die Ersatzpflicht tritt „auch dann ein, wenn der Dritte zur Zeit der Verletzung erzeugt, „aber noch nicht geboren war." § 844 Abs. 2 Satz 2.

Der für die Ersatzpflicht maßgebende Zeitpunkt ist die Zeit der Verletzung[16].

3. Endlich ist Ersatz für den Entgang von Diensten zu leisten. Nach dieser Richtung bestimmt das BGB.:

„Im Falle der Tötung, der Verletzung des Körpers oder der Gesund„heit, sowie im Falle der Freiheitsentziehung hat der Ersatzpflichtige, „wenn der Verletzte kraft Gesetzes einem Dritten zur Leistung „von Diensten in dessen Hauswesen oder Gewerbe verpflichtet „war, dem Dritten für die entgehenden Dienste durch Entrichtung „einer Geldrente Ersatz zu leisten. Die Vorschriften des § 843 „Abs. 2—4 finden entsprechende Anwendung." § 845.

Der Fall einer gesetzlichen Dienstleistungspflicht besteht in der Person der Ehefrau[17]) sowie des noch nicht selbständigen Kindes[18]). Der Ersatz betrifft den Wert des entgehenden ökonomischen Vorteils, der durch diese Person unentgeltlich gewährt wurde. Infolge des Fehlens derselben muß die Dienstleistung von einer anderen Person verrichtet werden. Voraussetzung dieses Ersatzanspruches ist, daß die Dienste wirklich geleistet worden sind bezw. geleistet werden

[15]) Vgl. Haidlen S. 971; Dernburg II § 388 S. 628; Cosack S. 607; Oertmann S. 581; Seuff. Arch. **48** Nr. 32.

[16]) Gegenüber dem Schadensstifter sind schadensersatzberechtigt z. B. auch Enkel eines getöteten Großvaters, wenn sie z. Z. der Tötung bereits erzeugt waren, aber dessen Unterhaltspflicht noch nicht in Kraft war — BGB § 1606 Abs. 2 —, weil damals ihr Vater noch lebte. Nicht ersatzberechtigt ist die Wittwe des Getöteten, wenn dieser nach seiner tödlichen Verletzung noch kurz vor seinem Tode geheiratet hat. Vgl. auch Cosack S. 607; Linckelmann S. 65; Dernburg S. 635.

[17]) § 1356 Abs. 2.

[18]) § 1617.

konnten. Wenn der Getötete thatsächlich oder aus physischen Gründen keine Dienste leistete, dann entfällt diese Forderung [19]). Auch für diesen Anspruch besteht das Prinzip der Geldrentenleistung.

Die in den §§ 844 und 845 aufgestellten Ersatzansprüche, welche sich als Nebenwirkungen der gegen den unmittelbar Verletzten begangenen unerlaubten Handlung darstellen [20]), werden in der Person des mittelbar Beschädigten selbständig existent — im Gegensatz zu jenen aus § 843 [21]). Sie werden daher von einem Vergleiche bezw. einem Verzicht, welchen der Verstorbene vor seinem Tode etwa geschlossen hat, nicht berührt [22]); dagegen werden sie von einem eigenen Verschulden des Verletzten beeinflußt, sind also nach dieser Richtung nicht unabhängig vom Getöteten [23]).

b) Im Falle der Körperverletzung [24]). Auch bei ihr kommt es, so wenig wie bei der Tötung, auf die juristische Qualifikation der verletzenden Thätigkeit an. Hinsichtlich des Ersatzes bestimmt 1. ganz allgemein zunächst § 842:

„Die Verpflichtung zum Schadensersatze wegen einer gegen die „Person gerichteten unerlaubten Handlung erstreckt sich auf die „Nachteile, welche die Handlung für den Erwerb oder das „Fortkommen des Verletzten herbeiführt [25])."

Sodann 2.:

„Wird infolge der Verletzung des Körpers oder der Gesundheit „die Erwerbsfähigkeit des Verletzten aufgehoben oder ge„mindert" oder

„tritt eine Vermehrung seiner Bedürfnisse ein, so ist „dem Verletzten durch Entrichtung einer Geldrente Schadensersatz zu „leisten." § 843 Abs. 1.

---

[19]) Dies folgt aus der Fassung: „für die entgehenden Dienste".

[20]) Vgl. Planck S. 644.

[21]) So auch v. Liszt S. 100.

[22]) Vgl. auch Oertmann S. 583. Vgl. auch oben S. 76, 77.

[23]) S. unten S. 92 (§ 846 BGB.).

[24]) Vgl. Cosack S. 607 ff.

[25]) Hierher gehört insbes. der Fall, daß einer Frauensperson durch die Beschädigung die Aussicht, heiraten zu können, benommen wurde. Vgl. Dernburg a. a. O. S. 626; Seuff. Arch. **18** Nr. 42, wo mit Unrecht bloß eine äußerlich erkennbare Verunstaltung als entschädigungspflichtig anerkannt wird. Vgl. auch Oertmann, Komm. zu § 842 Ziff. 2 c S. 580 u. v. Staudinger II S. 743, 744.

Hierher gehören die Kosten des Heilverfahrens und die besonderen Kur- und Verpflegungskosten [26]). Diese können auch, bevor sie verausgabt sind, begehrt werden [27]).

3. Wegen immateriellen Schadens ist Ersatz zu leisten nach BGB. § 847 [28]). Ebenso schließlich

4. wegen der entgehenden Dienste nach BGB. § 845 [29]).

Für die Entschädigungspflicht aus Körperverletzung ist es gleichgültig, ob die nachteiligen Folgen derselben sich unmittelbar zeigen; auch wenn sie sich allmählich und geraume Zeit nach der Verletzung einstellen, sind sie — die Nachweisbarkeit des Kausalzusammenhangs vorausgesetzt — sämtlich ersatzpflichtig.

Was hinsichtlich der Körperverletzung ausgeführt wurde, gilt in gleicher Weise [30]) auch für die Ersatzleistungen bei Gesundheitsschädigung, Freiheitsentziehung und dem Falle des § 825, bei welchem insbesondere die Entschädigung aus den §§ 842 und 847 hervorragende Bedeutung gewinnt.

Der Unterhaltsanspruch im Besonderen [31]).

Der Unterhaltsanspruch ist von Bedeutung für den Verletzten selbst nach BGB. § 843 [32]) sowie für den dritten Unterhaltsberechtigten nach BGB. § 844. Der Schadensstifter hat den Unterhalt zu gewähren.

Seiner rechtlichen Natur nach ist der Unterhaltsanspruch des Beschädigten ein Schadensersatzanspruch wegen Verlustes des Unterhaltes selbst (§ 843 Abs. 1) oder wegen Verlustes eines Rechtes auf den Unterhalt (§ 844 Abs. 2), aber nicht selbst ein Unterhaltsanspruch; er hat aber infolge der gleichen ökonomischen Bestimmung gewisse Vorrechte mit letzterem gemein. Zunächst ist er

[26]) Der Ersatz derselben ergibt sich schon aus § 823. Vgl. Meisner S. 304.

[27]) Vgl. Linckelmann S. 68 Anm. 11; Schollmeyer S. 114; BGB. § 249 Satz 2.

[28]) S. oben S. 78 ff.

[29]) S. oben S. 84.

[30]) Vgl. oben S. 12.

[31]) Soweit der Unterhaltsanspruch speziell mit der Tötung zusammenhängt — Schadensersatz wegen Verlustes des Rechtes auf Unterhalt — s. oben S. 83.

[32]) Der Anspruch des Verletzten ist im ökonomischen Sinne ein Unterhaltsanspruch (Arg. § 843 Abs. 4), nur ist er in Abs. 1 detailliert.

dem Berechtigten (Verletzten oder Dritten) durch Entrichtung einer Geldrente zu leisten (§ 843 Abs. 1, § 844 Abs. 2).

„Auf die Rente[33]) finden die Vorschriften des § 760 BGB. „Anwendung" (§ 842 Abs. 2 Satz 1 und § 844 Abs. 2), d. h. „sie „ist für drei Monate vorauszuzahlen" und „hat der Gläubiger „den Beginn des Zeitabschnittes erlebt ..., so gebührt ihm der volle „auf den Zeitabschnitt entfallende Betrag." § 760 Abs. 2 und 3.

„Statt der Rente kann der Verletzte — bezw. der Dritte — „eine Abfindung in Kapital verlangen, wenn ein wichtiger Grund „vorliegt." — § 843 Abs. 3 (§ 844 Abs. 2).

Die Entscheidung, ob ein wichtiger Grund vorliegt, ruht im freien Ermessen des Richters, wobei sowohl in der Person des Berechtigten wie des Ersatzpflichtigen dieser Grund vorliegen kann. So kann unter Umständen der Berechtigte mit dem Kapital günstig ein Geschäft erwerben, andererseits kann der Ersatzpflichtige in Vermögensverhältnissen sich befinden, die sich zu verschlimmern drohen[34]). Eine Kapitalsabfindung gegen den Willen des Berechtigten ist ausgeschlossen[35]).

Für die Berechnung der Rente ist auf Seite des Berechtigten neben den in § 843 Abs. 1 betonten Umständen auch die Lebenshaltung desselben maßgebend, auf Seite des Ersatzpflichtigen im Falle der Tötung die mutmaßliche Lebensdauer des primär Verpflichteten, also des Getöteten und zwar unter Berücksichtigung dessen Lebensberufes, Gesundheitszustandes, Alters und Lebenshaltung. Ein Fall ist noch besonders hervorgehoben, nämlich „ob, in welcher Art und „für welchen Betrag der Ersatzpflichtige Sicherheit zu leisten hat, „bestimmt sich nach den Umständen" — § 843 Abs. 2 Satz 2[36]).

Hierher gehört auch die Frage, ob und inwieweit der Ersatzpflichtige eine Minderung seiner Ersatzleistung beanspruchen kann mit Rücksicht auf Vorteile, welche dem Ersatzberechtigten anläßlich des Erfolges der unerlaubten Handlung erwachsen; man spricht hier von einer compensatio lucri cum damno[37]). Für die Körperverletzung

---

[33]) Vgl. auch unten S. 107.

[34]) [35]) Vgl. Planck S. 643 Note 3.

[36]) Vgl. noch § 850 Ziff. 2 u. Abs. 3 C.P.O. über den dort vorgesehenen Pfändungsausschluß; Linckelmann S. 64 u. Abh. unten S. 107 u. 108.

[37]) Vgl. auch Rümelin, Kausalbegriffe S. 276 ff. u. besonders Oertmann, Die Vorteilsausgleichung beim Schadensersatzanspruch, Berlin 1901, § 14 S. 111 f.

dürfte der Fall überhaupt von geringer praktischer Tragweite sein, z. B. durch die Körperverletzung wurde ein Abszeß geöffnet, der nachweislich den Tod des Verletzten mit Bestimmtheit zur Folge gehabt hätte. War der Verletzte gegen Unfall versichert[38]), so stellt sich die Zahlung seitens der Gesellschaft als Erfüllung des zwischen ihr und dem Verletzten bestehenden Versicherungsvertrages dar, und ist selbstredend kein „lucrum“[39]).

Hat der Verletzte sich an die Unfallversicherungsgesellschaft gehalten, wird diese sich meist den Anspruch des Verletzten gegen den Schadensstifter überweisen lassen. Auf diesem Wege wird eine doppelte Zahlung an den Verletzten stets ausgeschlossen sein, was ja auch dem Grundsatz der Schadensersatzleistung entspricht, daß sie nie den Beschädigten bereichern soll[40]).

Wichtiger ist die Frage, wenn eine Tötung vorliegt. Muß — auch wenn der Unterhaltsanspruch des Ersatzberechtigten von dem Mangel eigenen Vermögens nicht abhängig war — bei Feststellung der Entschädigung ein Vermögensvorteil berücksichtigt werden, welcher dem Ersatzberechtigten infolge der Tötung sonst zukommt?[41]) Der praktisch wichtigste Fall ist das Liquidwerden einer Lebensversicherungssumme[42]). Kann diese ganz oder teilweise in Anrechnung zu bringen sein auf die von dem Schadensstifter infolge der Verübung einer unerlaubten Handlung zu zahlenden Entschädigungssumme? Die Frage ist zu verneinen[43]). Zwischen beiden Zahlungen besteht kein innerer rechtlicher Zusammenhang; für erstere ist die causa der Versicherungsvertrag, für letztere die unerlaubte Handlung. Die

---

38) Vgl. Seuff. Arch. **55** Nr. 74, auch **47** Nr. 14.

39) So auch Hiestand S. 62.

40) S. oben S. 76.

41) Seuff. Arch. **37** Nr. 119; **39** Nr. 106; **47** Nr. 14; RG. **10** Nr. 13 S. 50; **11** S. 22; **15** Nr. 24; **34** S. 10.

42) Bezw. einer Pension. Das RG. rechnet sie, soferne sie auf Gesetz beruht, auf die Entschädigung an in seinen Entscheidungen **15** Nr. 24 S. 114; **17** Nr. 11 S. 47, 48, denen Rümelin, Kausalbegriffe S. 280 Note 134 beitritt; a. A. mit Recht Kuhlenbeck in Jur. Wochenschr. 1897 S. 521 ff. u. RG. **10** Nr. 13 und **34** Nr. 3 S. 10; Dernburg **II** § 31 S. 74. Vgl. zur ganzen Frage: Oertmann, Die Vorteilsausgleichung S. 116 u. S. 142 ff.

43) A. A. Hiestand S. 23 ff.; wie im Text die herrschende Ansicht und Weyl in Goldschm. Z. **49** S. 372; ROHG. **13** S. 426; Oertmann S. 559 Note 5; derselbe: Vorteilsausgleichung S. 129 u. 135.

Vorsicht des Getöteten kann dem Schadensstifter nicht zu Gute kommen, ganz abgesehen davon, daß der Getötete in Gestalt von Prämien Aufwendungen gemacht hat, um den vertragsmäßigen ökonomischen Erfolg herbeizuführen. Sodann ist noch ein Fall zu berücksichtigen. Dem Dritten wurde aus Anlaß des Schadens eine Schenkung zugewendet. Auch diese ist nicht ohne weiteres auf die Entschädigungssumme in Anrechnung zu bringen. Es ist vielmehr der Wille des Zuwendenden zu prüfen; war die Zuwendung bloß zu Gunsten des Beschädigten erfolgt, so ist sie auf die Entschädigungssumme nicht anzurechnen; dagegen hat die Anrechnung stattzufinden, wenn die Schenkung im Interesse des Schadenstifters gegeben wurde[44]). Im Zweifel wird der Richter nach freiem Ermessen zu entscheiden haben[45]); maßgebend ist die Natur der Sache.

Ein zweiter Fall ist auch noch hier zu besprechen, der sich auf den Entschädigungsanspruch bezw. hauptsächlich auf den Unterhaltsanspruch des Beschädigten bezieht — ebenfalls gleichgültig, ob es sich um den direkt Verletzten oder den mittelbar beschädigten Dritten handelt — nämlich die Veränderung der Verhältnisse nach rechtskräftiger Zusprechung der Rente[46]). Die Verhältnisse können sich ändern auf Seite des Ersatzberechtigten, wie auf Seite des Ersatzpflichtigen; bei ersterem äußern sie ihre Wirkung hinsichtlich der Höhe der Rente und der Dauer der Leistung, bei letzterem hinsichtlich der Sicherheit des Leistenden und seiner Zahlungsfähigkeit. Die Höhe der Rente, welcher das zum standesgemäßen Leben Notwendige zu Grunde zu legen ist, steigert sich mit der dauernden Verschlimmerung des Zustandes des Verletzten, sie mindert sich mit der dauernden Besserung des Zustandes und mit dem Tode des Verletzten hört die Rentenleistung in dessen Person ganz auf. Das Gleiche gilt von der wachsenden bezw. abnehmenden Erwerbsfähigkeit des Unterhaltsberechtigten und dessen Tode[47]). Die praktisch wich-

[44]) So auch Rümelin S. 279 Anm. 131.

[45]) Vgl. zu dieser Frage: Matthiaß I § 76 S. 348; Stammler, Das Recht der Schuldverhältnisse S. 227 ff.; Dernburg II S. 74 § 31; Oertmann S. 559 Note 5 und 581 zu § 843 Note 5; v. Staudinger II S. 745 Note 3.

[46]) Vgl. Cosack S. 607; Dernburg § 388 S. 627; CPO. § 323; Analogon zu den Bestimmungen des § 7 Abs. 2 RHPG. früherer Fassung, sowie der §§ 88 ff. GG.; 94 ff. LG.; 92 ff. SG.

[47]) Andere Fälle sind u. A.: Gewinn eines Loses, Anfall einer großen Erbschaft. Unveränderlich dagegen ist der Unterhaltsanspruch der Ehefrau gegen den

tigste Veränderung in den Verhältnissen des Leistungspflichtigen ist die Verschlechterung seiner Vermögensverhältnisse, sei es durch Unglücksfälle, Mißwirtschaft, Verschwendung, eventuell auch die Gefahr, daß sich der Ersatzpflichtige durch Verziehen, Auswanderung seiner Leistungspflicht entschlagen will. Es wird Thatfrage sein, welches Mittel im einzelnen Fall am geeignetsten ist, die künftige Leistung sicher zu stellen. Diesen Fall hat das Gesetz selbst in den zitierten Bestimmungen — § 843 Abs. 2 Satz 2 und Abs. 3 — vorgesehen.

Die Geltendmachung der Veränderung der Verhältnisse erfolgt im Wege der Klage, der sogen. „Umwandlungsklage" und bestimmt nach dieser Richtung die CPO.:

„Tritt im Falle der Verurteilung zu künftig fällig werdenden „wiederkehrenden Leistungen eine wesentliche Änderung der„jenigen Verhältnisse ein, welche für die Verurteilung zur Ent„richtung der Leistungen, für die Bestimmung der Höhe der Leistung „oder der Dauer ihrer Entrichtung maßgebend waren, so ist jeder „Teil berechtigt, im Wege der Klage eine entsprechende Abänderung „des Urteils zu verlangen." § 323 Abs. 1[48]).

Voraussetzung ist, daß die Gründe, auf welche die Umwandlungsklage gestützt wird, erst später entstanden sind, d. h. „erst „nach dem Schlusse der mündlichen Verhandlung, in der eine Er„weiterung des Klagantrags oder die Geltendmachung von Einwen„dungen spätestens hätte erfolgen müssen" und „daß sie durch Ein„spruch nicht mehr geltend gemacht werden können;" vgl. § 323 Abs. 2. Berechtigt zur Erhebung der Umwandlungsklage sind nur die im Gesetze genannten Personen — der Verpflichtete bezw. der Berechtigte — nicht eine dritte Person, also nicht z. B. eine Versicherungsgesellschaft, bei welcher der Rentenschuldner sich wegen Haftpflicht gedeckt hatte; hier liegt nur die vertragsmäßige Übernahme einer Leistung vor, keine Zession im Rechtssinne[49]).

Ehemann, da hier die Bedürftigkeit des Unterhaltsberechtigten überhaupt nicht in Frage kommt. Näheres Linckelmann S. 66; s. auch über die Anrechnungsfähigkeit von Vermögensstücken zur Verminderung der Unterhaltspflicht: Kuhlenbeck Jur. Wochenschr. 1897 S. 524 ff.; Citate in Linckelmann S. 67; Planck S. 643.

[48]) Das Vorbild dieser Bestimmung ist § 7 Abs. 2 des HPG. in der Fassung vom 7. Juni 1871; vgl. auch unten S. 108 f.; Gaupp CPO. IV. Aufl. 1901 zu § 323 Note 1 S. 723 ff.

[49]) Vgl. Jaeger, Umwandlungsklage S. 19 u. 20; CCC. 1 Nr. 70.

Nur eine Art der Veränderung der Verhältnisse wird gesetzlich besonders betont, nämlich: „Ist bei einer nach den §§ 843—845 „BGB. ... erfolgten Verurteilung zur Entrichtung einer Geldrente „nicht auf Sicherheitsleistung erkannt, so kann der Berechtigte gleich„wohl Sicherheitsleistung verlangen, wenn sich die Vermögensver„hältnisse des Verpflichteten erheblich verschlechtert haben; unter der „gleichen Voraussetzung kann er eine Erhöhung der im Urteile be„stimmten Sicherheit verlangen." § 324 CPO.[50]).

„Die Abänderung des Urteils darf nur für die Zeit nach Er„hebung der Klage erfolgen" § 323 Abs. 3 CPO. — d. i. der Tag der Klagezustellung, der Rechtshängigkeit[51]).

Die Vorschriften der §§ 843, 844 und 845 finden ihre Ergänzung[52]) in folgenden Bestimmungen der CPO. § 258: „Bei „wiederkehrenden Leistungen kann auch wegen der erst nach Er„lassung des Urteils fällig werdenden Leistungen Klage auf „künftige Entrichtung erhoben werden."

Die §§ 323 und 324 betreffen die Veränderung der Verhältnisse und wurden S. 89f. besprochen.

§ 708 Nr. 6 CPO. handelt von der vorläufigen Vollstreckbarkeit: „Auch ohne Antrag sind für vorläufig vollstreckbar „zu erklären: ... 6. Urteile, welche die Verpflichtung ... einer nach „den §§ 843, 844 BGB. geschuldeten Geldrente aussprechen, soweit „die Entrichtung für die Zeit nach der Erhebung der Klage und für „das der Erhebung der Klage vorausgehende letzte Vierteljahr zu er„folgen hat."

Schließlich handelt § 850 Abs. 3 CPO. hinsichtlich der Ansprüche aus § 843 BGB. von der Pfändungsbeschränkung, und § 850 Abs. 1 Ziff. 2 CPO. hinsichtlich der Ansprüche aus § 844 BGB. von dem Pfändungsausschluß:

„Die nach § 843 BGB. wegen einer Verletzung des Körpers „oder der Gesundheit zu entrichtende Geldrente ist nur soweit der „Pfändung unterworfen, als der Gesamtbetrag die Summe von fünf„zehnhundert Mark für das Jahr übersteigt." § 850 Abs. 3.

„Der Pfändung sind nicht unterworfen: ... 2. Die ... nach

---

[50]) Vgl. Näheres in Gaupp a. a. O. S. 728 ff.

[51]) CPO. § 253; im übrigen s. unten S. 108.

[52]) Vgl. Planck, Komm. zu § 844 Note 1 S. 644.

„§ 844 BGB. wegen der Entziehung einer solchen (d. i. Alimenten-) „Forderung zu entrichtende Geldrente." § 850 Abs. 1 (Ziff. 2).

Der Anspruch auf Schadensersatz wegen Unterhaltsentziehung genießt somit wegen seiner wirtschaftlichen Bestimmung die prozeß- wie materiell-rechtlichen Vorteile einer Alimentenforderung.

Aus der Pfändungsbeschränkung folgt auch die beschränkte Aufrechnung (BGB. § 394), die beschränkte Übertragbarkeit (BGB. § 400) = Pfandbelastung (§ 1274 Abs. 2), = Nießbrauchsbestellung (§ 1069), sowie die beschränkte Zugehörigkeit zur Konkursmasse (§ 1 Abs. 4 KO).

III. Die Einrede gegen die Schadensersatzklage. Von den verschiedenen Einreden, welche im einzelnen Falle der beklagte Schadensstifter (eventuell dessen Erben) der Schadensersatzklage entgegenstellen kann — Notwehr, höhere Gewalt u. s. w. — verdient die Einrede des eigenen bezw. mitwirkenden Verschuldens des Verletzten besondere Würdigung. Wie die Klage abgewiesen werden muß, wenn sich herausstellt, daß der Schaden ausschließlich durch das eigene Verschulden des Verletzten entstanden ist[53]), so ist ihr andererseits je nach dem Verhältnis der Anteilnahme des Schadenstifters und des Verletzten am Schadenserfolge mehr oder weniger stattzugeben. Die hieher gehörigen Rechtsgrundsätze sind folgende: Die Einrede kann entgegengesetzt werden

a) dem Beschädigten selbst nach § 254, wobei auf die oben § 13 der Abhandlung gemachten Bemerkungen Bezug genommen wird;

b) gemäß § 846 dem Dritten, welcher nach §§ 844, 845 wegen Tötung, Körperverletzung, Gesundheitsschädigung oder Freiheitsentziehung einer ihm kraft Gesetzes zu Leistungen verpflichteten Person Schadensersatzklage erhebt[54]). Diese Einrede hat den Charakter einer exceptio ex persona tertii, d. h. der Beklagte kann sich dem Schadensersatzanspruch des Dritten gegenüber ebenso auf ein Verschulden des Verletzten berufen, wie er dies dem klagenden Verletzten selbst gegenüber thun könnte; das hat also die Wirkung, daß sich der Schadensersatzanspruch in dem gleichen Verhältnis mindert, wie er dem Verletzten gegenüber einzuschränken wäre[55]). Bezüglich der Kulpa-

---

[53]) Vgl. Cosack I § 164 S. 607.

[54]) Cosack a. a. O. S. 607; Schollmeyer S. 118; Oertmann S. 39; Planck S. 27; v. Staudinger II S. 754; oben Abh. § 13 S. 64 ff.

[55]) Vgl. Endemann § 201 S. 913; Matthiaß I § 76 S. 348; Arnoldi S. 88 u. 98.

kompensation wird dem Richter in der Abwägung der Umstände freie Hand gelassen[56]).

Zu beweisen ist das mitwirkende Verschulden von Demjenigen, der es geltend macht[57]). Was die Beweislast im Falle des § 254 Abs. 2 anlangt, so hat hier

a) hinsichtlich der Unterlassung der Anzeigepflicht — soweit diese überhaupt für uns in Frage kommen kann — der Beschädigte zu beweisen, daß er seiner Anzeigepflicht nachgekommen, oder außer stande gewesen sei, dies zu thun, oder es hat der Schuldner zu beweisen, daß der Schadensstifter die Verhältnisse, welche den ungewöhnlich hohen Schaden hervorriefen, gekannt habe oder habe kennen müssen;

b) bezüglich der Unterlassung der Abwendung oder Minderung des Schadens ist die Thatsache der Unterlassung auf Seite des Beschädigten zu beweisen. Hiergegen kann aber der Beschädigte seinerseits wieder den Gegenbeweis führen, daß die Unterlassung unverschuldet war, z. B. daß er unfähig war, eine Handlung vorzunehmen, oder, daß er zwar Handlungen zur Abwendung oder Minderung vorgenommen habe, diese aber ohne sein Verschulden mißglückt seien. Gelingt dieser Gegenbeweis, dann ist der ganze Schaden als vom Thäter verursacht zu betrachten[58]).

c) Bezüglich der entsprechenden Anwendung des § 278 BGB. hat der Beklagte zu beweisen, daß sich der Beschädigte eines Vertreters im Sinne des zitierten Paragraphen bedient hat, daß dieser die fragliche Unterlassung sich zu schulden kommen ließ, mit anderen Worten, welches der Umfang der Vertretungsmacht bezw. des Auftrags war und worin die Unterlassung bestanden hat[59]).

IV. Der Gerichtsstand*). Der Ort, an dem die unerlaubte Handlung begangen wurde, ist maßgebend:

1. für den Gerichtsstand des Thäters (forum delicti commissi);

---

[56]) Vgl. Dernburg II § 391 S. 636; Oertmann S. 17 f.; Weyl S. 532.

[57]) Cohn in Gruchot, Beitr. a. a. O. S. 129.

[58]) Vgl. Cohn in Gruchot, Beitr. **43** S. 121.

[59]) Vgl. Cohn a. a. O. S. 129.

*) Vgl. Endemann § 200 S. 911 Note 21 u. § 19 S. 79; Cosack I § 165 Zusatz S. 613; CPO. § 32; Planck S. 604; v. Staudinger II S. 708 XII u. S. 716 Ziff. 5, wonach gemäß GVG. § 23 für Klagen aus § 825 ohne Rücksicht auf den Wert des Streitgegenstandes das Amtsgericht zuständig ist.

2. für die Anwendung des Rechtes.

Der Deutsche haftet für eine im Auslande begangene unerlaubte Handlung primär nach dem ausländischen Rechte, nur können gegen ihn „nicht weitergehende Ansprüche geltend gemacht werden, als nach „den deutschen Gesetzen begründet sind“ [60]).

Anhang.

Die Buße [*]).

Neben der Schadensersatzklage kann in dem einen hierher gehörigen Fall der Körperverletzung (RStGB. § 231) noch ein weiterer Anspruch in Frage kommen: die Buße.

Der § 231 bestimmt: „Im Falle der Körperverletzung kann „auf Verlangen des Verletzten neben der Strafe auf eine an den- „selben zu erlegende Buße bis zum Betrage von 6000 Mark erkannt „werden.“

Diese Bestimmung bezieht sich auf alle [1]) Körperverletzungen, auf die vorsätzlichen wie auf die fahrlässigen, auf die leichten wie auf die schweren. Insbesondere findet diese Vorschrift auch Anwendung in den Fällen des § 224 RStGB.

Nach der hier vertretenen Auffassung ist die Buße [2]) weder allein Strafe, noch allein Entschädigung, sondern ein auf dem Gebiete des **Straf**rechts liegender — somit öffentlich-rechtlicher Anspruch, der in erster Linie auf Sühne oder Genugthuung [3])

---

[60]) Art. 12 EG. z. BGB.; v. Liszt S. 113; v. Staudinger II S. 709 XIII.

[*]) Litteratur: v. Liszt, Lehrbuch des Strafrechts 10. Aufl. 1900 § 67 S. 252 ff.; hier auch weitere Litteratur; v. Liszt, Deliktsobligationen S. 64 ff.; v. Liszt, Grenzgebiete in Bekker u. Fischer § 7 S. 32 f.; Endemann § 128 S. 561, 562, § 200 S. 906; Cosack I § 164 IV. S. 606; Dernburg II § 36 S. 83 f. u. § 37 S. 84 ff.

[1]) Vgl. auch Seuff. Arch. **46** Nr. 257.

[2]) Über den rechtlichen Charakter der Buße: v. Liszt, Strafrecht S. 252; Endemann S. 562 Note 19; nach Cosack l. c. S. 606 ist sie Privatstrafe; gesetzliche Privatstrafen gibt es aber nicht mehr, wie Cosack S. 327 selbst zugibt. Vgl. noch Riesenfeld, Das besondere Haftpflichtrecht S. 204 f., der sie ein pauschalisiertes Aequivalent für den zivilrechtlichen Entschädigungsanspruch nennt; ihre Wirkung sei die einer Abfindung des Verletzten gegenüber dem Thäter.

[3]) Das Erfordernis der Genugthuung soll nach v. Liszt übrigens schon beim gewöhnlichen Schadensersatz gegeben sein, Deliktsobligationen S. 2; es ist dies jedenfalls zu weit gegangen; so treffe auch das Moment der Genugthuung zu

abzielt, aber **zugleich** auch den Schadensersatz [4]) in sich schließen kann.

In ihrer Eigenschaft als **Strafe** hat sie eine Höchstgrenze; kann sie nur im Strafprozeß im Wege der Nebenklage [5]) geltend gemacht werden; liegt deren Zusprechung im freien Ermessen des Gerichts, welches seinerseits bei Ausmessung der Höhe der Buße an die Vorschriften des bürgerlichen Rechts über den Beweis nicht gebunden ist; kann ihre Leistung nur in einer einmal zu entrichtenden Summe, nicht in einer Rentenzahlung bestehen; ist sie nicht vererblich [6]); setzt sie die kriminelle Verurteilung des Schuldigen voraus.

In ihrer Eigenschaft als **Genugthuung** bestimmt sich die Höhe des Bußbetrags nach dem Antrage [7]). Der Verletzte bezeichnet dadurch selbst, welche Summe ihm als Sühne genügt; auf einen höheren, als den beantragten Bußbetrag darf nicht erkannt werden.

Ihre Eigenschaft als **Schadensersatz** [8]) erhellt daraus, daß nach Zuerkennung der Buße ein „weiterer" Entschädigungsanspruch wegen derselben Körperverletzung im Wege des Zivilprozesses nicht mehr geltend gemacht werden kann [9]) (absorbierende Wirkung); aber umgekehrt neben der billigen Entschädigung des § 847 bleibt der Bußanspruch unberührt bestehen. „Der Antrag auf Zuerkennung der „Buße kann bis zur Verkündung des Urteils erster Instanz gestellt „werden [10])." Für die Buße haften die zu derselben Verurteilten als Gesamtschuldner.

---

für die Fälle des § 847, wo der Begriff, aber nicht der Name der Buße im BGB. in weitem Umfange verwendet wird, so v. Liszt S. 253; a. A. oben Text; vgl. noch Hellmann Arch. f. ziv. Pr. **78** S. 1 ff.

[4]) Sie ist teilweise Entschädigung — dies ist zu folgern aus der Fassung des § 231 Abs. 2 „**weitere**" Entschädigung; auch Schmerzensgeld kann sie in sich fassen; vgl. Seuff. Arch. **46** Nr. 257.

[5]) RStPO. § 443 Abs. 2.

[6]) RStPO. § 444 Abs. 4.

[7]) RStPO. § 445.

[8]) Dernburg a. a. O. S. 84.

[9]) So v. Liszt, Lehrbuch S. 253; Endemann § 200 S. 906 Note 1 a. E. u. § 128 S. 562 Note 19; insb. auch v. Liszt S. 66; Cosack l. c. S. 606; nach Dernburg S. 84 u. Jur. Wochenschr. **12** (1883) S. 218 Nr. 23 ist die ausgesprochene Entschädigung auf die Buße anzurechnen.

[10]) RStPO. § 444 Abs. 1.

§ 16.

3. Die Verjährung*).

Hinsichtlich der Verjährung bestimmt das Gesetz:

„Der Anspruch auf Ersatz des aus einer unerlaubten Handlung „entstandenen Schadens verjährt in 3 Jahren von dem Zeitpunkt „an, in welchem der Verletzte von dem Schaden und der Person des „Ersatzpflichtigen Kenntnis erlangt, ohne Rücksicht auf diese Kenntnis „in 30 Jahren von der Begehung der Handlung an.“ § 852.

Es gibt also eine doppelte Verjährungsfrist; beide können nebeneinander laufen; nur der Zeitpunkt des Beginnes ihres Laufes ist verschieden.

Die 30jährige Verjährung beginnt mit der Begehung der Handlung, — die 3jährige mit der erlangten Kenntnis des Beschädigten

1. von dem Schaden,
2. von der Person des Schadenstifters.

Mit dem Moment der Kenntnisnahme hört die 30jährige Frist zu laufen auf. Macht der Beschädigte seine Ansprüche binnen 3 Jahren a die scientiae nicht geltend, so entfällt jeder weitere Anspruch. Darin liegt eine Bestimmung zu Gunsten des Schadenstifters.

Die Berücksichtigung der Thatsache, daß der Verletzte vom Schaden und von der Person des Schadenstifters keine Kenntnis hat —, somit der subjektiven Unmöglichkeit der Rechtsverfolgung, enthält eine Bestimmung zu Gunsten des Beschädigten, welche die Gefahr mildert, die in der Kürze der für ihn geltenden 3jährigen Verjährungsfrist liegt.

Grundsatz ist, unter der weitgehendsten Berücksichtigung der Gerechtigkeit, die Schadensersatzansprüche nicht unnötig lange in der Schwebe zu lassen.

Diese Verjährungsfrist gilt für den ganzen 25. Titel des BGB. [1]).

---

*) Litteratur: Cosack I § 74 V S. 257; Dernburg II § 389 S. 629; Endemann I § 201 S. 912 Note 1; Kuhlenbeck II § 59 S. 370, § 64 S. 377; Linckelmann S. 83 u. 84; v. Liszt S. 110f.; Schollmeyer S. 118; v. Staudinger II S. 759f.

[1]) Insb. auch für den Fall des § 833, wonach das „schädigende Ereignis“ an Stelle der „Handlung“ zu setzen ist (Kuhlenbeck l. c.).

Zweiter Abschnitt.

Die haftpflichtrechtlichen Bestimmungen der übrigen Reichsgesetze.

Vorbemerkung.

Das Gemeinschaftliche der im folgenden zu behandelnden Bestimmungen besteht darin, daß, abgesehen von der noch weitergehenden [1]) Haftung des § 1 RHPG. durch alle diese reichsgesetzlichen Bestimmungen zu Gunsten des Beschädigten die Garantie des Schadensersatzes verstärkt wird. Sie alle stellen eine bald strengere, bald weniger strenge Haftung für fremdes Verschulden auf, eine Haftung neben dem Thäter.

Die Verhältnisse sind nicht abgeschlossen und zu flüssig, als daß sie sich zur Normierung im BGB. geeignet hätten und sie werden nach Analogie des in dieser Beziehung vorbildlich gewordenen Reichshaftpflichtgesetzes geregelt [2]). Gewisse Betriebe und Unternehmungen bergen eine bedeutende Gefährdung für das Leben und die Gesundheit Anderer in sich. Daher hat man im Interesse der Gerechtigkeit die Haftung des Unternehmers für die durch seinen Betrieb den Anderen erwachsenden Schädigungen eingeführt; denn er hat von dem Unternehmen den Gewinn und seine Haftung stellt sich für ihn als eine mit dem Betrieb unauflöslich verbundene Gefahr dar, deren Tragung nach richtiger Auffassung zum Geschäftsaufwand gehört. Die Abgrenzung solcher Betriebe, in denen Elementarkräfte — Dampf, Elektrizität, komprimierte Gase, auch Wasser, Feuer in ungewöhnlichem Maße — verwendet werden, bestimmt sich nach der Verkehrsauffassung [3]).

---

[1]) Indem der Eisenbahnbetriebsunternehmer — außer der Haftung für fremdes Verschulden, d. h. seiner Beamten, Arbeiter, selbst dritter Personen u. s. f. — auch für Zufall haftet.

[2]) Vgl. Enneccerus u. Lehmann § 120 S. 268f.; Dernburg II § 395 V S. 647 und § 401 S. 661ff.; Kuhlenbeck II S. 68; Rümelin, Kausalbegriffe S. 296; Binding, Normen 2. Aufl. I §§ 58 u. 59; Mataja, Das Recht des Schadensersatzes 1888; G. Rümelin, Kulpahaftung und Kausalhaftung, Arch. f. ziv. Pr. **88** S 285ff.; M. Rümelin, Schadenszurechnung S. 45ff. „Der im eigenen Interesse Handelnde"; Hellmann S. 176; auch: Unger, Handeln auf eigene Gefahr 1893 XI S. 83ff. Eine Art der reinen Gefährdungshaftung hat im BGB. Aufnahme gefunden, die Tierhaftung aus § 833. Vgl. oben S. 36.

[3]) Vgl. Rosin im Arch. f. öffentl. R. **3** S. 291—362 u. dessen R. der Arb.-Vers. § 44 S. 273ff.

§ 17.

1. Das Reichshaftpflichtgesetz *).

Wurde im Vorangehenden das Haftpflichtrecht des BGB. dargestellt, so ist nunmehr das in anderen Reichsgesetzen niedergelegte geltende Haftpflichtrecht zu behandeln.

1. Das bei weitem wichtigste aller Gesetze, welche die Verpflichtung zum Schadensersatz im Falle der Tötung und Körperverletzung eines Menschen zum Gegenstande haben, ist das Reichshaftpflichtgesetz vom 7. Juni 1871, in der Fassung des Art. 42 des Einführungsgesetzes zum BGB. Das Reichshaftpflichtgesetz ist ein Sondergesetz; es gilt nur für gewisse näher bezeichnete Betriebe, welche erfahrungsgemäß mit einer ungewöhnlichen Gefahr für Leib und Leben verbunden sind. Der Art. 42 des EG. z. BGB. hatte nun die Aufgabe, das bisherige Reichsrecht mit den Bestimmungen des BGB. in Einklang zu bringen. Unverändert blieben die Voraussetzungen der Haftpflicht — §§ 1 und 2 —, dagegen wurden Art und Umfang der Ansprüche anders geregelt[1]) — §§ 3, 7, 8 und 9.

2. Im einzelnen bestimmt das Gesetz folgendes:

A. „Wenn bei dem Betriebe[2]) einer Eisenbahn[3]) ein Mensch

---

*) Litteratur: Eger, Das Reichshaftpflichtgesetz vom 7. Juni 1871 in der Fassung des Art. 42 EG. z. BGB., Hannover 5. Aufl. 1900, sodann s. allgemeine Litteraturangabe zu dieser Abhandlung.

[1]) Vgl. Aron S. 183.

[2]) Unter „Betrieb“ ist hier ganz allgemein der Inbegriff der wirtschaftlichen Thätigkeiten der Eisenbahnunternehmungen, der „Verkehr“ zu verstehen, vgl. Westerkamp S. 635. „Betrieb“ ist hiernach der Inbegriff derjenigen Funktionen des Eisenbahngewerbes, welche demselben die ihm eigentümliche Gefährlichkeit verleihen; unter „Verletzungen bei dem Betriebe“ daher nur solche, welche mit derartigen Funktionen in kausalem Zusammenhange stehen, so Eger S. 3ff., S. 5 u. insb. S. 9; Reindl S. 21ff.

[3]) D. h. jede dem öffentlichen Verkehre dienende Anlage, durch welche die Beförderung von Personen oder Gütern vermittelst Fahrzeugen bewirkt wird, welche auf Schienen sich bewegen, vgl. auch Eger a. a. O. S. 36 u. Reindl S. 29ff.; so bes. auch Pferdebahnen, elektrische-, Drahtseilbahnen 2c., sodann Eisenbahnen, welche zur Herbeischaffung von Materialien zu einem Baue bestimmt sind; vgl. K. Hilse, Die Haftpflicht der Straßenbahnen S. 10 u. die dorts. Note 2 u. 3 anges. Litteratur und Rechtsprechung; dann Westerkamp S. 629, s. auch Bl. f. RA. **63** S. 493 f. Der Betrieb mit Velozipeden, Benzinmotoren und Automobilen fällt nicht unter den § 1 des HPG. wegen des fehlenden Schienenweges; vgl. auch Eger

„getötet oder körperlich verletzt wird, so haftet [4]) der Betriebsunter-„nehmer [5]) für den dadurch [6]) entstandenen Schaden, sofern er nicht „beweist, daß der Unfall durch höhere Gewalt [7]) oder durch eigenes „Verschulden [8]) des Getöteten oder Verletzten verursacht ist.“ § 1.

a. a. O. S. 39 sodann K. Hilse: Unabweisbare Notwendigkeit zur Ausdehnung der Haftpflicht auf Automobile, Berlin 1900 u. B. Hilse, Haftpflicht bei Unfällen durch Motorfahrzeuge i. d. „Gegenwart“ 1899 Nr. 43 S. 275—277. Vgl. auch Reindl S. 20; ferner muß das Ereignis ein außergewöhnliches sein. Erblindung infolge des regelmäßig mit dem Betriebe verbundenen Luftzugs ist somit kein zur Haftung verpflichtender Unfall; vgl. Reindl S. 36.

[4]) Ohne Einrede der Vorausklage oder Teilung, wenn mehrere Unternehmer oder wenn neben dem Unternehmer noch andere haftpflichtige Personen in Frage kommen; ROHG. 21 S. 361; Westerkamp S. 646 f.; Eger S. 69 ff. insb S. 76.

[5]) Betriebsunternehmer ist diejenige — physische oder juristische — Person, für deren Rechnung und auf deren Gefahr der Betrieb erfolgt; vgl. Riesenfeld S. 9; Westerkamp S. 642 f.; Eger S. 82; Reindl S. 48 ff.

[6]) Es ist erforderlich der Kausalzusammenhang zwischen Schaden und Unfall einerseits, sowie zwischen Unfall und Betrieb andererseits: Westerkamp S. 631 f.; Riesenfeld S. 10; Reindl S. 38 f.

[7]) Über den Begriff der höheren Gewalt Eger S. 110 f. u. Litteratur dorts. S. 112 u. 113; ferner Reindl S. 60 ff.; vgl. auch Seuff. Arch. **50** Nr. 250; **55** Nr. 74; RG. **44** (1900) S. 27 f.; höhere Gewalt liegt nicht in dem Verhalten eines noch nicht 7 Jahre alten Kindes. Es ist Thatfrage, ob ein einfacher Zufall oder ein qualifizierter Zufall = „höhere Gewalt“ gegeben ist. U. U. kann das Vorhandensein einer größeren Menschenmenge unter den Gesichtspunkt der höheren Gewalt fallen, Seuff. Arch. **48** Nr. 245; vgl. oben S. 50 f.; vgl. ferner Schachian, Betriebsunfall u. höhere Gewalt im Sinne des HPG. beim Betriebe einer elektrischen Straßenbahn in EEE. **16** (1900) S. 265 ff.

[8]) Vgl. bezüglich der Haftung bei dem Zusammentreffen von einem Verschulden des Verletzten und einem solchen des Unternehmers oder seiner Vertreter und Beamten Eger S. 160 und bes. 161, wonach das **schwerer** wiegende Verschulden den Ausschlag gibt und im Zweifel zu Gunsten des Verletzten zu entscheiden ist, vgl. RG. 25. II. 1898 EEE. **15** S. 64. Dies ist auch hinsichtlich der **Haft**pflicht der Standpunkt des BGB. § 254, welcher thatsächlich schon längst Gerichtsgebrauch war, vgl. auch Aron S. 190; Rutz S. 91 f.; Reindl S. 19 u. 70 ff.; Seuff. Arch. **48** Nr. 244; **55** Nr. 77; in reglementwidrigem Verhalten liegt nicht immer eigenes Verschulden mit der die Haftpflicht des Unternehmers ausschließenden Wirkung. Seuff. Arch. **53** Nr. 154 = RG. **38** Nr. 42 S. 163. Gegen die Einrede des eigenen Verschuldens hat der Kläger die Replik zu beweisen. Überwiegt das Verschulden des Unternehmers, so haftet dieser ganz, gemäß §§ 3 u. 3a HPG.; überwiegt jenes des Verletzten, ist der Unternehmer von jeder Haftpflicht frei, vgl. Eger S. 161; Seuff. Arch. **45** Nr. 182; **53** Nr. 154; so auch Riesenfeld S. 265. S. Abh. oben S. 64 ff. Über das eigene Verschulden des Verletzten, auch im Falle der Ablehnung einer Operation s. Reindl S. 42 f.

Das Charakteristische dieser Bestimmung liegt darin, daß der Eisenbahnunternehmer nicht nur für das Verschulden seiner Beamten, sondern auch für das Verschulden dritter Personen, ja sogar für den Zufall zu haften hat, wenn letzterer nicht unter den Begriff der höheren Gewalt fällt. Diese Haftpflicht wird noch dadurch verschärft, daß der in Anspruch genommene Haftpflichtige die ihn befreienden Umstände — höhere Gewalt und eigenes Verschulden des Verletzten — zu beweisen hat [9]).

B. „Wer ein Bergwerk, einen Steinbruch, eine Gräberei (Grube) „oder eine Fabrik betreibt, haftet [10]), wenn ein Bevollmächtigter „oder ein Repräsentant oder eine zur Leitung oder Beaufsichtigung „des Betriebs oder der Arbeiter angenommene Person durch ein „Verschulden [11]) in Ausführung der Dienstesverrichtungen [12]) den „Tod oder die Körperverletzung eines Menschen herbeigeführt hat, „für den dadurch entstandenen Schaden." § 2.

Die rechtliche Natur der Haftpflicht [13]) ist in § 1 die einer Haftung kraft Gesetzes (obligatio ex lege): der Eisenbahnbetriebsunternehmer haftet aus der äußeren Thatsache der Beschädigung, weil er durch den Betrieb Gefahren schafft, ohne weiteres,

Wegen Ausschluß des Entschädigungsanspruchs, Möglichkeit der Ablehnung, Kürzung und Überweisung der Rente auf dem Gebiete der Unfallversicherung vgl. unten II. Teil.

[9]) Vgl. auch Riesenfeld S. 4, 6 u. bes. 8.

[10]) Natürlich nur für Unfälle, welche mit dem Betriebe in Zusammenhang stehen, vgl. Westerkamp S. 664, 668 f., Reindl S. 90 f. u. 121 f.; bloße Anordnung von Vorsichtsmaßregeln oder Warnung des Publikums schließt die Haftung nicht aus; Seuff. Arch. **46** Nr. 21. Vgl. überhaupt zu § 2 Reindl S. 87 ff.

[11]) Konkurriert mit diesem Verschulden ein solches des Beschädigten, so fällt die Haftung aus § 2 nicht weg — mangels einer diesbezüglichen Bestimmung des Gesetzes, vgl. Dernburg § 401 S. 665. Im Falle des eigenen Verschuldens des Beschädigten allein entfällt die Haftung natürlich; dieses wird einredeweise geltend gemacht und muß bewiesen werden. Vgl. auch Eger S. 268 f.

[12]) Vgl. Eger S. 269 ff.; Reindl S. 117 f.

[13]) Vgl. Eger S. 2 u. 69; Westerkamp S. 641; Binding **1** §§ 58 u. 59 S. 433 ff.; Reindl S. 4 u. 44; a. A. Riesenfeld S. 8, wonach „für die juristische Konstruktion das Schuldmoment als letzter Anker unentbehrlich ist"; v. Schulze-Gaevernitz in Grünhut Zeitschr. **16** (1888) S. 457 ff., bes. S. 459 und 469: Der „Schwerpunkt" des Gesetzes liegt darin, daß ein „Verschulden präsumiert" werde, weil „bei dem damaligen Stande der Technik und der großen Masse der Hilfsmittel und Erfahrungen ernste Unfälle im Eisenbahnverkehr sich durch Sorgfalt im Betrieb vermeiden lassen."

unabhängig von einem eigenen Verschulden oder von einem Verschulden seiner Leute.

Die rechtliche Natur der Haftpflicht aus § 2 ist die einer Deliktsobligation [14]) bezw. Quasideliktsobligation.

§ 2 begründet eine „Haftung für fremdes Verschulden" [15]). Soweit ein Bevollmächtigter, Repräsentant, Betriebsleiter oder Aufseher in Ausführung der ihm übertragenen Dienstleistung handelt, werden die Delikte dieser Personen [16]) dem Betriebsherrn zur Last gelegt; er ist für den Schadensstifter verantwortlich.

Daneben bleibt selbstverständlich Derjenige haftbar, welcher durch seine eigene That den Schaden verursacht hat [17]), sei es eine der aufgeführten [18]) oder sonst im Betriebe beschäftigten, oder eine dritte, betriebsfremde Person [19]). Ist aber der Unternehmer selbst der Schadensstifter, so trifft § 2 RHPG. überhaupt nicht zu, da dieser nur eine Sonderbestimmung der Haftung für fremdes Verschulden aufstellt [20]); es kommt vielmehr das Recht des BGB. § 823 f. zur Anwendung.

Ersatzberechtigt ist jede dritte Person, es mögen Angestellte oder Arbeiter des Betriebsunternehmers sein, bei Bahnen insbesondere Bahnangestellte und Reisende. Bezüglich der Angestellten und der sonstigen im Betriebe beschäftigten Personen spielt indessen die soziale Gesetzgebung herein, davon unten näheres (zweiter Teil).

Vom Umfang der Schadensersatzleistung handeln die §§ 3 u. 3a.

I. § 3 bestimmt:

---

[14]) Vgl. Eger S. 171 u. 211 f.; Riesenfeld S. 6.

[15]) S. oben Abh. § 12. Die Haftung des § 2 RHPG. ist im Vergleich mit der des § 831 die schärfere, vgl. Eger S. 172, Reindl S. 4 u. 100.

[16]) Nicht auch die Delikte der Arbeiter, durch deren Verschulden eine größere Anzahl von Unfällen herbeigeführt wird. Vgl. Riesenfeld S. 13; Dernburg a. a. O. S. 664. Ist einem gewöhnlichen Arbeiter, wenn auch nur vorübergehend, eine dirigierende Stellung übertragen, tritt die Haftpflicht des § 2 ein, Dernburg a. a. O. § 401 S. 665.

[17]) S. oben § 12 Eingang, u. Reindl S. 102.

[18]) Abgesehen von dem direkten alternativen Anspruch des Verletzten gegen diese Personen, hat der in Anspruch genommene Unternehmer ein Rückgriffsrecht gegen sie. Vgl. Riesenfeld S. 88, auch Reindl S. 46 f.

[19]) In den beiden letztgenannten Fällen haftet der Unternehmer überhaupt nicht, so Weyl, Vers.-Recht S. 48, z. B. wenn der Besucher einer Fabrik durch Rauchen eine Explosion verursacht.

[20]) Vgl. Endemann S. 81, 87; Eger S. 239 f.; Reindl S. 109 f. u. 119 f.

„Im Falle der Tötung ist der Schadensersatz (§§ 1 u. 2) „durch Ersatz der Kosten einer versuchten Heilung [21]), sowie des „Vermögensnachteils zu leisten, den der Getötete dadurch erlitten „hat, daß während seiner Krankheit seine Erwerbsfähigkeit auf- „gehoben oder gemindert oder eine Vermehrung seiner Bedürfnisse „eingetreten war.“ Abs. 1 Satz 1.

„Der Ersatzpflichtige hat außerdem die Kosten der Beerdigung „Demjenigen zu ersetzen, dem die Verpflichtung obliegt, diese Kosten „zu tragen.“ Abs. 1 Satz 2 [22]).

„Stand der Getötete zur Zeit der Verletzung zu einem Dritten „in einem Verhältnisse, vermöge dessen er diesem gegenüber kraft „Gesetzes unterhaltspflichtig war oder unterhaltspflichtig werden „konnte, und ist dem Dritten infolge der Tötung das Recht auf „den Unterhalt entzogen, so hat der Ersatzpflichtige dem Dritten [23]) „insoweit Schadensersatz zu leisten, als der Getötete während der „mutmaßlichen Dauer seines Lebens zur Gewährung des Unterhalts „verpflichtet gewesen sein würde [24]).“ — Abs. 2 Satz 1.

„Die Ersatzpflicht tritt auch dann ein, wenn der Dritte zur „Zeit der Verletzung erzeugt, aber noch nicht geboren war.“ — Abs. 2 Satz 2.

II. § 3a bestimmt:

„Im Falle der Körperverletzung ist der Schadensersatz „(§§ 1 und 2) durch Ersatz der Kosten der Heilung, sowie des „Vermögensnachteils zu leisten, den der Verletzte dadurch erleidet, „daß infolge der Verletzung zeitweise oder dauernd [25]) seine Erwerbs- „fähigkeit aufgehoben oder gemindert oder eine Vermehrung seiner „Bedürfnisse eingetreten ist [26]).“

Es ist mithin zu leisten:

1. der Ersatz der Kosten der Heilung,

---

[21]) Diese Worte fehlen in § 843 Abs. 1. Im BGB. werden Ansprüche auf Ersatz dieser Kosten auf § 823 Abs. 1 gestützt.

[22]) = BGB. § 844 Abs. 1 oben S. 82.

[23]) Mit Rücksicht auf § 7 Abs. 1 entfielen hier die Worte „durch Entrichtung einer Geldrente“ im BGB. § 844 Abs. 2.

[24]) Im Hinblick auf § 7 Abs. 2 blieb der Zusatz des § 844 weg; sonst sind die Bestimmungen gleichlautend.

[25]) Hierin liegt m. E. ein Äquivalent für den Mangel einer dem § 842 BGB. entsprechenden Bestimmung. Seuff. Arch. **51** Nr. 107 = RG. **35** Nr. 33.

[26]) Vgl. oben S. 85 f.

2. der Ersatz der Kosten für Aufhebung oder Minderung der Erwerbsfähigkeit des Verletzten und

3. der Ersatz der Kosten für die gesteigerte Pflegebedürftigkeit [27]).

Es können somit Ersatzansprüche wegen Entstellung oder auf Schmerzensgeld, also wegen eines Schadens, der nicht Vermögensschaden ist, aus dem HPG. nicht geltend gemacht werden [28]). Das HPG. ist ein Sonderrecht und als solches streng auszulegen. Dem Vorteil des erleichterten Beweises und des beschränkten Gegenbeweises entspricht der Nachteil einer gewissen, gesetzlich normierten schärferen Abgrenzung der Ansprüche. Andererseits kann man diese Ansprüche im Wege des BGB. verfolgen, muß sich aber dann auf die Gegenbeweise, welche das BGB. gestattet, einlassen [29]). Soviel über § 3a, welcher zu weiteren Erörterungen keinen Anlaß bietet; dagegen müssen wir auf § 3 noch näher eingehen.

Im Falle der Tötung ist also zu leisten:

1. der Ersatz der Kosten einer versuchten Heilung [30]); auch die Kosten mehrerer Heilversuche [31]) [32]);

2. der Ersatz des Vermögensnachteils, der aus der Aufhebung oder Verminderung der Erwerbsfähigkeit [33]) während der Krankheit erwachsen ist;

3. der Ersatz des Vermögensnachteils, der aus der Vermehrung der Bedürfnisse [34]) während der Krankheit sich ergab;

---

[27]) Vgl. Seuff. Arch. **48** Nr. 32.

[28]) Coermann S. 79; Eger S. 291, 294; Riesenfeld S. 11; a. A. Rutz S. 90 mit Unrecht; § 847 BGB. kann nicht in das System des HPG. herüberbezogen werden. Vgl. auch Reindl S. 19 u. 126.

[29]) Vgl. auch Eger S. 241.

[30]) Alles, was zur Beseitigung von Schmerzen, Verhütung einer Verschlimmerung erforderlich war, nicht nur die unumgänglich nötigen Auslagen. Eger S. 297 f.; Coermann S. 80; EEE. **1** S. 285, 290, 306.

[31]) So Aron S. 184; Reindl S. 127.

[32]) Dieser Anspruch geht als Nachlaßbestandteil ipso iure auf die Erben über. Rutz S. 44; Aron S. 184; Reindl S. 127.

[33]) Die „Fähigkeit" zu erwerben ist maßgebend. Auf den augenblicklichen thatsächlichen Erwerb des Verunglückten kommt es nicht an, Eger S. 306; EEE. **12** S. 234 (RG. 20. IX. 1895). Umstände, welche ohne Rücksicht auf die Verletzung zeitweilige Erwerbsunfähigkeit herbeigeführt haben würden, z. B. eine Schwangerschaft, heben die Ersatzpflicht nicht auf. Vgl. Aron S. 184; Reindl S. 154 ff.; vgl. auch EEE. **9** S. 143.

[34]) Diese Erweiterung des bisherigen Rechts ist geschaffen durch das BGB.

4. der Ersatz der Beerdigungskosten [35]);

5. in Ansehung der Ansprüche **dritter** Personen stimmt § 3 Abs. 2 mit § 844 Abs. 2 BGB. in allen wesentlichen Punkten überein, weshalb auf die Ausführungen oben S. 83 und 86 Bezug genommen wird [36]). Eine dem § 845 entsprechende Bestimmung hat im HPG. keine Aufnahme gefunden. Ein Anspruch auf Entschädigung wegen entgangener Dienste kann also nur auf das BGB. § 823 ff. gestützt werden und können dem Kläger Einreden aus dem BGB. entgegengesetzt werden [37]).

Im übrigen stehen die Ansprüche aus § 3 Abs. 2 den Dritten kraft eigenen Rechtes zu, so daß der Verletzte weder hierauf verzichten noch mit dem schuldigen Unternehmer diesbezüglich einen Vergleich schließen kann [38]).

Was das Verhältnis des Dritten zu dem Getöteten anbelangt, so wird erfordert, daß die Grundlage des Unterhaltsanspruchs das Gesetz ist; Rechtsgeschäft genügt nicht [39]). Der Zeitpunkt, welcher für die Unterhaltsleistung von Bedeutung ist, ist der Zeitpunkt der Verletzung [40]). Dieser ist für die Abgrenzung des Kreises der unterhaltsberechtigten Personen maßgebend. Es sind dies die nach bürgerlichem Recht unterhaltsberechtigten Verwandten und insbesondere nun auch die unehelichen Kinder [41]).

---

§ 843 Abs. 1, dem ja § 3 l. c. nachgebildet ist. — Diese Kosten können neben den sub 1 u. 2 aufgeführten begründet sein. Aron S. 184; Rutz S. 44; z. B. Fahrstuhl, ständiger Krankenwärter, besserer Wohnraum, vgl. auch Eger S. 348 Note 39.

[35]) Vgl. Eger S. 348 f.; Rutz S. 45 und dortige Zitate. Auch die bloß thatsächlich als Geschäftsführung ohne Auftrag oder auf Grund polizeilicher Anordnung vorgenommene Beerdigung begründet ex lege einen direkten Ersatzanspruch, z. B. bei Verunglückung, Beerdigung durch die nächste Gemeinde. Übrigens vgl. oben S. 82 f..

[36]) Über die rechtliche Natur dieses Anspruches s. Aron S. 187; Rutz S. 48; Reindl S. 143; Endemann S. 107; Eger S. 365 Note 43; Riesenfeld S. 216; ROHG. **22** S. 325, 348; **23** S. 219; RG. **1** Nr. 85 S. 231.

[37]) Vgl. Rutz S. 47.

[38]) S. auch Aron S. 186, 187; Riesenfeld S. 10; insb. S. 216; auch oben S. 85.

[39]) Vgl. Eger S. 351; Reindl S. 139 f.

[40]) Nicht mehr jener des Todes.

[41]) Vgl. Eger, Zusammenstellung S. 356 Note 41; Aron S. 185.

Unterhaltsberechtigt ist insbesondere ein zur Zeit der Verletzung bereits erzeugtes, aber noch nicht geborenes [42]) Kind. Nicht unterhaltsberechtigt ist die vom Verletzten nach der Verletzung geheiratete Frau, ebenso nicht ein nach der Verletzung erzeugtes Kind [43]).

Nicht ist notwendig, daß die Entschädigungsleistung des Haftpflichtigen sofort zu beginnen hat; diese Verpflichtung tritt vielmehr erst mit dem Augenblick ein, in welchem der Getötete sie hätte leisten müssen, wenn er noch am Leben gewesen wäre, also z. B. wenn die erwerbsfähigen Eltern eines getöteten Sohnes ihre Erwerbsfähigkeit verlieren [44]).

Die Höhe der Entschädigungsleistung des Haftpflichtigen bemißt sich objektiv nach der gesetzlichen Verpflichtung zur Unterhaltsgewährung, nicht darnach, inwieweit durch die Tötung der Unterhalt thatsächlich entzogen wurde [45]).

Sie bemißt sich aber zugleich nach subjektiven Momenten; so ist für die Berechnung der Zeitdauer, für welche die Rente zu leisten ist, die mutmaßliche Lebensdauer des primär Verpflichteten, d. i. des Getöteten, maßgebend, so wie sie sich unter Berücksichtigung des Gesundheitszustandes, der Lebensstellung, des Berufs, der Erwerbsfähigkeit 2c. veranschlagen läßt [46]). Beweispflichtig ist der Ersatzberechtigte.

Auf die Berechnung der Zeitdauer sowie der Höhe der Rente ist aber auch die Lebenshaltung, Lebensstellung u. s. w. des Ersatzberechtigten vom Richter nach freiem Ermessen zu prüfen, z. B. wenn es sich um unversorgte Kinder handelt [47]). Als Unterhalt ist das zum standesgemäßen Leben Notwendige zu leisten [48]).

---

[42]) Vgl. Aron S. 185; Rutz S. 46; Eger S. 394 Note 45.

[43]) Vgl. Aron S. 185; Reindl S. 138 f.; vgl. oben S. 83 f.; Rutz S. 46 f.; Eger S. 352; Endemann S. 105.

[44]) Vgl. ROHG. **23** Nr. 110; RG. **7** S. 144; Rutz S. 47; Aron S. 186; Reindl S. 145 ff.; Eger S. 354; Endemann S. 105 f.

[45]) Vgl. auch Reindl S. 147; Eger S. 355 u. 371 Note 41 u. 44; Endemann S. 109, 110.

[46]) So auch die bisherige Rechtsprechung, Eger S. 370 ff. Note 44; Endemann S. 111; Aron S. 186; Reindl S. 144 ff. u. oben S. 87 f.

[47]) Vgl. Aron S. 186; Endemann 111, 112.

[48]) Vgl. Endemann S. 112, 113.

Über den Einfluß eines durch die Schädigung liquid gewordenen Vermögensvorteils — compensatio lucri cum damno[49]) — auf die Schadensersatzleistung ist keine Bestimmung getroffen und bleibt es bei der jeweiligen Prüfung des einzelnen Falles. Überhaupt entscheidet über die Frage, ob ein Schaden entstanden ist und wie hoch sich derselbe beläuft, der Richter nach freiem Ermessen. CPO. § 287[50]). Auf die nach §§ 3 und 3a RHPG. sich ergebende Entschädigungssumme ist lediglich der Betrag in Anrechnung zu bringen, welchen der Verletzte bezw. dessen Hinterbliebene von einer Versicherungsanstalt, Knappschafts-, Unterstützungs-, Kranken- oder ähnlichen Kasse auf Grund eines Versicherungsvertrages zu fordern haben, vorausgesetzt, daß die Mitleistung von Prämien oder anderen Beiträgen durch den Betriebsunternehmer nicht unter einem Drittel der Gesamtleistung beträgt. Vgl. § 4 des Gesetzes. Um diesen Betrag verkürzt sich also der Entschädigungsanspruch des Verletzten gegen den Schadensstifter[51]).

Der Umstand, daß an Stelle des getöteten Unterhaltspflichtigen ein Anderer tritt, verringert dagegen den Entschädigungsanspruch nicht; dieser Umstand soll dem Schadensstifter nicht zu gute kommen, er wird dadurch von seiner Verpflichtung — auch nicht teilweise befreit[52]). Waren dem Unterhaltsberechtigten Mehrere zur Unterhaltsleistung verpflichtet, so bleiben diese verpflichtet, nur tritt der Schadensstifter pro rata für den Getöteten ein[53]). Nicht notwendiges Erfordernis ist Bedürftigkeit des Unterhaltsberechtigten, es braucht nur „das Recht auf Unterhalt" entzogen zu sein[54]).

---

[49]) Vgl. oben S. 87 f.; Eger S. 422 ff.; Endemann S. 134 f.; Westerkamp S. 690; Aron S. 186; Reindl S. 151; Rutz S. 50; Mot. § 723 S. 783; Pensionen und Versicherungssummen sind **dann nicht** von der Entschädigung in Abzug zu bringen, wenn sich diese Leistungen bereits als wohlerworbenes Recht „als vertragsmäßige Gegenleistung für Leistungen des Beschädigten oder eines Dritten für ihn, darstellen. Übrigens die Ausnahme des § 4, wovon sofort die Rede.

[50]) An Stelle des schon vor 1900 aufgehobenen § 6 RHPG.

[51]) Rutz S. 81; Coermann S. 96 Anm. 4; Eger S. 406 ff.; Reindl S. 168 ff.

[52]) Vgl. oben S. 83 f.; Aron S. 186; Reindl S. 150; ROHG. **13** S. 25; **14** S. 408; Seuff. Arch. **37** Nr. 222 S. 310; **48** Nr. 32; BGB. § 843 Abs. 4 mit RHPG. § 7 Abs. 2.

[53]) Aron S. 186.

[54]) Vgl. oben S. 83 f.; Westerkamp S. 688; Eger S. 372; Endemann S. 110, unter Aufgabe seiner in der II. Aufl. S. 45 vertretenen Ansicht. Vgl.

Hinsichtlich der Form, in welcher der Schadensersatz zu leisten ist, bestimmt § 7:

„Der Schadensersatz wegen Aufhebung oder Minderung der „Erwerbsfähigkeit oder wegen Vermehrung der Bedürfnisse des Verletzten, sowie der nach § 3 Abs. 2 einem Dritten zu gewährende „Schadensersatz ist für die Zukunft durch Entrichtung einer Geld-„rente zu leisten." — Abs. 1.

Es besteht also auch für das HPG. das Prinzip der obligatorischen Geldrente; Naturalrentenleistung ist ausgeschlossen [55]). Gegenüber der Kapitalsabfindung entspricht die Rentenleistung mehr der Billigkeit, da sie geeigneter ist, sich dem erst später als dauernde Wirkung der Verletzung ergebenden Zustande anzupassen [56]). Das Mittel zur Anpassung ist die Umwandlungsklage [57]).

Weiter bestimmt § 7:

„Die Vorschriften des § 843 Abs. 2—4 BGB. und des § 708 „Ziff. 6 CPO. finden entsprechende Anwendung." — Abs. 2 Satz 1.

Es gilt also hinsichtlich der Rente, der Sicherheitsleistung und der Kapitalsabfindung das oben S. 86 ff. Ausgeführte; ein wichtiger Grund für Abfindung in Kapital dürfte dann anzunehmen sein, wenn der Schuldige für die Zahlung der Rente keine Sicherheit leisten kann oder mit Hinterlassung einer großen Anzahl Erben verstirbt [58]).

§ 708 Ziff. 6 CPO. behandelt die vorläufige Vollstreckbarkeit von Urteilen, welche die Verpflichtung zur Entrichtung einer nach den §§ 843, 844 BGB. geschuldeten Geldrente aussprechen. Nur ist im RHPG. das Zitat der CPO. in den Text des Gesetzes besonders aufgenommen.

Hinsichtlich der Pfändungsbeschränkung und des Pfändungsausschlusses verfügt § 7 die entsprechende Anwendung der CPO. mit den Worten:

„Das Gleiche gilt für die **dem Verletzten** zu entrichtende „Geldrente von der Vorschrift des § 850 Abs. 3 und für die **dem**

ferner Rutz S. 48 ff.; Reindl S. 146, 147; Zitate oben Note 52; auch RG. **30** S. 126; dann BGB. §§ 1360 Abs. 1; 1601, 1602; EEE. **2** S. 156; **3** S. 282.

[55]) Vgl. Rutz S. 82 f.; Reindl S. 184 f.; Eger S. 493; oben Abh. S. 86 f.

[56]) Jaeger S. 27 f.

[57]) Davon unten S. 108 und oben S. 89 f.

[58]) So Aron S. 187.

„**Dritten** zu entrichtende Geldrente von der Vorschrift des „§ 850 Abs. 1 Nr. 2 CPO." — § 7 Abs. 2 Satz 2[59]). — Vgl. den Text oben S. 91.

Die auf Grund des bisherigen HPG. dem Verletzten zuerkannten Forderungen genossen diese Vorrechte nicht[60]).

Die Veränderung der Verhältnisse kann durch die Umwandlungsklage[61]) für die dem Tage der Klagezustellung folgende Zeit[62]) geltend gemacht werden[63]) und wird hierbei auf das oben S. 89f. Ausgeführte Bezug genommen. In dem § 7 Abs. 2 der früheren Fassung des Gesetzes vom 7. Juni 1871 liegt der Ursprung dieser Lehre und von hier ist sie in den § 323 CPO. übergegangen. Die Rechtsprechung baut sich nach dieser Richtung speziell auf dem HPG. auf. Eine Änderung kann als wesentlich nur bezeichnet werden, wenn dieselbe sich thatsächlich und objektiv als solche darstellt und nicht eine bloß andere Beurteilung des früheren Sachverhalts ist[64]). Besonders die Wiederverehelichung der Wittwe des Getöteten ist als solche ohne Einfluß auf den Fortbezug der Rente[65]), also z. B. wenn der Anspruch auf den Unterhalt gegen den zweiten Ehemann nicht realisierbar ist. Der Rentenbezug fällt auf Klage des Verpflichteten weg, wenn thatsächlich kein Bedürfnis besteht, da die Frau gut versorgt ist.

Auf eine durch Vergleich erledigte Festsetzung der Rente übt die Veränderung der Verhältnisse nur dann einen Einfluß, wenn die Herabsetzung bezw. Erhöhung im Vergleiche vorbehalten ist[66]).

---

59) Vgl. auch Aron S. 187; Eger S. 488; Reindl S. 188f.; Rutz S. 85.

60) Aron S. 187; Eger S. 487; Reindl S. 181ff.; Endemann S. 108; Sydow u. Busch CPO. zu § 850 S. 466; Rechtsprechung RG. **1** S. 231 (Nr. 85); ROHG. **22** S. 347; Seuff. Arch. **42** Nr. 118; Mot. z. BGB. II S. 788.

61) So genannt von K. Hilse, adoptiert von Jaeger S. 1 u. 3; über die Zulässigkeit derselben auf bereits bestehende Ansprüche s. Jaeger S. 33. Vgl. zum Ganzen auch Reindl S. 190ff.

62) Aron S. 188; Rutz S. 87; Jaeger S. 22 ff., hierselbst Note 57 auch weitere Litteratur bes. EEE. **8** Nr. 155; **9** Nr. 259; **11** Nr. 98.

63) Aron S. 188; Riesenfeld S. 246; RG. **7** S. 50.

64) Jaeger S. 11 f.; Endemann S. 180; Eger S. 501; Reindl S. 192.

65) So Dernburg II § 391 lit. e. S. 635; Rutz S. 50; Aron S. 186; EEE. **1** S. 66; **4** S. 117; **5** S. 376; ROHG. **22** S. 347; **24** S. 366; Seuff. Arch. **48** Nr. 266; **49** Nr. 161; **54** Nr. 225. Neuestens: Oertmann, Die Vorteilsausgleichung S. 109f.

66) Seuff. Arch. **54** Nr. 225; Reindl S. 191.

Hinsichtlich der Sicherheitsleistung im Falle einer erheblichen Verschlechterung der Vermögensverhältnisse des Verpflichteten bestimmt § 7 Abs. 3 wörtlich das Gleiche wie § 324 CPO.[67]). Über Notwendigkeit, Art und Betrag einer sofortigen bezw. nachträglichen Sicherheitsleistung befindet der Richter nach freiem Ermessen[68]).

Der § 9, welcher lautet:

„Die gesetzlichen Vorschriften, nach welchen außer den in diesem „Gesetze vorgesehenen Fällen der Unternehmer einer in den §§ 1 u. 2 „bezeichneten Anlage oder eine andere Person, insbesondere wegen eines „eigenen Verschuldens, für den bei dem Betriebe der Anlage durch „Tötung oder Körperverletzung eines Menschen, entstandenen Schaden „haftet, bleiben unberührt" — hat nach richtiger Ansicht nur die Haftpflicht wegen Beschädigung von Personen zum Gegenstande.

Unter den Worten „die gesetzlichen Vorschriften" sind das BGB., die sonstigen Reichsgesetze und die Reichs-Versicherungsgesetze verstanden. Die im Art. 105 EG. z. BGB. verfügte Aufrechterhaltung der landesgesetzlichen Vorschriften bezieht sich nach den Motiven nur auf die Haftpflicht wegen Beschädigung von Sachen[69]).

Schließlich bestimmt hinsichtlich der Verjährung § 8:

„Die Forderungen auf Schadensersatz (§§ 1—3a) verjähren in „**zwei** Jahren **von dem Unfall an.**" Satz 1.

„Gegen Denjenigen, welchem der Getötete Unterhalt zu ge„währen hatte (§ 3 Abs. 2), beginnt die Verjährung **mit dem Tode**[70])." Satz 2.

„Im übrigen finden die Vorschriften des BGB. über die Verjährung Anwendung." Satz 3.

Schäden, welche erst nach zwei Jahren vom Unfalltage hervortreten, werden nach dem **HPG.** nicht ersetzt.

---

[67]) Vgl. oben S. 91.

[68]) Vgl. Aron S. 187 f.

[69]) Vgl. Eger S. 587; Aron S. 189; s. auch Rutz S. 90 u. v. Staudinger VI S. 74; a. A. Reindl S. 212 ff.; Linckelmann S. 14, 15.

[70]) Vgl. Aron S. 188 f.; Eger S. 536 f.; Reindl S. 206; BGB. §§ 194 ff.; auch wenn der Schaden erst nach Jahren als nachweisliche Folge des Unfalls eintritt; Endemann S. 197, 198, 205; Eger S. 556.

§ 18.

2. Das Reichsgesetz über das Postwesen des Deutschen Reiches*).

In engem Zusammenhange mit den eben dargestellten Bestimmungen des RHPG. stehen die Vorschriften des RG. über das Postwesen des Deutschen Reiches vom 28. Oktober 1871, welches die alleinige Rechtsquelle für die Haftung der Postverwaltung aus dem Transport von Reisenden bildet[1]). Der hierher gehörige § 11 des Gesetzes lautet:

„Bei Reisen mit den ordentlichen[2]) Posten leistet die Postverwaltung Ersatz: . . ."

„. . . 2. für die erforderlichen Kur- und Verpflegungskosten im „Falle der körperlichen Beschädigung eines Reisenden, wenn dieselbe „nicht erweislich durch höhere Gewalt oder durch eigene Fahrlässigkeit des Reisenden herbeigeführt ist." Abs. 1.

Bei der Extrapostbeförderung wird bei einer körperlichen Beschädigung des Reisenden eine Entschädigung von der Postverwaltung nicht geleistet[3]). So bestimmt unter anderem Abs. 2 des zitierten Paragraphen. Auch die Haftung der Postverwaltung charakterisiert sich als Gefährdungshaftung in dem oben besprochenen Sinn[4]). Ihre Haftung tritt zu derjenigen des schadenstiftenden Thäters hinzu,

*) Litteratur: Dambach, Das Gesetz über das Postwesen des Deutschen Reiches ꝛc. 6. Auflage von E. v. Grimm, Berlin 1901; Meili, Die Haftpflicht der Postanstalten, Leipzig 1877; Meili, Das Recht der modernen Verkehrs- und Transportanstalten, Leipzig 1888 § 78 S. 96; Mittelstein, Beiträge zum Postrecht, Berlin 1891; Wirsing, Die zivilrechtliche Haftung der Post, Würzburg 1892; auch Schmidt in Gruchot **33** (1889) S. 184 ff.; Mandry-Geib, Der zivilrechtliche Inhalt der Reichsgesetze 4. Auflage 1898 S. 489 ff.

[1]) Vgl. Mittelstein S. 37; Dambach S. 131 Nr. 5; Art. 32 EG. z. BGB.

[2]) Auch Kariol- und Güterposten gehören hierher; nicht aber Fuhrwerke der Landbriefträger. Vgl. Dambach S. 120 Nr. 2 u. 3; auch § 16 des Gesetzes. Bei „nicht postordnungsgemäßer" Benützung der Post, z. B. wenn Jemand an einer „Nichthaltestelle" in den Postwagen eingestiegen ist und bei einer solchen Reise körperlich beschädigt wurde, entfällt die Haftung der Postverwaltung, Dambach S. 120 Nr. 1.

[3]) Weil sich der Natur der Sache nach der Extrapostbetrieb der gleichmäßigen und unmittelbaren Einwirkung der Postverwaltung entzieht. Vgl. auch Wirsing S. 78; Dambach S. 123 Nr. 13.

[4]) Siehe oben S. 97.

vorausgesetzt, daß es sich um die Handlung eines Menschen und nicht um Zufall handelt, der nicht höhere Gewalt ist.

Die Postverwaltung kann sich dieser Haftung entschlagen, wenn sie beweist, daß die Beschädigung herbeigeführt wurde, entweder

1. durch höhere Gewalt[5]) oder
2. durch eigene Fahrlässigkeit[6]) des Reisenden.

Also der Beweis ihrer eigenen Schuldlosigkeit bezw. derjenigen ihrer Beamten, oder des Verschuldens einer dritten Person befreit sie von ihrer Haftung nicht. Insbesondere hat sie aber im letzteren Falle den Rückgriff gegen den Schadensstifter, wenn sich der Reisende an sie gehalten hat[7]).

Dem Umfange nach haftet die Postverwaltung nur für die Kur- und Verpflegungskosten, was wichtige, vom BGB. abweichende Konsequenzen hat. Die Entschädigungspflicht der Postverwaltung stellt sich dar als „Ersatzpflicht"[8]), d. h. der Verletzte muß nachweisen, daß und welche Kur- bezw. Verpflegungskosten erwachsen sind, und diese werden dann ersetzt.

Unter „Kur- und Verpflegungskosten"[9]) versteht das Gesetz sowohl die Kosten für ärztliche und medizinische Behandlung, als auch alle Ausgaben, welche zur Wiederherstellung der Gesundheit oder auch nur zur Verlängerung des Lebens gemacht worden sind, einschließlich der Transportkosten für Beförderung des Verletzten[10]), Stärkungsmittel, Badereisen u. s. w. Die Kosten müssen im Einklange stehen mit dem zu erreichenden Zweck; sodann richtet sich ihre Angemessenheit auch nach den individuellen Lebens- und sonstigen Verhältnissen des Reisenden, seiner sozialen Stellung, nach den herkömmlichen Anschauungen des Lebens; ob und inwieweit die er-

---

[5]) Dambach S. 124 Nr. 12 auch S. 89 Nr. 21 u. 22; Wirsing S. 77; z. B. Umwerfen des Postwagens durch einen Orkan, Steckenbleiben desselben infolge starken Schneefalles; nicht vis maior ist Scheuen der Pferde, Achsenbruch. Die Grenze zwischen casus und vis maior zu finden, ist Sache des Richters.

[6]) Vgl. oben S. 18 f. u. 20, man denke hierbei insb. an die Nichtbefolgung gesetzlicher oder reglementarischer Vorschriften seitens des Reisenden. Wirsing S. 78.

[7]) Vgl. Dambach S. 123 f. Nr. 11; Wirsing S. 76.

[8]) Vgl. Dambach S. 123 Nr. 9; Eger S. 301.

[9]) Vgl. Dambach S. 122 Nr. 6, 8; Eger S. 303, 304, 307 u. 298.

[10]) Vgl. Dambach S. 122 Nr. 7.

wachsenen Kosten zur Erreichung des gewünschten Heilerfolges erforderlich waren, darf bei Prüfung der Ersatzansprüche untersucht werden. Ob der Aufwand den gewünschten Erfolg hat oder nicht, ist für die Ersatzpflicht der Postverwaltung ohne Einfluß[11]).

Den Umfang der Ersatzpflicht der Postverwaltung grenzt § 12 des Postgesetzes ab, welcher lautet:

„Eine weitere als die in . . . § 11 . . . bestimmte Entschädigung „wird von der Postverwaltung nicht geleistet", und das BGB. hat — mangels einer entgegenstehenden Bestimmung des EG. z. BGB. — die Entschädigungsnormen des Postgesetzes unberührt gelassen. Das Postgesetz wollte die Haftpflicht der Postverwaltung vollständig und erschöpfend regeln[12]). Sie haftet somit nicht für Beerdigungskosten[13]) im Falle des späteren Eintrittes des Todes des Verletzten infolge des Unfalles, sie haftet nicht für entgangenen Gewinn oder Arbeitslohn[14]).

Fallen Tod und Unfall zeitlich auseinander, haftet sie selbstredend für die Heilungskosten bis zum Tode[15]); wenn aber der Tod sofort eintritt, entsteht nach dem Wortlaut des Gesetzes eine Entschädigungspflicht der Postverwaltung überhaupt nicht[16]).

Im Vorausgehenden war nur die Rede von der Haftung der „Postverwaltung"; hinsichtlich dieser ist die Ursache der Beschädigung ganz gleichgültig, mag es ein Verschulden ihres Personals oder ein durchaus unverschuldetes Ereignis, ein Zufall, oder dolus bezw. culpa eines Dritten sein[17]). Unberührt hiervon bleibt das Klagerecht des Reisenden gegen den Schadensstifter, z. B. auch Postillone und Posthalter, sowie das Regreßrecht der Postverwaltung gegen denselben bestehen, und sind hierfür die Bestimmungen über außerkontraktliche Beschädigungen nach BGB. §§ 823 ff. maßgebend[18]).

---

[11]) Vgl. auch Wirsing S. 76, 77; Dambach S. 122 Nr. 8; Eger S. 299.

[12]) Dambach S. 122 Nr. 5 a. E. S. 131 Nr. 5; Mittelstein S. 37.

[13]) Dambach S. 121 Nr. 5; Wirsing S. 77.

[14]) Wirsing S. 77; Mandry-Geib S. 495.

[15]) Dambach S. 122 Nr. 5; Wirsing S. 76; Meili S. 111.

[16]) Wirsing S. 76.

[17]) Dambach S. 123 Nr. 11; Wirsing S. 76.

[18]) Vgl. auch Dambach S. 123 Nr. 11 und S. 127 Nr. 14; Mandry-Geib S. 495.

Der Kläger kann hierbei seinen Anspruch gegen die Postverwaltung vorläufig außer acht lassen, oder er kann diesen durchführen und auf den Überschuß den Schuldigen belangen[19]).

Der Anspruch gegen die Postverwaltung erlischt mit Ablauf von sechs Monaten vom Tage der Beschädigung des Reisenden an gerechnet. — § 14 des Gesetzes.

§ 19.

3. **Die Haftpflicht nach Seerecht***).

Das Handelsgesetzbuch vom 17. Mai 1897 regelt in seinen §§ 484, 485 und 486 die Haftung des Rheders[1]), in den §§ 511, 512 und 516 a. E. jene des Schiffers.

I. Die Haftung des Rheders.

A. Dingliche Haftung des Rheders.

Ähnlich wie im RHPG., so verschaffte sich auch im Seerecht im Interesse der Sicherheit des Verkehrs der Gedanke Geltung, daß auch ohne Rücksicht auf ein persönliches Verschulden des Unternehmers, — hier des Rheders —, der Unternehmer eines mit besonderer Gefahr für Andere verbundenen Betriebes auch die Verantwortung für die bei demselben durch das Verschulden seiner Leute verursachten Schäden zu übernehmen hat[2]).

„Der Rheder ist für den Schaden verantwortlich, den eine „Person der Schiffsbesatzung einem Dritten durch ihr Verschulden „in Ausführung ihrer Dienstesverrichtungen zufügt." — § 485 HGB.

Wer Rheder ist und wer demselben rechtlich gleichsteht, sowie den Begriff der Schiffsbesatzung bestimmt das Gesetz:

1. „Rheder ist der Eigentümer eines ihm zum Erwerbe durch „die Seefahrt dienenden Schiffes." — § 484 HGB.[3]).

2. „Wer ein ihm nicht gehöriges Schiff zum Erwerbe durch

---

[19]) Vgl. Wirsing S. 76.

*) Litteratur: Boyens, Das deutsche Seerecht I. Band, Leipzig 1897; Makower-Loewe, Kommentar 12. Aufl. II. Band 1900; und allgem. Litteraturangabe zu dieser Abh.

[1]) Nach Art. 7 EG. z. HGB. gelten die Vorschriften §§ 484 u. 485 Abs. 1 Ziff. 3 für alle Schiffe, auch solche, welche nicht zum Erwerb durch die Seefahrt bestimmt sind, wie Zollkutter, Kriegsschiffe u. s. f., wodurch die Haftung des Staates für seine Schiffe bedeutend erhöht wird, vgl. Boyens S. 87.

[2]) Vgl. Seerecht § 484 ff. HGB.; Landgraf, Komm. z. Binnenschiffahrtsgesetz S. 24; auch Dernburg § 387 S. 625.

[3]) Makower S. 11.

„die Seefahrt für seine Rechnung verwendet und es entweder selbst „führt oder die Führung einem Schiffer anvertraut, wird im Ver„hältnis zu Dritten als der Rheder angesehen.“[4]) — § 510 HGB.

3. „Zur Schiffsbesatzung werden gerechnet der Schiffer[5]), „die Schiffsmannschaft, sowie alle übrigen auf dem Schiffe ange„stellten Personen.“[6]) — § 481 HGB.

Hierher gehören auch Personen, die mit dem Schiffsdienste in nur mittelbarer Beziehung stehen[7]), ebenso im Interesse des Verkehrs und nach der ratio legis: vorübergehend angestellte Personen[8]). Nicht zur Schiffsbesatzung gehört der Zwangslotse[9]).

Ist der Rheder eine juristische Person, eine Rhederei oder eine Handelsgesellschaft (§ 489), so gelten die genannten Haftungsgrundsätze für deren Vertreter[10]).

Der geschädigte Dritte kann jede Person sein, ein Reisender oder selbst eine Person der Schiffsbesatzung[11]).

Das Verschulden[12]), für welches der Rheder haftet, muß „in Ausführung der Dienstesverrichtungen“[13]) liegen; die Dienstesver-

---

[4]) D. i. der Ausrüster Makower S. 29.

[5]) Dies kann auch der Rheder sein, s. Cosack S. 175; Boyens S. 228.

[6]) Z. B. Steuermann, Schiffsoffiziere, Matrosen, Maschinisten; auch freiwillige Lotsen; vgl. Schaps S. 70 und die dort zitierte Litteratur, insbes. RG. **13** Nr. 29; Bolze **5** Nr. 375, **6** Nr. 304; Seuff. Arch. **44** Nr. 39. — Jur. Wochenschr. 1896 S. 705 Nr. 48.

[7]) Z. B. Ärzte, Ingenieure, Köche, Aufwärter u. s. w.

[8]) So Boyens S. 154; RG. **13** Nr. 29, **20** S. 87; Bolze **5** Nr. 375, **6** Nr. 304; Wagner S. 66; Makower S. 12; a. M. Ehrenberg, Beschränkte Haftung S. 221, Cosack S. 174, 175, 179, welche „vorübergehend“ beschäftigte Personen nicht als „angestellt“ betrachten; hier hafte der Rheder also nur, wenn ihn oder einen wirklich angestellten Schiffsmann ein Verschulden in der Auswahl der Leute oder Beaufsichtigung derselben treffe (BGB. § 831).

[9]) Definition Boyens S. 156 und näheres S. 158; dort auch Litteratur; auch unten S. 121; ebenso haftet der Rheder nicht für Schauerleute, s. Boyens S. 158.

[10]) Boyens S. 228; Schaps S. 68 §§ 8 u. 9.

[11]) Boyens S. 178; Schaps S. 69 § 5; Bolze **4** Nr. 416; RG. **13** S. 119; Seuff. Arch. **38** Nr. 152; a. A. Ehrenberg, Beschränkte Haftung S. 228.

[12]) Z. B. nichtgehörige Verproviantierung; Unterlassen von Signalen, ROHG. **13** S. 116; **23** S. 354; Nichtbeachten der Vorschriften des § 514; RG. **10** S. 20; **13** S. 114 ff.; Seuff. Arch. **41** Nr. 211; Schaps S. 75.

[13]) Vgl. oben S. 57 f.; auch Schaps S. 75; RG. **13** S. 118; Boyens S. 177.

richtung muß als solche dadurch, daß sie schuldhafterweise fehlerhaft vorgenommen wurde, den Schaden verursacht haben[14]). Die schuldhafte Nichtbefolgung der seemännischen Regeln, sowie Vergehungen gegen positive Verordnungen polizeilichen Charakters, welche zum Schutz von Person und Eigentum erlassen sind, begründen neben der selbstredend eintretenden persönlichen Haftung der schadenstiftenden Person[15]) der Schiffsbesatzung die — wie wir gleich sehen werden — dingliche Haftung des Rheders[16]). Ein ausdrückliches vom Rheder erlassenes Verbot einer schuldhaften, auf die Dienstesverrichtung bezüglichen Handlung befreit denselben von seiner Haftung nicht[17]). Die Haftung des Rheders entfällt nur, wenn die Person der Schiffsbesatzung sich entschuldigen kann[18]).

Die rechtliche Natur der Rhederhaftung ist die einer Haftung für fremdes Verschulden, vgl. oben S. 56 ff.[19]).

Die Art der Haftung ist die dingliche oder beschränkte, gegenüber der persönlichen oder unbeschränkten. Nach dieser Richtung bestimmt § 486 HGB.:

„Der Rheder haftet für den Anspruch eines Dritten nicht per-„sönlich, sondern nur mit Schiff und Fracht[20]):

„. . . 3. wenn der Anspruch auf das Verschulden einer Person „der Schiffsbesatzung gegründet wird."

Der Grund dieser Einschränkung der Haftung liegt in der Thatsache, daß der Rheder in der Regel keinen Einfluß auf die

---

[14]) Eine Beschädigung, z. B. anläßlich eines Streites von Matrosen, begründet die Rhederhaftung **nicht**; ebenso nicht, wenn sich eine Person nicht in Ausführung **ihrer** Dienstesverrichtungen befindet, z. B. im Falle der Not unberufen Schiffsdienste verrichtet; Boyens S. 178 Ziff. 4; so auch Makower S. 11; Schaps S. 69.

[15]) BGB. § 823 ff.

[16]) Vgl. auch Boyens S. 179.

[17]) Vgl. Cosack S. 174; Makower S. 11.

[18]) Cosack S. 174; ROHG. **25** Nr. 57; RG. **9** S. 162; a. M. Wagner, Seerecht S. 372; Schaps S. 70.

[19]) Boyens S. 179; (dortselbst zitiert:) Rehme, Geschichtliche Entwicklung der Haftung des Rheders 1891, S. 88 u. 133).

[20]) Vgl. Boyens S. 178 u. 179; sodann über den Begriff „Schiff und Fracht" S. 208; auch dann, wenn Rheder und Schiffer eine Person ist und eine andere Person der Schiffsbesatzung schuldig ist; ist der Schiffer — Rheder selbst schuldig, haftet er stets persönlich, Boyens S. 228 Anm. 22 a.

Auswahl der Personen der Besatzung hat und doch nach dem Gesetz für deren Verschulden haften muß.

Eine dingliche Haftung für persönliches Verschulden, wie wir sie im Binnenschiffahrtsrecht kennen lernen werden, besteht im Haftpflichtrecht der Seeschiffahrt nicht (im Falle der nautischen Versehen)[21].

Die Rangordnung der Haftung ist die einer Primärhaftung[22]; der Rheder haftet nicht subsidiär, so daß ihm die Einrede zur Seite stünde, der Beschädigte müsse sich erst an den Schadensstifter halten, ehe er ihn in Anspruch nehme; er kann vielmehr an erster Stelle für den Schaden haftbar gemacht werden. Rheder und Schadensstifter haften sodann solidarisch[23]; sie sind Gesamtschuldner für den ganzen Schaden; ersterer aber mit der erwähnten Beschränkung des Haftungsvermögens auf Schiff und Fracht. Dem Rheder steht der Regreß gegen den Schadensstifter frei[24].

Sodann kann der Rheder aber auch seine Haftung für culpa, selbst für dolus der Schiffsbesatzung ausschließen[25], andererseits kann er kraft besonderer Gewährleistung seine bloß dingliche Haftung bis zur persönlichen Haftung vertragsmäßig erhöhen[26] und damit auf das Privilegium der beschränkten Haftung verzichten.

Für „Forderungen aus dem Verschulden einer Person der „Schiffsbesatzung (§§ 485, 486 Abs. 1 Nr. 3), auch wenn diese „Person zugleich Miteigentümer oder Alleineigentümer des Schiffes „ist", werden die Rechte eines Schiffsgläubigers gewährt. — § 754 Ziff. 9.

Diese Vorschrift ist für den Entschädigungsberechtigten von Wichtigkeit hinsichtlich der Geltendmachung und Verjährung seiner Ansprüche, und sind nach dieser Richtung noch folgende Bestimmungen zu erwähnen:

„Die Klage kann sowohl gegen den Rheder als auch gegen den „Schiffer gerichtet werden, gegen den letzteren auch dann, wenn sich „das Schiff im Heimatshafen (§ 480) befindet; das gegen den

---

21) Lewis, Seerecht in Endemann, Handbuch IV S. 48.

22) Boyens S. 176; Makower S. 11; Schaps S. 70.

23) Lewis l. c. S. 43; Schaps S. 70.

24) Vgl. Schaps S. 70.

25) Vgl. Schaps S. 70.

26) Vgl. Schaps S. 79.

„Schiffer ergangene Urteil ist auch gegenüber dem Rheder wirksam." — § 761 Abs. 2.

„Auf die Rechte eines Schiffsgläubigers hat es keinen Einfluß, „daß der Rheder für die Forderung bei deren Entstehung oder „später zugleich persönlich verpflichtet wird." — § 762 Abs. 1. Hinsichtlich der Ordnung, in welcher die hier in Rede stehenden Forderungen befriedigt werden, trifft § 768 die Bestimmung, daß sie an fünfter Stelle berichtigt werden.

Schließlich bestimmt bezüglich der Inanspruchnahme des Rheders das HGB. in § 488:

„Der Rheder als solcher kann wegen eines jeden Anspruchs „ohne Unterschied, ob er persönlich oder nur mit Schiff und Fracht „haftet, vor dem Gerichte des Heimathafens (§ 480) belangt werden[27])." — (Eine Folgerung aus diesem Satz s. unten bei B, persönliche Haftung am Ende.)

„Die im § 754 . . . Nr. 9 aufgeführten Forderungen verjähren in „einem Jahre. Es beträgt jedoch die Verjährungsfrist zwei Jahre: . . ."

„. . . 2. für die aus dem Zusammenstoß von Schiffen her- „geleiteten Entschädigungsforderungen." — § 901[28]). Nach diesem Wortlaute würde die letztere Verjährungsfrist auch für Ansprüche aus Tötung und Körperverletzung Anwendung finden, welche sich anläßlich eines Zusammenstoßes ereignet haben, denn dies sind zweifellos „aus dem Zusammenstoß von Schiffen hergeleitete Entschädigungsforderungen".

„Die Verjährung beginnt . . ."

„. . . 3. in Ansehung der (nicht unter § 903 Nr. 2 fallenden[29]) „Forderungen aus dem Verschulden einer Person der Schiffsbesatzung „(§ 754 Nr. 9) mit dem Ablaufe des Jahres, in welchem der Be- „teiligte von dem Schaden Kenntnis erlangt hat, in Ansehung der „Entschädigungsforderungen wegen des Zusammenstoßes von Schiffen „jedoch mit dem Ablaufe des Jahres, in welchem der Zusammenstoß „stattgefunden hat." — § 903 Abs. 3.

---

[27]) Über die Frage, nach welchem Recht das außerkontraktliche Verschulden beurteilt wird, entscheidet in der Regel das Recht des Thatortes, vgl. Schaps S. 71 f.

[28]) Prot. der Komm. zur Beratung eines allgemeinen deutschen HGB. Hamburg 1860 S. 2948, 2949, 2968, 4202 u. unten S. 119 Note 40.

[29]) Hier belanglos.

B. Die persönliche Haftung des Rheders.

Neben der dinglichen Haftung des Rheders steht selbstredend dessen unbeschränkte persönliche Haftung[30]):

1. nach allgemeinem Zivilrecht BGB. § 823 ff., wenn er selbst Schadensstifter ist, insbesondere auch wenn ihn ein Verschulden in der Auswahl seiner Leute trifft — sofern diese nicht zur Schiffsbesatzung gehören, oder, wenn sie dazu gehören, nicht „in Ausführung ihrer Dienstesverrichtungen", sondern z. B. unter dem Gesichtspunkt des § 831 BGB. thätig geworden sind[31]).

2. nach den besonderen Bestimmungen des Seerechts in § 512: . . . „Durch eine solche Anweisung[32]) wird auch der Rheder per„sönlich verpflichtet, wenn er bei der Erteilung der Anweisung von „dem Sachverhältnis unterrichtet war." — § 512 Abs. 3.

Hinsichtlich der Geltendmachung der Rhederhaftung war schon oben die Rede, daß er auch bei persönlicher Haftung vor dem Gerichte des Heimathafens (§ 480) belangt werden kann[33]). Aber in den Eingangsworten „Der Rheder als solcher" liegt zugleich, daß der Rheder auch ohne Rücksicht auf diese Eigenschaft belangt werden kann und kommen dann sowohl hinsichtlich des Gerichtsstandes wie der Verjährung die Normen des allgemeinen Zivilrechts zur Anwendung. Dem widerspricht § 902 HGB. nicht, welcher lautet:

„Die nach § 901 eintretende Verjährung bezieht sich zugleich „auf die persönlichen Ansprüche, die dem Gläubiger etwa gegen den „Rheder oder eine Person der Schiffsbesatzung zustehen" — § 902 —, denn hier handelt es sich um die aus dem Handelsrecht bezw. Seerecht erwachsenen Ansprüche aus persönlicher Haftung, nicht um solche aus dem allgemeinen Zivilrecht[34]).

II. Die Haftung des Schiffers[35]).

Das HGB. bestimmt:

„Der Führer des Schiffes (Schiffskapitän, Schiffer) ist ver„pflichtet, bei allen Dienstesverrichtungen, namentlich bei der Er„füllung der von ihm auszuführenden Verträge, die Sorgfalt eines

---

[30]) Vgl. Makower S. 12; Schaps S. 79.

[31]) Vgl. auch Lewis, Seerecht S. 47.

[32]) Welche der Rheder dem Schiffer gegeben hat.

[33]) Vgl. oben S. 116.

[34]) Vgl. RG. **36** S. 119.

[35]) Makower S. 30 ff.; Boyens in Goldschm. Z. **50** (1900) S. 56 ff.

„ordentlichen Schiffers anzuwenden. Er haftet für jeden durch sein „Verschulden entstehenden Schaden, insbesondere für den Schaden, „welcher aus der Verletzung der in diesem und den folgenden Ab„schnitten ihm auferlegten Pflichten entsteht.“ § 511.

Ihm ist die Sorgfalt eines ordentlichen Schiffers zur Pflicht gemacht[36]). Sein Verschulden besteht in der Vernachlässigung dieser Berufspflicht. Von den uns hier interessierenden Pflichten sind es vor allem die Sorge für Seetüchtigkeit des Schiffes (§ 513)[37]) und für die Tüchtigkeit der Gerätschaften (§ 514 Abs. 1). Im Falle der Schiffer einen Stellvertreter einzusetzen hat, ist er für diesen nur insofern verantwortlich, als ihn bei dessen Wahl ein Verschulden trifft (§ 516 letzter Satz)[38]).

„Diese Haftung des Schiffers besteht nicht nur gegenüber dem „Rheder, sondern auch gegenüber . . . dem Reisenden, der Schiffs„besatzung. . . .“ — § 512 Abs. 1 — und er wird

„dadurch, daß er auf Anweisung des Rheders gehandelt hat... „von der Haftung nicht befreit.“ § 512 Abs. 2[39])[40]).

Diese Haftung des Schiffers ist ihrer rechtlichen Natur nach eine Eigen- und keine Fremdhaftung, und stellt sich dar als eine genauere Umschreibung gewisser von dem Schiffer als solchem zu vertretender Pflichten. Daneben haftet der Schiffer selbstredend nach den allgemeinen Grundsätzen des Zivilrechts in BGB. §§ 823 ff., wenn er selbst als Schadensstifter erscheint, sei es infolge einer eigenen unerlaubten Handlung oder infolge unerlaubter Handlungen von Personen, für welche er einzustehen hat[41]).

Hinsichtlich der auf das HGB. § 754 Ziff. 9 gestützten Entschädigungsforderungen „sowie der persönlichen Ansprüche, die dem „Gläubiger etwa gegen den Rheder oder eine Person der „Schiffsbesatzung zustehen“, beträgt die Verjährungsfrist ein Jahr

---

[36]) Vgl. oben S. 21 f.

[37]) Vgl. Aufsatz in Bl. f. RA. **63** S. 91 ff. über die gehörige Verproviantierung.

[38]) Z. B. Anstellung lediglich auf eine Annonce hin.

[39]) Vgl. auch RG. **15** S. 159.

[40]) Das Schadensersatzrecht aus Kollisionen — HGB. §§ 734 bis 739 — gehört nicht in den Rahmen dieser Abhandlung, da es sich hiebei um Schadensverteilung aus Sachbeschädigung handelt, während die Schadenersatzansprüche aus Tötung und Körperverletzung durch §§ 485 ff. getroffen werden.

[41]) Makower S. 32.

— §§ 901, 902 — „beginnend mit dem Ablaufe des Jahres, in „welchem der Beteiligte von dem Schaden Kenntnis erlangt hat." — § 903 Ziff. 3 [42]).

§ 20.

4. Die Haftpflicht nach Binnenschiffahrtsrecht *).

Die Haftpflicht im Binnenschiffahrtsrecht wird geregelt durch das Reichsgesetz betr. die privatrechtlichen Verhältnisse der Binnenschiffahrt vom 15. Juni 1895, welches vom 1. Januar 1900 ab in der durch das EG. z. HGB. vom 10. Mai 1897 Art. 12 und 13 normierten Fassung gilt [1]).

I. Die Haftung des Schiffseigners.

A. Dingliche Haftung des Schiffseigners.

Derselbe Gedanke, welcher das Seerecht beherrscht, daß — wie schon oben ausgeführt — im Interesse des Verkehrs der Unternehmer eines mit besonderer Gefahr für Andere verbundenen Betriebes, hier der Schiffseigner, auch ohne Rücksicht auf sein persönliches Verschulden, die Verantwortung für die bei dem Betriebe durch das Verschulden seiner Leute verursachten Schäden zu übernehmen hat, kam auch im Binnenschiffahrtsrecht zum Ausdruck [2]).

„Der Schiffseigner ist für den Schaden verantwortlich, welchen „eine Person der Schiffsbesatzung einem Dritten durch ihr Ver„schulden in Ausführung ihrer Dienstesverrichtungen zufügt." — § 3 Abs. 1.

Wer Schiffseigner ist und wer rechtlich demselben gleichsteht, sowie wer zur Schiffsbesatzung gehört, legt das Gesetz selbst aus:

---

[42]) Makower S. 285 u. 286; RG. **36** S. 119.

*) Litteratur: Die Kommentare zu den Reichsgesetzen betr. Die privatrechtlichen Verhältnisse der Binnenschiffahrt und der Flößerei, von Foertsch, 2. Aufl. Leipzig 1900; Goldmann, Berlin 1896 u. Landgraf 2. Aufl. 1900; Makower-Loewe S. 15; Cosack, Handelsrecht 5. Aufl. § 37 S. 180 ff.

[1]) RGBl. 1895 S. 301 ff.; RGBl. 1898 S. 868 ff.; Binnenschiffahrt ist die Schiffahrt auf Kanälen, Flüssen, Binnenseen, gleichviel ob zu Erwerbs-, Vergnügungs- oder sonstigen Zwecken; so freischwimmende Fähren, Polizeischiffe, nicht aber Ruderboote, Gondeln u. s. w.; Landgraf S. 15 Anm. 11 S. 49; Foertsch S. 18 u. 372 zu § 131 Abs. 4; Keidel S. 294; a. M. Cosack S. 181.

[2]) Vgl. auch Landgraf S. 24.

1. „Schiffseigner [3]) . . . ist der Eigentümer eines zur Schiff- „fahrt auf Flüssen oder sonstigen Binnengewässern bestimmten und „hierzu von ihm verwendeten Schiffes." — § 1.

2. „Wer ein ihm nicht gehöriges Schiff zur Binnenschiffahrt „verwendet [4]) und es entweder selbst führt oder die Führung einem „Schiffer anvertraut, wird Dritten gegenüber als Schiffseigner . . . „angesehen." — § 2.

Schließlich

3. „Zur Schiffsbesatzung [5]) gehören der Schiffer, die Schiffs- „mannschaft und alle übrigen auf dem Schiffe angestellten Personen „mit Ausnahme der Zwangslotsen." — § 3 Abs. 2.

Für den Fall, daß der Schiffseigner eine juristische Person oder eine Handelsgesellschaft ist, gilt das Verschulden der Vertreter als Verschulden des Schiffseigners, wie auch die von den Vertretern in Ausführung der Vertretungsbefugnis begangenen unerlaubten Handlungen zivilrechtlich als solche des vertretenen Schiffseigners gelten [6]).

Ersatzberechtigt ist jede dritte Person, gleichviel ob der Schiffseigner zu dem Dritten in einem Vertragsverhältnis steht oder nicht.

---

[3]) = der Rheder des Binnenschiffahrts-Rechts, Foertsch S. 17; vgl. auch Keidel S. 294 für den Fall der Vermietung des Schiffes; vgl. auch § 2 des Gesetzes.

[4]) Der sogen. Ausrüster; vgl. Foertsch S. 27. Die Verwendung kann auch eine widerrechtliche sein.

[5]) Vgl. HGB. § 481; Mot. zum BSchG. S. 38; Schiffsbesatzung ist nach BSchG. im Verhältnis zur Schiffsmannschaft der weitere Begriff; der Schiffer selbst gehört zu ersterer, nicht zur letzteren; erstere ist angestellt zu „Schiffszwecken", letztere zum „Schiffahrtsdienst"; die Personen der Schiffsbesatzung sind — dauernd oder vorübergehend — auf Grund Vertrags mit dem Schiffseigner (so Foertsch S. 33, 79 u. Landgraf S. 33) zu Dienstleistungen **auf** dem Schiff verpflichtet: Handwerksleute, Aufwärter, Scheuerfrauen, Kellner, Restaurateure u. s. w., auch freiwillige Lotsen). Vgl. Foertsch S. 29 u. 33; Goldmann S. 6; Boyens in Goldschm. Z. **50** S. 72; Seuff. Arch. **44** Nr. 39; RG. **7** S. 27; **13** S. 114, 117; **20** S. 85 u. 86; a. A. Pappenheim in Gruchot Beitr. **43** S. 342 ff. Nicht hierher gehören: zufällig auf dem Schiffe anwesende Personen, Besichtiger, Versicherungs-, Zoll-, Steuerbeamte u. bes. der Zwangslotse — in Erweiterung des § 481 HGB. —, d. h. der Lotse, den zufolge obrigkeitlicher Vorschriften der Schiffer für besonders schwierige Strecken annehmen und dem er die Führung des Schiffes überlassen muß. Foertsch S. 34; Landgraf S. 33; Boyens l. c. S. 58 f.

[6]) Foertsch S. 38 Note 8 zu § 4.

§ 3 denkt an die Schadloshaltung für die sowohl aus unerlaubten Handlungen wie aus schuldhafter Verletzung von Dienstesobliegenheiten entstandenen Schäden, z. B. durch Verschulden herbeigeführte Tötung oder Körperverletzung anläßlich einer Kollision mit anderen Schiffen oder Badeanstalten, Tötung oder Verletzung badender oder in Fähren oder in Gondeln befindlicher Personen; selbst eine Person der Schiffsbesatzung kann ersatzberechtigt sein; in diesem letzteren Falle spielt indessen bereits die soziale Gesetzgebung herein[7]).

Hinsichtlich des Begriffs „in Ausführung ihrer Dienstesverrichtungen" kann auf das oben S. 57f. u. 114f. Gesagte Bezug genommen werden[8]). Im Verhältnis zwischen Schiffseigner und Personen der Schiffsbesatzung tritt § 3 an Stelle des § 831 BGB.[9]).

Verschulden ist jeder Vorwurf, welcher wegen vorsätzlichen oder fahrlässigen rechtswidrigen Handelns einer Person der Schiffsbesatzung gemacht werden kann. Hierunter fallen Verstöße gegen die allgemeinen Schiffahrtspolizeivorschriften zur Verhütung von Kollisionen; hierher gehört überhaupt jeder Mangel gehöriger Wachsamkeit, so Außerachtlassen einer nach herkömmlicher Praxis gebotenen Vorsicht, Nichtanbringen oder vorschriftswidriges Anbringen von Laternen; Unterlassen von Signalen oder mangelhafte Ausführung derselben[10]). Der Maßstab ist die Sorgfalt, welche Jemand in seinem Berufskreise normal anwendet[11]).

War der Schadensstifter unzurechnungsfähig, so liegt ein Verschulden nicht vor, und tritt somit auch die Haftung des Schiffseigners nicht ein[12]). Dagegen ist es für diesen keine Entlastung,

---

[7]) Landgraf S. 26 Anm. 5, S. 27 Note 8; Keidel S. 295; Foertsch S. 31 Note 7 (§ 3); Goldmann S. 6; RG. **13** S. 114, 119; **32** S. 104.

[8]) Vgl. HGB. § 485; Makower-Loewe, Komm. S. 11; Foertsch zu § 3 Note 1 u. 6 S. 29 u. 31; Landgraf S. 22—27 Anm. 5 a. E.; S. 32 Anm. 11.

[9]) Dagegen bleibt § 831 BGB. in Kraft im Verhältnis zwischen Schiffseigner und anderen zu einer Verrichtung bestellten Personen, die nicht zur Schiffsbesatzung gehören; so auch Foertsch S. 30 Ziff. 2 der Note 1.

[10]) Aus der Praxis für die Seeschiffahrt genommene, aber auch für die Binnenschiffahrt geltende Beispiele.

[11]) Vgl. Foertsch S. 30 Note 3 (zu § 3); Landgraf S. 31 Note 9 a. E. und oben S. 21f.

[12]) Foertsch S. 30f.; RG. **9** S. 162; **10** S. 19.

daß er die schädigende Handlung ausdrücklich verboten hatte, oder daß er sie nicht verhindern konnte[13]).

Wer aus dem Verschulden einen Anspruch herleitet, hat dasselbe zu beweisen[14]).

Die rechtliche Natur dieser Haftung des Schiffseigners ist die einer Haftung für fremdes Verschulden[15]). Diese in § 3 prinzipiell ausgesprochene strenge Haftung gleicht § 4 wieder aus, indem die Haftung des Schiffseigners für fremdes Verschulden auf bestimmte Vermögenswerte beschränkt ist, nämlich auf das dem Wasser anvertraute Gut — fortune de mer — Schiff und Fracht[16]).

§ 4 bestimmt:

„Der Schiffseigner haftet nicht persönlich, sondern nur mit „Schiff und Fracht: . . . 3; wenn der Anspruch auf das Verschulden „einer Person der Schiffsbesatzung gegründet wird." — Abs. 1.

Der Grund dieser Einschränkung liegt darin, daß dem Schiffseigner eine ihn schützende unmittelbare Einwirkung auf das Schiff entzogen ist.

Dies ist die beschränkte oder dingliche Haftung, welche, wie wir gleich sehen werden, bei persönlichem Verschulden nicht eintritt. Nur in einem Ausnahmefalle, in welchem persönliches Verschulden des Schiffseigners vorliegt, ist sie zugelassen[17]).

---

[13]) Foertsch S. 31.

[14]) Vgl. Landgraf S. 32 Note 10; Foertsch S. 31; Keidel S. 296; ROHG. **25** S. 230; Seuff. Arch. **53** Nr. 78, woselbst einem prima facie-Beweis — daß den Beklagten mit Wahrscheinlichkeit ein Verschulden treffe — das Wort geredet wird, und diesen muß der Beklagte seinerseits entkräften.

[15]) Vgl. oben S. 56 ff.; §§ 3 u. 4 BSchG.

[16]) Vgl. auch Landgraf S. 37 f.; Foertsch S. 34; Goldmann S. 8. Das Nähere über die Haftung mit Schiff und Fracht BSchG. § 102 u. ff.; Foertsch S. 310 ff.; vgl. Ehrenberg Beschränkte Haftung S. 459 f.; HGB. § 486; RG. **32** S. 10 u. **33** S. 85, 86, (über die rechtliche Natur des Schiffsvermögens).

[17]) Diese Bestimmung liegt im Interesse des Kleinschiffers, der also Schiffseigner und Schiffer zugleich ist. Vgl. Foertsch S. 38 u. 39 zu § 4 Ziff. 9; Landgraf S. 46 ff., bes. 48, 51 und 52; Keidel S. 292; Makower-Loewe, Textausgabe S. 26; Goldmann S. 9. Die sogen. nautischen Versehen haben einen anderen durch die Eigenartigkeit des Schifferberufs bedingten Charakter, abweichend von dem sonstigen außerkontraktlichen Verschulden. Die Beherrschung einer momentan gefährlichen Situation ist individuell. Besonders lehrreiche Fälle Landgraf S. 49.

Der zweite Satz des § 4 Abs. 2 bestimmt nämlich:

„Der Schiffseigner haftet[18]) jedoch auch, wenn er selbst das Schiff „führt, für einen durch fehlerhafte Führung des Schiffes entstandenen „Schaden ausschließlich mit Schiff und Fracht — es sei denn, daß „ihm eine bösliche Handlungsweise zur Last fällt."

Diese Bestimmung ist zu Gunsten der ihr **eigenes** Schiff fehlerhaft führenden Schiffer, also für die Fälle der sogen. nautischen Versehen getroffen[19]). Jedoch fällt nach dem Schlußsatze des eben zitierten Paragraphen die Vergünstigung der dinglichen Haftung fort und tritt, wenn dem Schiffseigner bösliche Handlungsweise zur Last fällt, die persönliche Haftung ein. Für culpa haftet er mit Schiff und Fracht, für dolus dagegen persönlich[20]). Hiermit haben wir bereits auf das Gebiet der persönlichen Haftung übergeleitet, wovon unten noch näher gesprochen wird.

Die Rangordnung der Haftpflichtigen ist die, daß Schadensstifter und Schiffseigner primär haften, d. h. der Beschädigte kann sich halten an wen er will, also insbesondere sofort an den Schiffseigner unter Umgehung des ihm persönlich haftenden Schadenstifters[21]).

Sie haften ferner solidarisch; der Schiffseigner haftet gleichzeitig mit dem Schadensstifter, also als Gesamtschuldner neben der schadenstiftenden Person der Schiffsbesatzung[22]) und zwar auf die ganze Höhe des Schadens, aber nicht beide haften unbeschränkt, sondern, wie wir sahen, der Schiffseigner beschränkt, d. h. mit Schiff und Fracht. Über seine persönliche Haftung — ex delicto oder ex lege — soll sofort näher gesprochen werden (sub B).

---

18) Diese Bestimmung gilt **nicht** für den Rheder, dies ist ein wichtiger Unterschied, bes. für den Fall, daß **ein** Schiff für die Binnenschiffahrt **und** für die Seeschiffahrt verwendet wird, vgl. Foertsch S. 21 Note 9.

19) Vgl. Foertsch S. 39; Keidel S. 298.

20) Bösliche Handlungsweise ist jener frevelhafte Mutwille, der zwar die Beschädigung nicht beabsichtigt, sich aber trotz der bewußten Gefährlichkeit der Handlungsweise bethätigt. Vgl. auch Landgraf S. 52; RG. **1** S. 22; Makower-Loewe, Textausgabe S. 26. Die bösliche Handlungsweise muß dem Schiffseigner bewiesen werden. Vgl. Foertsch S. 39.

21) Vgl. Landgraf S. 27 Anm. 6, S. 25; auch oben S. 113 u. 116.

22) Vgl. Foertsch S. 30 Note 2; S. 52 Note 9; S. 54 Note 4; ebenso haften mehrere Schiffseigner gegebenenfalls als Gesamtschuldner nach § 840 Abs. 1 BGB.

Für die Ersatzleistungen, sowie für die Art des zu ersetzenden Schadens sind die Bestimmungen des BGB. §§ 242—255 und 842—847 maßgebend[23]).

Die Haftung des Schiffseigners kann vertragsmäßig beschränkt und erweitert werden, und zwar erweitert bis zur unbeschränkten persönlichen Haftung auf Grund besonderer Gewährleistung[24]). Andererseits kann sie aber auch auf Grund Vertrags des Schiffseigners mit den Beteiligten selbst für den Fall des Vorsatzes und grober Versehen der Schiffsmannschaft ausgeschlossen werden[25]). Selbstredend kann die Haftung für eigenen Vorsatz vertragmäßig nicht ausgeschlossen werden.[26]).

1. Geltendmachung der Haftpflichtansprüche. Handelt es sich nicht um eine persönliche Schuld des Schiffseigners, sondern lediglich um seine beschränkte Haftung mit Schiff und Fracht, so wird der Gläubiger „Schiffsgläubiger" im Sinne des § 102 und zur Befriedigung unmittelbar an die bezeichneten Vermögensstücke verwiesen. Nur mit dieser Beschränkung kann die Verurteilung des Schiffseigners ausgesprochen werden. Das Schiff und die Fracht sind das einzige Exekutionsobjekt für den Berechtigten[27]); zu dem Schiffe gehören auch dessen Pertinenzen[28]).

Hinsichtlich des Gerichtsstandes bestimmt § 6 BSchG. näheres; hier sei nur erwähnt, daß „das Gericht des Ortes, von dem aus „die Schiffahrt mit dem Schiffe betrieben wird (Heimatsort), für alle „gegen den Schiffseigner als solchen zu erhebenden Klagen „zuständig ist, ohne Unterschied, ob er persönlich oder nur mit Schiff „und Fracht haftet." — § 6 Abs. 1. Dagegen ist dieser Gerichtsstand kein ausschließlicher und bleibt vor allem der allgemeine Gerichtsstand des Schiffseigners bestehen[29]).

2. Hinsichtlich der Verjährung bestimmt das Gesetz:

„Mit dem Ablaufe eines Jahres verjähren: . . . 7. die „Forderungen aus dem Verschulden einer Person der Schiffsbesatzung

[23]) Vgl. Foertsch S. 30 und Abh. oben §§ 14 ff.

[24]) Vgl. HGB. § 486 Abs. 2; auch Keidel S. 297, 298.

[25]) Vgl. Foertsch S. 32 Note 8; RG. **20** S. 116.

[26]) Hierbei gilt für den Schiffseigner dasselbe wie für den Schiffer. Vgl. Foertsch S. 47 Note 4.

[27]) Vgl. Landgraf S. 38 f. u. Keidel S. 296; Foertsch S. 35.

[28]) Vgl. Landgraf S. 40 f.; Foertsch S. 315 Note 4 (§ 103); BGB. § 97.

[29]) Vgl. Foertsch S. 42 u. 43 Note 1 u. 4 zu § 6.

„(§ 3, § 4 Abs. 3, §§ 7, [92]).“ — § 117. „Die Verjährung beginnt „mit dem Schlusse des Jahres, in welchem die Forderung fällig ge„worden ist“ — § 118[30]).

B. Die persönliche Haftung des Schiffseigners.

Die persönliche Haftung des Schiffseigners beruht teils auf dem allgemeinen Recht des BGB., teils auf dem Sonderrecht des BSchG.

1. Nach ersterem haftet der Schiffseigner wie jeder Andere selbstredend nach BGB. § 823 ff. für sein persönliches Verschulden[31]), sei es aus einer eigenen unerlaubten Handlung, oder aus der Anstiftung zu einer solchen, oder auf Grund der Haftung für fremde Delikte. Er haftet persönlich, d. h. mit seinem ganzen[32]) Vermögen[33]).

Der Schiffseigner haftet aber

2. **auch** weiter noch persönlich ex lege, auf Grund gewisser Vorschriften, **welche** der Gesetzgeber aus Anlaß der besonderen Eigentümlichkeit des **Schiffahrts**unternehmens und der Stellung des Schiffseigners aufgestellt **hat.**

Diese beiden Fälle sind:

a) § 7 Abs. 3: „Durch die Erteilung der Anweisung wird der „Schiffseigner persönlich verpflichtet, wenn er bei der Erteilung von „dem Sachverhältnisse unterrichtet war“.

Die Haftung aus der schädigenden Anweisung folgt meist aus § 4 Abs. 2, d. h. es liegt dann gewöhnlich die Verletzung einer Vertragspflicht oder eine unerlaubte Handlung vor[34]). Aber auch wenn dies nicht der Fall ist, begründet — wenn Kenntnis des Sachverhalts gegeben ist — der schädigende Charakter der Anweisung als **solcher** die persönliche Haftpflicht des Schiffseigners[35]).

---

[30]) Vgl. Foertsch S. 332 u. 333; Makower-Loewe, Textausgabe S. 192 f.; Keidel S. 296.

[31]) So aus einem Versehen bei der Auswahl seiner Leute, z. B. im Falle des § 4 Abs. 1 Ziff. 3 unter Umständen neben der Haftung einer Person der Besatzung. Vgl. Foertsch S. 31 u. 38 Note 8; Makower-Loewe S. 25 Goldmann S. 10; Landgraf S. 45; Keidel S. 297.

[32]) Hier fortune de mer et de terre; Landgraf S. 41 Note 4.

[33]) Vgl. Goldmann S. 10; Foertsch S. 31 Note 3 a. E., S. 38 Note 8; ausdrücklich anerkannt im Gesetze selbst § 4 Abs. 2 Satz 1. Die Verjährung richtet sich hiebei nach § 852 BGB.; vgl. Foertsch S. 333 Note 3 a. E.

[34]) Vgl. auch Keidel S. 297.

[35]) Vgl. Foertsch S. 49 Note 9; auch Keidel S. 298.

Darin liegt die Bedeutung des § 7 Abs. 3. Außerdem muß die Anweisung die Ursache zur schädigenden Handlung gewesen sein[36]).

b) § 8 Abs. 4, welcher bestimmt:

„Für die Fahrtüchtigkeit des Schiffes bei Antritt der Reise „haftet den im § 7 Abs. 2 bezeichneten Personen auch der Schiffs„eigner persönlich, nicht nur mit Schiff und Fracht."

Die Haftung aus § 8 Abs. 4 ist unbeschränkt **neben** dem Schiffer und solidarisch **mit** diesem[37]).

Die Bestimmung des § 8 Abs. 4 gilt nicht für den Nachbarschaftsverkehr[38]).

II. Die Haftung des Schiffers.

Das Gesetz bestimmt:

„Der Führer des Schiffes (Schiffer)[39]) ist verpflichtet bei allen „Dienstesverrichtungen, namentlich bei der Erfüllung der von ihm „auszuführenden Verträge, die Sorgfalt eines ordentlichen Schiffers „anzuwenden." — § 7 Abs. 1.

„Er haftet für jeden durch die Vernachlässigung dieser Sorg„falt entstandenen Schaden nicht nur dem Schiffseigner, sondern „auch . . . den beförderten Personen und der Schiffsbesatzung[40]), „es sei denn, daß er auf Anweisung des Schiffseigners gehandelt „hat. Auch in dem letzteren Falle bleibt der Schiffer verantwortlich, „wenn er es unterlassen hat, dem Schiffseigner die nach Lage des „Falles erforderliche Aufklärung zu erteilen, oder wenn ihm eine „strafbare Handlung zur Last fällt." § 7 Abs. 2.

---

[36]) So Landgraf S. 63 Note 9 zu § 7.

[37]) Vgl. Makower-Loewe S. 32.

[38]) BSchG. § 131 Abs. 1, d. h. der sogen. Lokalverkehr, also bei Schiffen, welche ausschließlich dem bloß örtlichen Verkehr zwischen verschiedenen Punkten eines enger begrenzten Bezirks dienen. Vgl. Landgraf S. 348 Noten 2, 3 u. 4; Foertsch S. 371 Note 2, 3 u. 4, auch S. 20 Note 7. Die Bodenseedampfschiffahrt untersteht nicht dem Binnenschiffahrtsgesetz; diese Schiffahrtsunternehmungen werden im Anschlusse an den Eisenbahnverkehr betrieben und unterliegen den Bestimmungen des Berner Vertrags über den internationalen Eisenbahnfrachtverkehr. Vgl. Ges. § 131 Abs. 3. Vgl. Mot. S. 140.

[39]) Mag er zugleich Eigner des Schiffes sein oder nicht.

[40]) Vgl. Cosack S. 183 f.; Foertsch S. 31 Note 5 u. S. 42 zu § 5; oben S. 118 f. HGB. §§ 511 u. 512.

Ueber § 7 Abs. 3 oben S. 126 f.

Dem Schiffer ist eine gewisse Sorgfalt, nämlich die des ordentlichen Schiffers, zur Pflicht gemacht[41]). Vernachlässigt er diese Sorgfalt, so haftet er für den entstandenen Schaden. Beurteilt wird das Maß dieser Sorgfalt nach dem Ermessen gewissenhafter Berufsgenossen[42]) und deren Verletzung besteht in vorsätzlichem oder fahrlässigem unerlaubten Handeln oder pflichtwidrigem Unterlassen, vor allem einzelner gesetzlich besonders hervorgehobener Dienstesobliegenheiten, welche sich in den §§ 8, 9 und 10 finden, und mit den §§ 513 und 514 des HGB. im wesentlichen übereinstimmen[43]).

Die Haftung ist eine Eigenhaftung, wie jene des Schiffers im Seerecht und besteht neben der allgemeinen Haftpflicht des BGB. für unerlaubte Handlungen gegenüber Jedermann. Dies erhellt auch aus dem letzten Satz des § 7 Abs. 2. So gibt es insbesondere für den Schiffer als solchen keine andere Haftung für fremde Delikte als diejenige aus BGB. § 831 und 832[44])[45]).

Der Schiffer wird regelmäßig seiner Verantwortung ledig[46]), wenn er auf Anweisung des Schiffseigners gehandelt hat; doch muß er dem Schiffseigner die nach Lage des Falles erforderliche Aufklärung gegeben haben. Hat er dies nicht gethan, dann bleibt er aus der Mangelhaftigkeit der Informationserteilung oder deren Unterlassen verhaftet[47]), ebenso wenn er durch Ausführung der ihm erteilten Anweisung sich einer strafbaren Handlung schuldig macht. Die Haftung des Schiffers aus schuldhafter Unterlassung der Aufklärung kann jeder direkt oder indirekt Geschädigte geltend machen, also nicht nur die Reisenden und die Personen der Schiffsbesatzung, sondern auch der Schiffseigner selbst, der im Regreßweg gegen den

---

41) Vgl. Goldmann S. 14 ff.; Keidel S. 298 ff. u. oben S. 119.

42) Oben S. 21 f.

43) Vgl. Foertsch S. 47 u. 50; Goldmann S. 16 ff.; Landgraf S. 69; Keidel S. 300. § 8 bietet einen Anhaltspunkt dafür, was zu den Dienstesobliegenheiten eines Schiffers gehört, sonst entscheidet darüber die Natur der Sache; Landgraf S. 44.

44) Vgl. auch Foertsch S. 30 f. u. 48; RG. **10** S. 19 u. 20.

45) Ueber Kollisionsschäden vgl. Abh. S. 119 Note 40; Landgraf S. 277.

46) Im direkten Gegensatz zu § 512 Abs. 2 HGB.; vgl. oben S. 119 zu Note 39 u. 40 u. Foertsch S. 48 Note 8.

47) Vgl. Foertsch S. 49 Note 8 u. 9; Goldmann S. 15, 16.

Schiffer vorgeht[48]. Die Verjährung richtet sich nach dem BGB. § 852[49]).

§ 21.

5. Die Haftpflicht nach Flößereirecht*).

Auf den gleichen Haftungsprinzipien wie das BSchG. ist auch das — durch die neuere Gesetzgebung unberührt gebliebene[1]) — Gesetz betr. die privatrechtlichen Verhältnisse der Flößerei vom 15. Juni 1895 aufgebaut[2]). Der innere Grund der Haftpflicht ist der gleiche wie im See- oder Binnenschiffahrtsrecht[3]).

I. Die Haftung des Floßeigentümers.

A. Die dingliche Haftung des Floßeigentümers.

„Für Beschädigungen, welche infolge des Verschuldens des „Floßführers oder einer Person der Floßmannschaft durch das Floß „verursacht werden, haftet der Eigentümer mit dem Floß, unbeschadet „seines Rückgriffsrechtes gegen den Frachtflößer und gegen die schul„digen Personen. Für das Verschulden eines Zwangslotsen ist der „Eigentümer nicht verantwortlich." — § 22 Abs. 1.

Der „Floßeigentümer" entspricht dem Schiffseigner des Binnenschiffahrtsrechts und Floßführer ist, „wer ein Floß auf Flüssen oder „sonstigen Binnengewässern führt, gleichviel ob er bei einem Unternehmer, „welcher die Beförderung des Floßes übernommen hat (Frachtflößer), „oder bei dem Eigentümer des Floßes im Dienste steht, oder ob er „die Beförderung des Floßes selbst als Frachtflößer übernommen „hat." — § 1.

Der Ausdruck „Floßbesatzung" findet sich im Gesetze nicht, es ist aber darunter in Anlehnung an das Binnenschiffahrtsgesetz, „der Floßführer samt der Floßmannschaft" zu verstehen, daher die Definition im Gesetz:

---

48) Foertsch S. 49 Note 8 a. E.

49) Vgl. Foertsch S. 333 Note 3 zu § 117.

*) Litteratur: Landgraf, Reichsgesetze betr. die privatrechtlichen Verhältnisse der Binnenschiffahrt und der Flößerei vom 15. Juni 1895, 2. Aufl. 1900. Cosack 5. Aufl. S. 184 und Litteraturangabe zu § 20 der Abh.

1) Vgl. Makower-Loewe S. 210 Textausgabe.

2) RGBl. 1895 Nr. 23 S. 341.

3) Siehe besonders Landgraf S. 387 Note 1, woselbst die Ausführung der Motive.

„Zur Floßmannschaft gehören mit Ausnahme des Floßführers „alle zum Flößereidienste auf dem Floße angestellten Personen." — § 17 Abs. 1[4]).

Ersatzberechtigt ist jeder durch das Floß beschädigte Dritte; aber es muß die Beschädigung „durch das Floß" verursacht worden sein. Ist sie z. B. durch das Rutschen von noch nicht zum Floße verbundenen Stämmen oder durch ein anderes Verschulden der Floßbesatzung verursacht worden, tritt die Haftung des Floßeigentümers nicht ein[5]). Die Fassung „bei Ausführung ihrer Dienstesverrichtungen" findet sich im Gesetze nicht, ist aber wohl als vom Gesetzgeber gewollt zu ergänzen[6]).

Die rechtliche Natur dieser Haftung ist die einer Haftung für fremdes Verschulden. Gleichgültig ist hierbei, ob der Schadensstifter im Dienste des Floßeigentümers stand oder nicht[7]).

Die Haftung des Floßeigentümers ist eine dingliche, d. h. beschränkt auf das Floß[8]) und ist weiter eingeengt durch die gesetzliche Anerkennung seines Rückgriffsrechtes gegen den Schadensstifter, d. i. „gegen den Frachtflößer und gegen die schuldigen Personen". Die Haftung fällt ganz weg im Falle des Verschuldens eines Zwangslotsen. — § 22 Abs. 1 letzter Satz.

Schließlich ist die Haftung, abgesehen davon, daß sie beschränkt ist, eine primäre, solidarisch mit dem Schadensstifter und erstreckt sich auf den ganzen Schaden[9]). Näheres oben S. 116 und 124.

„Die Ersatzansprüche wegen Beschädigung durch ein Floß, „sowie die Erstattungsforderung des Eigentümers des Floßes „gegen den Frachtflößer und gegen den Floßführer oder die Floß„mannschaft — (§ 22 Abs. 1) — verjähren mit dem Ablauf eines Jahres „(§ 30 Abs. 1), welches beginnt mit dem Schlusse des Jahres, in „welchem die Forderung fällig geworden ist." — (§ 30 Abs. 2.)

---

4) Vgl. Foertsch S. 415 Note 2; Landgraf S. 370 Note 6; Keidel S. 389; der Floßführer gehört nicht dazu.

5) Landgraf S. 388 Note 4; Foertsch S. 397 u. 419 Note 3; Cosack S. 184.

6) Landgraf S. 388 Note 2.

7) Vgl. Foertsch S. 419 Note 3; Landgraf S. 388 Note 2 a. E.

8) Foertsch S. 420 u. 421 Noten 8 u. 9; Keidel S. 390; Makower-Loewe S. 225; KO. § 49; Landgraf S. 387, 388.

9) Vgl. Foertsch S. 419 Note 2 a. E. (nach BGB. § 249 ff.).

Die Ansprüche aus § 23 Abs. 2 nehmen an dieser Verjährungsfrist nicht teil[10]), davon gleich Näheres sub B. a. E.

B. Die persönliche Haftung des Floßeigentümers.

Eine persönliche Haftung des Floßeigentümers für die durch das Floß verursachte Beschädigung — ähnlich wie es eine solche im BSchG. gibt — kennt das Flößereirecht nicht[11]). Das Gesetz bestimmt vielmehr ausdrücklich:

„Eine persönliche Verpflichtung des Eigentümers wird durch „die Bestimmungen des § 22 nicht begründet" . . . § 23 Abs. 1, und fährt fort:

„Eine nach dem bürgerlichen Rechte begründete persönliche „Haftung des Eigentümers des Floßes oder des Frachtflößers wird „hierdurch nicht berührt." § 23 Abs. 2, d. h. Jeder haftet persönlich, d. h. mit seinem ganzen Vermögen für eigenes Verschulden nach den Grundsätzen des BGB., so haftet vor allem der Floßeigentümer sowie der Frachtflößer persönlich für Verschulden der bei ihnen angestellten Leute. Voraussetzung dieser Haftung ist ein bestehendes Dienstverhältnis[12]).

Für die persönliche Haftung gelten hinsichtlich der Verjährung die Normen des bürgerlichen Rechtes[13]).

II. Die Haftung des Floßführers.

„Der Floßführer ist verpflichtet, bei seinen Obliegenheiten[14]), „namentlich bei der Erfüllung der von ihm auszuführenden Ver„träge, die Sorgfalt eines ordentlichen Floßführers anzuwenden[15])." — § 2 Abs. 1.

[10]) Vgl. Foertsch S. 430 u. 431; Keidel S. 391.

[11]) Vgl. auch Landgraf S. 388 Note 4.

[12]) Vgl. BGB. §§ 278, 831. Mithaftung des Schuldigen vgl. Foertsch S. 424 Note 3, z. B. auch aus der Anordnung einer schadenstiftenden rechtswidrigen Handlung, s. a. Foertsch S. 402 Note 4; Makower-Loewe S. 225, 227; Keidel S. 389 ff.; Landgraf S. 390 Note 9.

[13]) S. oben S. 131 vor litt. B.; Foertsch S. 424 Note 3 a. E.

[14]) „Obliegenheiten" ist nach Landgraf S. 370 Note 2 umfassender als der im BSchG. verwendete Begriff „Dienstesverrichtungen".

[15]) Vgl. oben S. 127, besondere Verpflichtungen siehe in § 3 u. § 5 Abs. 2; Landgraf S. 371 Note 4: z. B. feste Verbindung des Floßes, gehörige Ausrüstung insbes. Reserveausrüstung, genügende Bemannung, Haftung für culpa in eligendo hinsichtlich eines Stellvertreters.

„Er haftet[16]) für jeden durch die Vernachlässigung dieser Sorg„falt entstandenen Schaden nicht nur dem Dienstherrn, sondern „auch . . . den Personen der Floßmannschaft[17]), es sei denn, daß „er auf Anweisung des Dienstherrn gehandelt hat." — § 2 Abs. 2.

Der § 2 des FlG. entspricht fast wörtlich dem § 7 des BSchG. und wird hier auf obige Ausführungen verwiesen[18]). Der Floßführer wird also von seiner Haftung befreit, wenn er auf Anweisung des Dienstherrn gehandelt hat; seine Haftung tritt aber sofort wieder ein, und

„bleibt auch in letzterem Falle der Floßführer verantwortlich, „wenn er es unterlassen hat, dem Dienstherrn die nach Lage des „Falles erforderliche Aufklärung zu erteilen" [19]) — § 2 Abs. 3 —, wie er ebenso verantwortlich bleibt, „wenn ihm eine strafbare Handlung zur Last fällt". § 2 Abs. 3 Schlußsatz.

Auch diese Haftung charakterisiert sich als Eigen-, nicht als Fremdhaftung. Durch Vereinbarung kann die zu beobachtende Sorgfalt und damit die Haftung erschwert oder erleichtert werden; nur kann die Haftung für dolus nicht ausgeschlossen werden[20]).

Zum Schutz für Leben und Gesundheit der zum Flößereibetrieb gehörigen Leute kommen für den Unternehmer die Vorschriften der Reichs-Gewerbeordnung in Betracht[21]).

§ 22.

6. **Die Haftpflicht im Schleppschiffahrtsbetrieb** *).

Sowohl im Seeverkehr wie besonders im Binnenschiffahrtsverkehr spielt die Schleppschiffahrt eine bedeutende Rolle. Das

---

[16]) Gleichgültig ist, ob der Floßführer zugleich Floßeigentümer oder Frachtflößer ist.

[17]) S. § 17 des Gesetzes.

[18]) S. oben S. 127f.

[19]) Vorausgesetzt, daß dieser nicht schon von anderer Seite informiert war und trotzdem die schädigende Anordnung traf; dann ist der Floßführer wieder frei. Vgl. auch Landgraf S. 370 Note 7 u. 8, S. 63 Note 8 u. 9.

[20]) Vgl. Foertsch S. 401 Note 2, auch BGB. § 276 Abs. 2.

[21]) §§ 120a, 120d, 120e, 139b; Foertsch S. 402 u. 403 zu § 3; Landgraf S. 372 Note 6; Makower S. 213.

*) Litteratur: Außer den zu § 20 angeführten Litteraturangaben vgl. noch Boyens, Über den Begriff der Schiffsbesatzung und dessen Anwendung auf die Schleppschiffahrt in Goldschm. Z. **50** (1900) S. 56ff.

zwischen Schleppdampfer (Schlepper, tug) und dem geschleppten Schiff (tow) obwaltende Rechtsverhältnis ist regelmäßig das des Werkverdingungsvertrages [1][2]. Es fragt sich nun, in welchem Verhältnis die Besatzungen des Schleppers und der geschleppten Schiffe zu einander und zu ihren Führern bezw. zu dem Führer des Schleppers stehen.

Das Binnenschiffahrtsgesetz trifft in § 4 Abs. 3 folgende Bestimmung:

„Sind mehrere Schiffe in einem Schleppzuge vereinigt, „so erstreckt sich die Haftung nur auf dasjenige Schiff, welches den „Schaden verursacht hat, und auf die Fracht dieses Schiffes. Die „Fracht steht bei Schleppschiffen dem Schlepplohn gleich."

Hieraus ergibt sich die wichtige Folgerung:

Der Schleppzug ist rechtlich kein unteilbares Ganzes; mit Recht, denn der Schleppdampfer, wie jedes einzelne der geschleppten Schiffe kann durch Verschulden der eigenen Besatzung Dritten Schaden zufügen [3]. Die Besatzungen der geschleppten Schiffe unterstehen selbständig ihren Führern, ohne Rücksicht auf die Leitung des Schleppers [4]. Eine Folgerung hieraus ist: daß der Rheder bezw. Schiffseigner desjenigen Schiffes jeweils haftet, dessen Besatzung durch ihr Verschulden den Schaden verursacht hat, — und die andere Seite der Folgerung ist die, daß keinesfalls der

---

[1]) Foertsch S. 32 Note 10, S. 96 Note 1; Seuff. Arch. **54** (1899) Nr. 20; ROHG. **23** S. 320; Landgraf S. 52 ff. Note 26, bes. S. 54; Makower S. 22; Keidel S. 296 „the tug is the servant of the tow". Zur Orientierung diene folgende Unterscheidung:

1. Wird ein größeres Schiff geschleppt, so ist dies die Hauptsache, bei ihm bleibt die Leitung (governing power); der Schlepper ist bloß die bewegende Kraft (moving power).
2. Werden kleinere Schiffe geschleppt, so liegt die Leitung beim Schlepper, als Führer des Schleppzugs, vgl. Boyens in Goldschm. Z. **50** S. 74. Vgl. ferner die Beispiele auf S. 78 f. dorts.

[2]) Aber auch u. U. liegt Dienstvertrag vor, so im Falle 1 der vorigen Note; Boyens l. c. S. 76; ROHG. **23** Nr. 108 S. 322 Anmerkung („Vorspanndienste").

[3]) Vgl. Boyens S. 162, auch Note 10 dorts. Litteratur: Marsden S. 190; Jacobs Nr. 918; Mittelstein, Binnenschiffahrt 1896 S. 24; a. A. Martin Arch. f. öffentl. R. **9** S. 483.

[4]) Vgl. Landgraf S. 54.

Rheder bezw. Schiffseigner des Schleppdampfers für ein Verschulden der Besatzung eines geschleppten Schiffes haftet[5]).

Von dem Grundsatze: daß der Schleppzug rechtlich kein unteilbares Ganzes ist, gibt es eine wichtige Ausnahme. Neben der Selbsthaftung der einzelnen Schiffe **gilt** während der Schleppfahrt die Besatzung des Schleppdampfers als Schiffsbesatzung des geschleppten Schiffes[6]); — die Folge dieser Rechtsauffassung ist, daß der Rheder des geschleppten Schiffes **für Verschulden der Besatzung des Schleppers haftet,** für ihn gilt die „Schlepperbesatzung" als eigene Besatzung, als „angestellt" im Sinne des § 3 Abs. 2 des BSchG.[7]). Das subjektive Schuldmoment ist ganz verdrängt; zur Haftung genügt die Thatsache allein, „daß sich das geschleppte Schiff der bewegenden Kraft des Schleppers bedient"[8]).

Ein besonderer Fall ist der, daß sämtliche Schiffe, welche den Schleppzug bilden, dem Schleppschiffahrtsunternehmer gehören. Ist die Besatzung des geschleppten Schiffes schuld, so haftet nach dem allgemeinen Grundsatz der Rheder bezw. Eigner dieses Schiffes; das Gleiche gilt, wenn an einem Unfall die Besatzung des Schleppers schuld ist; der Rheder haftet dann mit dem Schlepper und dem üblichen Schlepplohn[9]) und nicht „mit dem ganzen Schleppzug, der bedungenen Fracht und dem üblichen Schlepplohn"[10]); letztere Auffassung würde das ganze Bugsiergewerbe gefährden; jedes Schiff ist eine selbständige fortune de mer und ist kein Grund abzusehen, warum dem Beschädigten eine so weit gehende Garantie aus der bloß

[5]) Vgl. Foertsch S. 40f. Note 11; Keidel S. 296.

[6]) So die grundlegende Entscheidung des RG. **20** Nr. 16 S. 84ff. in Seuff. Arch. **44** Nr. 41; Bolze **5** Nr. 375; dann Jur. Wochenschr. 1896 S. 285; u. neuestens Seuff. Arch. **55** (1900) Nr. 219 RGE. v. 21. III. 1900. Der Schlepper ist das dienende Schiff, das geschleppte Schiff hat die Leitung!

[7]) Vgl. Landgraf S. 33; Foertsch S. 41 Note 11; a. A. Ehrenberg, Beschränkte Haftung S. 227.

[8]) Boyens S. 162 nennt diese Haftung ungerecht. — Uebrigens kann sich der auf Grund des § 3 haftbar gemachte Eigentümer des geschleppten Schiffes im Regreßweg an den Schleppschiffahrtsunternehmer bezw. an den Kapitän des Schleppers halten. Vgl. auch Landgraf S. 54.

[9]) So Keidel S. 297 u. Boyens S. 162 gegen die weitergehende Haftung, wie sie vom RG. in 20 S. 84ff. vertreten wird.

[10]) So Foertsch S. 40; vgl. auch Landgraf S. 55.

zufälligen Thatsache erwachsen soll, daß dem Schleppschiffahrtsunternehmer der ganze Schleppzug gehört.

Die Haftung des Schleppschiffahrtsunternehmers ist beschränkt; für den Schaden haftet nur dasjenige Schiff, welches den Schaden verursacht hat, und die Fracht dieses Schiffes bezw. der dieser laut Gesetzes gleichstehende Schlepplohn.

Die Art der Haftung ist die der Solidarhaft; dem geschädigten Dritten haften Schlepper und geschlepptes Schiff solidarisch, nur hat der Eigentümer des letzteren Regreß gegen den Schleppschiffahrtsunternehmer[11]).

Im übrigen vgl. oben §§ 19 und 20.

Schlußbemerkung zum ersten Teil.

Die Darstellung des modernen Haftpflichtrechts aus Tötung und Körperverletzung, wie es in den jetzt geltenden Zivilgesetzen des Deutschen Reiches niedergelegt ist, beweist zur Genüge, daß die bis ins einzelne gehende Regelung der Schadensersatzansprüche im privaten Deliktsrecht eine Verfolgung der gleichen Ansprüche mit der Kontraktsklage überflüssig machen dürfte.

Nach gemeinem Recht war dies schon bisher der Fall, indem, „wenn eine kulpose Körperverletzung vorliegt, kein Unterschied besteht, ob ein obligatorisches Verhältnis zwischen dem Beschädigten und dem Beschädiger gegeben ist, innerhalb dessen die verletzende Thätigkeit vorgekommen ist, oder nicht. Denn sobald einmal „eine Verletzung durch Verschulden, welches die zivilrechtliche Haftbarkeit des Thäters erzeugt, hervorgerufen wird, sind die Voraussetzungen ebenso für die Klage aus der lex Aquilia als für jene „aus dem konkreten Vertragsverhältnis gegeben, so daß in solchem „Falle beide Klagen in der That elektiv konkurrieren“[1]).

---

[11]) Vgl. Boyens S. 160.

[1]) So Seuff. Arch. **45** Nr. 12 S. 30 f. (unterlassene Instruktionserteilung); Bl. f. RA. **61** S. 351 ff. (Haftung eines Lehrherrn bei gefährdender Arbeit, die er einem Lehrjungen übertragen). Seuff. Arch. **44** Nr. 98.

Die Möglichkeit Schadensersatz zu erlangen, ist bei den festumgrenzten Thatbeständen der §§ 823 ff. so sicher und allgemein geregelt, daß sich die Vertragsparteien nicht auf den Vertrag zu stützen brauchen[2]), um ihre Schadensersatzansprüche mit Aussicht auf Erfolg geltend machen zu können. Die Haftung wird regelmäßig schon auf ein Verschulden nach § 823 Abs. 1 zurückzuführen sein. Das Vertragsverhältnis kann als solches höchstens dann noch für die Haftpflichtfrage in Betracht kommen, wenn ausdrücklich eine besondere Garantie für den Schutz des Lebens, des Körpers, der Gesundheit übernommen worden ist. Wie sich aber diese Vertragsbestimmung auf ein Gesetz stützt, und mit ihm übereinstimmt, z. B. § 121a RGewerbeordnung, so ist u. E.[3]) die Haftung nicht so sehr im Vertragsverhältnis begründet als in den als „Schutzgesetz" im Sinne des § 823 Abs. 2 sich darstellenden Vorschriften des genannten Gesetzes.

Aus dem Rahmen der Betrachtung fällt die Beamtenhaftpflicht — § 839 BGB. —, da die Frage hinsichtlich der Haftung des Staates auf dem Gebiete des öffentlichen und nicht des Privatrechts liegt. Es soll hier nur der Vollständigkeit wegen außer auf den eben genannten § 839 BGB. auf den Art. 77 des EG. z. BGB. und z. B. für Bayern, woselbst eine allgemeine Haftung des Staates und der Kommunalverbände anerkannt ist[4]), auf die Art. 60 u. 61 des AG. z. BGB. vom 9. Juni 1899[5]) hingewiesen werden.

---

[2]) Ebenso G. Müller in Bl. f. RA. **65** S. 375.

[3]) Ebenso RG. bes. **5** Nr. 17 S. 74. A. A. Mandry-Geib S. 474; aber s. die Anm. 11 dortselbst; auch Schoenfeld S. 76.

[4]) Vgl. Fischer-Henle 4. Aufl. S. 1152 Note 4 zu Art. 77.

[5]) Vgl. Henle-Schneider, Handausgabe, Die bayerischen Ausführungsgesetze zum BGB., München 1900. Hier ist bes. die Frage der Ausübung der Schulzucht durch Volksschullehrer besprochen, und die Haftpflicht des Staates bezw. der Gemeinde für die Folgen der Ueberschreitung des Züchtigungsrechtes durch den Lehrer mit Recht verneint. — Vgl. auch die Abhandlung von v. Stengel: Die Haftung des Staats für den durch seine Organe und Beamten Dritten zugefügten Schaden. Annalen d. Deutsch. Reichs **34** (1901) S. 481 ff.

II. Teil.

Das Haftpflichtrecht in der Reichs-Versicherungsgesetzgebung.

§ 23.

Allgemeines.

I. Das Schadensersatz- und Haftpflichtrecht, wie es im ersten Teile dieser Schrift erörtert worden ist, erfährt tiefgreifende Änderungen auf dem Gebiete der Reichs-Versicherungsgesetze. Im großen und ganzen haben die Reichs-Versicherungsgesetze die Haftpflicht den Unternehmern als solchen abgenommen und an deren Stelle für die Verletzten neue und umfassendere, aber anders geartete[1]) Rechte geschaffen, nämlich Ansprüche auf Krankenunterstützung, auf Unfallentschädigungen und auf Fürsorge für die Fälle des Alters und der Invalidität.

Jedoch ist die gesamte Haftpflicht nicht beseitigt; ein kleiner Rest von Individualhaftpflicht ist bestehen geblieben. Wie sich das Reichs-Versicherungsrecht überhaupt als ein Sonderrecht für einen Teil der Bevölkerung darstellt, so sind auch die haftpflichtrechtlichen Bestimmungen der Reichs-Versicherungsgesetze als Ausnahmerecht[2]) zu betrachten.

[1]) Die Verpflichtung zur Entschädigung trifft — im Gegensatz zum Haftpflichtgesetz — nicht den einzelnen Unternehmer, sondern die Gesamtheit der Unternehmer verwandter Betriebe, die Berufsgenossenschaft; kurz gesagt: an Stelle der Individualhaftung des Unternehmers tritt die Gesamthaftung der Unternehmerschaft. Für die ersten Wochen nach dem Unfall treten wieder andere Organe, nämlich die verschiedenen Arten der Krankenkassen, ein.

[2]) Man spricht hier von „besonderem Haftpflichtrecht“, zu vgl. Riesenfeld, insb. S. 69 und 215 ff., Piloty I S. 138 a. E.; auch Riesenfeld in Baumgartners Zeitschr. **1** S. 306 ff.

Diese für das praktische Leben außerordentlich wichtigen Bestimmungen sollen im folgenden näher erörtert werden.

Wie an Stelle der privatrechtlichen Verpflichtung der Unternehmer zur Entschädigung seines verunglückten Arbeiters und dessen Hinterbliebenen eine öffentlichrechtliche Fürsorge seitens sozialer Organisationen getreten ist[3]), darf als bekannt vorausgesetzt werden. Es soll hier nur kurz an folgendes erinnert werden: Die Bestimmungen des gemeinen Rechts und der Partikularrechte genügten dem wachsenden Bedürfnisse nicht mehr, nachdem infolge der gesteigerten Benutzung von Naturkräften die Thätigkeit der arbeitenden Bevölkerung eine immer gefährlichere geworden ist. Man schuf deshalb das Reichs-Haftpflichtgesetz vom 7. Juni 1871, welches eine strengere Haftung der Unternehmer für das Verschulden seiner Beamten einführte und — was den Betrieb der Eisenbahnen anlangt — noch weiter ging und, abgesehen von vis major und dem eigenen Verschulden des Verletzten, eine Haftpflicht der Unternehmer auch für den Zufall vorschrieb. Aber auch das Reichs-Haftpflichtgesetz hatte nicht den erhofften Erfolg und vermochte die neu aufgetretenen Bedürfnisse nicht zu befriedigen[4]).

Der Weg, diese unhaltbaren Zustände zu bessern, war in § 4 HPG. vorgezeichnet[5]), wonach die Schadensersatzpflicht des Unternehmers ermäßigt wurde, sofern er zur Versicherung seiner Arbeiter beisteuerte. Hierin ist die Wurzel zu erkennen, aus welcher sich die Arbeiterversicherung entwickelt hat. Der Gedanke hierzu war die Hebung und Stützung der wirtschaftlich Schwächeren, insbesondere Derjenigen, deren einziges Gut ihre Arbeitskraft ist.

II. Das Haftpflichtrecht der Reichs-Versicherungsgesetze bezieht sich nicht nur auf bestimmte Teile der Bevölkerung, sondern ist auch an gewisse, von dem übrigen Haftpflichtrechte abweichende Voraussetzungen gebunden.

Der Gegenstand[6]) der Unfallversicherung ist der nach Maß-

---

[3]) Vgl. 1. Aufl. dieser Schrift § 12; Piloty I S. 33; Riesenfeld S. 11, 19, 21.

[4]) Über die Mängel des Haftpflichtgesetzes s. Weyl S. 52; Riesenfeld S. 11 u. fg.; Rosin S. 18 ff.; v. Woedtke, UVG., 4. Aufl. 1889 S. 3. Laß-Zahn S. 4. Neuestens Reindl S. 4 ff.

[5]) Vgl. auch Riesenfeld S. 23; Reindl S. 6.

[6]) Vgl. Riesenfeld S. 60; es handelt sich hier nicht um einen eigentlichen Schadensersatz im Rechtssinne; vgl. Seydel, Bayer. Staatsrecht V S. 336;

gabe der einzelnen Gesetze zu bemessende Ersatz des Schadens, welcher durch Körperverletzung oder Tötung entsteht. Diese Ersatzansprüche sind zwar der Regel nach niedriger bemessen als die Ansprüche aus dem allgemeinen Haftpflichtrecht[7]), aber — von anderen Vorteilen abgesehen — hat der Verletzte vor allem einen unbedingt zahlungsfähigen Schuldner nicht mehr den einzelnen Unternehmer, sondern die Gesamtheit der Unternehmer verwandter Betriebe[8]) (die Berufsgenossenschaft, Krankenkasse u. s. f.); sodann sind seine Ansprüche aus dem Unfallversicherungsrecht an viel einfachere[9]) Voraussetzungen geknüpft als jene nach allgemeinem Haftpflichtrecht: Vor allem erfordern sie **nicht** den Nachweis einer Schuld des Unternehmers oder seiner Angestellten, die Versicherung erfolgt vielmehr gegen die Folgen der Betriebsunfälle schlechthin, ohne Unterschied, ob der Unfall durch höhere Gewalt, durch Zufall oder durch die eigene Fahrlässigkeit des Verletzten verursacht worden ist.

Die **einzige** Ausnahme ist die vorsätzliche Herbeiführung des Unfalls, in welchem Falle weder dem verletzten Schadensstifter noch seinen Hinterbliebenen ein Anspruch auf Grund der Unfall-Versicherungsgesetze zusteht[10]). Der Schadensstifter muß natürlich zurechnungsfähig gewesen sein. Den Beweis der vorsätzlichen Handlung hat das leistungspflichtige Subjekt, d. i. die Berufsgenossenschaft, zu führen.

Die Gegenleistung der Betriebsunternehmer für die weitgehende Befreiung von ihrer Haftpflicht besteht darin, daß sie die Kosten der

---

Laband, Staatsrecht des Deutschen Reiches II S. 262; Piloty I S. 184 ff., II S. 510 ff.

[7]) Es wäre daher entsprechender gewesen, wenn die Unfallversicherungsgesetze die Fürsorge im Falle der Körperverletzung und Tötung, nicht den Schadensersatz als Gegenstand der Versicherung hingestellt hätten.

[8]) M. a. W. kurz gefaßt: An Stelle der Individualhaftung des Unternehmers tritt die Gesamthaftung der Unternehmerschaft.

[9]) A. A. Riesenfeld S. 38, s. im übrigen dortselbst S. 45 f.; einfacher sind die Voraussetzungen, weil der Gesichtspunkt der Schuld bezw. der Unschuld gegenüber der Ursache des Unfalles vollständig verlassen und damit gerade eine Hauptschwierigkeit in der Beweisführung weggefallen ist. Vgl. auch Reindl S. 8.

[10]) Vgl. Handbuch S. 170, Anm. 42—44; Weyl S. 370. Vgl. auch RE. 1161, AN. **92** S. 320, Behandlung eines Falles von Selbstmord des Versicherten. In gewissen Fällen kann der Anspruch ganz oder teilweise ab-

Unfallversicherung ganz, und die Kosten der Kranken- und Invalidenversicherung teilweise zu tragen haben [11]).

In dieser Regelung der Fürsorge für die arbeitenden Klassen liegt der schon im Reichs-Haftpflichtgesetze schlummernde und immer mehr an Boden gewinnende Rechtsgedanke, daß Derjenige, welcher ein mit besonderen Gefahren verbundenes Unternehmen in Betrieb setzt, auch für die durch dasselbe verursachten Unfälle ohne Rücksicht auf ein Verschulden einzustehen habe. Der Rechtsgrund der Haftpflicht liegt hiernach in der bloßen Thatsache der Inbetriebsetzung eines mit Gefahren verknüpften Unternehmens [12]).

Dieser Rechtsgedanke erscheint aber in der sozialen Gesetzgebung in erweiterter Gestalt als beim Haftpflichtgesetz. In letzterem handelt es sich um die Haftung des **einzelnen** Unternehmers für die Unfälle in seinem Unternehmen gegenüber dem **einzelnen** Arbeiter; in der sozialpolitischen Gesetzgebung um die Haftung der **Gesamtheit** der Unternehmer gegenüber dem Arbeiter**stand** [13]).

Hiervon gibt es, wie schon eingangs erwähnt, Ausnahmen, wonach die Individualhaft des einzelnen Unternehmers bezw. Betriebsbeamten aufrecht erhalten wird [14]), so daß unter gewissen Voraussetzungen der Verletzte bezw. seine Hinterbliebenen, die Berufsgenossenschaften, Krankenkassen ꝛc. sich wegen ihrer Schadensersatz- bezw. Haftpflichtansprüche an diesen halten können.

Der Rechtsweg wegen der Ansprüche der Versicherten und deren Hinterbliebenen einerseits und der Berufsgenossenschaften andererseits gegen den Betriebsunternehmer und seine Beamten ist durch die Reichs-Versicherungsgesetzgebung nicht ausgeschlossen. Bei Beantwortung der Frage, ob ein Anspruch von den ordentlichen Gerichten oder von besonderen Behörden zu entscheiden ist, muß man im allgemeinen davon ausgehen, daß für die Entscheidung aller privatrechtlichen Ansprüche im Zweifel die ordentlichen Gerichte zuständig sind. Wenn durch das Gesetz die Erledigung bestimmter Streitigkeiten anderen Organen zu-

---

gelehnt werden, vgl. § 8 Abs. 2 GG., § 7 Abs. 2 LG., § 8 Abs. 2 SG. s. unten S. 166.

[11]) Vgl. Riesenfeld S. 60; Weyl S. 419 ff.

[12]) Vgl. Mataja, Das Recht des Schadensersatzes vom Standpunkt der Nationalökonomie S. 85 fg., bes. S. 88 Note 1.

[13]) Vgl. auch Riesenfeld S. 49.

[14]) Vgl. auch Reindl S. 10 f.

gewiesen ist, so sind dieselben allerdings unter Ausschluß der ordentlichen Gerichte[15]) zuständig.

Die Reichs-Versicherungsgesetzgebung hat den Rechtsweg in Ansehung der Streitigkeiten[16]) über die Versicherungsansprüche gegenüber den Berufsgenossenschaften durch die Vorschriften über die Art der Geltendmachung dieser Ansprüche ausgeschlossen[17]).

Ferner ist der Rechtsweg ausgeschlossen bezüglich der Streitigkeiten über gewisse Regreßansprüche der Krankenkassen[18]) und bezüglich der Streitigkeiten über Ersatzansprüche der Gemeinden aus den §§ 27 und 29 LG.

Dagegen die Ansprüche auf Schadensersatz, welche die Versicherten oder deren Hinterbliebene auf Grund des besonderen Haftpflichtrechts gegen den Betriebsunternehmer und seine Beamten, sowie gegen dritte Personen geltend machen können, ingleichen die Regreßansprüche der Berufsgenossenschaften und Krankenkassen gegen den Betriebsunternehmer sind vor den ordentlichen Gerichten geltend zu machen[19]). Nur die Gemeinden mit ihren Regreßansprüchen aus LUVG., BUVG. und SeeUVG. sowie die Krankenkassen mit ihren Ersatzansprüchen wegen der Krankengelderhöhung aus § 12 Abs. 1 GG. machen hiervon eine Ausnahme[20]).

III. Die bis jetzt ergangenen Versicherungsgesetze sind folgende:

1. Das Reichsgesetz, betr. die Krankenversicherung der Arbeiter, vom 15. Juni 1883 in der Fassung vom 10. April 1892. — Später zitiert: KG.

2. Das Gesetz, betr. die Abänderung der Unfallversicherungsgesetze, vom 30. Juni 1900 in der Fassung der Bekanntmachung vom 5. Juli 1900. — Später zitiert: HG. (= Hauptgesetz).

3. Das Gewerbe-Unfallversicherungsgesetz vom 30. Juni 1900

---

[15]) Zu vgl. auch § 105 Abs. 3 GG.; RG. **19** S. 67 fg. = Seuff. Arch. **43** Nr. 57.

[16]) Vgl. jedoch den Ausnahmefall § 77 GG. (Incidentfeststellung).

[17]) Nicht ausdrücklich, sondern nur stillschweigend; §§ 69 ff. GG. und die entsprechenden Vorschriften der übrigen UVGesetze. Näheres Laß, Prozeßrecht S. 19 ff.

[18]) § 58 Abs. 2 KG., Laß-Zahn S. 18.

[19]) Vgl. auch Riesenfeld S. 247 u. 249 f.; Fuld, Arb.Versorg. **9** (1892) S. 585; Zeller, Arch. f. öffentl. R. **8** (1893) S. 134—146.

[20]) § 14 GUVG. § 29 Abs. 2 LUVG., §§ 10 u. 11 BUVG., § 156 SeeUVG. Vgl. auch Riesenfeld S. 249.

(— früher vom 6. Juli 1884 und 28. Mai 1885[21]). — Später zitiert: GG.

4. Das Unfallversicherungsgesetz für Land- und Forstwirtschaft vom 30. Juni 1900 (— früher vom 5. Mai 1886). — Später zitiert: LG.

5. Das Bau-Unfallversicherungsgesetz vom 30. Juni 1900 (— früher vom 11. Juli 1887). — Später zitiert: BG.

6. Das See-Unfallversicherungsgesetz vom 30. Juni 1900 (— früher vom 13. Juli 1887). — Später zitiert: SG.

Die Gesetze von 3. bis 6. in der Fassung der Bekanntmachung vom 5. Juli 1900.

7. Das Reichsgesetz, betr. die Fürsorge für Beamte und Personen des Soldatenstandes infolge von Betriebsunfällen, vom 18. Juni 1901. — Später zitiert: BFG.

8. Das Invalidenversicherungsgesetz vom 13. Juli 1899 in der Fassung der Bekanntmachung vom 19. Juli 1899 (— früher 22. Juni 1889). — Später zitiert: JG.

9. Das Gesetz, betr. die Unfallfürsorge für Gefangene vom 30. Juni 1900. — Später zitiert: GFG.

Bei der Erörterung der Vorschriften der angeführten Gesetze über den hier zu behandelnden Gegenstand lassen sich dreierlei Rechtsverhältnisse unterscheiden:

1. Die Haftpflicht des Unternehmers und seiner Beamten gegenüber dem Verletzten und dessen Hinterbliebenen.

2. Die Haftpflicht des Unternehmers und seiner Beamten gegenüber den Berufsgenossenschaften[22]) und Krankenkassen[23]).

3. Die Haftpflicht dritter Personen gegenüber dem Verletzten oder dessen Hinterbliebenen einerseits und den Berufsgenossenschaften und Krankenkassen andererseits.

Innerhalb eines jeden einzelnen dieser Gesetze werden die Rechtsverhältnisse nach jedem dieser drei Gesichtspunkte behandelt.

---

[21]) Das Reichsgesetz über die Ausdehnung der Unfall- und Krankenversicherung vom 28. Mai 1885 ist darin aufgegangen. HG. § 1 Abs. 2.

[22]) Wo im folgenden von Berufsgenossenschaften die Rede ist, beziehen sich die Ausführungen auch auf die sonstigen Träger der Unfallversicherung (Staat, für leistungsfähig erklärte Verbände u. s. f.).

[23]) Unter Krankenkassen ist auch die Gemeinde-Krankenversicherung mit inbegriffen.

Vorher wird jedoch folgendes bemerkt: Die Reichs-Versicherungsgesetzgebung bildet ein einheitliches Gesetzgebungswerk, sämtliche Gesetze sind bestimmt, sich gegenseitig zu ergänzen[24]). Es war das Bestreben gerade der jüngsten Gesetzgebungsarbeiten, deren Ergebnis die Unfallversicherungsgesetze in ihrer jetzigen Fassung sind, diesem Ziele noch mehr, als dies bisher der Fall war, näher zu kommen.

Für die uns beschäftigenden Fragen kann aus diesem Grunde das Krankenversicherungsgesetz nicht für sich gesondert, sondern nur in Verbindung mit den Unfallversicherungsgesetzen erörtert werden. Denn bei sämtlichen Unfallversicherungsgesetzen finden wir einen Unterschied gemacht zwischen der Fürsorge für die ersten 13 Wochen nach dem Unfall und der Fürsorge für die spätere Zeit. Während des ersteren Zeitraums — der sogen. Karenzzeit — soll in der Regel[25]) die Krankenversicherung eingreifen und erst für die spätere Zeit tritt die Unfallversicherung ein.

1. Kapitel.

Das Gewerbe-Unfallversicherungsgesetz.

§ 24.

I. Die Haftung des Unternehmers und seiner Beamten gegenüber dem Verletzten und seinen Hinterbliebenen.

Die für das Rechtsverhältnis des Verletzten bezw. dessen Hinterbliebenen zu dem Betriebsunternehmer und seinen Beamten maßgebenden Bestimmungen des GG.[1]) finden sich in dem Abschnitt, welcher von der „Haftung der Betriebsunternehmer und Betriebsbeamten" handelt, und zwar in den §§ 135—139.

Der 1. Absatz des § 135 lautet folgendermaßen[2]): „Die nach „Maßgabe dieses Gesetzes versicherten Personen und die in §§ 16 „bis 19 bezeichneten Hinterbliebenen können, auch wenn „sie einen Anspruch auf Rente nicht haben, einen Anspruch

[24]) Vgl. auch Weyl S. 411 ff.

[25]) Ausnahmen: § 13 GG.; § 15 LG.; § 9 BG.; § 15 SG.

[1]) Das Ausdehnungsgesetz wird nicht mehr eigens erwähnt, da dasselbe in der neuen Fassung aufgegangen ist. Graef S. 3, 18 fg.

[2]) Vgl. Handbuch S. 421 und 422; Weyl S. 415 f.; Piloty I S. 137 ff., Laß-Zahn S. 108 ff.

„auf Ersatz des infolge eines Unfalles erlittenen Schadens gegen „den Betriebsunternehmer, dessen Bevollmächtigten oder Repräsen-„tanten, Betriebs- oder Arbeiteraufseher nur dann geltend machen, „wenn durch strafgerichtliches Urteil festgestellt worden ist, daß der „in Anspruch Genommene den Unfall vorsätzlich herbeigeführt hat."

2. Absatz: „In diesem Falle beschränkt sich der Anspruch auf „den Betrag, um welchen die den Berechtigten nach anderen gesetz-„lichen Vorschriften gebührende Entschädigung diejenige übersteigt, „auf welche sie nach diesem Gesetz Anspruch haben[3])."

1. Die Berechtigten nach § 135 GG.

Der § 135 bezieht sich zunächst nur auf:

a) die nach Maßgabe des Gesetzes gegen Unfälle versicherten Personen,

b) deren in dem Gesetze näher bezeichneten Hinterbliebenen. Die „nach Maßgabe des Gesetzes" versicherten Personen sind nicht nur die notwendig — kraft Reichs- oder Landesgesetzes oder kraft autonomer Satzungen der Berufsgenossenschaften — versicherten Personen, sondern auch die freiwillig versicherten Personen. Die freiwillige Versicherung kennt das Gesetz in zwei verschiedenen Formen: die freiwillige Selbstversicherung (vgl. § 5 Abs. 2 GG.) und die freiwillige Versicherung „anderer" Personen, d. h. in dem Betriebe beschäftigter, aber gesetzlich nicht versicherter Personen, oder dort nicht beschäftigter, aber die Betriebsstätte besuchender und auf derselben verkehrender Personen[4]).

Die versicherungspflichtigen Personen lassen sich in zwei Gruppen teilen:

1. in Arbeiter,
2. in gering besoldete Betriebsbeamte.

Arbeiter ist, wer seine körperliche Arbeitskraft berufsmäßig — d. i. regelmäßig gegen Entgelt — und frei[5]) vermietet[6]). Die mehr

---

[3]) Den 3. Abs. s. Abh. unten S. 185.

[4]) Vgl. das Nähere Abh. unten S. 150.

[5]) Unfreie Personen — Strafgefangene — sind nicht „Arbeiter" im Sinne der Arbeiterversicherungsgesetze; für diese gilt jetzt das Gesetz, betr. die Unfallfürsorge für Gefangene, vom 30. Juni 1900.

[6]) Vgl. Handbuch S. 10 u. 13; Menzel, Arb.Versich. 1893 S. 60 ff.; Piloty I S. 216 f.; Riesenfeld S. 38 u. 106; Rosin S. 145; Seydel, Bayer. Staatsrecht V S. 257.

an der geistigen Arbeit im Betriebe teilnehmenden Personen nehmen als „Betriebsbeamte" eine besondere Stellung ein[7]).

Der Ausgangspunkt für die Versicherungspflichtigkeit und der maßgebende Titel für das Recht auf Unfallfürsorge ist die Beschäftigung in dem versicherungspflichtigen Betrieb[8]) (Zwangsversicherung)[9]). Die Beschäftigung wird regelmäßig auf einem Arbeitsvertrag beruhen, aber notwendig ist dies keineswegs. Auch derjenige ist „Arbeiter" eines Anderen im Sinne des UVG., welcher gelegentlich in einer dem Betriebe förderlichen und dem Willen des Unternehmers entsprechenden Weise eingreift. Ein des Weges daherkommender Maurer, der auf den Hilferuf eines Kutschers diesem dabei behilflich ist, ein mit dem Wagen gestürztes Pferd aufzurichten, und hierbei einen Unfall erleidet, ist als ein „vorübergehend im Fuhrwerksbetrieb beschäftigter Arbeiter" von der Fuhrwerks-Berufsgenossenschaft zu entschädigen. Aus dem Gesagten ergibt sich auch, daß es unerheblich ist, ob das Dienstverhältnis ein dauerndes oder bloß vorübergehendes ist. Unerheblich ist ferner für den Begriff des „Arbeiters" das Alter[10]), das Geschlecht, die Verwandtschaft mit dem Unternehmer[11]), die körperliche und geistige Gesundheit, unerheblich ist die Entgeltlichkeit der Leistung[12]) sowie die Art des Lohnbezugs und schließlich die Eigenschaft, ob der Arbeiter Inländer oder Ausländer ist. Dagegen begründet die eigenmächtige Wiederaufnahme einer Betriebsthätigkeit — ohne den präsumtiven Willen des Unternehmers bezw. gegen dessen Willen — den Zustand der Versicherung nicht[13]).

Der Arbeitsvertrag kann die verschiedensten Rechtsformen haben, (Dienstmiete, Werkverdingung, Gesindemiete, Heuervertrag). Die Beschäftigung und die damit verbundene Versicherung kann aber auch auf einem Herrschaftsverhältnis beruhen, sei es einem solchen auf dem Boden des Privatrechts, wie die Beschäftigung der Hauskinder,

---

[7]) Vgl. Abh. folgende Seite.

[8]) Vgl. Riesenfeld S. 108.

[9]) Vgl. Riesenfeld S. 103 fg.

[10]) Auch schulpflichtige Kinder können unter Umständen Arbeiter sein; vgl. Handbuch Anm. 15 zu § 1 des UVG. S. 13.

[11]) Nur der Ehegatte wird nicht als „Arbeiter" in dem Betriebe des Anderen angesehen.

[12]) Auch unbezahlte Lehrlinge, Praktikanten sind versichert; so Riesenfeld S. 107.

[13]) RE. 707, A. N. 89 S. 317; Riesenfeld S. 106.

sei es einem solchen auf dem Boden des öffentlichen Rechts, wie die Beschäftigung der Beamten in versicherungspflichtigen Reichs-, Staats- oder Kommunalbetrieben.

Nicht gehören zu den Arbeitern die selbständigen, für eigene Rechnung arbeitenden Handwerker, z. B. der Glaser, der in einer Fabrik neue Fensterscheiben einsetzt, oder der Schreiner, der daselbst eine Treppe ausbessert. Ferner gehören nicht zu den Arbeitern die sogen. Hausindustriellen, welche selbständig in eigener Betriebsstätte im Auftrag und für Rechnung anderer Personen gewerbliche Erzeugnisse herstellen.

„Betriebsbeamte" [14]) sind im allgemeinen solche Personen, welche berufsmäßig, d. h. in der Regel gegen Entgelt, Dienste leisten und zwar — im Vergleich zu jenen der Arbeiter, — Dienste höherer Art, bei denen die geistige Leistung die mehr oder weniger mechanische Thätigkeit überwiegt. Ihnen steht in kleinerem oder größerem Umfange ein Recht zu befehlen zu und ihnen ist eine gewisse Aufsichtsgewalt übertragen, die sich bis zur Leitung und Überwachung des ganzen Betriebs steigern kann. Allgemein gültige Merkmale lassen sich indessen nicht aufstellen. Zu den Betriebsbeamten gehören nur die technischen Beamten [15]), nicht die lediglich in dem kaufmännischen oder dem rein wissenschaftlichen Teile des Betriebes beschäftigten Personen, also in der Regel **nicht** die Buchhalter, Korrespondenten u. s. f., welche mit dem Betriebe als solchem nichts zu thun haben [16]).

Welche Arbeiter und Betriebsbeamte sind nun versicherungspflichtig? Der Kreis der versicherungspflichtigen Personen ist in dem Gesetze genau begrenzt.

---

[14]) Vgl. Handbuch S. 18 ff.; Dr. Kries, Die Betriebsbeamten nach den UV.Gesetzen in: „Die Berufsgenossenschaft" **9** (1894) Nr. 20 u. 21; Piloty S. 223 fg.; Riesenfeld S. 109 fg.; Rosin S. 159; A. N. **92** S. 285 fg., **93** S. 212. Die unter „Betriebsbeamten" verstandenen Personen sind im RHPG. dieselben wie die in den §§ 135, 136 GG., so Riesenfeld S. 165.

[15]) Die in chemischen, physikalischen u. a. Laboratorien der Universitäten, technischen Hochschulen u. s. f. beschäftigten Assistenten sind versichert, wobei es von der Lage des Falles abhängt, ob sie als „Betriebsbeamte" oder als „Techniker" im Sinne des § 2 Abs. 1 GG. zu betrachten sind. Eine Ausnahme gilt nur, wenn sie Beamte im Sinne des § 7 GG. sind.

[16]) Handbuch S. 23; Menzel, Arb.Versichg. S. 65 ff.; Just, Komm. z. LG. S. 6; v. Woedtke, Komm. z. UVG. S. 83 fg.; Arb.Versorg. **1** S. 432; Besch. 11 u. 68, A. N. **85** S. 3 u. S. 343.

„Gegen die Folgen der bei dem Betriebe sich ereignenden Un-„fälle sind versichert:

„Alle Arbeiter und Betriebsbeamte*)[17]), letztere sofern ihr „Jahresarbeitsverdienst[18]) an Lohn oder Gehalt **drei**tausend Mark „nicht übersteigt, wenn sie beschäftigt sind:

„1. in Bergwerken, Salinen, Aufbereitungsanstalten[19]), Stein-„brüchen, Gräbereien (Gruben), auf Werften und Bauhöfen[20]), so-„wie in Fabriken[21]), gewerblichen Brauereien und Hüttenwerken;

„2. in Gewerbebetrieben, welche sich auf die Ausführung „von Maurer-, Zimmer-, Dachdecker- oder sonstigen durch Be-„schluß des Bundesrats[22]) für versicherungspflichtig er-„klärten Bauarbeiten oder von Steinhauer-, Schlosser-, „Schmiede- oder Brunnenarbeiten erstrecken, sowie im Schorn-„steinfeger-, Fensterputzer- und Fleischergewerbe;

„3. im gesamten Betriebe der Post-, Telegraphen- und Eisenbahnver-„waltungen sowie in Betrieben der Marine- und Heeresverwaltungen[23]), „und zwar einschließlich der Bauten, welche von diesen Verwaltungen „für eigene Rechnung[24]) ausgeführt werden;

„4. im gewerbsmäßigen Fuhrwerks-, Binnenschiffahrts-, Flößerei-,

*) Durch den gesperrten Druck wird der neue Text hervorgehoben, soweit er eine wesentliche, nicht rein redaktionelle Änderung enthält.

[17]) Auch Werkmeister und Techniker nach § 2 Abs. 1. Ausgenommen sind die in unfallversicherungspflichtigen Betrieben des Reiches beschäftigten Beamten, welche den Bestimmungen des BFG. vom 18. Juni 1901 unterworfen sind. Dasselbe gilt für die Bundesstaats- und Kommunalbeamten, falls durch Gesetz bezw. Statut für dieselben eine dem BFG. gleichwertige Fürsorge getroffen ist; s. darüber Abh. unten § 36.

[18]) Über die Art und Weise der Ermittlung des Jahresarbeitsverdienstes s. §§ 6 u. 10 des Ges.

[19]) Anstalten zur mechanischen Reinigung und Zurichtung bergmännisch gewonnener Mineralien.

[20]) Das sind dauernde Anlagen zur Vorbereitung von Bauarbeiten. Weyl S. 343; Handbuch S. 8 Anm. 8.

[21]) Über den Begriff Fabrik s. § 2 Abs. 3 u. 4. GG.

[22]) Vgl. Bekanntmachung des Reichskanzlers vom 22. Jan. 1885, RGBl. S. 13, vom 27. Mai 1886, RGBl. S. 190 und vom 14. Jan. 1888, RGBl. S. 1. Auch Graef S. 62.

[23]) Hier ist nur der technische und Ökonomiebetrieb gemeint. Bezüglich der Beamten vgl. oben Anm. 17.

[24]) Sogen. Regiebauten, d. h. Bauarbeiten, welche der Bauherr für eigene Rechnung durch von ihm unmittelbar angenommene Arbeiter ausführen läßt.

„Prahm- und Fährbetriebe, im Gewerbebetriebe des Schiffsziehens „(Treidelei), sowie im Baggereibetriebe;

„5. im gewerbsmäßigen Speditions-, Speicher-, Lagerei- und „Kellereibetriebe;

„6. im Gewerbebetriebe der Güterpacker, Güterlader, Schaffer, „Bracker, Wäger, Messer, Schauer und Stauer;

„7. in Lagerungs-, Holzfällungs- oder der Beförde- „rung von Personen oder Gütern dienenden Betrieben, „wenn sie mit einem Handelsgewerbe, dessen Inhaber im „Handelsregister eingetragen steht, verbunden sind." — § 1 Abs. 1.

„Auf Personen in land- und forstwirtschaftlichen „Nebenbetrieben (§ 1 Abs. 2, 3 des Unfallversicherungs- „gesetzes für Land- und Forstwirtschaft) findet dieses, „[d. h. das Gewerbe-Unfallversicherungs-] Gesetz keine An- „wendung. — § 1 Abs. 2.

„Für Betriebe, welche mit **besonderer** Unfallgefahr für die darin „beschäftigten Personen **nicht** verknüpft sind, kann durch Beschluß des „Bundesrats die Versicherungspflicht ausgeschlossen werden." — § 1 Abs. 3.

Den Fabriken, somit den in § 1 Ziff. 1 aufgeführten Betrieben, stehen „alle Betriebe[25]) gleich, für welche Dampfkessel oder durch „elementare Kraft (Wind, Wasser, Dampf, Gas, heiße Luft, Elek- „trizität u. s. w.) oder durch tierische Kraft bewegte Triebwerke „nicht bloß vorübergehend zur Anwendung kommen. — § 2 Abs. 2.

Ferner finden die Bestimmungen des Gesetzes auch Anwendung „auf gewerbliche Anlagen, Eisenbahn- und Schiffahrtsbetriebe, welche „wesentliche Bestandteile eines der vorbezeichneten [d. h. der in § 2] „oder der in § 1 bezeichneten Betriebe sind." — § 2 Abs. 5.

Der Kreis der versicherten Personen bezw. der versicherten Thätigkeiten ist aber damit noch nicht erschöpft:

Die Versicherung erstreckt sich auch „auf häusliche und andere „Dienste, zu denen versicherte Personen neben der Beschäf- „tigung im Betriebe von ihren Arbeitgebern oder von

[25]) Es muß sich mithin stets um einen „Betrieb" handeln. So ist z. B. die Benutzung eines Motorwagens seitens eines Arztes, auch wenn derselbe von einer besonders hierfür angenommenen Person bedient wird, nicht versicherungspflichtig.

„deren Beauftragten herangezogen werden" [26]). — § 3. Diese Vorschrift bezieht sich indessen nur auf zwangsversicherte Personen, sie findet mithin auf die freiwillige Selbst-Versicherung [27]) keine Anwendung.

Ferner kann die Versicherungspflicht noch durch **Statut** [28]) auf gewisse Personengruppen erstreckt werden und zwar:

a) „auf Betriebsunternehmer, deren Jahresarbeits„verdienst dreitausend Mark nicht übersteigt oder welche „nicht regelmäßig mehr als zwei Lohnarbeiter beschäftigen" (sogen. Kleinmeister-Versicherung);

b) „ohne Rücksicht auf die Zahl der von ihnen beschäf„tigten Lohnarbeiter auf solche Unternehmer eines in den „§§ 1 und 2 bezeichneten Betriebs, welche in eigenen Be„triebsstätten im Auftrage und für Rechnung anderer „Gewerbetreibender mit der Herstellung oder Bearbeitung „gewerblicher Erzeugnisse beschäftigt werden (Hausge„werbetreibende) und zwar auch dann, wenn sie die Roh„und Hilfsstoffe selbst beschaffen." Die Hausgewerbetreibenden können hiernach der Zwangsversicherung unterstellt werden:

1. wenn sie einer der im § 1 GG. aufgeführten Branche angehören, und zwar auch dann, wenn sie ohne Gehilfen, ohne Motoren oder durch tierische Kraft bewegte Triebwerke arbeiten oder Explosivstoffe erzeugen;

2. wenn sie einer der in § 1 GG. aufgeführten Branche nicht angehören dann, wenn die Voraussetzungen des § 2 Abs. 2 und 3 GG. vorliegen, d. h. wenn sie mit Motoren oder durch tierische Kraft bewegten Triebwerken arbeiten, Explosivstoffe erzeugen oder mindestens mit zehn Arbeitern arbeiten. Im letzteren Falle (bei einer Beschäftigung von zehn Arbeitern) wird jedoch in der Regel anzunehmen sein, daß es sich nicht mehr um „Hausgewerbetreibende", sondern um

---

[26]) Diese Bestimmung ist durch die Novelle eingeführt. Hierdurch erhält die Unfallversicherung eine wesentliche Erweiterung; hierher gehören namentlich Botengänge in Privatangelegenheiten des Dienstherrn, Arbeiten in der Familienwohnung oder im Hausgarten des Arbeitgebers 2c.

[27]) S. Abh. oben S. 144; denn nur von Arbeitnehmern kann man sagen, daß sie von ihren Arbeitgebern oder von deren Beauftragten zu Diensten herangezogen werden. Begründung S. 7 Ziff. 4; Graef S. 66.

[28]) der Berufsgenossenschaft; vgl. § 36 ff. GG.

„Fabrikanten“ handelt, auf welche § 5 Abs. 1 a. a. O. nicht zur Anwendung kommt;

c) „auf Betriebsbeamte mit einem dreitausend Mark über„steigenden Jahresarbeitsverdienste. Bei Versicherung von Betriebs„beamten ist, vorbehaltlich der Bestimmungen des § 10 Abs. 1 der „volle Jahresarbeitsverdienst zu Grunde zu legen.“ — § 5 Abs. 1.

Freiwillige Versicherung:

„Betriebsunternehmer, deren Jahresarbeitsverdienst „dreitausend Mark nicht übersteigt, oder welche nicht „regelmäßig mehr als zwei Lohnarbeiter beschäftigen, „sind **berechtigt**, gegen die Folgen von Betriebsunfällen „sich selbst zu versichern. Durch Statut kann diese Berech„tigung auf Unternehmer mit einem höheren Jahres„arbeitsverdienst erstreckt werden“ (sogen. Selbstversicherung). — § 5 Abs. 2.

„Durch Statut kann ferner bestimmt werden, daß und unter „welchen Bedingungen gegen die Folgen der bei dem Betrieb oder „Dienste sich ereignenden Unfälle versichert werden können:

„a) im Betriebe beschäftigte, aber nach §§ 1 oder 2 nicht „versicherte Personen durch den Betriebsunternehmer;

„b) nicht im Betriebe beschäftigte, aber die Betriebs„stätte besuchende oder auf derselben verkehrende Per„sonen durch den Betriebsunternehmer oder den Vorstand „der Berufsgenossenschaft (§ 28);

„c) Organe oder Beamte der Berufsgenossenschaft „durch deren Vorstand.“ — § 5 Abs. 3.

Ausgeschlossen von der Versicherungspflicht nach Maßgabe des GG. sind die Beamten und Personen des Soldatenstandes, sowie Beamte, welche in Betriebsverwaltungen eines Bundesstaats oder eines Kommunalverbandes mit festem Gehalt und Pensionsberechtigung angestellt sind, und schließlich andere Beamte eines Bundesstaats oder Kommunalverbandes, für welche die im § 12 des Gesetzes vom 15. März 1886 [29]) vorgesehene Fürsorge in Kraft getreten ist. Vgl. § 7.

Es sind nun als „Berechtigte“ im § 135 nicht nur die Versicherten selbst aufgeführt, sondern auch deren „Hinterbliebene“.

[29]) Jetzt vgl. §§ 1 u. 14 des Ges. vom 18. Juni 1901, RGBl. S. 211 bis 216.

Ihre Rechte leiten sich ab auf Grund ihrer Verwandtschaft mit dem Getöteten aus dem Versicherungsverhältnis desselben [30]). Zu den „Hinterbliebenen" des Getöteten [31]) gehören:

1. Der hinterbliebene Eheteil (§ 16 Abs. 1 bezw. § 17 Abs. 1). Wittwe bezw. Wittwer ist derjenige hinterbliebene Eheteil, welcher mit dem Getöteten in rechtmäßiger Ehe verheiratet war, sofern diese Ehe bis zu dem Tode des Getöteten fortgedauert hat [32]).

2. Die Kinder des Getöteten (§ 16 Abs. 1—4). Zu den Kindern gehören in erster Linie die ehelichen [33]) Kinder; sodann die unehelichen [34]) Kinder „einer alleinstehenden weiblichen Person". Uneheliche Kinder eines getöteten Arbeiters sind ihrem Erzeuger gegenüber nicht rentenberechtigt.

Rentenberechtigt sind ferner die an Kindesstatt angenommenen [35]), die durch nachgefolgte Ehe legitimierten [36]), sowie schließlich die ehelich erklärten Kinder [37]).

Rentenberechtigt ist auch ein nach dem Unfall bezw. dem Tode seines Vaters geborenes Kind, selbst wenn die Ehe erst nach dem Unfall geschlossen, bezw. das Kind durch eine solche Ehe legitimiert wurde. Im ersteren Falle braucht das Kind zur Zeit des Unfalles noch nicht einmal empfangen zu sein [38]).

Kein Recht auf Rente haben die ehelichen Kinder einer getöteten, eheverlassenen Arbeiterin, wenn deren Vater noch lebt. Ihnen

---

30) Vgl. Piloty I S. 215, II S. 569 ff.

31) Früher § 6, jetzt §§ 15, 16, 18, 20, 21 des Ges. Es sind diejenigen Familienmitglieder, welche erfahrungsgemäß durch den Wegfall des den Unterhalt wesentlich beschaffenden Oberhauptes am schwersten betroffen werden; sie decken sich daher nicht mit den Erben. Vgl. auch Riesenfeld S. 35.

32) Vgl. Ges. vom 6. Februar 1875, betr. die Beurkundung des Personenstandes und die Eheschließung und Art. 46 EG. z. BGB.

33) BGB. § 1591 ff.

34) BGB. § 1705 ff. Vgl. auch Goldschmidt im Arch. f. bürg. R. 7 (1892) S. 184 gegen Piloty II S. 503.

35) BGB. § 1757.

36) BGB. § 1719. Vgl. auch Rosin S. 474 Anm. 16; Just S. 33 Anm. 18.

37) BGB. §§ 1723 u. 1736.

38) Die Mutter ist in diesem Falle in der Regel — vgl. § 16 Abs. 3 GG. — nicht rentenberechtigt. Vgl. Handbuch S. 175; Riesenfeld S. 124; RE. 895, A. N. 90 S. 513; Arb.Versorg. 1891 S. 89 Ziff. 260.

kann aber die Berufsgenossenschaft die Rente gewähren, wenn sich der Vater der Pflicht der Unterhaltung der Kinder entzogen hat. Handelt es sich um Wittwen, unverheiratete Mütter oder geschiedene Frauen — also „alleinstehende weibliche Personen" —, so steht den Kindern ein Recht auf Rente zu. (§ 16 Abs. 4)[39]. Nicht rentenberechtigt sind die Stief- und Pflegekinder[40] [41].

3. Verwandte aufsteigender Linie (§ 18), insbesondere die Eltern, die uneheliche Mutter, aber nicht Stief- oder Pflegeeltern[42].

4. Elternlose Enkel (§ 19).

Diese Hinterbliebenen sind im Falle des § 135 GG. „anspruchsberechtigt" **„auch wenn sie einen Anspruch auf Rente nicht haben"**[43], d. h. der weitergehende Anspruch gegen den Betriebsunternehmer bezw. Betriebsbeamten wird **nur** unter den erschwerenden Voraussetzungen des § 135 aufrecht erhalten. Dies hat seinen Grund in der Tendenz der Gesetzgebung, alle Streitigkeiten zwischen Arbeitgebern und Arbeitnehmern über Entschädigungsansprüche aus Unfällen zu beseitigen. Das Äquivalent für die prinzipielle Zerstörung ihrer privatrechtlichen Ansprüche sollte ja die öffentlich-rechtliche Fürsorge sein[44]. Die Novelle ging in der Verfolgung des Gedankens der Vermeidung von Streitigkeiten noch weiter, indem sie den Hinterbliebenen — „selbst wenn sie einen Anspruch auf Rente nicht haben", also — **ohne** Äquivalent, bloß weil sie Verwandte eines Versicherten sind, die Geltendmachung ihrer privat-

---

[39]) Vgl. § 17 Abs. 2 mit § 16 Abs. 4 GG. — Die Motive zu § 16 Abs. 4 GG., welche zu den „alleinstehenden" weiblichen Personen auch „verlassene Ehefrauen" rechnen, sind irreführend, wenn sie so aufgefaßt werden, daß auch diejenigen Fälle unter die Vorschrift fallen, in welchen sich der Ehemann nicht nur mit gesetzlichem Grund, sondern auch ohne einen solchen von der häuslichen Gemeinschaft ferngehalten hat.

[40]) Vgl. Riesenfeld S. 124 u. 125; Handbuch S. 175 Anm. 6; Weyl S. 365.

[41]) Hinsichtlich der eingekindschafteten- und der Brautkinder genüge für den künftigen Rechtszustand die Bemerkung, daß das Institut der Einkindschaftung vom BGB. nicht mehr anerkannt wird, und daß die Brautkinder den unehelichen völlig gleichstehen. Vgl. Endemann III S. 250 u. 60; auch Art. 203 u. 209 EG. z. BGB.

[42]) RE. 322, A. N. **87** S. 133; Handbuch S. 176 Anm. 10.

[43]) D. h. nach Maßgabe des Unfallversicherungsgesetzes; vgl. zu dieser Frage Begründung S. 118.

[44]) S. Abh. oben S. 138 u. 139.

rechtlichen Ansprüche gegen den Betriebsunternehmer bezw. Betriebsbeamten **nur unter der Bedingung** seines strafgerichtlich festgestellten Vorsatzes gestattet. Der Anspruch auf Rente ist nach GG. mehrfach von gewissen Voraussetzungen abhängig, z. B. Bedürftigkeit, oder daß der Verstorbene der hauptsächlichste Ernährer der Ansprucherhebenden war, und besteht eben infolge Mangels dieser Voraussetzungen nicht. Die Rechtslage dieser Personen ist durch die neuen Gesetze gegenüber der früheren verschlechtert. Während ihnen früher Entschädigungsansprüche auf Grund des Privatrechts in vollem Umfange — wie Personen, die von den Versicherungsgesetzen nicht berührt wurden, z. B. bei einem Eisenbahnunfall in der Regel schlechthin — zustanden, sind jetzt ihre Ansprüche durch die Voraussetzungen des § 135 eingeengt. Hiernach ist z. B. den Eltern, welche einen Anspruch auf Hinterbliebenenrente nicht haben, der ihnen auf Grund des Privatrechts etwa zustehende Anspruch auf Entschädigung im allgemeinen genommen. Nur wenn die Voraussetzungen des § 135 gegeben sind — d. h. wenn ein strafgerichtliches Urteil vorliegt — steht ihnen jetzt noch ein solcher Anspruch zu. Die Härte dieser Bestimmung wird meist in der Natur der thatsächlichen Verhältnisse — mangelnde Bedürftigkeit, anderweite Versorgung — ihren Ausgleich finden.

2. Die Verpflichteten nach § 135.

Zur Entschädigung verpflichtet sind nach GG.: „Der Betriebsunternehmer, dessen Bevollmächtigte oder Repräsentanten, Betriebs- oder Arbeiteraufseher.“

Es handelt sich hier selbstverständlich nur um Unternehmer, Bevollmächtigte, Repräsentanten und Aufseher desjenigen Betriebs, in welchem sich der Unfall ereignet hat [45]), des sog. Verunglückungsbetriebs.

Als Unternehmer gilt Derjenige, für dessen Rechnung der Betrieb erfolgt [46]). Wer durch das Unternehmen einen Gewinn, den Unternehmergewinn im volkswirtschaftlichen Sinne, erzielen will, ist Unternehmer; es entscheidet die auf den Unternehmergewinn gerichtete Absicht; das wirtschaftliche Ergebnis — ob thatsächlich Gewinn erzielt wird, — ist für den Begriff gleichgültig.

---

[45]) So auch Riesenfeld S. 91.

[46]) § 28 Abs. 3 GG. Vgl. auch Piloty S. 191, 222, 233 f.; Riesenfeld S. 74 u. 76; Rosin S. 233 ff.; Weyl S. 112; Graef S. 70; Handbuch S. 10 Anm. 10 u. S. 198 Anm. 7 ff. Der Begriff des „Betriebsunternehmers“ ist in der Reichs-Vers.-Ges.Geb. derselbe wie im HPG. EEE. **16** S. 330 und Reindl S. 54 u. 87.

Der Unternehmer braucht nicht Eigentümer des Unternehmens zu sein. Der Eigentümer, welcher z. B. seinen Steinbruch verpachtet hat, ist nicht mehr Unternehmer; als solcher gilt vielmehr der Pächter. Bei einem Betriebe, welcher dem Nießbrauch einer Person unterliegt, ist der Nießbraucher als Unternehmer anzusehen. Unerheblich ist es, ob der Unternehmer in Person dem Unternehmen vorsteht, oder ob er es durch Bevollmächtigte, Prokuristen oder andere Beamte betreiben läßt. Ferner ist es für den Begriff des Unternehmers bedeutungslos, ob der Betrieb für Rechnung einer physischen oder juristischen Person erfolgt. Unternehmer kann darnach auch das Deutsche Reich, ein Bundesstaat oder ein Kommunalverband sein.

Ist der Unternehmer in Konkurs geraten, so bleibt er — allerdings durch den Konkursverwalter gesetzlich vertreten — der Unternehmer des nach der Konkurseröffnung für die Masse fortgesetzten Betriebs [46a]).

Nicht sind Unternehmer unselbständige Mittelspersonen (Partieführer, Schachtmeister, Ziegelmeister u. s. w.), die zwar rechtlich mit den Arbeitern des Unternehmens in eigenem Namen Arbeitsverträge abschließen, auch selbst den Lohn bezahlen, aber nichts anderes als höhere Arbeiter oder Betriebsbeamte in dem Unternehmen mit etwas freierer Stellung sind. Denn sie verfügen über die Arbeitskraft der angenommenen Arbeiter nicht im eigenen Interesse, sondern im Interesse des Unternehmers.

Bevollmächtigter [47]) ist diejenige Person, welche zur Vertretung des Unternehmers nach außen hin legitimiert ist. Zwar liegt der Vollmacht in der Regel ein Auftragsverhältnis zwischen Unternehmer und dem Bevollmächtigten zu Grunde, doch ist dieses nicht immer erforderlich [48]). Die Vollmacht kann vielmehr auch von einer Behörde (z. B. Bergbehörde, Gericht) erteilt, oder auch in einem Amt begründet sein. Zu den Bevollmächtigten gehören z. B. der Vorstand einer Aktiengesellschaft, die Liquidatoren einer Handelsgesellschaft, die Prokuristen, Disponenten, Korrespondentrheder und andere mehr. Unter den Begriff der Bevollmächtigten fallen auch häufig die Betriebsbeamten in staatlichen Werken.

[46a]) Vgl. Laß, Strafrecht der Berufsgenossenschaften S. 17.

[47]) Riesenfeld S. 93 der „juristische" Stellvertreter; vgl. BGB. § 164; Eger S. 218; Reindl S. 104.

[48]) Vgl. BGB. §§ 662, 611, 710; HGB. § 125.

Wie verhält es sich mit der Haftpflicht des Bevollmächtigten, wenn er die Grenzen seiner Vollmacht überschritten hat und infolgedessen eine versicherte Person getötet oder körperlich verletzt worden ist? Man könnte in diesem Falle annehmen, der Bevollmächtigte verliere durch die Überschreitung seiner Vollmacht die Eigenschaft als Bevollmächtigter und müsse infolgedessen als ein Dritter im Sinne des § 140 GG. behandelt werden. Eine Interpretation in diesem Sinne würde allerdings von großer praktischer Bedeutung sein, indem unter Umständen der Bevollmächtigte nicht in den engen Grenzen des § 135, sondern nach § 140 unbeschränkt haften würde. Allein nach richtiger Ansicht haftet der Bevollmächtigte nur dann in den Schranken des § 135, wenn er nicht über den ihm zugewiesenen Wirkungskreis hinausgegriffen hat. Das Verschulden des Bevollmächtigten muß also innerhalb der Sphäre liegen, welche die Thätigkeit des Bevollmächtigten ausfüllen soll. Hat der Unternehmer den Auftrag zu der beschädigenden Handlung erteilt, so haftet er als Miturheber des Schadens, als Anstifter u. s. w.[49]).

Der Begriff der Repräsentanten ist umfassender als der des Bevollmächtigten, und die Vertretungsbefugnis charakterisiert sich der herrschenden Ansicht nach als Generalvertretungsmacht für den Gesamtbetrieb. Schon bei Auslegung des § 2 des Reichs-Haftpflichtgesetzes, welcher auch von den Repräsentanten des Unternehmers spricht, ist man verschiedener Ansicht über die Bedeutung dieser Kategorie von Beamten gewesen. Die einen[50]) wollen einen grundsätzlichen Unterschied zwischen Bevollmächtigten und Repräsentanten nicht anerkennen, andere[51]) erblicken in dem Repräsentanten einen Bevollmächtigten für den Gesamtbetrieb des Unternehmens. Repräsentant bedeutet soviel wie Stellvertreter. Beruht die Vertretungsbefugnis auf einer Vollmachtserteilung, so ist allerdings Repräsentant dasselbe wie Bevollmächtigter. Die Vertretungsbefugnis kann sich aber auch auf andere juristische Thatsachen als auf eine Vollmachtserteilung gründen, z. B. auf das eigene Recht des Stellvertreters. In dieser

[49]) Ebenso Riesenfeld S. 92.

[50]) So: Kah, Das Haftpflichtgesetz S. 73 Anm. 1 a. E.; Endemann, Die Haftpflicht der Eisenbahnen, Bergwerke u. s. w., 3. Aufl. S. 77.

[51]) So: Eger S. 223 Note 23 zu § 2; auch Riesenfeld S. 93, welcher besonders auch gegen den Ausdruck als solchen ist; Reindl S. 106.

Weise haben z. B. die einzelnen Mitglieder einer Firma das Recht, die letztere zu vertreten, falls nicht deren Vertretungsbefugnis ausdrücklich ausgeschlossen ist[52][53].

Repräsentanten sind auch die Vorstände der juristischen Personen (BGB. Buch 1 Abschn. 1 Tit. 2 §§ 21 ff.), z. B. der Aktiengesellschaften (HGB. §§ 210, 231).

Unter Betriebs- und Arbeiteraufsehern[54] sind im § 135 solche Personen verstanden, welche mit der Aufsicht über den Betrieb, einzelne Teile desselben oder über die Arbeiter betraut sind. Die Aufseher müssen eine gewisse Selbständigkeit in Ausübung ihrer Dienstverrichtungen haben[55].

Häufig entsteht Streit darüber, ob eine Person als Aufseher oder als gewöhnlicher Arbeiter anzusehen ist, z. B. wenn ein einfacher Arbeiter in einem Einzelfalle mit der Aufsicht des Betriebs betraut wird. In diesen Fällen hat der Richter nach Lage der Umstände zu entscheiden.

Zu bemerken ist hier noch, daß im § 135 GG. nicht die „zur Leitung des Betriebes oder der Arbeiter angenommenen Personen" aufgeführt sind, welche der § 2 des Reichs-Haftpflichtgesetzes erwähnt. Indessen gehören diese Personen ebenfalls hierher, da sie zu den Betriebsbeamten zu rechnen sind. Der § 135 will die Betriebsbeamten überhaupt treffen, ohne ein großes Gewicht auf die einzelnen hervorgehobenen Kategorien von Beamten zu legen. Häufig werden sich die erwähnten Beamten unter den Begriff der Bevollmächtigten oder Repräsentanten bringen lassen.

Der maßgebende Gesichtspunkt bei allen den besprochenen Personengruppen besteht in dem Moment einer gewissen Herrschaft über die Arbeiter.

3. Die Regel des § 135.

Die **Regel**, welche dem § 135 zu Grunde liegt, ohne jedoch ausdrücklich in ihm ausgesprochen zu sein, läßt sich kurz dahin zu-

---

[52]) Wer die offene Handelsgesellschaft nicht als juristische Person, sondern als Sozietät auffaßt, muß die Mitglieder der Firma als Unternehmer ansehen.

[53]) ROHG. **18** S. 216; **21** S. 175; EEE. **1** S. 291; RG. **30** S. 194 f.; Eger S. 225.

[54]) Vgl. auch Riesenfeld S. 94 fg.; Weyl S. 415 Anm. 2; Reindl S. 106 f.; Handbuch S. 423; RG. **27** S. 136 ff.

[55]) So z. B. Werkführer, Vorarbeiter.

sammenfassen, daß alle Entschädigungsansprüche, welche in Veranlassung eines Betriebsunfalles den Versicherten und deren Hinterbliebenen — dies sind die Gläubiger — gegen den Betriebsunternehmer und dessen Beamte[56]) auf Grund des allgemeinen Schadensersatz- und Haftpflichtrechtes zustehen, aufgehoben sind[57]).

Das ursprüngliche Ziel der Unfallversicherungsgesetzgebung war bekanntlich: die Haftpflicht des Unternehmers für das Verschulden seiner Leute zu beseitigen[58]). Aber nicht nur dies. Man ging weiter und beschränkte:

1. auch die Haftpflicht des Unternehmers für eigenes Verschulden und

2. man stellte die Leute des Unternehmers mit dem letzteren auf dieselbe Stufe, indem man auch deren Haftpflicht für eigenes Verschulden in gleicher Weise beschränkte wie die des Unternehmers.

Abgesehen von der Haftung für eigenes Verschulden nach allgemeinen Grundsätzen haftete der Betriebsunternehmer:

nach § 1 RHPG. für das Verschulden **aller** seiner Leute — nicht nur der Betriebsbeamten, sondern auch der Arbeiter, selbst für den Zufall[59]) und

nach § 2 RHPG. nur für das Verschulden bestimmter hier aufgeführter Leute und nicht für den Zufall.

Aber er haftete — und darin liegt der Kernpunkt der Frage — gegenüber **jedem** Verletzten, also auch gegenüber den eigenen Arbeitern.

Nach der Absicht der Unfallversicherungsgesetzgebung sollte diese letztere Haftpflicht des Betriebsunternehmers, d. h. diejenige gegenüber den eigenen Arbeitern, wegfallen[60]), bis auf einen kleinen sofort zu erwähnenden Rest.

---

[56]) D. h. die Schuldner.

[57]) Vgl. Weyl S. 415; zum folgenden Näheres bei Riesenfeld S. 288 fg.

[58]) Vgl. Reindl S. 11 Anm. 22; Riesenfeld S. 165.

[59]) Seine Haftung wird nur ausgeschlossen für den Fall der vis maior und des eigenen Verschuldens des Verletzten. Vgl. auch Abh. oben § 17 S. 99.

[60]) Weyl S. 970: „Die Existenz von Unterstützungsansprüchen des Arbeiterversicherungsrechts schließt in gewisser Hinsicht die Geltendmachung weiterer Ansprüche gegen andere physische oder juristische Personen aus und befreit die nach bürgerlichem Rechte Unterstützungspflichtigen von ihrer Leistung." Dies ist der prinzipielle Standpunkt des Gesetzgebers. Vgl. auch Weyl S. 415 fg. und Oertmann, Die Vorteilsausgleichung S. 142.

Zu 1. Der Betriebsunternehmer haftet somit prinzipiell **nicht mehr den eigenen Leuten gegenüber** und zwar weder für culpa, noch für Zufall noch für Verschulden seiner Betriebsbeamten.

Der Rest seiner persönlichen Haftung gegenüber den eigenen Leuten wird in § 135 bestimmt; nämlich er haftet bloß für eigenen Vorsatz und selbst dieser muß durch strafgerichtliches Urteil festgestellt sein.

Zu 2. Die Betriebsbeamten [61]) haften auch grundsätzlich **nicht mehr den eigenen Untergebenen gegenüber**, sie haften diesen also weder für culpa, noch für Zufall, vielmehr beschränkt sich auch ihre Haftung nach § 135 lediglich auf den strafgerichtlich festgestellten Vorsatz.

So ist an Stelle der gegebenenfalls unsicheren, wenn auch im Regelfalle [61a]) höheren privaten Entschädigung eine zwar geringere aber sichere, im öffentlichen Rechte wurzelnde, Entschädigung getreten.

Die Einschränkung der Haftpflicht des Betriebsunternehmers ist dadurch gerechtfertigt, daß letzterer die Kosten der Unfallversicherung zu tragen hat. Dagegen ist die Einschränkung der Haftpflicht der Betriebsbeamten ohne alle Gegenleistung erfolgt.

Weggefallen sind in dem angegebenen Umfange „alle Ansprüche auf Ersatz des infolge eines Unfalles erlittenen Schadens".

Es frägt sich, ob unter diese Ansprüche neben den außerkontraktlichen auch die auf Vertrag beruhenden Entschädigungsforderungen fallen. Diese Frage dürfte zu bejahen sein, da zwischen gesetzlichen und vertragsmäßigen Ansprüchen auf Schadensersatz in dem Gesetze nicht unterschieden wird.

Ob die Ersatzansprüche im Wege des Zivilprozesses oder als Buße im Wege des Strafprozesses geltend gemacht werden können, ist für die Anwendbarkeit des § 135 bedeutungslos [62]).

---

[61]) D. s. natürlich Betriebsbeamte des Arbeitgebers des Versicherten; s. a. Riesenfeld S. 89.

[61a]) Die Ausnahmen vgl. oben S. 152 ff.

[62]) Vgl. Riesenfeld S. 196. Die Vorteile der Zuerkennung einer Buße sind:

a) objektiv: Durch Anschluß an das Strafverfahren entgeht der Verletzte der Gefahr, daß der Zivilrichter die Schuldfrage anders entscheidet als der Strafrichter;

Im Wege des Strafprozesses kann der Ersatzanspruch nur bei Körperverletzungen nach § 231 RStGB. geltend gemacht werden, nicht auch bei Tötungen.

Mag nun die Buße als bloße Ersatzforderung [63]) oder — wie die herrschende Meinung annimmt — als Ersatzforderung und Strafe zugleich oder endlich als ein Mittelding zwischen beiden — als Genugthuung — sich charakterisieren [64]), jedenfalls liegt in dem Antrag auf Zuerkennung einer Buße auch die Geltendmachung eines Entschädigungsanspruches.

Daraus ergibt sich, daß die Reichs-Versicherungsgesetzgebung das Reichsstrafrecht für die der Versicherung unterworfenen Personengruppen modifiziert. Denn nach § 231 RStGB. kann dem Verletzten auch in dem Falle einer fahrlässigen Körperverletzung eine Buße zugesprochen werden. Diese Bestimmung ist dem Betriebsunternehmer und seinen Beamten gegenüber für den Geltungsbereich der Unfallversicherung durch § 135 als beseitigt zu betrachten. Der nach Maßgabe des GG. Versicherte kann nur in dem Falle eine Buße beanspruchen, wenn er von dem Unternehmer oder dessen Beamten vorsätzlich körperlich verletzt worden ist [65]). Aber auch in diesem Falle wird der Strafrichter bei Zumessung der Buße darauf Rücksicht zu nehmen haben, daß der Verletzte bereits auf Grund der Versicherungsgesetze eine Entschädigung erhält [66]). Der Strafrichter wird daher von dem Betrage, welchen er als Buße für angemessen hält, den Betrag der Versicherungsentschädigung in Abzug zu bringen haben. Wegen des letzteren ist der Thäter, wie wir später noch sehen werden, den Berufsgenossenschaften und Krankenkassen regreß-

---

b) subjektiv: Der Verletzte erhält sofort eine Summe als Kapital zugesprochen, wenn er auf den alsbaldigen Empfang eines größeren Kapitals Wert legt. Vgl. auch Abh. oben S. 94 ff. und unten § 26.

[63]) Nach dem Standpunkt des Reichsstrafgesetzbuchs ist dies der Fall:

a) weil die Buße neben der Strafe erkannt werden soll, also etwas anderes als Strafe sein muß;

b) weil die Geltendmachung eines weiteren Entschädigungsanspruchs durch die Zuerkennung einer Buße ausgeschlossen ist, also die Buße ebenfalls eine Entschädigung sein muß.

[64]) Vgl. oben Abh. S. 94 ff., vgl. dort auch Litteratur über diese Frage.

[65]) So auch Riesenfeld S. 197, ferner Handbuch S. 422 Anm. 6 zu § 95.

[66]) Ebenso Riesenfeld S. 207.

pflichtig. Diese können ihre Regreßansprüche natürlich nicht als Buße im Strafverfahren geltend machen (weil sie nicht Verletzte und somit nicht aktiv legitimiert sind), sondern müssen sie im Wege des Zivilprozesses oder durch Aufrechnung (§ 96 Abs. 2 GG.) verfolgen[67]). — RStPO. § 435 fg.

Dabei ergibt sich, wie Riesenfeld mit Recht hervorhebt[68]), die interessante Konsequenz, daß die erfolgte Zuerkennung einer von dem Beschädiger an den Verletzten zu zahlenden Buße **ohne jeden Einfluß** auf ihr Regreßrecht gegen den Beschädiger ist.

I. Der Schaden muß erlitten sein „infolge eines Unfalles“. Zu dem Begriff des Unfalles[69]) gehört ein zeitlich bestimmbares, in einem verhältnismäßig kurzen Zeitraum eingeschlossenes, schädigendes Ereignis[70]), wodurch die Körperverletzung oder der Tod verursacht worden ist.

Die Einwirkung als solche muß relativ plötzlich, d. h. beim Entstehen in ihrer Zeitdauer beschränkt sein, um das Vorhandensein eines „Unfalles“ zu begründen. Der Gegensatz hierzu ist das allmähliche Entstehen von Krankheiten, z. B. in der Regel Leisten- und sonstige Brüche. Diese scheiden hier aus unserer Betrachtung aus, ebenso alle jene Erkrankungen, welche als das Endergebnis der — eine längere Zeit hindurch dauernden, der Gesundheit nachteiligen — Betriebsweise bei bestimmten Gewerben aufzutreten pflegen, d. s. die sogen. Gewerbekrankheiten[71]). Dies sind keine „Betriebsunfälle“ und

---

[67]) Ebenso Riesenfeld S. 208. A. M.: K. Hilse S. 24 fg., gestützt auf die Eigenschaft der Unteilbarkeit der Buße. Eine solche Unteilbarkeit, wie Hilse sie annimmt, besteht aber nicht.

[68]) Vgl. Riesenfeld S. 204, 205 u. 208.

[69]) Der „Unfall“ steht nach der Absicht des Gesetzgebers der „Krankheit“ und der „Invalidität“ gegenüber; ersterer ist ein Ereignis, letzteres sind Leidenszustände. So Laß-Zahn, Einrichtung und Wirkung der deutschen Arbeiterversicherung S. 91; Piloty I S. 185.

[70]) Auch durch einen Zustand, z. B. Glatteis, ein hervorstehender Nagel 2c. kann dies hervorgerufen sein.

[71]) Z. B. Bleivergiftung der Arbeiter in Bleihütten und Bleiweißfabriken, die Perlmutterkrankheit der Perlmutterarbeiter, chronische Phosphornekrose der Arbeiter in Zündholzfabriken u. s. f.; Laß-Zahn S. 91; Bornhak, „Betriebsunfall und Betriebskrankheit“ in Zeitschr. f. J.- u. A.Versichg. **2** S. 2 fg.: Riesenfeld S. 40; Weyl S. 368; Reindl S. 35 u. 119; Handbuch S. 28 Anm. 33; RG. **21** S. 77, **29** S. 42—44.

kommt daher für sie die Unfallversicherung nicht auf. Hierbei ist wieder wohl zu beachten, daß unter Umständen, sei es wegen mangelhafter Unterweisung oder schlechter Ventilation, ungenügenden Handwerkzeugs 2c. der Betriebsunternehmer bezw. der Betriebsbeamte nach allgemeinem bürgerlichen Recht oder § 120a RGewerbeordnung zur Haftung herangezogen werden kann[72]). Die Folgen des Unfalles brauchen nicht immer äußere körperliche Beschädigungen zu sein, es können auch geistige und seelische Störungen sein[73]).

II. Der Schaden muß erlitten sein, nicht infolge eines gewöhnlichen Unfalles, sondern infolge eines Unfalles im Sinne der Unfallversicherungsgesetze, m. a. W. infolge eines Betriebsunfalles[74]).

Beweis für diese Auffassung ist die in § 1 des Gesetzes zum Ausdruck gebrachte Absicht des Gesetzgebers, die dort aufgeführten Personen „gegen die Folgen der bei dem **Betriebe** sich ereignenden Unfälle“ zu versichern.

Ein weiterer Beweis ergibt sich aus dem Abs. 2 des § 135. Danach setzt die Anwendbarkeit des § 135 voraus, daß der Verletzte bezw. dessen Hinterbliebene auf Grund des GG. einen Anspruch auf Entschädigung haben, denn der Betrag dieser Entschädigung

---

[72]) Vgl. auch Reindl S. 120 und die eben zitierte Entscheidung RG. **21** S. 79.

[73]) Handbuch S. 147 Anm. 1. RE. 1393, A. N. **95** S. 153.

[74]) Rosin im Arch. f. öffentl. R. **3** S. 332: Der Begriff des Betriebsunfalles als Grundlage des Entschädigungsanspruchs nach den Reichsgesetzen über die Unfallversicherung; derselbe auch Arb.Vers.Recht S. 223 f. erfordert zum Unfall in seiner Definition — mit Unrecht — den Begriff einer besonderen Gefahr des Betriebs; Weyl S. 367 f. erfordert ein Ereignis, welches dem regelmäßigen Gange des Betriebs fremd ist. Vgl. Piloty I S. 189, welcher noch ausdrücklich — überflüssigerweise — verlangt, daß diese Einwirkung nicht vom Betroffenen selbst herbeigeführt wurde, um sich zu schädigen. Das gehört keinesfalls in die Definition. So auch Laß-Zahn S. 92. — Im übrigen, speziell „über Betriebsunfall“ Bornhak in Hirth Annalen 1892 S. 609; Fuld, Begriff des Betriebsunfalls im Arch. f. soziale Gesetzgebung und Statistik **1** S. 417 f.; Just, Komm. z. LUVG., Berlin 1888 S. 9; Laß-Zahn S. 91—93; Reindl S. 90 f.; Riesenfeld S. 39 ff.; Rosin I S. 273 ff., bes. S. 279; Seydel, Bayer. Staatsrecht V S. 336; v. Woedtke, Komm. z. UVG. S. 89: Note 17 zu § 1; Handbuch S. 32—78 Anm. 37—66; S. 147 Anm 2; S. 515 ff. Anm. 21; RG. **24** S. 123 ff., S. 333 ff.; **27** S. 31 ff.; RG. in Bolze **6** Nr. 597 S. 230.

soll von der ihnen nach den bestehenden gesetzlichen Vorschriften gebührenden Entschädigung in Abzug gebracht werden. Da ein solches Abzugsverfahren nach den Eingangsworten des Abs. 2: „in diesem Falle" stets dann eintreten soll, wenn der § 135 Anwendung findet, und da ferner ein Versicherungsanspruch nur im Falle eines bei dem Betriebe sich ereignenden Unfalls gegeben ist, so ist die Annahme berechtigt, daß die Bestimmung des § 135 zur Voraussetzung das Vorliegen eines Unfalles hat, gegen dessen Folgen der Verletzte nach Maßgabe des GG. versichert ist, also eines „bei dem Betriebe" sich ereignenden Unfalls.

Für Unfälle, welche **nicht** „Betriebsunfälle" sind, wird kein Anspruch aus der Versicherung gewährt und greift für sie das allgemeine Haftpflichtrecht Platz.

Zur Annahme eines Betriebsunfalls genügt nicht [75]):

1. ein bloß örtlicher[76]) Zusammenhang des Unfalles mit dem Betriebe. „Betriebsort" ist nicht bloß die persönliche Arbeitsstätte des Verletzten; es gehören dazu unter Umständen auch Baracken, Ankleide-, Speiseräume u. s. f. [77]).

Das Gleiche gilt 2. von dem zeitlichen Zusammenhang des Unfalles mit dem Betriebe. Die Zeit unmittelbar vor Beginn und nach Schluß des Betriebs wird unter Umständen dem Betriebe selbst zugerechnet werden können. Auch die Mittags- und Vesperpausen fallen in der Regel in die Betriebszeit[78]).

Es ist vielmehr 3. ein innerer, ursächlicher Zusammenhang zwischen Unfall und Betrieb erforderlich, wenn ein „Betriebsunfall" gegeben sein soll[79]). Der ursächliche Zusammenhang muß ein solcher

---

[75]) So Riesenfeld S. 40 u. 41; Rosin a. a. O. **3** S. 321 fg.; RE. 214 u. 1670 A. N. **86** S. 252; **97** S. 567; früher a. A. Fuld, RG., betr. die Unfallvers. der bei Bauten beschäftigten Personen, S. 18 fg.; mit Unrecht; jetzt ders. a. a. O. (Arch. f. soz. Ges.Gbg.) S. 417 ff.

[76]) Vgl. Piloty S. 196 fg.

[77]) Vgl. Piloty S. 192 und A. N. **87** Nr. 419; **88** Nr. 515, 562, 593, 623; **89** Nr. 726, 727, 728; **92** Nr. 1148, 1151; **93** Nr. 1266; **97** Nr. 1671; auch Weyl S. 368. Nach der Praxis des RVA. gehört der Weg von und zur Arbeit in der Regel nicht „zum Betrieb", vgl. Handbuch S. 53 ff., Beamtenwohnhäuser auf Eisenbahngelände als Teil der Betriebsstätte des Eisenbahnbetriebs RE. 1615 A. N. **97** S. 342.

[78]) Vgl. auch Weyl S. 368; Piloty S. 196 fg.

[79]) Vgl. hierüber des Näheren: Just S. 8 fg.; Laß-Zahn S. 93; Riesenfeld S. 195; Piloty S. 213. — Dies folgt aus der Formulierung „bei dem

im Rechtssinne sein. Dieser und der ursächliche Zusammenhang im natürlichen Sinne decken sich nicht. Im natürlichen Sinne ist ein ursächlicher Zusammenhang zwischen einem Ereignis und einem Zustande dann stets gegeben, wenn der Zustand ohne das Ereignis nicht eingetreten wäre. Wirken mehrere Ereignisse zusammen, um den Zustand herbeizuführen, so ist jedes dieser Ereignisse Ursache im natürlichen Sinne. Im Rechtssinne wird aber nicht jedes der Ereignisse als Ursache behandelt, es werden vielmehr eine Reihe von natürlichen Ursachen — als selbstverständlich — ausgeschaltet und ein bestimmtes oder mehrere Ereignisse als alleinige Ursache angesehen[80]). Der Betrieb braucht deshalb nicht die alleinige Ursache des Unfalls zu sein[81]), es genügt, wenn er sich als wesentlich mitwirkende Ursache darstellt. Auch ist nicht nötig, daß der Unfall mit den besonderen Gefahren des betreffenden Betriebs zusammenhängt[82]). Ferner ist für die Annahme eines Betriebsunfalles ausreichend ein bloß mittelbarer, d. h. nicht unmittelbarer Zusammenhang zwischen Betrieb und Unfall[83]).

Betriebe". Gegen diese Formulierung Piloty S. 199; sie sei ungenau, bezeichne ein örtlich und zeitlich gemischtes Verhältnis, sei so viel wie „bei Gelegenheit"; ebenso Rosin S. 332. Diese Auslegung wird mit Recht bekämpft; vgl. jetzt BGB. § 831 „in Ausführung der Verrichtung" und oben Abh. S. 57 fg.

[80]) Vgl. zum Ganzen auch die Ausführungen oben §§ 5, 10 u. 13 der Abh.

[81]) Vgl. Piloty I S. 204. Wie weit das RVA. in der Annahme des ursächlichen Zusammenhanges geht, darüber A. N. **89** Nr. 725, ein Flößer ertrinkt anläßlich des Holens einer Mütze seines Kameraden; kein Betriebsunfall wurde z. B. angenommen — infolge mangelnden Kausalzusammenhanges —: A. N. **88** Nr. 455, 490, 565, 567, 594, 602, 613; **89** Nr. 735.

[82]) So Riesenfeld S. 41; Laß-Zahn S. 93; ebenso (mit Fuld, Mandry, Seydel) Piloty I S. 209. — A. A. Rosin S. 329, welcher — in Anlehnung an RG. **1** S. 52; **14** S. 26 — einen ursächlichen Zusammenhang mit den „eigentlichen Betriebsgefahren" fordert; vgl. auch Rosin I S. 281; EEE. **1** S. 243; **7** S. 243—248; Handbuch S. 32—43, Note 37—42 zu § 1.

[83]) D. h. er wird nicht ausgeschlossen durch das Mitwirken anderer den schädigenden Erfolg begünstigender Momente, z. B. durch Vorhandensein einer besonderen Krankheitsdisposition oder ungeeigneten Verhaltens des Verletzten. Vgl. A. N. **88** Nr. 600 u. 606; letzteres darf allerdings nicht so pflichtwidrig sein, daß es zur Aufhebung des ursächlichen Zusammenhangs führt und die Kausalitätskette zwischen Betriebsunfall und Erfolg durch das eigene schuldhafte Verhalten des Verletzten unterbrochen wird; dann fallen ihm die Folgen zur Last. Vgl. Abh. oben S. 64 ff., bes. S. 67 zu Anm. 19; ferner Handbuch S. 149 u.

Ein Beispiel für die Beurteilung der Frage nach dem Kausalzusammenhange zwischen Unfall und Betrieb möge hier Platz finden: Ein Maurergeselle, welcher mit Eindecken eines Ziegeldaches, auf einem in nächster Nähe eines Sees gelegenen Neubau, auf einem Gerüst in erhöhter Lage stehend, beschäftigt war, wurde vom Blitz erschlagen. In der Rekursinstanz wurde dessen Hinterbliebenen die gesetzliche Entschädigung mit folgender Begründung zugesprochen: Die Wirkung des Blitzschlages ist in der Regel nicht als Unfall im Betriebe anzusehen. Ob und wann eine Ausnahme von dieser Regel Platz greift, läßt sich nur nach Lage der Verhältnisse des einzelnen Falles feststellen, wobei zunächst zu erwägen ist, ob die Beschaffenheit des Betriebes die Gefahr des Blitzschlages erhöht und ob durch diese erhöhte Gefahr ein kausaler Zusammenhang des Blitzstrahls mit dem Betriebe gefunden werden kann. Eine solche Erhöhung der Gefahr liegt hier vor[84]).

Die Kausalitätskette muß eine doppelte sein; sie muß bestehen:

1. zwischen Betrieb und Unfall, und dann
2. zwischen diesem sogen. „Betriebsunfall" und dem Körperschaden.

Die Körperverletzung oder der Tod muß als die Folge des Unfalls **durch** den Unfall herbeigeführt sein; der Unfall braucht aber nicht, wie schon oben bemerkt, die unmittelbare und einzige[85]) Verursachung des Erfolgs zu sein, um den Kausalzusammenhang zu begründen. So schließt das Vorhandensein einer besonderen Disposition den Kausalzusammenhang nicht immer aus, z. B. fällt ein Arbeiter infolge persönlicher Disposition zu epileptischen Krämpfen in eine Maschine, oder in glühende Asche, so ist trotz der konkurrierenden

---

150, Widerstand gegen ärztl. Maßregeln. — Kein schuldhaftes Verhalten liegt in der Weigerung sich einer Operation zu unterziehen (vgl. Abh. unten S. 194, dagegen s. oben S. 72f.); ebenso nicht in der Zuziehung eines Kurpfuschers statt eines Arztes, wenn sie geschieht in der besten Absicht, Heilung zu suchen. A. N. **90** Nr. 873 S. 500; RG. II Ziv.-Sen. 24. Okt. 99, abgedr. in der Ber.-Gen. 1899 S. 184ff.; s. ferner A. N. **88** Nr. 552, S. 282; **90** Nr. 872 S. 499, dort auch weitere Litteratur; **93** S. 159; vgl. auch Reindl S. 43f.

[84]) So A. N. **87** Nr. 317; **88** Nr. 602.

[85]) Vgl. A. N. **90** Nr. 874 S. 506; **91** Nr. 1043 S. 252; **96** S. 246; Handbuch S. 147 Anm. 2. Verneinung des ursächlichen Zusammenhangs dortſ. S. 148fg.

Einwirkung anderer Gründe ein entschädigungspflichtiger Betriebsunfall gegeben; nicht dagegen, wenn der betreffende Arbeiter in einem epileptischen Anfall lediglich zu Boden fällt, und sich dadurch eine Verletzung zuzieht. Uebrigens genügt zur Annahme eines Betriebsunfalls — dem Geiste der Gesetzgebung entsprechend — auch die lediglich aus den Begleitumständen zu entnehmende Wahrscheinlichkeit eines Kausalzusammenhanges zwischen Unfall und Betrieb[86]). Betriebsunfälle werden auch dann als gegeben angenommen, wenn ein latentes Leiden — z. B. Tuberkulose — infolge eines Unfalles bei dem Betriebe manifest wird, d. h. wenn die schlummernden Keime des Leidens infolge des Unfalles zur Entwickelung gelangen[87]). Auch Verschlimmerungen bestehender Leiden durch Betriebsunfälle sind nach Maßgabe der Unfallversicherungsgesetze zu entschädigen[88]). Sodann kann die den Schadenserfolg in seinem vollen Umfange bewirkende Ursache auch eine nachträgliche sein, z. B. Blutvergiftung, Herzschlag aus Angst vor einer Operation, Kunstfehler des Arztes u. s. f. Als Unfallwirkungen erscheinen auch Geisteskrankheiten, welche sich als das Ergebnis einer Körperverletzung, z. B. einer Gehirn-, Rückenmarkserschütterung, darstellen. Ob die schädigende Wirkung unmittelbar nach dem Unfall oder erst später eintritt, ist für das Bestehen eines Kausalzusammenhanges ohne Einfluß[89]).

Noch zu bemerken ist, daß es nach deutschem Recht ohne Einfluß auf die Entschädigung ist, wenn der Versicherte selbst durch eine an frevelhaftesten Leichtsinn grenzende Fahrlässigkeit den Unfall herbeigeführt hat[90]).

---

[86]) Vgl. auch A. N. **86** Nr. 202 S. 228; Nr. 213 S. 251; Nr. 237 S. 291; **87** Nr. 258, S. 17; Nr. 323 S. 133.

[87]) Vgl. Laß-Zahn S. 98. Anders, wenn die zum Tode führenden Keime von außen kommen, vgl. A. N. **97** S. 303 u. 305.

[88]) Vgl. Laß-Zahn a. a. O. S. 98.

[89]) Vgl. Weyl S. 369. Handbuch S. 147 ff.

[90]) Große Vorsicht ist geboten bei Beurteilung solcher Fälle, in welchen ein Arbeiter gegen ein von dem Betriebsunternehmer erlassenes und wirksam gemachtes Verbot zuwiderhandelt. Einem solchen Verbote ist nach deutschem Recht keinerlei Wirkung beizulegen, wenn eine im wirklichen oder vermeintlichen Betriebsinteresse verrichtete Handlung in Frage steht, wobei sich der Unfall ereignet hat. Die von den B.-G.en erlassenen Unfallverhütungsvorschriften sind an sich einem solchen Verbot nicht gleichzuachten.

Lediglich „vorsätzliche Herbeiführung des Betriebsunfalls“ [91]) durch den Versicherten macht diesen bezw. dessen Hinterbliebene des Ersatzanspruchs verlustig [92]). Vgl. § 8 Abs. 2 Satz 1. „Der Anspruch kann ferner ganz oder teilweise abgelehnt werden, wenn „der Verletzte den Unfall bei Begehung eines durch strafgerichtliches „Urteil festgestellten Verbrechens oder vorsätzlichen Vergehens sich zu„gezogen hat.“ — § 8 Abs. 2.

4. Die Ausnahme von der Regel des § 135.

Die Ausnahme besteht darin, daß der Entschädigungsanspruch dennoch geltend gemacht werden kann, wenn durch strafgerichtliches Urteil festgestellt worden ist, daß der in Anspruch genommene Schuldner — der Betriebsunternehmer, Bevollmächtigte, Repräsentant, Betriebs- und Arbeiteraufseher — den Unfall **vorsätzlich** herbeigeführt hat.

Die Geltendmachung des hier zugelassenen Entschädigungsanspruchs hat selbstverständlich zur Voraussetzung, daß dem Beschädigten nach allgemeinem Schadensersatz- und Haftpflichtrecht ein Anspruch auf Schadensersatz gegen den Thäter gegeben ist. Und das ist bei vorsätzlicher Verursachung des Unfalls nach allgemeinem Haftpflichtrecht der Fall.

Die nächste Voraussetzung des ausnahmsweise zugelassenen Entschädigungsanspruchs ist das Vorliegen eines strafgerichtlichen Urteils [93]).

Die Unfallversicherungsgesetzgebung verfolgt das Ziel, den Unternehmer, Bevollmächtigten, Repräsentanten u. s. w. nach Möglichkeit

[91]) Der vorsätzlich herbeigeführte Unfall wird sich selten als „Betriebsunfall“ auffassen lassen; vgl. auch Riesenfeld S. 160 und Arb.Versorg. **10** (1893) S. 144—145.

[92]) Vgl. auch Riesenfeld S. 43; Köhne in Goldschm. Z. **37** S. 99; Laß-Zahn S. 93; Graef S. 75 f.; Reindl S. 86 f.

[93]) Nicht ausreichend ist eine Feststellung im Beschlusse, Riesenfeld S. 161; nicht erforderlich ist aber Bestrafung, es genügt lediglich Feststellung, so richtig Riesenfeld S. 161 gegen erste Aufl., S. 66; nicht erforderlich ist schließlich Verurteilung, so Riesenfeld S. 161 fg. und Piloty S. 139; so kann z. B. Freisprechung infolge eines Strafausschließungsgrundes oder Verfahrenseinstellung erfolgen; Fuld, Komm. z. J.- u. AVGes. 1890, § 11 S. 150; meist wird die Feststellung natürlich Verurteilung sein: Seuff. Arch. **46** S. 81; Handbuch S. 423 (Note 1 zu § 96); Just S. 153 (§ 116 Note 8 LUVG.); Laband II S. 262; Landmann S. 245 (§ 96 Note 2 u. 5).

vor Prozessen zu schützen. Ein in seinem Erfolg nicht zu unterschätzendes Mittel zur Erreichung dieses Zieles liegt darin, daß eine zivilprozessuale Feststellung der vorsätzlichen Herbeiführung des Unfalls, welche möglicherweise auf Grundlage eines formalen Beweises beruht, zur Geltendmachung eines Entschädigungsanspruches gegen die sogenannten Personen nicht genügen soll, daß vielmehr der Strafrichter, bei welchem ein formales Beweisverfahren ausgeschlossen ist, die Feststellung durch Urteil vorzunehmen hat.

Wird bei einer Entschädigungsklage gegen die im § 135 bezeichneten Personen das strafgerichtliche Urteil nicht nachgewiesen, so ist — vorbehaltlich der unten zu erörternden Ausnahme — die Klage abzuweisen[94]).

Die strafgerichtliche Feststellung bildet die Voraussetzung der Geltendmachung der Entschädigungsansprüche nach Maßgabe des § 135. Damit soll aber nicht gesagt sein, daß, wenn diese Feststellung in der Zeit zwischen Zustellung der Klage und dem Verhandlungstermine erfolgt, trotzdem die Klage abzuweisen sei. Die strafgerichtliche Feststellung bildet sonach nicht die Voraussetzung für die Erhebung der Klage, wohl aber für deren Durchführung[95]). Für die Frage, ob der Anspruch selbst begründet ist oder nicht, ist die

---

[94]) Vgl. Piloty I S. 139; Riesenfeld S. 168; Handbuch S. 421 Note 1 a. E. zu § 95. A. R. **94** S. 336.

[95]) Die strafbare Handlung, d. h. die vorsätzliche Herbeiführung des Betriebsunfalls ist causa efficiens für die Entstehung des Anspruchs aus § 135 — (sie ist Klagegrund); die Feststellung durch strafgerichtliches Urteil ist condicio sine qua non ihrer Geltendmachung; ohne sie wird der Anspruch nicht liquid. Beweis hierfür ist § 139: wenn aus subjektiven Gründen die Feststellung durch strafgerichtliches Urteil nicht möglich ist, kann trotz des Wegfalls dieser Bedingung der Anspruch geltend gemacht werden; also muß er entstanden sein. — Die strafgerichtliche Feststellung hat die Bedeutung einer authentischen Konstatierung, daß das Ausschlag gebende Moment, nämlich Vorsatz, vorlag, bei dessen Vorhandensein es nach dem Willen der Unf.Vers.Gesetzgebung noch einen direkten Anspruch des Versicherten gegen den Arbeitgeber ꝛc. geben soll. Diese Konstatierung aber ist in dem einen Falle des § 139 entbehrlich. So auch Riesenfeld S. 175 u. bes. 181, Litteratur dortſ. S. 174; sodann B. Hilse in Gruchot, Beitr. **34** S. 324; Mandry-Geib IV. Aufl. 1898 S. 536 u. Handbuch S. 423 Note 1 zu § 96; A. A. Piloty I S. 139 u. 141. Nach ihm bildet das Urteil den Klagegrund. Der Ersatzanspruch des Verletzten wird nicht durch die Handlung des Haftpflichtigen, sondern erst durch das Urteil zur Existenz gebracht.

Zeit der Urteilsfällung, nicht diejenige der Erhebung der Klage, zu Grunde zu legen.

Das Vorliegen einer strafgerichtlichen Feststellung der vorsätzlichen Herbeiführung des Unfalls durch den in Anspruch Genommenen ist nur dann nicht erforderlich, wenn dieselbe „wegen des Todes „oder der Abwesenheit des Betreffenden oder aus einem anderen, in „seiner Person liegenden Grunde nicht erfolgen kann". — § 139 GG.

Die Bestimmung des § 139 stellt sich dar als eine Vergünstigung im Interesse der Durchführung von Ansprüchen des Verletzten bezw. dessen Hinterbliebenen, welche weitergehen als die Ansprüche nach den Unfallversicherungsgesetzen.

Diese Vergünstigung greift aber nur Platz, wenn es sich um rein äußerliche Hinderungsgründe handelt, die der Einleitung oder Durchführung einer strafrechtlichen Verfolgung im Wege stehen, denn entweder ist die Feststellung durch strafgerichtliches Urteil möglich, oder sie ist nicht möglich; und sie ist immer möglich mit Ausnahme der Fälle des § 139. Diese Gründe sind hauptsächlich Tod, Abwesenheit (Flucht, Verschollenheit), insbesondere auch z. B. unheilbares Siechtum, oder Verfallen des Thäters nach Begehung der strafbaren Handlung in Geisteskrankheit [96]); ferner die Verjährung der Strafverfolgung, weil sie lediglich den Strafanspruch des Staates, nicht aber die strafbare Handlung selbst und die vom Zivilrecht an diese geknüpften Folgen aufhebt [97]).

Liegen dagegen Schuldausschließungsgründe in der Person des Thäters vor: — strafrechtliche Unzurechnungsfähigkeit; absolute [98a]) oder individuelle [b]) Strafunmündigkeit; Taubstummheit; Mangel der zur Erkenntnis der Strafbarkeit erforderlichen Einsicht [c]); — so wird deren Vorliegen im strafgerichtlichen Urteil festgestellt, und damit ist dargethan, daß der Unfall gar nicht durch den hier einzig ausschlaggebenden strafrechtlichen dolus [99]) herbeigeführt sein konnte und es fehlt somit aus einem inneren Grunde an dem für die Geltendmachung der Ansprüche des § 135 notwendigen Erfordernis der Feststellung des dolus.

---

[96]) Riesenfeld S. 169fg.; Loewe, Str.Pr.Ordnung 10. Aufl. 1900 S. 461 u. 462.

[97]) Ebenso Riesenfeld S. 170.

[98]) a) RStGB. § 55; b) RStGB. § 56; c) RStGB. § 58.

[99]) Vgl. Riesenfeld S. 151.

Auf ein zivilrechtliches Verschulden, welches dem Thäter zugerechnet werden könnte, kommt es hier überhaupt nicht an; vielmehr war gerade die Ausschließung desselben nach der Absicht des Gesetzgebers der Grund zur Einführung der strafgerichtlichen Feststellung[100]).

Kann die strafgerichtliche Verurteilung des Thäters aus einem anderen als in der Person desselben liegenden Grunde nicht erfolgen, z. B. wenn es an genügendem Beweismaterial mangelt, so ist die Geltendmachung eines weiteren zivilrechtlichen Anspruchs ausgeschlossen.

Der Umstand, daß der zivilrechtliche Entschädigungsanspruch von einem vorgängigen Strafverfahren abhängig gemacht ist, hat allerlei Mißstände im Gefolge. Zunächst ist hier zu erwähnen, daß es zu einer strafgerichtlichen Verurteilung des Thäters überhaupt nicht kommen kann, wenn die Staatsanwaltschaft die Sache nicht verfolgt. Hiergegen gibt es allerdings wieder Bestimmungen, welche dem Verletzten zu seinem Recht verhelfen können. Lehnt der Staatsanwalt auf einen bei ihm angebrachten Antrag die Erhebung der öffentlichen Klage gegen den Thäter ab, oder verfügt er nach dem Abschlusse der Ermittelungen die Einstellung des Verfahrens, so hat der Verletzte, wenn er den Antrag gestellt hat, hiergegen binnen zwei Wochen nach der Bekanntmachung des Bescheides die Beschwerde an den vorgesetzten Beamten der Staatsanwaltschaft, gegen dessen ablehnenden Bescheid ihm binnen einem Monat nach der Bekanntmachung der Antrag auf gerichtliche Entscheidung zusteht[101]).

Das strafgerichtliche Urteil muß die Rechtskraft beschritten haben.

Dieser Satz ist zwar nicht ausdrücklich im Gesetze ausgesprochen, er folgt aber daraus, daß das Gesetz eine strafgerichtliche Feststellung verlangt. Eine endgültige Feststellung liegt aber erst dann vor, wenn das Urteil rechtskräftig geworden ist[102]).

Dieser Satz entspricht auch einzig dem praktischen Bedürfnis. Von der Rechtskraft des Urteils muß sich der Kläger, der einen Entschädigungsanspruch gegen den Betriebsunternehmer oder dessen

---

[100]) Vgl. Abh. unten folgende Seite.

[101]) RStPO. § 170.

[102]) Ebenso Riesenfeld 163; Weyl S. 416; insbes. zur Vermeidung von Verwicklungen aus §§ 580 Abs. 6, 581 CPO. Auch argumento § 138; Riesenfeld a. a. O.

Beamte geltend machen will, selbst Kenntnis zu verschaffen suchen. Dies wird in manchen Fällen allerdings mit Schwierigkeiten[103]) verknüpft sein, da die Einsichtnahme der Strafakten[104]) nicht Jedermann gestattet ist.

Die strafgerichtliche Feststellung.

Liegt eine Feststellung vor, wie sie § 135 verlangt, so ist zu bemerken, daß der Zivilrichter entgegen dem Grundsatze des deutschen Prozeßrechts hinsichtlich der freien Beweiswürdigung[105]) an den Inhalt des Strafurteils gebunden ist[106]). Er darf sich auf die Sache nur einlassen, wenn die strafgerichtliche Feststellung vorliegt[107]). Liegt sie aber vor, so kann er den Fall weder von neuem prüfen, noch von neuem Beweis erheben, noch etwa wegen konkurrierender Fahrlässigkeit des Verletzten — die seinem Anspruch auf Unfallentschädigung nicht entgegensteht — die Klage abweisen. Diese Durchbrechung des prozessualen Prinzips der freien richterlichen Kognition schließt insofern keine Benachteiligung der in Anspruch Genommenen in sich als in der Praxis nach Beendigung eines durch Urteil abgeschlossenen Strafverfahrens eine vollständig neue Prüfung der Schuldfrage regelmäßig ausgeschlossen sein wird. Denn der Strafrichter ist in seiner Beweismittelwürdigung an viel engere Grenzen gebunden, da es für ihn die formale Beweisführung des Zivilprozesses nicht gibt, er vielmehr infolge des materiellen Beweiserfordernisses in höherem Grade als der Zivilrichter gehalten ist, die objektive Wahrheit zu ermitteln. Die Bindung des Zivilrichters an den Inhalt des Strafurteils bereitet nur in dem seltenen, aber immerhin möglichen Fall eine

---

[103]) Das ist eine Unzuträglichkeit infolge des Umstands, daß der Entschädigungsanspruch von einer strafgerichtlichen Verurteilung abhängig gemacht ist.

[104]) Vgl. RStPO. § 147. Ist der Kläger im Strafverfahren als Privatkläger oder als Nebenkläger aufgetreten, so hat er allerdings das Recht der Akteneinsicht, kann solches aber nur durch seinen Anwalt ausüben. — § 425 RStPO.

[105]) EG. z. CPO. § 14 Ziff. 1. Vgl. A. N. **94** S. 336, Reindl S. 11 Anm. 21.

[106]) Vgl. Riesenfeld S. 177ff., dem theoretisch beizutreten ist. Das RG. in seiner Entscheidung (VI. Ziv.-Senat) v. 9. April 1894. — A. N. **94** S. 336 — steht auf dem entgegengesetzten, im Texte wiedergegebenen, Standpunkt.

[107]) Ausnahmefall: § 139 GG. Ist die strafgerichtliche Feststellung nicht möglich, entscheidet der Zivilrichter allein über die Frage, ob der Betriebsunternehmer bezw. Betriebsbeamte den Unfall vorsätzlich herbeigeführt hat. Vgl. auch Reindl S. 11 a. a. O.

Schwierigkeit, wenn der in Anspruch Genommene entgegen der strafgerichtlichen Feststellung den Unschuldsbeweis zu erbringen vermöchte. Die Thatsache, daß der Zivilrichter an den Ausspruch des Strafrichters gebunden ist, ändert daran nichts, daß der Ersatzanspruch des § 135 GG. seiner rechtlichen Natur nach auf dem Gebiete des Zivil- und nicht des Strafrechts liegt[108]).

Sodann ist wohl zu beachten, daß das Urteil gegen den Betriebsunternehmer bezw. Beamten in seiner Eigenschaft als Unternehmer bezw. Beamter ergangen ist. Hätte er z. B. zur Zeit der Begehung der strafbaren Handlung diese Eigenschaft im Verhältnis zu dem Verletzten nicht besessen, so würde er als „Dritter im Sinne des § 140 l. c." behandelt werden müssen[109]).

Inhalt des strafgerichtlichen Urteils.

Das strafgerichtliche Urteil muß feststellen, daß der Beklagte den Unfall vorsätzlich herbeigeführt hat. Die Feststellung einer fahrlässigen Körperverletzung oder Tötung genügt nicht, auch dann nicht, wenn der Thäter die Handlung begangen hat unter Außerachtlassung derjenigen Aufmerksamkeit, zu welcher er vermöge seines Amtes, Berufes oder Gewerbes besonders verpflichtet war.

Eine vorsätzliche Handlung liegt dann vor, wenn der Thäter bei seiner Handlung sich bewußt war, daß dieselbe die Körperverletzung oder den Tod eines Menschen im Gefolge haben werde[110]).

Weiter ist erforderlich, daß der Beklagte den Unfall herbeigeführt habe.

Derjenige führt einen Unfall herbei, welcher eine Thatsache — eine Bedingung — setzt, welche den Unfall zur Folge hat. Dies thut nicht nur der Thäter, sondern auch der Mitthäter, Anstifter und Gehilfe. Daß der Mitthäter durch den § 135 betroffen wird, ist unzweifelhaft, da seine Teilnahme an der That — wenn man überhaupt die Mitthäterschaft als Form der Teilnahme auffassen will[111]) — mit der Handlung des Thäters gleichwertig ist. Zweifel-

---

[108]) Beweis: § 139, wenn die strafgerichtliche Feststellung unmöglich ist.

[109]) Vgl. Riesenfeld S. 167.

[110]) Vgl. oben Abh. S. 17; ebenso v. Liszt, Strafrecht S. 148. Anders die gemeine Meinung: Danach besteht der Vorsatz in dem Willen, etwas zu thun, was das Gesetz im allgemeinen unter Strafe gestellt hat. Nach Binding, Normen II S. 403, besteht der Vorsatz in „dem bewußt rechtswidrigen Willen".

[111]) Dies thut das RStGB. § 47.

haft ist es mit dem Anstifter und Gehilfen. — §§ 48 und 49 RStGB. — Vom Standpunkt des Strafrechts — anders das BGB. § 830 Abs. 2 [112]) — muß man allerdings sagen, daß nur der Thäter und Mitthäter den Unfall „herbeiführen“ kann. Der Anstifter und Gehilfe verursachen den Erfolg nicht unmittelbar, da zwischen ihrer Handlung und dem Erfolg die vorsätzliche freie Handlung des Thäters liegt, welch letztere als die alleinige Ursache des Unfalls vom Standpunkt des Strafrechts aus angesehen wird. Der Begriff des „Herbeiführens“ im § 135 ist aber kaum ein so enger, wie der Begriff der Thäterschaft. Er umfaßt wohl nicht nur die unmittelbare Verursachung des Unfalls — Thäterschaft und Mitthäterschaft —, sondern auch die mittelbare Verursachung — die Anstiftung und Beihilfe. Diese Auslegung dürfte sich auch deshalb empfehlen, weil anderenfalls der Unternehmer und seine Leute im Falle ihrer Anstiftung und Beihilfe überhaupt von jeder Haftpflicht frei sein würden, was jedenfalls nicht die Absicht des Gesetzes sein kann [113]).

Die Begünstigung (§ 257 RStGB.), an welche man ferner noch denken könnte, gehört nicht hierher, weil sie dem Herbeiführen des Unfalls zeitlich nachfolgt. Sie erscheint auch rechtlich nicht als eine Form der Teilnahme. Die Bestimmung des § 257 RStGB. Abs. 3, wonach die Begünstigung unter Umständen als Beihilfe zu bestrafen ist, hat den Begriff der Beihilfe nicht erweitert [114]).

Die Entschädigungsforderung kann gegen jede der bezeichneten Personen — Thäter, Mitthäter, Anstifter und Gehilfen — ganz eingeklagt werden, falls durch strafgerichtliches Urteil festgestellt ist, daß von ihnen durch eine gemeinschaftlich begangene unerlaubte Handlung der Unfall vorsätzlich herbeigeführt wurde. Nach den Grundsätzen des Zivilrechts haften diese Personen als Miturheber eines und desselben Schadens dem Verletzten als Gesamtschuldner [115]).

Nur eine scheinbare Schwierigkeit bietet die Frage nach dieser „solidarischen Gesamthaftung“, „wenn sich nicht ermitteln läßt, wer von mehreren Beteiligten den Schaden durch seine Handlung ver-

---

[112]) Vgl. oben Abh. S. 52 f.

[113]) Übereinstimmend Riesenfeld S. 155; Weyl S. 416 geht auf die Frage nicht näher ein.

[114]) v. Liszt, Strafrecht § 50 IV S. 199.

[115]) Vgl. BGB. § 830 Abs. 1 und oben Abh. S. 52 f.

ursacht hat". BGB. § 830 Abs. 1 Satz 2. Dieses „sich-nicht-ermitteln-lassen" führt im Zivilrecht zu einer Präsumtion der „gemeinschaftlichen Schadensstiftung", eine Annahme die im Strafrecht ausgeschlossen ist. Denn bei Anwendung des § 135 stehen wir — was wohl zu beachten ist — auf dem Gebiete des Strafrechts und dessen materieller Beweisführung; es fällt also für alle diejenigen, bei welchen sich ihre vorsätzliche Anteilnahme nicht durch **strafgerichtliches** Urteil feststellen läßt, die Haftung überhaupt weg.

Schließlich können auch mehrere Personen strafgerichtlich verurteilt sein, dann sind sie eben nach außen, d. h. dem Verletzten gegenüber Gesamtschuldner, nach innen im Verhältnis ihres Anteils am Erfolge ersatzpflichtig. —

Als oberster Grundsatz gilt sowohl im allgemeinen wie im Haftpflichtrecht auf dem Gebiete der Unfallversicherung: „Jeder haftet nur **für seine eigenen Handlungen**", und es gibt somit keine Haftpflicht des Unternehmers für Verschulden seiner Leute. Die dem bisherigen Haftpflichtrecht eigentümliche Solidarität zwischen Prinzipal und seinem Beauftragten ist wieder gelöst und damit die Rückkehr zu dem deutschrechtlichen Dualismus beider Rechtssubjekte vollzogen[116]). Es kann nach § 135 nur Derjenige in Anspruch genommen werden, welcher selbst den Unfall herbeigeführt hat. Jede der dort aufgeführten Personen ist nur für ihre eigenen Handlungen verantwortlich[117]). Die unter den Begriff der Fahrlässigkeit fallende culpa in eligendo vel inspiciendo, und wenn sie noch so groß ist, vermag die Haftpflicht des Unternehmers nicht zu begründen. Diese kommt erst wieder betriebsfremden Personen gegenüber in Frage, denen der Betriebsunternehmer bezw. der Betriebsbeamte nach allgemeinem Haftpflichtrecht haftet.

Haftung juristischer Personen.

Ein Anspruch gegen den Unternehmer ist ganz ausgeschlossen, wenn letzterer nicht eine natürliche Person, sondern eine juristische Person ist, da diese strafrechtlich nicht verfolgt werden kann. (Societas delinquere non potest)[118]).

116) So Riesenfeld S. 289.

117) Vgl. hierzu das Schadensersatz- und Haftpflichtrecht des BGB. und des HPG. oben Abh. S. 56 u. 101. Auch Riesenfeld S. 165, Reindl S. 11 Anm. 22.

118) Vgl. Riesenfeld S. 82.

Die dem Haftpflichtgesetze eigentümliche strenge Haftung des Eisenbahnfiskus oder der Eisenbahngesellschaften ist sonach innerhalb der Unfallversicherung weggefallen. Der Verletzte und dessen Hinterbliebene können sich daher wegen ihrer Entschädigungsansprüche nur an denjenigen Beamten halten, welcher den Unfall vorsätzlich herbeigeführt hat. In gleicher Weise ist die Haftpflicht der Innungen, der eingetragenen Genossenschaften und der Aktiengesellschaften, welche ein der Versicherungspflicht unterliegendes Geschäft betreiben, beseitigt. Es haften die Mitglieder des Vorstandes nur in ihrer Eigenschaft als Bevollmächtigte oder Repräsentanten.

Ob den nach Maßgabe des § 135 in Anspruch genommenen Bevollmächtigten, Repräsentanten, Aufsehern u. s. w. ihrerseits wieder ein Rückgriff gegen den Unternehmer zusteht, ist eine Sache für sich und nach allgemeinen Rechtsgrundsätzen zu entscheiden.

5. Die Höhe der Entschädigung in den Ausnahmefällen des § 135.

In Ansehung der Höhe des Entschädigungsanspruchs, soweit ein solcher nach § 135 ausnahmsweise zugelassen ist, bestimmt der Abs. 2 des genannten Paragraphen folgendes:

„In diesem Falle beschränkt sich der Anspruch auf den Betrag, um welchen die den Berechtigten nach anderen gesetzlichen Vorschriften gebührende Entschädigung diejenige übersteigt, auf welche sie nach diesem Gesetze Anspruch haben," m. a. W. der „geringere" Anspruch nach diesem Gesetze steht im Gegensatz zu dem „höheren" Anspruch nach „anderen" Gesetzen.

Der Anspruch auf Schadensersatz besteht hiernach in der **Differenz** zwischen dem Entschädigungsbetrage, welchen der Verletzte bezw. dessen Hinterbliebene nach allgemeinem Schadensersatz- und Haftpflichtrecht beanspruchen könnten (Minuendus) und der Unfallsentschädigung nach dem Unfallversicherungsgesetz (Subtrahendus)[119] [120].

---

[119]) Darstellung an einer Formel A — b = c.

A = Anspruch aus dem **allgemeinen** Haftpflichtrecht (Minuendus), z. B. nach BGB. oder RHPG.

b = Anspruch aus dem Unfallversicherungsgesetz (Subtrahendus);

c = Differenz zwischen A u. b = Anspruch nach dem **besonderen** Haftpflichtrecht.

[120]) Vgl. auch Weyl S. 416; Piloty I S. 140; Riesenfeld S. 230ff.

Der Minuendus. Die Höhe des Entschädigungsanspruchs nach allgemeinem Haftpflichtrecht wurde im ersten Teile dieser Schrift besprochen.

Der Subtrahendus. Von dieser nach allgemeinem Schadensersatz- und Haftpflichtrecht zu gewährenden Entschädigungssumme ist der Betrag in Abzug zu bringen, welcher dem Verletzten oder den Hinterbliebenen des Getöteten nach Maßgabe des GG. zusteht.

Bei der Berechnung dieses Betrages haben wir neben dem GG. auch das Krankenversicherungsgesetz zu berücksichtigen, weil die Bestimmungen dieser beiden Gesetze derart ineinander greifen, daß der Umfang der den Berechtigten nach dem GG. zustehenden Ansprüche ohne gleichzeitige Betrachtung beider Gesetze nicht klar zu übersehen ist. Dabei sind aber die Bestimmungen der beiden Gesetze wieder streng auseinander zu halten, da in Gemäßheit des § 135 Abs. 2 nur die den Berechtigten nach dem GG. zustehende Entschädigung in Abzug gebracht werden soll.

I. Die Bestimmungen des Gewerbeunfallversicherungsgesetzes.

Die Bestimmungen des GG. über den Umfang der Versicherungsentschädigung sind folgende[121]):

A. „Im Falle der Verletzung[122]) werden als Schadens„ersatz vom Beginne der vierzehnten Woche[123]) nach Ein„tritt des Unfalls ab gewährt:

„1. freie ärztliche Behandlung, Arznei und sonstige „Heilmittel sowie die zur Sicherung des Erfolges des

---

[121]) Vgl. Weyl S. 354 ff.; Piloty II S. 522 fg.; Handbuch S. 146 ff.; Graef S. 77 fg.

[122]) Der Begriff der Körperverletzung ist derselbe wie im RStGB.; sie besteht in einer die Erwerbsfähigkeit beeinträchtigenden Beschädigung der Unversehrtheit des Körpers. Körperverletzungen, welche die Erwerbsfähigkeit nicht beeinträchtigen, können auch Folgen von Betriebsunfällen sein, kommen aber bei der Unfallversicherung nicht in Betracht; vgl. Piloty S. 212.

[123]) Eine Verletzung, deren Folgen sich nicht über 13 Wochen hinaus erstrecken, erscheint im Sinne der Reichsvers.Ges.Geb. nicht als Unfall, sondern als bloß vorübergehende Krankheit. Die ersten 13 Wochen bilden die sogen. Karenzzeit der Unfallversicherung (im Gegensatz zu jener der Krankenversicherung). Vgl. Piloty I S. 212 und II S. 508. Über die Fälle, in welchen neuerdings während der Karenzzeit „Unfallrente" zu gewähren ist, vgl. § 13 GG.

„Heilverfahrens und zur Erleichterung der Folgen der „Verletzung erforderlichen Hilfsmittel (Krücken, Stütz-„apparate u. dgl.)[124]).

2. „Eine Rente für die Dauer der Erwerbsunfähigkeit[125])." § 9 Abs. 1.

„Die Rente[126]) beträgt:

„a) Im Falle völliger Erwerbsunfähigkeit für die Dauer der-„selben sechsundsechzig zwei Drittel Prozent des Jahres-„arbeitsverdienstes[127]) (Vollrente)."

„b) Im Falle teilweiser Erwerbsunfähigkeit für die Dauer der-„selben denjenigen Teil der Vollrente, welcher dem Maße „der durch den Unfall herbeigeführten Einbuße an Erwerbs-„fähigkeit entspricht (Teilrente)" — § 9 Abs. 2.

„Ist der Verletzte infolge des Unfalls nicht nur völlig erwerbs-„unfähig, sondern auch derart hilflos geworden, daß er ohne fremde „Wartung und Pflege nicht bestehen kann, so ist für die Dauer dieser „Hilflosigkeit die Rente bis[128]) zu hundert Prozent des Jahresarbeits-„verdienstes zu erhöhen." — § 9 Abs. 3.

---

[124]) Auch „künstliche Gliedmaßen" gehören hierher, wenn sie zur Sicherung des Erfolges des Heilverfahrens oder zur Erleichterung der Folgen der Verletzung erforderlich sind.

[125]) Erwerbsunfähigkeit ist von Erwerbslosigkeit und Arbeitsunfähigkeit streng zu unterscheiden. Es kommt darauf an, ob und inwieweit der Verletzte fähig ist, mit der ihm verbliebenen beschränkten Arbeitsfähigkeit etwas zu verdienen. Dies kommt auch zum Ausdruck in dem Wort „Einbuße" des Abs. 2 des § 9. Näheres Laß-Zahn S. 80 u. S. 95. Die Minderung der Erwerbsfähigkeit ist nach A. N. 88 Nr. 457 S. 70 u. 90 Nr. 914 S. 598 die Einschränkung, welche der Verunglückte durch die Verletzung in der Benutzung der der ihm nach seinen gesamten Verhältnissen, seinen körperlichen und geistigen Fähigkeiten auf dem ganzen wirtschaftlichen Gebiete sich bietenden Arbeitsgelegenheiten erleidet. Vgl. auch Piloty S. 212. „Erwerbsunfähigkeit" ist der dauernde oder vorübergehende Zustand der Unfähigkeit eines Menschen seine Kenntnisse, seine körperlichen und geistigen Anlagen zu erlaubtem Erwerbe zu benutzen. So Piloty S. 212. Nach Weyl S. 135 f.: ist Erwerbsunfähigkeit die „Unfähigkeit zur Berufsarbeit" (unrichtig).

[126]) Vgl. speziell Piloty II S. 533.

[127]) Wegen der Berechnung des Jahresarbeitsverdienstes vgl. die positiven Vorschriften des § 10 des Ges., auch Piloty II S. 535 ff.

[128]) Es können hiernach auch verschiedene Grade der Hilfslosigkeit unterschieden werden.

„**War** der Verletzte zur Zeit des Unfalls bereits „**dauernd völlig** erwerbsunfähig, so beschränkt sich der „zu leistende Schadensersatz auf die im Abs. 1 Ziff. 1 be„zeichneten Leistungen. Wird ein solcher Verletzter in„folge des Unfalls derart hilflos, daß er ohne fremde „Wartung und Pflege nicht bestehen kann, so ist eine „Rente bis zur Hälfte der Vollrente zu gewähren." — § 9 Abs. 4.

„Solange der Verletzte aus Anlaß des Unfalls that„sächlich und unverschuldet arbeitslos ist, **kann** der Ge„nossenschaftsvorstand die Teilrente bis zum Betrage der „Vollrente vorübergehend erhöhen" — § 9 Abs. 5 — sogen. „Zuschußrente", auf welche der Verletzte keinen rechtlichen „Anspruch" hat und welche deshalb gemäß § 135 Abs. 2 nicht in Abzug gebracht werden darf, auch wenn sie thatsächlich gewährt worden ist. Denn der § 135 Abs. 2 setzt ausdrücklich voraus, daß ein gesetzlicher „Anspruch", d. h. ein Rechtsanspruch besteht. Dagegen ist die für die Dauer der Hilflosigkeit zu gewährende Zuschußrente (§ 9 Abs. 3) abzugsfähig.

„Vom Beginn der fünften Woche nach Eintritt des Unfalls „bis zum Ablauf der dreizehnten Woche ist das Krankengeld, welches „den durch einen Betriebsunfall verletzten Personen auf Grund des „Krankenversicherungsgesetzes gewährt wird, auf mindestens zwei Drittel „des bei der Berechnung desselben zu Grunde gelegten Arbeitslohnes „zu bemessen. Die Differenz zwischen diesen zwei Dritteln und dem „gesetzlich oder statutengemäß zu gewährenden niedrigeren Kranken„gelde ist der beteiligten Krankenkasse (Gemeinde-Krankenversicherung) „von dem Unternehmer desjenigen Betriebes zu ersetzen, in welchem „der Unfall sich ereignet hat." — § 12 Abs. 1 [129]).

„Den nach §§ 1 oder 2 versicherten Arbeitern und Betriebs„beamten, letzteren bei einem Jahresarbeitsverdienst bis zu **zwei**„tausend Mark, welche nicht nach den Bestimmungen des Kranken„versicherungsgesetzes versichert sind, hat der Betriebsunternehmer [130])

[129]) Bekanntmachung des RVA. vom 30. Sept. 1885 A. N. **85** S. 283; Handbuch S. 865; vgl. dazu Weyl S. 359; Piloty I S. 106.

[130]) Mit dieser Leistung, aber auch nur mit ihr, ist das Prinzip der Solidarhaft der Unternehmerschaft unterbrochen und besteht eine Individualhaft des Einzelunternehmers fort; zu vgl. Riesenfeld S. 50.

„die in den §§ 6 und 7 des Krankenversicherungsgesetzes vorgesehenen „Unterstützungen einschließlich des aus dem vorhergehenden Absatze „(scil. § 12 Abs. 1) sich ergebenden Mehrbetrages für die ersten drei- „zehn Wochen aus eigenen Mitteln zu gewähren[131])." — § 12 Abs. 2.

„Wenn der aus der Krankenversicherung oder aus der Bestim- „mung des § 12 Abs. 2 erwachsende Anspruch auf Kranken- „geld vor dem Ablaufe von dreizehn Wochen nach Eintritt des Un- „falls weggefallen, aber bei dem Verletzten eine noch über die „dreizehnte Woche hinaus andauernde Beschränkung der Erwerbs- „fähigkeit zurückgeblieben ist, so hat die Berufsgenossenschaft dem Ver- „letzten die Unfallrente (§ 9 Abs. 2 lit. b) schon von dem Tage ab „zu gewähren, an welchem der Anspruch auf Krankengeld in Weg- „fall kommt. Erachtet die Berufsgenossenschaft die Voraussetzungen „des Anspruchs schon vor dem Ablaufe der dreizehnten Woche nach „dem Unfalle für gegeben, so hat sie die Rente zu diesem früheren „Zeitpunkt festzustellen." § 13 Abs. 1 (sogen. Zwischenrente).

„Durch Statut kann bestimmt werden, daß die Rente nach dem „Wegfalle des Anspruchs auf Krankengeld auch **dann** zu gewähren „ist, wenn nach jenem Zeitpunkte zwar noch eine Beschränkung der „Erwerbsfähigkeit infolge des Unfalles verblieben ist, aber vor- „aussichtlich schon vor Ablauf der dreizehnten Woche nach dem Un- „falle fortfallen wird." — § 13 Abs. 2.

Durch diese neue Vorschrift ist bezweckt worden, die Lücke auszufüllen zwischen der Fürsorge der Krankenversicherung und der Unfallversicherung, wie sie in dem Falle bestand, wenn das Heil- verfahren innerhalb der dreizehnwöchigen Karenzzeit beendigt, die volle Erwerbsfähigkeit des Verletzten aber noch nicht wiederhergestellt war. Deshalb findet diese Vorschrift auch auf solche Personen, die nicht gegen Krankheit versichert sind, keine Anwendung, da es dann an der Lücke fehlt, deren Ausfüllung in § 13 beabsichtigt ist[131a]).

B. „Im Falle der Tötung[132]) ist als Schadensersatz außer- „dem zu leisten:

---

[131]) Vgl. Piloty I S. 108. [131a]) RE. 1881, A. N. 1901 S. 599.

[132]) Vgl. Piloty II S. 567 ff.; Handbuch S. 173 ff. Der Todestag wird zu Gunsten der Hinterbliebenen miteingerechnet A. N. **87** Nr. 256 S. 11; Piloty a. a. O. S. 572; Handbuch S. 174 Anm. 3. — Die Beerdigungskosten sind Dem- jenigen zu ersetzen, welcher die Beerdigung besorgt hat, A. N. **86** Nr. 233 S. 275; Handbuch S. 174 Anm. 1.

1. „als Sterbegeld der fünfzehnte Teil des nach § 10 „Abs. 1—4 zu Grunde zu legenden Jahresarbeitsver„dienstes, jedoch mindestens ein Betrag von fünfzig Mark;

2. „eine den Hinterbliebenen vom Todestage des Verstorbenen „ab zu gewährende Rente."

„Dieselbe besteht nach näherer Bestimmung der §§ 16—20 „in einem Bruchteile seines nach § 10 Abs. 1—4 ermittelten „Jahresarbeitsverdienstes[133])." — § 15 Abs. 1.

Die Rente beträgt hinsichtlich des nächststehenden Personenkreises der Ehegatten untereinander, sowie der Kinder:

a) „für die Wittwe bis zu deren Tode oder Wiederverheiratung, „sowie für jedes hinterbliebene Kind bis zu dessen zurückgelegtem „fünfzehnten Lebensjahre je 20 Prozent des Jahresarbeits„verdienstes." — § 16 Abs. 1.

„Im Falle der Wiederverheiratung erhält die Wittwe 60 Prozent „des Jahresarbeitsverdienstes als Abfindung." — § 16 Abs. 2.

„Der Anspruch der Wittwe ist ausgeschlossen, wenn die Ehe erst „nach dem Unfalle geschlossen worden ist." — § 16 Abs. 3. Hierbei hat die Novelle einen Zusatz gemacht:

„Die Berufsgenossenschaft **kann** jedoch in besonderen Fällen „auch dann eine Wittwenrente" — d. h. eine Rente bis zum Höchstbetrage der sonst gesetzlichen Wittwenrente, (nicht aber eine Kapitalabfindung) — „gewähren," vgl. Schlußsatz des § 16 Abs. 3. Auch in diesem Falle besteht kein „Rechtsanspruch" der Wittwe; der Betrag ist mithin gemäß § 135 Abs. 2 GG. nicht abzugsfähig. Allerdings wird die Berufsgenossenschaft, wenn ein Entschädigungsanspruch auf Grund des bürgerlichen Rechts begründet ist und thatsächlich durchgeführt werden kann, zu erwägen haben, ob sie von der Befugnis des § 16 Abs. 3 Gebrauch machen soll. Ferner hat die geschiedene Frau keinen Anspruch auf Rente; thatsächliches Getrenntleben der Eheleute ist belanglos[134]).

[133]) „Ist der der Berechnung zu Grunde zu legende Jahresarbeitsverdienst „infolge eines früher erlittenen, nach den reichsgesetzlichen Bestimmungen über „Unfallversicherung entschädigten Unfalls geringer als der vor diesem Unfall „bezogene Lohn, so ist die aus Anlaß des früheren Unfalls bei Lebzeiten „bezogene Rente dem Jahresarbeitsverdienste bis zur Höhe des der früheren „Rentenfeststellung zu Grunde gelegten Jahresarbeitsverdienstes hinzuzurechnen." „§ 15 Abs. 2.

[134]) Vgl. Piloty II S. 503; A. N. **88** Nr. 525, S. 230.

„Die Bestimmungen über die Renten der Kinder finden auch Anwendung, wenn der Unfall eine alleinstehende weibliche Person betroffen hat, und diese mit Hinterlassung von Kindern verstirbt." — § 16 Abs. 4.

§ 17 regelt den Fall, wenn die Frau der verdienende Teil der Familie war, und durch Unfall verstorben ist[135]). Er bestimmt:

„War die Verstorbene beim Eintritte des Unfalls verheiratet, aber der Lebensunterhalt ihrer Familie wegen Erwerbsunfähigkeit des Ehemannes ganz oder überwiegend durch sie bestritten worden, so erhalten bis zum Wegfall der Bedürftigkeit an Rente

„a) der Wittwer 20 Prozent,"

„b) jedes hinterbliebene Kind bis zu dessen zurückgelegtem fünfzehnten Lebensjahre 20 Prozent des Arbeitsverdienstes." — § 17 Abs. 1.

Von der Befugnis der Berufsgenossenschaften den Kindern einer getöteten „Ehefrau, deren Ehemann sich ohne gesetzlichen Grund von der häuslichen Gemeinschaft ferngehalten und der Pflicht der Unterhaltung der Kinder entzogen hat, die Rente zu gewähren", handelt § 17 Abs. 2. Auch in diesem Falle besteht kein „Anspruch" der Kinder; eine thatsächlich gewährte Rente ist nicht abzugsfähig[135a]). Die Berufsgenossenschaft wird jedoch darauf Bedacht zu nehmen haben, daß die Kinder nicht von zwei Seiten entschädigt werden, und in dem Falle, daß diese von dem nach bürgerlichem Rechte Haftbaren eine Entschädigung erhalten, von der Befugnis des § 17 Abs. 2 keinen Gebrauch machen.

b) Für Verwandte aufsteigender Linie bestimmt § 18:

„Hinterläßt der Verstorbene Verwandte der aufsteigenden Linie, so wird ihnen, falls ihr Lebensunterhalt[136]) ganz oder überwiegend durch den Verstorbenen bestritten worden war[137]), bis zum Wegfalle der Bedürftigkeit eine Rente von insgesamt 20 Prozent des Jahresarbeitsverdienstes gewährt." — § 18.

---

[135]) Dieser Fall war bisher nicht gesetzlich normiert; vgl. auch Weyl S. 365.

[135a]) S. Abh. oben S. 152.

[136]) Maßgebend sind die z. Z. des Unfalls obwaltenden Verhältnisse, nicht etwa die hiervon verschiedenen Verhältnisse z. Z. des Todes.

[137]) Das strenge Erfordernis des früheren Rechts, daß der Verstorbene der einzige Ernährer sein mußte, ist weggefallen.

c) Für Verwandte absteigender Linie entfernteren Grades bestimmt das Gesetz in der Novelle:

„Hinterläßt der Verstorbene elternlose Enkel, so wird ihnen, „falls ihr Lebensunterhalt ganz oder überwiegend durch den Ver„storbenen bestritten worden war, im Falle der Bedürftigkeit bis „zum zurückgelegten fünfzehnten Lebensjahr eine Rente von insge„samt 20 Prozent des Jahresarbeitsverdienstes gewährt." — § 19.

Die Rangordnung der aufgeführten Ansprüche innerhalb der einzelnen in Frage kommenden Personengruppen regelt § 20, welcher als obersten Grundsatz aufstellt:

„Die Renten [138]) der Hinterbliebenen dürfen insgesamt „60 Prozent des Jahresarbeitsverdienstes nicht übersteigen. Ergibt „sich ein höherer Betrag, so werden die Renten gekürzt [139])."

„Bei Ehegatten und Kindern erfolgt die Kürzung „im Verhältnisse der Höhe ihrer Renten.

„Verwandte der **aufsteigenden** Linie haben einen Anspruch „nur insoweit, als der Höchstbetrag der Renten nicht für Ehe„gatten oder Kinder in Anspruch genommen wird;

„**Enkel** nur insoweit, als der Höchstbetrag der Renten „nicht für Ehegatten, Kinder oder Verwandte der auf„steigenden Linie in Anspruch genommen wird." — § 20 Abs. 1.

„Sind aus der aufsteigenden Linie Verwandte ver„schiedenen Grades vorhanden, so wird die Rente den Eltern „vor den Großeltern gewährt". — § 20 Abs. 2.

„Die Hinterbliebenen eines Ausländers [140]), welche zur Zeit des „Unfalls nicht im Inland ihren gewöhnlichen Aufenthalt

---

[138]) Über die Berechnung der Rente und deren Maximalhöhe vgl. insb. Weyl S. 362 ff.

[139]) Fallen später Entschädigungsberechtigte weg, so wachsen die ausfallenden Anteile den übrigen Entschädigungsberechtigten so lange zu, bis die den einzelnen Berechtigten zu zahlenden Renten den gesetzlich zulässigen Höchstbetrag von 20 Prozent erreicht haben.

[140]) Vgl. Riesenfeld S. 37 insb. Anm. 51 auch S. 277; für diese bleibt es bei den Forderungen nach allgemeinen HPR., soweit ihnen nach den Grundsätzen des internationalen Privat-Rechts überhaupt Entschädigungsforderungen zustehen. Vgl. RE. 898 A. N. 90 S. 588; Mandry S. 507.

„hatten[141]), haben keinen Anspruch auf die Rente". — § 21 Satz 1.

Diese Bestimmung wird durch den neuen Satz 2 des § 21 gemildert: „Durch Beschluß des Bundesrats kann diese Be-„stimmung für bestimmte Grenzgebiete sowie für die An-„gehörigen solcher auswärtiger Staaten, durch deren „Gesetzgebung eine entsprechende Fürsorge für die Hin-„terbliebenen durch Betriebsunfall getöteter Deutscher „gewährleistet ist, außer Kraft gesetzt werden[141a])."

C. Ferner ist hier die Vorschrift des § 22 GG. anzuführen, wonach bestimmt ist:

„An Stelle der in den §§ 9 und 12 vorgeschriebenen Leistungen „**kann**[142]) von der Berufsgenossenschaft freie Kur und Ver-„pflegung in einer Heilanstalt[143]) gewährt werden und zwar:

„1. Für Verletzte, welche verheiratet sind oder eine „eigene Haushaltung haben oder Mitglieder der Haus-„haltung ihrer Familie sind, mit ihrer Zustimmung.

„Der Zustimmung bedarf es nicht, wenn die Art der „Verletzung Anforderungen an die Behandlung und Verpflegung stellt, „denen in der Familie nicht genügt werden kann, oder wenn der „für den Aufenthaltsort des Verletzten amtlich bestellte „Arzt bezeugt, daß Zustand oder Verhalten des Verletz-„ten eine fortgesetzte Beobachtung erfordert.

„2. Für sonstige Verletzte in allen Fällen." § 22 Abs. 1.

„Für die Zeit der Verpflegung des Verletzten in der Heil-„anstalt steht seinen Angehörigen ein Anspruch auf Rente in-„soweit zu, als sie dieselbe im Falle seines Todes würden bean-„spruchen können (§§ 16 ff.)." — § 22 Abs. 3.

---

141) Entscheidend sind „die thatsächlichen Verhältnisse des gewöhnlichen Aufenthalts", nicht der Rechtsbegriff des „Wohnsitzes". A. N. **90** Nr. 898 S. 588; Handbuch S. 178 Anm. 17; Graef S. 100; a. A. bisher Piloty II S. 571, welcher den „Wohnsitz" im Sinne des Zivilrechts annahm.

141a) Dies ist geschehen durch Bekanntmachungen des Reichskanzlers vom 12. und 29. Juni 1901, A. N. 1901 S. 418 u. 450.

142) Darüber entscheiden die Feststellungsorgane der Genossenschaft. Über das Verfahren im einzelnen: Laß, Prozeßrecht in Unfallversicherungssachen S. 327—339.

143) Vgl. Weyl S. 363; Piloty II S. 562 fg.; Dr. Kries, Die Krankenhausbehandlung nach den Unfallversicherungsgesetzen, Berlin 1894; Handbuch S. 179 ff.

„Die Berufsgenossenschaften sind befugt, auf Grund „statutarischer Bestimmung allgemein, ohne eine solche im „Falle der Bedürftigkeit dem in einer Heilanstalt unter„gebrachten Verletzten sowie seinen Angehörigen eine be„sondere Unterstützung zu gewähren." — § 22 Abs. 4.

Auch im letzteren Falle haben wir es mit einer bloß fakultativen Leistung der Berufsgenossenschaften zu thun, auf welche der Verletzte keinen „Anspruch" hat. Eine derartige „Unterstützung" ist deshalb nach § 135 Abs. 2 nicht abzugsfähig.

Die Gewährung eines neuen Heilverfahrens an Stelle der sonstigen regelmäßigen Leistungen der Berufsgenossenschaften kann innerhalb des Rahmens des § 23 a. a. O. jederzeit erfolgen. Auch ist es zulässig, einem Rentenempfänger auf Antrag an Stelle der Rente Aufnahme in ein Invalidenhaus oder in ähnliche Anstalten auf Kosten der Berufsgenossenschaften zu gewähren (§ 24).

Die Folgen pflichtwidriger Vereitelung des Heilverfahrens[144]) fallen, sofern sie einen höheren Grad von Erwerbsunfähigkeit oder gar den Tod herbeiführen, insoweit dem Verletzten zur Last, als diese nachweislich bei pflichtgemäßem Verhalten vermieden worden wären. Es liegt hier ein Handeln des Verletzten auf eigene Gefahr vor[145]).

Bezüglich der Fälligkeitstermine der Leistungen der Berufsgenossenschaften vgl. die Vorschrift des § 93 GG., über das „Ruhen" der Rente § 94 a. a. O. und über die Befugnis laufende Renten durch eine Kapitalzahlung abzulösen § 95 a. a. O.

Die Leistungen, welche nach den angeführten Bestimmungen des GG. dem Verletzten oder den Hinterbliebenen zustehen, ergeben den Subtrahendus, d. h. den Betrag, welcher von der nach allgemeinem Schadensersatz- und Haftpflichtrecht sich ergebenden Summe in Abzug zu bringen ist.

Die Differenz, d. h. das Ergebnis des Abzugsverfahrens ist der Betrag, welcher nach Maßgabe des § 135 GG. zu leisten ist.

Der Gedanke der beiden Absätze des § 135 ist der: bei strafgerichtlich festgestelltem Vorsatz dem Berechtigten den **vollen** Schadensersatz zuzuwenden.

---

[144]) Nur besteht keine Operationspflicht, vgl. Abh. unten S. 194. Zu vgl. auch § 23 Abs. 2 des Ges.

[145]) Vgl. Laß-Zahn S. 71 Nr. 3.

Dies geschieht entweder in der Form, daß den einen Teil des Schadens die Träger der Versicherung, den Rest der Unternehmer — bezw. der Betriebsbeamte — zu tragen oder daß der letztere den Schadensersatz allein voll zu leisten hat, nämlich dann, wenn ein Entschädigungsanspruch gegen den Träger der Versicherung nicht besteht. Sonach ist nicht eine Differenz, sondern der **volle** nach bürgerlichem Recht zu leistende Schaden zu ersetzen. Dies gilt auch, wenn Hinterbliebene im Sinne der §§ 16—19 einen Anspruch auf Rente nach den Unfallversicherungsgesetzen nicht haben, aber gemäß § 135 Abs. 1 GG. unter den dort angegebenen Voraussetzungen — strafgerichtlich festgestellter Vorsatz — entschädigungsberechtigt sind.

Beispiel: Ein elternloser Enkel — § 19 GG. —, welcher nach bürgerlichem Recht einen Schadensersatzanspruch wegen Tötung des zum Unterhalt verpflichteten Großvaters hat, kann diesen nach § 135 Abs. 1 GG. nur unter den dortselbst angegebenen Voraussetzungen geltend machen, auch **dann** nur unter diesen Voraussetzungen, wenn er z. B. wegen thatsächlichen Nichtbestreitens des Lebensunterhaltes seitens des Verstorbenen, einen Anspruch auf Rente nicht hat. Sind in diesem Falle die Voraussetzungen des § 135 Abs. 1 a. a. O. gegeben — strafgerichtlich festgestellter Vorsatz —, so ist die volle Entschädigung nach bürgerlichem Recht zu leisten, da nach § 135 Abs. 2 a. a. O. ein Betrag nicht in Abzug gebracht werden kann, indem, wie erwähnt, dem Berechtigten nach Unfallversicherungsrecht ein Anspruch auf Entschädigung überhaupt nicht zusteht.

Ob der sich ergebende Entschädigungsbetrag (in der Regel die Differenz) im einzelnen Fall in Form einer Rente oder einer einmaligen Kapitalsabfindung festzustellen ist, richtet sich nach bürgerlichem Recht.

Für die Berechnung der Differenz, ebenso wie für die Anstellung der Differenzklage aus § 135 GG. ist es ohne Einfluß, ob die in dem GG. bezeichneten Leistungen auch in der That von den Genossenschaften aufgewendet worden sind, denn es sollen nach der ausdrücklichen Vorschrift des § 135 Abs. 2 nicht etwa die geleisteten Beträge in Abzug gebracht werden, sondern diejenigen, auf welche die Berechtigten nach dem GG. „Anspruch haben“. Wird den letzteren die ihnen nach dem GG. gebührende Entschädigung nicht oder nicht vollständig gewährt, so können sie sich deswegen nur an die Genossenschaft halten.

Schließlich bestimmt der Abs. 3 [146]) des § 135:

„Für das über einen solchen Anspruch erkennende ordentliche „Gericht ist die Entscheidung bindend, welche in dem durch dieses „Gesetz geordneten Verfahren über die Frage ergeht, ob ein Unfall „vorliegt, für welchen aus der Unfallversicherung Entschädigung zu „leisten ist, und in welchem Umfange Entschädigung zu gewähren ist."

An den Inhalt des strafgerichtlichen Urteils ist der Zivilrichter, wie wir sahen [147]), gebunden. An diese erste durch die Reichs-Versicherungsgesetzgebung geschaffene Ausnahme von dem Grundsatz der freien Beweiswürdigung, reiht sich die zweite, daß der Zivilrichter auch an die Entscheidung der Versicherungsinstanzen bezüglich der Frage, ob ein entschädigungspflichtiger Betriebsunfall vorliegt, und hinsichtlich der Höhe der Entschädigung gebunden ist. Eine Untersuchung bezw. Abänderung dieser Feststellungen darf er nicht vornehmen, selbst wenn sie nach seiner richterlichen Überzeugung irrtümlich wären.

II. Die Bestimmungen des Krankenversicherungsgesetzes*).

Wegen der Bestimmungen in den §§ 12 und 13 GG., in welchen auf das KG. Bezug genommen wird, muß hier kurz auf dieses Gesetz eingegangen werden.

Vor allem ist der Grundgedanke der Unfallversicherung zu betonen, wonach auch in denjenigen Fällen, in welchen die Krankheit durch einen Unfall verursacht worden ist, **während der ersten 13 Wochen** für die gegen Krankheit Versicherten die Krankenversicherung aufzukommen hat. Die 13 Wochen bilden die sogen. „Karenzzeit der Unfallversicherung".

Die Krankenversicherung erfolgt nach dem KG. durch die Orts-, Betriebs-(Fabrik-), Bau-, Innungs-, Knappschafts-, eingeschriebenen Hülfs- [148]) Kassen und durch die Gemeinde-Krankenversicherung.

Versicherungspflichtig sind [149]):

Personen, welche als Arbeiter oder als Betriebsbeamte, Werkmeister, Techniker, Handlungsgehilfen 2c. in gewissen, im Gesetze

---

[146]) Durch die Novelle eingeführt. Vgl. Reindl S. 11 Anm. 21.

[147]) Vgl. Abh. oben S. 170.

*) KVG. v. 15. Juni 1883 in der revidierten Fassung v. 10. April 1892 nebst Novelle v. 30. Juni 1900. Zum Folgenden vor allem Piloty I S. 102 ff.; Laß-Zahn S. 100 u. 101.

[148]) Vgl. Ges. über die eingeschriebenen Hilfskassen vom 7. April 1876 in der Fassung vom 1. Juni 1884.

[149]) Zu vgl. die Zusammenstellung bei Laß-Zahn S. 6–9.

näher bezeichneten Betrieben beschäftigt sind; Arbeiter ohne Rücksicht auf die Höhe ihres Lohnes, Betriebsbeamte rc. dann, wenn ihr Arbeitsverdienst an Lohn oder Gehalt $6^2/_3$ Mark für den Arbeitstag oder 2000 Mark für das Jahr nicht übersteigt.

Die Beschäftigung muß stattfinden:

„1. in Bergwerken, Salinen, Aufbereitungsanstalten, Brüchen „und Gruben, in Fabriken und Hüttenwerken, beim Eisenbahn-, „Binnenschiffahrts- und Baggereibetriebe, auf Werften und bei Bauten;

„2. im Handelsgewerbe, im Handwerk und in sonstigen stehenden „Gewerbebetrieben;

„2a. in dem Geschäftsbetrieb der Anwälte, Notare und Gerichts„vollzieher, der Krankenkassen, Berufsgenossenschaften und Versicherungs„anstalten;

„3. in Betrieben, in denen Dampfkessel oder durch elementare „Kraft (Wind, Wasser, Dampf, Gas, heiße Luft u. s. w.) bewegte „Triebwerke zur Verwendung kommen, sofern diese Verwendung nicht „ausschließlich in vorübergehender Benutzung einer nicht zur Be„triebsanlage gehörenden Kraftmaschine besteht."

Nicht versicherungspflichtig sind diese eben genannten Personen, wenn die Beschäftigung durch die Natur ihres Gegenstandes oder im voraus durch den Arbeitsvertrag auf einen Zeitraum von weniger als einer Woche beschränkt ist[150]).

Ebenso sind nicht versicherungspflichtig die Gehilfen und Lehrlinge in Apotheken sowie die im § 2 unter Ziff. 2—6 KG. aufgeführten Personen[151]).

In gleicher Weise versicherungspflichtig wie die unter § 1 Abs. 1 aufgeführten Personen sind:

„Personen, welche in dem gesamten Betriebe der Post- und Tele„graphenverwaltungen, sowie in den Betrieben der Marine- und Heeres„verwaltungen gegen Gehalt oder Lohn beschäftigt sind und nicht be„reits auf Grund der vorstehenden Bestimmungen (d. i. § 1 Abs. 1 „KG.) der Krankenversicherungspflicht unterliegen." — KG. § 1 Abs. 2[152]).

---

150) Vgl. KG. § 1 Abs. 1.

151) Vgl. KG. a. a. O.

152) § 1 Abs. 3 u. 4 gehört nicht hierher. — Als Gehalt und Lohn gelten auch Gewinnanteile und Naturalbezüge § 1 Abs. 5.

Durch Landesgesetz oder statutarische Bestimmung[153]) einer Gemeinde für ihren Bezirk oder eines weiteren Kommunalverbandes für seinen Bezirk oder Teile desselben kann die Versicherungspflicht ausgedehnt werden:

1. „auf diejenigen im § 1 des Gesetzes bezeichneten Personen, „deren Beschäftigung durch die Natur ihres Gegenstandes oder im „voraus durch den Arbeitsvertrag auf einen Zeitraum von weniger „als einer Woche beschränkt ist;

2. „auf die in Kommunalbetrieben und im Kommunaldienste „beschäftigten Personen, auf welche die Anwendung des § 1 nicht „durch anderweite reichsgesetzliche Vorschriften erstreckt ist;

3. „auf diejenigen Familienangehörigen eines Betriebsunter- „nehmers, deren Beschäftigung in dem Betriebe nicht auf Grund „eines Arbeitsvertrags stattfindet;

4. „auf selbständige Gewerbetreibende, welche in eigenen „Betriebsstätten im Auftrage und für Rechnung anderer Gewerbe- „treibender mit der Herstellung oder Bearbeitung gewerblicher „Erzeugnisse beschäftigt werden (Hausindustrie) und zwar auch für „den Fall, daß sie die Roh- und Hülfsstoffe selbst beschaffen, und „auch für die Zeit, während welcher sie vorübergehend für eigene „Rechnung arbeiten;

5. „auf Handlungsgehilfen und -lehrlinge, soweit dieselben „nicht nach § 1 versicherungspflichtig sind;

6. „auf die in der Land- und Forstwirtschaft beschäftigten Arbeiter und Betriebsbeamten.“ § 2 Abs. 1.

Die Anwendung der Vorschriften des § 1 können[154]) noch weiter erstreckt werden und zwar „auch auf solche in Betrieben oder im „Dienste des Reiches oder eines Staates beschäftigte Personen, welche „der Krankenversicherungspflicht nicht bereits nach gesetzlichen Be- „stimmungen unterliegen“. — § 2a.

Sodann sind noch zwei Punkte zu erwähnen:

Der Ausschluß und die Befreiung von der Versicherungspflicht.

---

[153]) Welche der Genehmigung der höheren Verwaltungsbehörde bedarf und in gehöriger Weise zu veröffentlichen ist § 2 Abs. 3. Vgl. auch §§ 133 ff. LUVG. vom 5. Mai 1886.

[154]) Durch Verfügung des Reichskanzlers bezw. der Zentralbehörde des betr. Staates.

a) Ausgeschlossen von der Versicherungspflicht sind:

Personen des Soldatenstandes, sowie solche in Betrieben oder im Dienste des Reiches, eines Staates oder Kommunalverbandes beschäftigte Personen, welche dem Reich, Staat oder Kommunalverbande gegenüber in Krankheitsfällen Anspruch auf Fortzahlung des Gehalts oder des Lohnes mindestens für 13 Wochen nach der Erkrankung oder auf eine den Bestimmungen des § 6 entsprechende Unterstützung haben. Vgl. § 3.

b) Befreiung.

„Auf ihren Antrag[155]) sind von der Versicherungspflicht zu „befreien:

„1. Personen, welche infolge von Verletzungen, Gebrechen, chro„nischen Krankheiten oder Alter nur teilweise oder nur zeitweise er„werbsfähig sind, wenn der unterstützungspflichtige Armenverband „der Befreiung zustimmt;

„2. Personen, welchen gegen ihren Arbeitgeber für den Fall „der Erkrankung ein Rechtsanspruch auf eine den Bestimmungen des „§ 6 entsprechende oder gleichwertige Unterstützung zusteht, sofern die „Leistungsfähigkeit des Arbeitgebers zur Erfüllung des Anspruchs „gesichert ist[156])." — § 3a Abs. 1.

„Auf den Antrag des Arbeitgebers sind von der Versicherungs„pflicht zu befreien Lehrlinge, welchen durch den Arbeitgeber für die „während der Dauer des Lehrverhältnisses eintretenden Erkrankungs„fälle der Anspruch auf freie Kur oder Verpflegung in einem „Krankenhause auf die im § 6 Abs. 2 bezeichnete Dauer[157]) gesichert „ist. Gleiches gilt von Personen, welche im Falle der Arbeits„losigkeit in einer die Versicherungspflicht begründenden Art in „Wohlthätigkeitsanstalten beschäftigt werden, deren Zweck darin „besteht, arbeitslosen Personen vorübergehend Beschäftigung zu ge„währen (Arbeiterkolonien u. dgl.)." — § 3b Abs. 1[157a]).

Die versicherungspflichtigen Personen müssen einer der genannten Krankenkassen angehören.

---

[155]) Der Antrag muß vom Versicherten ausgehen, Regers Entsch. **5** S. 431; **8** S. 362; vgl. auch Hahn S. 36.

[156]) Die Befreiung gilt regelmäßig nur für die Dauer des Arbeitsvertrags § 3a Abs. 3; daselbst auch die Fälle früheren Erlöschens der Befreiung.

[157]) D. s. auf 13 volle Wochen nach Beginn der Krankheit.

[157a]) Bezügl. der Befreiungen gemäß LUVG. v. 5. Mai 1886 vgl. unten S. 233.

Bezüglich der Krankenkassen hat sich das KG. mit der Aufstellung bestimmter Normativbestimmungen begnügt und im übrigen den Kassen freie Hand in der Verwaltung und Regelung ihrer Angelegenheiten gelassen. Die Normativbestimmungen betreffen die Grundzüge der Organisation, den Maßstab, die Berechnung und die Höhe der Lohn- und Gehaltssätze, die Höhe der Kassenbeiträge und die Minimal- und Maximalleistungen der einzelnen Kassen. Es ist also — worauf es hier allein ankommt — den Kassen bezüglich des Umfangs der Krankenunterstützungen ein gewisser Spielraum gewährt.

Nur bezüglich der Gemeinde-Krankenversicherung hat das KG. genaue Vorschriften über den Umfang der Leistungen getroffen; es sind dies unter der Bezeichnung: „Krankenunterstützung“:

1. die Kosten des Heilverfahrens oder an dessen Stelle die sogen. Krankenhausbehandlung;

2. ein gewisser Geldbetrag, d. i. das „Krankengeld“. Die hierher gehörigen Bestimmungen des Gesetzes sind die folgenden:

„Als Krankenunterstützung ist zu gewähren:

„1. vom Beginn der Krankheit ab freie ärztliche Behandlung, „Arznei, sowie Brillen, Bruchbänder und ähnliche Heilmittel;

„2. im Falle der Erwerbsunfähigkeit vom dritten Tage[158]) nach „dem Tage der Erkrankung ab für jeden Arbeitstag ein Krankengeld „in Höhe der Hälfte des ortsüblichen[159]) Tagelohnes gewöhnlicher „Tagearbeiter.“ — § 6 Abs. 1.

„Die Krankenunterstützung endet spätestens mit dem Ablauf der „13. Woche nach Beginn der Krankheit[160]), im Falle der Erwerbs„unfähigkeit spätestens mit dem Ablauf[161]) der 13. Woche nach Be-

---

[158]) Der Tag der Erkrankung sowie die beiden nächstfolgenden Tage bilden die sogen. „Karenzzeit der Krankenversicherung“; Weyl S. 954 ff.; Hahn S. 57.

[159]) Über die Feststellung des ortsüblichen Tagelohnes enthält § 8 KG. nähere Vorschriften; Hahn S. 74.

[160]) § 6 Abs. 2 unterscheidet 2 Fälle:

1. Krankheit **ohne** gleichzeitige Erwerbsunfähigkeit;

2. Krankheit verbunden **mit** Erwerbsunfähigkeit.

[161]) Die 13. Woche läuft mit dem Tage ab, welcher durch seine Benennung dem ersten Tage der Krankheit bezw. des Krankengeldbezuges entspricht; Hahn S. 59; Riesenfeld S. 51, — d. s. 92 Tage seit Eintritt des Unfalles, wobei der Tag des Unfalles nicht mitzurechnen ist. A. N. **87** Nr. 256 S. 11. Auch

„ginn des Krankengeldbezugs. Endet der Bezug des Krankengeldes erst „nach Ablauf der 13. Woche nach dem Beginn der Krankheit, so „endet mit dem Bezuge des Krankengeldes zugleich auch der An- „spruch auf die im Abs. 1 unter Ziff. 1 bezeichneten Leistungen" (d. h. die Heilungskosten). — § 6 Abs. 2.

„Das Krankengeld ist nach Ablauf jeder Woche zu bezahlen." — § 6 Abs. 3 [162]).

„An Stelle der in § 6 vorgeschriebenen Leistungen kann freie „Kur und Verpflegung in einem Krankenhause gewährt werden und „zwar:

„1. für Diejenigen, welche verheiratet sind, oder eine eigene „Haushaltung haben, oder Mitglieder der Haushaltung ihrer Familie „sind, mit ihrer Zustimmung oder unabhängig von derselben, wenn „die Art der Krankheit Anforderungen an die Behandlung oder Ver- „pflegung stellt, welchen in der Familie des Erkrankten nicht ge- „nügt werden kann, oder wenn die Krankheit eine ansteckende ist, „oder wenn der Erkrankte wiederholt den auf Grund des § 6a „erlassenen Vorschriften [163]) zuwider gehandelt hat, oder wenn dessen „Zustand oder Verhalten eine fortgesetze Beobachtung erfordert;

„2. für sonstige Erkrankte unbedingt." — § 7 Abs. 1 [164]).

„Hat der in einem Krankenhause Untergebrachte Angehörige, „deren Unterhalt er bisher aus seinem Arbeitsverdienst bestritten „hat, so ist neben der freien Kur und Verpflegung die Hälfte des „im § 6 als Krankengeld festgesetzten Betrages für diese Angehörigen „zu zahlen. Die Zahlung kann unmittelbar an die Angehörigen „erfolgen." — § 7 Abs 2.

In Ansehung der Orts-, Betriebs-(Fabrik-), Bau-, Innungs-, Knappschafts- und eingeschriebenen Hülfskassen bestimmt das KG., daß deren Leistungen mindestens diejenigen der Gemeinde-Krankenversicherung erreichen müssen. — KG. §§ 20, 64, 71, 73 und 74.

---

die dreitägige Karenzzeit des KG. bleibt außer Ansatz; Riesenfeld S. 51; vgl. auch A. N. **88** Nr. 535 S. 244.

[162]) § 6a enthält Bestimmungen über die Befugnis der Gemeinden die Bestimmungen des § 6 in gewissen Grenzen abzuändern.

[163]) Über Zuwiderhandeln gegen die Anordnungen des Arztes, bezw. reglementswidriges Verhalten der Kranken vgl. Näheres Laß-Zahn S. 70.

[164]) Vgl. auch Weyl S. 363.

Blicken wir nach der Erörterung der Bestimmungen des KG. wieder einmal auf unseren § 135 GG.!

Nach Abs. 2 dieses Paragraphen soll in Abzug gebracht werden nur diejenige Entschädigung, auf welche die gegen Unfälle versicherten Personen „nach diesem Gesetze“, d. h. nach dem GG., Anspruch haben. Darüber, daß die Entschädigung, welche der Versicherte etwa auf Grund des KG. erhält, gleichfalls in Abzug gebracht werden solle, enthält der § 135 keine Bestimmung. Darnach möchte es den Anschein gewinnen, als ob die nach Maßgabe des GG. versicherten Personen, welche auch gegen Krankheit versichert sind, die von den Krankenkassen bezw. aus der Gemeinde-Krankenversicherung erhaltenen Krankenunterstützungen noch einmal von dem verurteilten Unternehmer bezw. Betriebsbeamten einfordern könnten. Dem ist aber nicht so, denn hier greifen wieder andere Bestimmungen ein, welche dafür Sorge tragen, daß der Verletzte nicht von zwei Seiten Ersatz des Schadens erhält, welcher bereits aus der Krankenkasse ersetzt worden ist. Der Anspruch des Verletzten gegen den Unternehmer bezw. dessen Beamte, soweit er überhaupt nach § 135 GG. noch begründet ist, geht nämlich in Höhe der von den Krankenkassen geleisteten Unterstützungen kraft Gesetzes auf die Krankenkassen über. — KG. §§ 57 Abs. 4, 65 Abs. 3, 72 Abs. 2, 73, Abs. 1.

Was die gegen Krankheit nicht versicherten[165]) Personen anbelangt, so können auch diese die während der ersten 13 Wochen nach dem Unfall in Gemäßheit des § 12 Abs. 2 empfangenen Beträge von dem verurteilten Betriebsunternehmer und seinen Beamten nicht noch einmal beanspruchen, weil die erwähnten Beträge in dem GG.

[165]) „Das gänzliche Fehlen der Krankenversicherung wird in der Industrie und im Transportgewerbe nur selten vorkommen, hauptsächlich bei den ohne Lohn beschäftigten sowie bei denjenigen Personen, deren Beschäftigung durch die Natur des Gegenstandes oder im voraus durch den Arbeitsvertrag auf einen Zeitraum von weniger als einer Woche beschränkt ist und deren sich der größere Unternehmer nur zu gelegentlicher Aushilfe bedient, endlich bei den hier in geringer Anzahl vorhandenen gewerblichen Bediensteten. Soweit solche Personen nach § 1 GG. versichert sind, hat der Betriebsunternehmer für die ersten 13 Wochen seit dem Unfall aus eigenen Mitteln eine Unterstützung zu leisten, welche den in den §§ 6 u. 7 KG. vorgesehenen Unterstützungen zuzüglich der Krankengelderhöhung auf $66^2/_3$ % des Jahresarbeitsverdienstes gleichkommt,“ so Riesenfeld S. 52, auch Piloty S. 103.

ihren Grund haben und daher schon nach § 135 Abs. 2 in Abzug zu bringen sind[166]).

So kommen wir zu dem Ergebnis, daß die nach Maßgabe des GG. versicherten Personen, mögen sie gegen Krankheit versichert sein oder nicht, für die ersten 13 Wochen ihrer Krankheit versorgt sind, entweder auf Kosten der Krankenkassen oder auf Kosten der Betriebsunternehmer, und daß die Versicherten in keinem Falle berechtigt sind, die während der ersten 13 Wochen empfangenen Beträge noch einmal auf Grund des § 135 von dem Betriebsunternehmer und seinen Beamten zu verlangen.

Trotz der genauen Vorschriften über den Umfang der Unfallentschädigung wird das Gericht wohl schwerlich in der Lage sein, die Berechnung der in Abzug zu bringenden Unfallentschädigung selbst vorzunehmen. Falls die Parteien über die Höhe dieser Entschädigung nicht einig sind oder das nötige Material zur Berechnung derselben nicht vorlegen, wird es sich für das Gericht empfehlen, sich an die betr. Berufsgenossenschaft[167]) und Krankenkasse bezw. die Feststellungsbehörden um Mitteilung des für die Entscheidung erforderlichen Materials zu wenden.

6. Die Veränderung der Verhältnisse[168]).

Wie verhält es sich mit dem Differenzanspruch der Verletzten und deren Hinterbliebenen, wenn in den Verhältnissen, welche für die Feststellung der Entschädigung maßgebend gewesen sind, eine wesentliche[169]) Veränderung eintritt? Es gewinnt z. B. ein für erwerbsunfähig oder für nur teilweise erwerbsfähig Erklärter im Laufe der Zeit die volle Erwerbsfähigkeit wieder; oder es tritt nachträglich der Tod des Verletzten ein u. s. w.

In dieser Richtung schreibt das GG. im § 88 Folgendes vor:

„Tritt in den Verhältnissen, welche für die Feststellung der „Entschädigung maßgebend gewesen sind, eine wesentliche Veränderung „ein, so kann eine anderweite Feststellung erfolgen." — Abs. 1.

---

166) Vgl. auch Riesenfeld S. 238; RG. **19** S. 84.

167) Hauptorgan derselben ist der Genossenschaftsvorstand.

168) Vgl. dazu Weyl S. 391 ff.; Piloty II S. 520 ff., 565 f.; Riesenfeld S. 244; Handbuch S. 354 ff. u. oben Abh. S. 89 u. 108.

169) Beispiele von nicht wesentlicher Veränderung der Verhältnisse s. Handbuch S. 361 fg.

Über den Zeitpunkt, mit welchem eine anderweite Feststellung beantragt oder vorgenommen werden kann, sowie in welchen Formen[170]) oder durch welche Organe[171]) dies geschieht, wann die anderweite Feststellung zu wirken beginnt, darüber gibt das Gesetz in den §§ 88 Abs. 2 fg. — § 92 genaue Anordnungen, die indessen hier in ihren Einzelbestimmungen nicht interessieren.

Hier fragt es sich lediglich um die eventuelle Wirkung einer späteren Erhöhung oder Herabsetzung der Versicherungsentschädigung auf den Differenzbetrag, für welchen der Unternehmer aufzukommen hat.

Mit anderen Worten:

Können die Beschädigten im Falle der Herabsetzung der Versicherungsentschädigung die Erhöhung des ihnen nach § 135 Abs. 2 zugesprochenen Betrages fordern, oder kann andererseits der Verpflichtete im Falle der Erhöhung der Versicherungsentschädigung die Herabsetzung des Betrages, zu dessen Zahlung er verpflichtet ist, verlangen?

Die Frage ist nach CPO. § 323 zu bejahen, und die Durchführung dieser Auffassung ist wesentlich erleichtert durch das Prinzip der Rentenleistung, welches sowohl im BGB. § 843 Abs. 1 und im § 7 des RHPG. als auch in der Reichs-Versicherungsgesetzgebung zum siegenden Durchbruch gekommen ist[172]).

Grundsatz ist die „obligatorische Geldrente" geworden und deren wesentlichste Eigenschaft gegenüber der Kapitalsabfindung ist die Abänderbarkeit der Leistungen[173]).

Die Veränderung der Verhältnisse ist aber nicht nur aus subjektiven in der Person des Verletzten liegenden Gründen möglich, z. B. Wiedereintritt der Erwerbsfähigkeit, oder nachträglicher Eintritt des Todes, sondern sie ist auch oft eine unabweisbare Folge der natürlichen Entwicklung der Dinge, z. B. Tod rentenberechtigter Kinder oder Aszendenten, Aufhören der Bedürftigkeit, Vollendung des 15. Lebensjahres, Wiederverheiratung der Wittwe 2c.

---

[170]) Auf Grund ausdrücklichen Einverständnisses oder infolge Antrags oder von Amtswegen.

[171]) Berufsgenossenschaft oder Schiedsgericht.

[172]) Vgl. Abh. oben S. 87 u. 107.

[173]) Vgl. Abh. oben S. 107; vgl. auch Weyl S. 394 und Riesenfeld S. 245 f.

Ein Hauptfall der Veränderung der Verhältnisse ist in der Person des Verletzten die volle oder teilweise Wiedererlangung der Erwerbsfähigkeit. Diese kann unter Umständen auch von dem freien Willen des Verletzten abhängig sein. Dies gilt namentlich, wenn die Besserung oder Heilung von der Ausführung einer Operation[174]) abhängig ist.

Es fragt sich nun: Kann der Verletzte — eventuell zwangsweise — angehalten werden, einen operativen Eingriff zu dulden bezw. geht er im Weigerungsfalle seiner Ansprüche verlustig?

Diesen Fall hat das Gesetz nicht entschieden. Das RVA. verneint die Verpflichtung und entsprechend der sozialpolitischen Tendenz der Unfallversicherungsgesetzgebung mit Recht[175]). Dagegen enthält das Gesetz, weniger weitgehend, folgende durch die Novelle eingeführte Bestimmung:

„Ist begründete Annahme vorhanden, daß der Empfänger „einer Unfallrente bei Durchführung eines Heilverfahrens „eine Erhöhung seiner Erwerbsfähigkeit erlangen werde, so kann die „Berufsgenossenschaft zu diesem Zwecke jederzeit ein neues Heil„verfahren eintreten lassen. Dabei finden die Bestimmungen der „§§ 11, 22 Abs. 1, 3, 4 Anwendung.“ — § 23 Abs. 1.

„Hat sich der Verletzte solchen Maßnahmen der Berufsgenossen„schaft, den gemäß § 9 Abs. 1 Ziff. 1, §§ 11, 12 Abs. 2, § 22 „oder gemäß den Bestimmungen der §§ 76c, 76d des KG. ge„troffenen Anordnungen ohne gesetzlichen oder sonst triftigen Grund „entzogen, so kann ihm der Schadensersatz auf Zeit ganz oder teil-

---

[174]) Es muß sich natürlich um eine eigentliche Operation handeln. Die ordnungsmäßige Wundbehandlung, Punktion eines Wasserbruches (Hydrocele), Einschnitte in Geschwüre u. s. w. sind nicht zu den Operationen zu rechnen. Vgl. zum Folgenden Reindl S. 43 f.

[175]) Einen anderen, strengeren Standpunkt nimmt das RG. für das Gebiet des Zivilrechts ein. Vgl. oben S. 73 bes. Anm. 55. Im übrigen vgl. Weyl S. 394 f. Anm. 5, S. 696 Anm. 4; Handbuch S. 149 ff., S. 183 Anm. 6, S. 359 Anm. 8e; Laß-Zahn S. 71; Rosin I S. 313 f.; Endemann, Die Rechtswirkung der Ablehnung einer Operation, Berlin 1893, S. 100 ff.; Arnoldi, Der Einfluß der Ablehnung einer Operation seitens des körperlich Verletzten &c., Erlangen 1899, S. 65 ff., bes. S. 68; A. N. **87** Nr. 337 S. 141; **88** Nr. 552 u. 553 S. 282 ff.; **90** Nr. 871 u. 872 S. 499; **93** Nr. 1213 S. 159; A. N. J. **93** Nr. 224 S. 68; Seuff. Arch. **46** Nr. 189 S. 294 ff.

„weise versagt werden, sofern er auf diese Folge hingewiesen worden „ist, und nachgewiesen wird, daß durch sein Verhalten die Erwerbs„fähigkeit ungünstig beeinflußt wird." — § 23 Abs. 2.

Also kann der Verletzte zu mehr als zu einer Unterwerfung unter ein neues Heilverfahren — dies allerdings unter Androhung von Rechtsnachteilen[176]) für den Weigerungsfall — nicht verpflichtet werden, und ist es sonach für den Anspruch des Verletzten ohne Einfluß, wenn er sich weigert, eine Operation an sich vornehmen zu lassen.

7. Die Verjährung der Differenzklage[177]).

Über die Verjährung des dem Verletzten oder dessen Hinterbliebenen gegen den Betriebsunternehmer oder dessen Beamte zustehenden Differenzanspruches hat der § 135 l. c. besondere Bestimmungen nicht getroffen. Es bleibt sonach, da der Differenzanspruch auf dem Zivilrecht beruht, bei der Verjährungsfrist des bürgerlichen Rechts[178]) überhaupt. Nur für den Beginn des Laufes der Verjährungsfrist gilt eine in der Bestimmung des § 135 selbst begründete Abweichung. Die Verjährung beginnt nicht schon mit dem Zeitpunkt der erlangten Kenntnis von dem Schaden bezw. der Person des Schadenstifters, sondern erst mit dem Tage der Möglichkeit den Anspruch geltend zu machen; und diese ist gegeben mit dem Moment der Rechtskraft des strafgerichtlichen Urteils, welches feststellt, daß der in Anspruch Genommene den Unfall vorsätzlich herbeigeführt hat. Von da ab läuft die dreijährige Verjährungsfrist des BGB. Forderungen aus dem Reichshaftpflichtgesetze verjähren binnen zwei Jahren vom Unfall bezw. von dem Tode des Verunglückten an gerechnet; auch hier kann nach dem Grundsatz agere non valenti non currit praescriptio die Verjährung erst mit der Rechtskraft des strafgerichtlichen Urteils zu laufen beginnen. Denn solange das Strafverfahren nicht erledigt ist, genauer, solange dieses noch nicht eingeleitet ist, oder noch schwebt, oder endlich zwar abgeschlossen, das Urteil aber noch nicht rechtskräftig geworden ist, findet die Hemmung der Verjährung (§§ 202 ff. BGB.) mit der

[176]) Vgl. Graef S. 102—104.

[177]) Vgl. Näheres Riesenfeld S. 255 f.

[178]) § 852 BGB., § 8 HPG. 2c.; zu vgl. insbes. Abh. oben S. 96.

Wirkung (§ 205 l. c.) statt, daß der Zeitraum, während dessen die Verjährung gehemmt ist, in die Verjährungsfrist nicht eingerechnet wird[179]). Solange ein rechtskräftiges Urteil nicht vorliegt, ist der Verpflichtete zur Weigerung der Leistung berechtigt (agere non valenti etc.).

Im Ausnahmefalle des § 139 GG. — d. h. wenn eine Feststellung durch strafgerichtliches Urteil nicht notwendig ist — können die in den §§ 135 u. 136 bezeichneten Ansprüche geltend gemacht werden und zwar hinsichtlich der Verjährung jedenfalls unter den Gesichtspunkten des § 852 BGB. Eine Nichtanrechnung von Zeiträumen in die Frist gibt es nicht, m. a. W. die Hemmungsvorschriften finden hierbei keine Anwendung.

Die Verjährungsfristen des § 138 berühren die Ansprüche aus § 135 nicht; diese beziehen sich, wie sich aus der Entstehungsgeschichte dieser Paragraphen ergibt, vielmehr lediglich auf § 136; denn der nunmehrige § 136 war der frühere § 96 und dessen vierter Absatz wurde abgetrennt und als selbständiger § 138 ins Gesetz aufgenommen[180]).

§ 25.

II. Die Haftpflicht des Unternehmers und seiner Beamten gegenüber den Berufsgenossenschaften, Krankenkassen, Gemeinden, Armenverbänden und sonstigen Unterstützungskassen*).

Über das Verhältnis des Betriebsunternehmers und seiner Beamten zu den Berufsgenossenschaften und Krankenkassen rc. bestimmt der § 136 GG. Folgendes:

„Diejenigen Betriebsunternehmer, Bevollmächtigten oder Re„präsentanten, Betriebs- oder Arbeiteraufseher, gegen welche durch „strafgerichtliches Urteil festgestellt worden ist, daß sie den Unfall „vorsätzlich oder durch Fahrlässigkeit mit Außerachtlassung derjenigen

---

[179]) Kuhlenbeck, Komm. S. 136 u. 137; Planck I S. 252.

[180]) Vgl. Abh. unten S. 209.

*) Zum Folgenden Handbuch S. 423 ff.

„Aufmerksamkeit, zu der sie vermöge ihres Amtes, Berufes oder Ge-„werbes besonders verpflichtet sind, herbeigeführt haben, haften für „alle Aufwendungen, welche infolge des Unfalles auf Grund dieses „Gesetzes oder des Krankenversicherungsgesetzes von den Ge-„meinden, Armenverbänden, Krankenkassen und sonstigen Unter-„stützungskassen[1]) (§ 25 Abs. 1) gemacht worden sind.“ — § 136 Abs. 1 Satz 1[2]). Die Genossenschaft ist nach Satz 2 l. c. regreßberechtigt.

„In gleicher Weise haftet als Betriebsunternehmer eine Aktien-„gesellschaft, eine Innung oder eingetragene Genossenschaft für die „durch ein Mitglied ihres Vorstandes sowie eine Handelsgesellschaft, „eine Innung oder eingetragene Genossenschaft für die durch einen „der Liquidatoren herbeigeführten Unfälle.“ — § 136 Abs. 2.

„Als Ersatz für die Rente kann in diesen Fällen deren Kapital-„wert gefordert werden.“ — § 136 Abs. 3.

Durch die Bestimmung im § 136 GG. ist die Regreßpflicht des Unternehmers und seiner Beamten den Berufsgenossenschaften und Krankenkassen rc. gegenüber geregelt.

1. Die Berechtigten. Regreßberechtigt nach Maßgabe des § 136 sind in erster Reihe die Berufsgenossenschaften und die Krankenkassen.

Die Berufsgenossenschaft ist eine Genossenschaft des öffentlichen Rechts[3]). Sie wird gebildet durch die Vereinigung von Unternehmern solcher gewerblichen Betriebe, welche auf wirtschaftlichem Gebiete im allgemeinen gleiche oder verwandte Interessen und Vorbedingungen des Betriebs haben[4]).

Die Berufsgenossenschaften sind für bestimmte geographische Bezirke zu bilden — § 28 des Ges. —, können sich nach freier Wahl der Betriebsunternehmer auch über das ganze Reich erstrecken[5]).

---

[1]) Die Gemeinden, Armenverbände und sonstigen Unterstützungskassen gehörten im § 96 des früheren UVG. **nicht** zu den Regreßberechtigten.

[2]) Von der in § 136 Abs. 1 Satz 2 und 3 niedergelegten weiteren Haftung der aufgeführten Personen s. unten Abh. S. 205 u. fg.

[3]) Zu vgl. Gierke, Genossenschaftstheorie S. 32 ff.

[4]) Stenogr. Ber., Verh. des R.Tags 5. Leg.-Per. 4. Session 1884: **3.** Akt, Stück 4 S. 67.

[5]) Anders die land- und forstw. Berufsgenossenschaften. Vgl. überhaupt Handbuch S. 194; Laß-Zahn S. 21 f.; Piloty II S. 315 ff.; Rosin, Das Recht der öffentl. Genossenschaft, Freiburg i. B. 1886 insbes. S. 56 ff.; Stobbe, Handbuch des deutschen Privatrechts 3. Aufl. 1893 I S. 469 u. 453; Weyl S. 403 u. 448 ff.

An Stelle der Berufsgenossenschaft treten das Reich, oder der Staat, oder die für leistungsfähig erklärten Kommunalverbände oder öffentlichen Korporationen bei denjenigen Betrieben, welche für deren Rechnung geführt werden. — § 128 GG.

Zu den Krankenkassen im Sinne des § 136 gehören auch die Knappschaftskassen, Hülfskassen und die Gemeinde-Krankenversicherung, denn das Gesetz hat jede Kasse im Auge, welche den versicherten Personen Krankenunterstützung gewährt.

Den Berufsgenossenschaften und organisierten Krankenkassen sind die Rechte einer juristischen Person insofern beigelegt, als sie unter ihrem Namen Rechte erwerben und Verbindlichkeiten eingehen, vor Gericht klagen und verklagt werden können. Sie können daher auch die ihnen nach § 136 gewährten Regreßansprüche gegenüber dem Betriebsunternehmer und seinen Beamten selbständig vor Gericht verfolgen. — GG. § 28 Abs. 5, KG. §§ 25, 64 u. 72.

Nicht bei einem jeden Betriebsunfall erwachsen zugleich einer Berufsgenossenschaft und einer Krankenkasse Regreßansprüche. Von einem Anspruch der letzteren kann z. B. dann nicht die Rede sein, wenn der Unfall einer gegen Krankheit nicht versicherten Person zugestoßen ist.

Zu den Regreßberechtigten gehören ferner die Gemeinden, Armenverbände und sonstigen Unterstützungskassen, von denen erstere nur im bisherigen LUVG. Berücksichtigung fanden[6]).

Als regreßberechtigt kann eine Berufsgenossenschaft auch erscheinen, wenn sich der Unfall in fremden Betrieben bei Betriebshandlungen ereignet hat, zu welchen ein der Berufsgenossenschaft angehörender Betriebsunternehmer den Auftrag gegeben und für welche er die Löhne zu zahlen hat — und die Berufsgenossenschaft den Unfall entschädigt hat. Vgl. § 28 Abs. 4[7]).

Hat sich bei einer derartigen Betriebshandlung ein Unfall ereignet, so hat die entschädigende Berufsgenossenschaft den Rückgriff aus § 136 gegen den den Unfall schuldhaft verursachenden Betriebsunternehmer bezw. Beamten.

Hat der Unfall bei einer Beschäftigung sich ereignet, welche für mehrere zu verschiedenen Berufsgenossenschaften gehörenden Betriebe

---

[6]) Vgl. 1. Aufl S. 129.

[7]) Diese Bestimmung ist durch die Novelle eingeführt.

stattgefunden hat, so können die beteiligten Genossenschaften die Entschädigungsverpflichtung unter sich verteilen[8]). Soweit aber eine Genossenschaft ihrer Entschädigungspflicht nachgekommen ist, ist sie Regreßgläubiger gegenüber dem schadenstiftenden Betriebsunternehmer bezw. Betriebsbeamten, mit oder ohne vorausgegangene strafgerichtliche Feststellung. — § 136 Abs. 1 Satz 2.

2. Die Verpflichteten. Regreßpflichtig sind der Betriebsunternehmer und seine Beamten, „die Bevollmächtigten, Repräsentanten, Betriebs- und Arbeiteraufseher". Die Betriebsleiter und die zur Leitung der Arbeiter angenommenen Personen, von denen § 2 des Reichshaftpflichtgesetzes spricht, sind hier zwar nicht erwähnt, indessen gehören diese Personen auch hierher, da sie zu den Beamten des Betriebsunternehmers gerechnet werden müssen. Die Bestimmung des § 136 soll sich — wie aus der Begründung des Gesetzentwurfes hervorgeht — auf die Angestellten des Betriebsunternehmers überhaupt beziehen, nicht etwa auf gewisse Klassen derselben. Die Aufzählung der haftpflichtigen Personen im § 136 ist daher, ebenso wie im § 135, keine erschöpfende[9]). Übrigens können die Betriebsleiter und die zur Leitung der Arbeiter angenommenen Personen meistens schon unter irgend eine der angeführten Klassen von Beamten subsumiert werden, da die Begriffe derselben sehr dehnbar und einer weitgehenden Auslegung fähig sind.

3. Die Voraussetzungen der Regreßansprüche[10]).

a) Aufwendungen der Berechtigten. Die Regreßansprüche haben zur nächsten Voraussetzung, daß die Berufsgenossenschaften, Krankenkassen u. s. w. die dem Verletzten oder dessen Hinterbliebenen gebührenden Versicherungsbeträge geleistet haben.

---

[8]) Vgl. § 85 GG., eingeführt durch die Novelle.

[9]) Ebenso Piloty S. 143 Note 1. A. A. Riesenfeld S. 93, welcher bei dem Ausnahme-Charakter des bes. Haftpflichtrechts diese Spezialisierung streng als erschöpfende Aufzählung auslegt, zugleich aber zugibt, daß sich thatsächlich kaum noch eine andere Beamtengattung ausdenken lasse.

[10]) Es handelt sich um keine eigentlichen Regreßansprüche, da jeder Regreß voraussetzt, daß der zur Regreßnahme Berechtigte an einen Gläubiger etwas geleistet hat, wozu nicht **er**, sondern der zur Regreßgabe Verpflichtete schuldig war; es sind vielmehr auf dem Gesetz beruhende Originalansprüche auf Ersatz der infolge eigener Verbindlichkeit gemachten Aufwendungen. — Vgl. hierzu Riesenfeld S. 67 ff. — Der Ausdruck „Regreßansprüche" hat sich aber eingebürgert und soll auch hier angewendet werden.

Diese Beträge müssen „auf Grund des Gewerbe-Unfall- oder Krankenversicherungsgesetzes" gewährt worden sein. Fraglich könnte hier erscheinen, ob auch die Mehrleistungen, welche verschiedene Krankenkassen über den gesetzlich vorgeschriebenen Mindestumfang der Krankenunterstützung hinaus gewähren, im Wege des Regresses von dem Unternehmer bezw. dessen Beamten zurückgefordert werden können. Der § 136 spricht allerdings von Aufwendungen, welche auf Grund der bezeichneten Gesetze gemacht worden sind. Während aber nur die Mindestleistungen der Krankenkassen unmittelbar auf dem Gesetze beruhen, gründet sich die Verpflichtung zu Mehrleistungen auf das Statut[11]).

Die Frage dürfte dahin zu entscheiden sein, daß auch die auf Statut beruhenden Leistungen von den Krankenkassen nach § 136 zurückgefordert werden können. Denn die Bestimmung des § 136 verlangt nicht, daß die Aufwendungen sich unmittelbar auf das Gesetz gründen, sie verlangt ihrem Sinne nach nur, daß die Leistungspflicht überhaupt in den Versicherungsgesetzen ihren Grund habe. Letzteres gilt auch für die Mehrleistungen, denn das Gesetz hat die Leistungspflicht der Krankenkassen im allgemeinen geregelt und nur in Ansehung der Höhe der zu gewährenden Unterstützungen einen gewissen Spielraum offen gelassen. Die Aufwendungen der Krankenkassen sind daher, solange sie sich innerhalb des gesetzlich zugelassenen Spielraums — zu vgl. §§ 6a, 21, 64, 72 u. 73 KG. — bewegen, als „auf Grund des Gesetzes" gemacht anzusehen. Überschreiten die Mehrleistungen dieser Kassen die gesetzlich vorgeschriebene Maximalgrenze, so ist bezüglich des Mehrbetrages ein Regreßanspruch durch § 136 nicht gewährt[12]).

Die Geltendmachung der Ersatzforderung ist nicht auf die einzelnen bereits geleisteten Beträge beschränkt, zu welcher Ansicht der Wortlaut des Gesetzes („Aufwendungen ..., welche gemacht worden sind") verleiten könnte, die Regreßansprüche umfassen vielmehr von vornherein alle Aufwendungen, zu deren Leistung die

---

[11]) Vgl. Riesenfeld S. 241.

[12]) Ob die eingeklagten Beträge „auf Grund des Gesetzes" zu leisten waren, hat der Zivilrichter zu prüfen. — A. N. **98** S. 398 II = RG. **39** S. 109. Zu vgl. dagegen § 138 Abs. 2, wonach der Zivilrichter an die Entscheidung der UVInstanzen gebunden ist; s. Abh. oben S. 185.

Berufsgenossenschaften, Krankenkassen u. s. f. gesetzlich verpflichtet sind[13]).

b) Strafgerichtliches Urteil und Inhalt desselben. Die weitere Voraussetzung des Regresses ist das Vorliegen eines Strafurteils.

Alles, was bezüglich des Strafurteils oben S. 170 ff. gesagt worden ist, gilt in gleicher Weise auch hier. In dem Urteile muß die Feststellung getroffen sein, daß der in Anspruch Genommene den Unfall herbeigeführt hat. Eine Regreßpflicht für das Verschulden anderer Personen, insbesondere des Unternehmers für das Verschulden seiner Leute, ist ausgeschlossen. Dies folgt aus dem Worte „gegen“ im § 136. Es ist ein Regreßanspruch gegen diejenigen im § 136 aufgezählten Personen statthaft, „gegen welche durch strafgerichtliches Urteil festgestellt ist“ u. s. w.

Von dieser Regel ist im Abs. 2 des § 136 eine Ausnahme gemacht für den Fall, daß gewisse Arten von juristischen Personen Betriebsunternehmer sind.

Personenvereine können — wie wir gesehen haben — von dem Verletzten oder dessen Hinterbliebenen niemals aus § 135 in Anspruch genommen werden, da eine Bestrafung derselben unmöglich ist[14]).

Hier, wo es sich um die Regreßansprüche der Berufsgenossenschaften, Krankenkassen u. s. f. handelt, ist zu Gunsten derselben eine besondere Ausnahme von der Regel zugelassen.

Zivilrechtlich sind daher für haftbar erklärt:

1. die Aktiengesellschaft,
2. die Innung,
3. die eingetragene Genossenschaft[15]),
4. die Handelsgesellschaften.

Um die Haftpflicht dieser Personenvereine zu begründen, ist auch hier — abgesehen von dem Falle des § 139 — das Vorliegen

---

[13]) Die in der 1. Aufl. S. 118 vertretene Ansicht wird fallen gelassen. — Vgl. auch Graef S. 221 Anm. a. E.; Riesenfeld S. 211 ff. u. bes. S. 239; RG. **24** S. 130 vom 26. Nov. 1889; vgl. auch Abh. unten S. 224 fg.

[14]) Siehe Abh. oben S. 173.

[15]) Hierunter fällt nicht die Gesellschaft mit beschränkter Haftpflicht; vgl. Weyl S. 410.

eines strafgerichtlichen Urteils mit dem im § 136 Abs. 1 bezeichneten Inhalt erforderlich, welches gegenüber einem Mitglied des Vorstandes oder einem der Liquidatoren erlassen ist. Die Notwendigkeit dieses Erfordernisses ergibt sich aus den Eingangsworten des Abs. 2: „In gleicher Weise haftet" u. s. w.

Nach dem Wortlaut des Gesetzes haften die unter 1—3 aufgeführten Personenvereine für das Verschulden ihrer Vorstandsmitglieder, die zu 1—4 bezeichneten für das Verschulden ihrer Liquidatoren. Der Sinn und die Bedeutung dieser Vorschrift ist die folgende: Bei der offenen Handelsgesellschaft, der Kommanditgesellschaft und der Kommanditaktiengesellschaft gilt schon die Regel des § 136 Abs. 1, weil hier die einzelnen Socii als Unternehmer haften. In Abs. 2 sind diese Gesellschaften unter dem Begriff „Handelsgesellschaften" nur aus dem Grunde besonders hervorgehoben, um auszusprechen, daß dieselben Rechtsnormen, die während des Bestehens der Gesellschaft gelten, auch im Stadium der Auflösung der Gesellschaft Anwendung finden sollen[16].

Die Vorschrift des Abs. 2 hat hiernach den Zweck, den Berufsgenossenschaften, Krankenkassen 2c. noch eine höhere Sicherheit wegen ihrer Regreßansprüche zu gewähren, indem er ihnen die Befugnis gibt, anstatt die Vorstandsmitglieder und Liquidatoren persönlich zu belangen, mit ihren Ansprüchen sich unmittelbar an die Aktiengesellschaft, Innung u. s. w. zu wenden. Die Haftung der Vereine tritt neben die persönliche Haftung der schuldigen Vertreter, es ist wie Riesenfeld[17]) treffend sagt, eine höchst eigentümliche Solidarobligation zwischen der juristischen Person und ihren Organen für deren Privatschulden geschaffen.

Ob die in Anspruch genommenen Gesellschaften, Innungen u. s. f. ihrerseits wieder Regreß gegen das bestrafte Vorstandsmitglied oder den bestraften Liquidator nehmen können, ist eine Sache für sich und nach allgemeinen Bestimmungen zu entscheiden.

Das strafgerichtliche Urteil muß die Feststellung enthalten, daß der in Anspruch Genommene den Unfall

a) vorsätzlich, oder

---

[16]) Die auf S. 120 der 1. Aufl. ausgesprochene Ansicht wird nicht aufrecht erhalten.

[17]) S. 85; vgl. auch Handbuch S. 425 Note 6.

b) durch Fahrlässigkeit mit Außerachtlassung derjenigen Aufmerksamkeit, zu der er vermöge seines Amtes, Berufes oder Gewerbes besonders verpflichtet war,

herbeigeführt hat.

Das Bemerkenswerte dieser Bestimmung liegt darin, daß die Haftpflicht des Unternehmers und seiner Beamten den Berufsgenossenschaften und Krankenkassen gegenüber im Vergleich zu der Bestimmung des § 135 eine Erweiterung erfahren hat durch die Aufnahme der fahrlässigen Herbeiführung des Unfalls.

Der Begriff des Vorsatzes ist bereits oben S. 171 besprochen und wird deshalb hierauf Bezug genommen.

Die Fahrlässigkeit besteht „in der Herbeiführung eines vorhersehbaren Erfolges durch pflichtwidrige Unvorsichtigkeit“[18]).

Fahrlässiges Handeln liegt also dann vor, wenn der Thäter sich eine Vorstellung von dem Erfolg seiner Handlung hätte bilden sollen (Willensschuld) und hätte bilden können (Verstandesschuld), aber nicht gebildet hat.

Die Verurteilung wegen einfacher Fahrlässigkeit genügt aber nicht zur Begründung der Regreßklage, vielmehr wird eine sogen. qualifizierte Fahrlässigkeit erfordert. Bei qualifizierter Fahrlässigkeit erlischt der Anspruch gegen Betriebsunternehmer bezw. Betriebsbeamten nur für den Verletzten, bleibt aber für die Berufsgenossenschaft ꝛc. bestehen. Bei einfacher Fahrlässigkeit erlischt er für beide[19]). Der Begriff der „qualifizierten Fahrlässigkeit deckt sich nicht mit dem Begriff der Fahrlässigkeit im BGB. § 276. Die Feststellung der Schuldfrage ist dem Strafrichter übertragen. Es ist deshalb der strafrechtliche Begriff der qualifizierten Fahrlässigkeit herangezogen worden.

Qualifizierte Fahrlässigkeit[20]) liegt dann vor, wenn der Thäter

---

[18]) Vgl. Ausführungen oben S. 18 f.; v. Liszt, Lehrbuch 10. Aufl. § 42 S. 161 ff.; Binding, Normen II. S. 115, bestimmt die Fahrlässigkeit als „den unbewußt rechtswidrigen Willen“.

[19]) Vgl. Weyl S. 960.

[20]) Vgl. auch B. Hilse in der Z. f. die gesamte Strafrechtswissenschaft **12** (1892) S. 558. Der Ausdruck „qualifizierte Fahrlässigkeit“ ist nur eine abgekürzte Fassung; sie bedeutet eine „Unvorsichtigkeit, welche die besondere Eigenschaft hat, daß sie mit der berufsmäßigen Pflicht zur Aufmerksamkeit kollidiert“. Insoferne kann man Riesenfeld S. 153 recht geben, daß sie keinen höheren

zu der außer acht gelassenen Sorgfalt vermöge seines Amtes, Berufes oder Gewerbes besonders verpflichtet war.

Dies wird in den hier in Betracht kommenden Fällen meistens zutreffen, da diejenigen Personen, welche den Beruf oder das Gewerbe als Unternehmer, Repräsentant, Betriebs- oder Arbeiteraufseher stets ausüben, die Pflicht haben, bei ihrer Thätigkeit mit größerer Sorgfalt zu Werk zu gehen, als diejenigen, welche nur in einzelnen Fällen Unternehmer u. s. w. sind. „Amt, Beruf und Gewerbe" sind nicht streng voneinander zu scheiden, sie umfassen jede selbstgewählte Thätigkeit[21]).

Ob im Einzelfalle der Thäter zu der außer acht gelassenen Sorgfalt vermöge seines Amtes, Berufes oder Gewerbes verpflichtet war, ist Gegenstand der thatsächlichen Feststellung[22]). Bei Entscheidung dieser Frage werden häufig die vom Bundesrate, den Landesregierungen oder den Berufsgenossenschaften erlassenen Unfallverhütungsvorschriften[23]) in Betracht zu ziehen sein. Als Sachverständige in dieser Richtung sind vornehmlich die Gewerbeinspektoren oder die technischen Aufsichtsbeamten der Berufsgenossenschaften[24]) geeignet.

Bei der Heranziehung des Begriffs der qualifizierten Fahrlässigkeit hat das Gesetz an die Fälle der §§ 222 Abs. 2 und 230 Abs. 2 RStGB. gedacht[25]). Die Strafe, welche in diesen Fällen

---

Grad von Fahrlässigkeit bezeichnet. Dies ist objektiv richtig; subjektiv liegt aber schon ein höherer Grad von Fahrlässigkeit vor, denn die Unvorsichtigkeit muß größer sein, wenn man neben seiner allgemeinen Pflicht zur Aufmerksamkeit noch besonders durch seinen Beruf angehalten ist, eine bestimmte Vorsicht walten zu lassen; vgl. auch Handbuch S. 424 Note 3 zu § 96.

[21]) Vgl. Olshausen 6. Aufl. 1901 S. 791 f. Note 7 zu § 222 RStGB.

[22]) Außerdem muß die Verschuldung Ursache, nicht bloß begleitender Umstand des Unfalles gewesen sein. Handbuch S. 424 Anm. 3.

[23]) Vgl. insbes. Piloty S. 746 ff.; Rosin Bd. I S. 809; Laband II S. 281 ff.; Seydel V S. 328 ff.; Handbuch S. 945 f.; A. N. **96** S. 431 ff.; auch Laß-Zahn S. 112 f. Nach Piloty S. 753 stehen die auf Grund der Normen der Unfallversicherungsgesetze erlassenen Unfallverhütungsvorschriften gleichwertig neben den polizeilichen Normen der RGewerbeordnung.

[24]) § 119 GG.; so auch Riesenfeld S. 152; vgl. auch die Vorschrift im § 330 RStGB., welche den Fall betrifft, daß durch die Verletzung der Bauregeln eine Gefahr für andere Personen entstanden, aber eine Körperverletzung oder Tötung noch nicht verursacht ist.

[25]) Hilse a. a. O. S. 558.

den Thäter trifft, ist eine härtere als diejenige, welche für das einfache fahrlässige Delikt bestimmt ist. Auch tritt die strafrechtliche Verfolgung in diesen Fällen von Amtswegen ein; der Antrag des Verletzten ist nicht erforderlich. — § 232 RStGB.

Eine lediglich polizeiliche, wenn auch rechtskräftig gewordene Bestrafung wegen Nichtanbringung einer Schutzvorrichtung macht § 136 GG. nicht anwendbar[26]).

Das Strafurteil ist die einzige Voraussetzung für die Ersatzverbindlichkeit des Unternehmers. Die Schuldfrage ist nicht weiter zu prüfen, insbesondere darf die Klage der Berufsgenossenschaft nicht wegen mitwirkender Fahrlässigkeit des Verletzten zurückgewiesen werden[27]). Dagegen ist vom Zivilrichter zu prüfen, ob die verurteilte Person zu den in § 136 aufgeführten gehört[28]).

Der Anstifter und Gehilfe können bei dem Fahrlässigkeitsdelikt nicht in Frage kommen, da deren That ein vorsätzliches Handeln voraussetzt.

In zwei Ausnahmefällen ist die in § 136 geforderte Feststellung durch strafgerichtliches Urteil nicht erforderlich; nämlich:

1. in dem Falle, daß diese Feststellung wegen des Todes oder der Abwesenheit des Betreffenden oder aus einem anderen in seiner Person liegenden Grunde nicht erfolgen kann. — § 139.

Es gelten hier die oben S. 168 erörterten Grundsätze.

2. „Dieselben Personen[29]) haften der **Genossenschaft** für deren „Aufwendungen auch ohne Feststellung durch strafgerichtliches Ur„teil." — § 136 Abs. 1 Satz 2.

---

[26]) S. Handbuch S. 424 Anm. 3. — Die schuldhafte Übertretung von Unfallverhütungsvorschriften begründet zwar keinen Regreßanspruch aus § 823 Abs. 2 BGB., weil es sich nicht um ein zum Schutz eines Anderen erlassenes „Gesetz" handelt, wohl aber kann ein solcher aus § 823 Abs. 1 gegeben sein, da gerade durch die Unfallverhütungsvorschriften ein gewisses Verhalten zur Pflicht gemacht wird, deren Unterlassung u. U. eine qualifizierte Fahrlässigkeit in sich schließt. Ist diese durch strafgerichtliches Urteil festgestellt, so steht der Geltendmachung des Regresses nichts im Wege. Im Unfallversicherungsrecht bleibt das konkurrierende Verschulden des Verletzten unberücksichtigt.

[27]) RG. in A. N. **94** S. 336.

[28]) S. Handbuch S. 424 Anm. 3a a. E.

[29]) Betriebsunternehmer, Bevollmächtigte oder Repräsentanten, Betriebs- oder Arbeiteraufseher.

„Ist der Unfall durch Fahrlässigkeit mit Außerachtlassung der-„jenigen Aufmerksamkeit, zu der sie vermöge ihres Amtes, Berufs „oder Gewerbes verpflichtet sind, herbeigeführt, so ist die Genossen-„schaftsversammlung[30]) befugt, von der Verfolgung des Anspruchs „abzusehen[31])." — § 136 Abs. 1 Satz 3.

Die Vergünstigung, daß auch ohne Feststellung durch strafgerichtliches Urteil die in Rede stehenden Personen für Aufwendungen der Berufsgenossenschaft haften, besteht nur den Berufsgenossenschaften gegenüber[32]), weil die Unternehmer zu den Lasten, welche durch die Entschädigung der Betriebsunfälle erwachsen, in der Hauptsache allein herangezogen werden. Deshalb sollen ihnen gegen die Schadensstifter aus ihrer Mitte die Regreßrechte in erleichterter Form zustehen, und sie dadurch in die Lage versetzt sein, sich gegenseitig vor schuldhafter Herbeiführung von Betriebsunfällen zu schützen.

Wenn man auch annehmen darf, daß die Unternehmer selbst wohl in den seltensten Fällen vorsätzlich oder mit qualifizierter Fahrlässigkeit einen Unfall herbeiführen werden, so hat diese Bestimmung doch die Wirkung, den Unternehmern die Auswahl besonders tüchtiger Betriebsbeamter nahezulegen.

Diese strengere Handhabung der Regreßpflicht erhält andererseits ihr Gegengewicht dadurch, daß die Berufsgenossenschaft auf die Geltendmachung ihres Ersatzanspruchs verzichten kann, aber dies nur im Falle der qualifizierten Fahrlässigkeit, nicht in dem Falle, wenn der Unfall vorsätzlich herbeigeführt wurde. Letzteres gilt nicht nur dann, wenn der „Unternehmer"[33]) den Unfall vorsätzlich herbeigeführt hat, sondern vor allem, wenn Betriebsbeamte, Arbeiteraufseher ꝛc. in Frage kommen.

Die Gemeinden, Armenverbände, Krankenkassen und sonstigen Unterstützungskassen haben für die Geltendmachung ihrer Ersatzansprüche die Feststellung durch strafgerichtliches Urteil

---

[30]) Oder der Vorstand, falls ihm — was zulässig ist — durch Statut diese Befugnis übertragen ist (§ 136 Abs. 1 Satz 4).

[31]) Der Verzicht auf diese Rechte der BG. schließt mithin keinen Verstoß gegen § 45 GG. in sich.

[32]) Vgl. Reindl S. 11 Anm. 24. Die Bestimmung wurde durch die Novelle eingeführt.

[33]) Graef S. 219 spricht nicht ganz korrekt allein von diesen.

zwar einerseits zur unbedingten Voraussetzung, andererseits ist ihnen aber auch nicht die Befugnis eingeräumt, von der Verfolgung ihres Anspruchs Abstand zu nehmen.

4. Die Höhe der Regreßansprüche.

Die Höhe der Regreßansprüche bestimmt sich nach der Höhe der Aufwendungen, welche die Berufsgenossenschaften, Gemeinden, Armenverbände, Krankenkassen und sonstigen Unterstützungskassen auf Grund des GG. oder KG. gemacht oder zu machen haben.

Besonders ist hier das Verhältnis des § 136 zu dem § 12 GG. und § 14 GG. zu erörtern:

Nach § 12 Abs. 1 ist der Unternehmer verpflichtet, die „Erhöhung des Krankengeldes" [34]) der beteiligten Krankenkasse zu erstatten. Die Regreßpflicht des Unternehmers wegen dieser Mehrleistungen der Krankenkassen ist unbeschränkt, d. h. nicht an die Voraussetzungen des § 136 gebunden.

Die Regreßansprüche der Krankenkassen und übrigen Unterstützungsverbände aus § 136 sind unbestritten vor den ordentlichen Gerichten geltend zu machen. Dagegen ist, wenn es sich um Ersatzansprüche der Krankenkassen wegen ihrer Leistungen aus § 12 Abs. 1 handelt, der Rechtsweg ausgeschlossen und durch § 14 GG. vorgeschrieben, daß diesbezügliche Streitigkeiten nach § 58 Abs. 2 des KG. entschieden werden sollen, also im Verwaltungsstreitverfahren oder — wo ein solches nicht besteht — von der Aufsichtsbehörde —, gegen deren Entscheidung binnen vier Wochen nach Zustellung der Rekurs in den Formen der §§ 20 u. 21 RGewerbeordnung zulässig ist.

Die in § 12 Abs. 1 bezeichneten Leistungen der Krankenkassen sind — wenn sie nach § 136 mit eingeklagt werden — von der Regreßsumme nicht in Abzug zu bringen.

1. Es ist zwar wegen derselben nach § 14 GG. der Rechtsweg ausgeschlossen, aber § 136 unterscheidet **nicht** zwischen den verschiedenen Aufwendungen der Krankenkassen, sondern er gewährt wegen **aller** [35]) Aufwendungen, also auch wegen der durch § 12 Abs. 1 vor-

[34]) D. h. die Differenz zwischen den $^2/_3$ des Arbeitslohnes und dem — gesetzlich oder statutenmäßig zu gewährenden — Krankengeld, soweit dieses niedriger als $^2/_3$ des Arbeitslohnes ist; vgl. auch Riesenfeld in Baumgartners Zeitschr. 1 S. 317 fg.

[35]) Vgl. auch Riesenfeld S. 241.

geschriebenen Erhöhung des Krankengeldes, unter den angegebenen Voraussetzungen einen Regreßanspruch.

2. Die genannten Leistungen sind auch nicht **deshalb** von der Regreßsumme in Abzug zu bringen, weil nach § 12 Abs. 1 der **Unternehmer** in allen Fällen für regreßpflichtig erklärt sei und somit, wenn es sich um einen verurteilten „Betriebsbeamten" [36]) handelt, nicht dieser, sondern der Unternehmer bezüglich der genannten Leistungen der rechte Beklagte sei.

Mit anderen Worten: es ist gleichgültig, ob die Krankenkassen den Ersatz ihrer auf Grund des § 12 Abs. 1 gemachten Leistungen vom Unternehmer [37]) oder vom bestraften Betriebsbeamten beanspruchen. Die Ersatzansprüche charakterisieren sich insoweit rechtlich als Solidarobligationen, so daß, wenn und soweit Ersatz von der einen Seite geleistet wurde, von der anderen Seite dasselbe nicht mehr beansprucht werden kann.

Sehr zweifelhaft ist die Frage, ob der Unternehmer, welcher auf Grund des § 12 Abs. 1 von der Krankenkasse in Anspruch genommen ist, seinerseits wieder gegen den bestraften Betriebsbeamten einen Regreßanspruch hat, oder ob umgekehrt der bestrafte Betriebsbeamte, welcher auf Grund des § 136 der Krankenkasse die in § 12 Abs. 1 bezeichneten Aufwendungen erstattet hat, seinerseits gegen den in § 12 Abs. 1 als erstattungspflichtig erklärten Unternehmer Regreß nehmen kann. U. E. ist die Frage im Sinne der ersten Eventualität zu beantworten. Denn primär ist der Betriebsunternehmer allerdings aus § 12 Abs. 1 zur Differenzleistung verpflichtet, aber die Leistung wurde notwendig infolge des *Verschuldens* des Betriebsbeamten. Der Betriebsunternehmer ist *bloß den Krankenkassen gegenüber* erstattungspflichtig, nicht gegenüber dem bestraften Betriebsbeamten.

Über den Regreß wegen der dem Verletzten nach § 12 Abs. 2 zukommenden Beträge hat das Gesetz Vorschriften nicht getroffen, weil dieselben nicht von den Berufsgenossenschaften und Krankenkassen, sondern von dem Betriebsunternehmer zu zahlen sind [38]).

---

[36]) D. i. Bevollmächtigten, Repräsentanten, Betriebs- oder Arbeiteraufseher.

[37]) Gleichgültig, ob er bestraft oder nicht bestraft ist; im letzteren Falle schuldet er nur gemäß § 12 Abs. 1, im ersteren auch gemäß § 136 Abs. 1.

[38]) Ebenso *Riesenfeld* S. 55.

Die Aufwendungen der Berufsgenossenschaften bestehen — abgesehen von den Kosten des Heilverfahrens und der Sterbegelder — in periodisch wiederkehrenden Leistungen[39]). Deshalb kann auch die Regreßsumme ebenfalls in Form einer Rente, sie kann aber auch in ihrem Kapitalwert gefordert werden. Vgl. § 136 Abs. 3.

Letzteres ist angeordnet[40]), um zu verhüten, daß die Erfüllung der Verpflichtung sich durch eine längere Reihe von Jahren hindurchziehe.

5. **Verjährung der Regreßansprüche**[41]).

„Der Anspruch aus § 136 Abs. 1 Satz 1 verjährt in 18 Monaten „von dem Tage, an welchem das strafgerichtliche Urteil rechts„kräftig geworden ist."

„Im Übrigen", d. h. offenbar in den Fällen, wo ein strafgerichtliches Urteil **nicht** vorliegt (§ 136 Abs. 1 Satz 2), weil es nicht nötig ist, verjähren die Ansprüche „in 2 Jahren nach dem Unfalle".

Die Verjährung wird **unterbrochen** durch die Anrufung der Beschlußfassung der Genossenschaftsversammlung, § 137 Abs. 1 — § 138 Abs. 1, wovon sofort die Rede ist.

Die bei § 135 besprochene Frage hinsichtlich der Verjährung der Ansprüche aus §§ 135 und 136 im Falle, daß die Ausnahme des § 139 gegeben ist, taucht auch hier wieder auf, und wird auf die obigen Ausführungen verwiesen[42]).

Bezüglich des Abs. 2 des § 138, wonach die Bestimmung des § 135 Abs. 3 Anwendung findet, wird gleichfalls auf die obigen Ausführungen Bezug genommen[43]).

6. **Art und Weise der Geltendmachung der Ersatzansprüche in denjenigen Fällen**, in welchen ein Verzicht auf den Anspruch zugelassen ist.

Für die bezeichneten Fälle hat der durch die Novelle eingeführte § 137 GG. ein besonderes Verfahren vorgeschrieben:

Hat der Vorstand beschlossen, den Anspruch **geltend zu machen**, so ist dieser Beschluß zuvor dem Ersatzpflichtigen mitzuteilen. Der

---

[39]) Monatlich oder vierteljährlich zu leistende Renten, wenn nichts anderes vereinbart ist. Näheres § 93 des Gesetzes.

[40]) Vgl. Riesenfeld S. 243.

[41]) Vgl. auch Riesenfeld S. 255.

[42]) Vgl. Abh. oben S. 196.

[43]) Vgl. Abh. oben S. 185.

letztere kann hiergegen auf Beschlußfassung der Genossenschaftsversammlung — des höchsten Organs der Berufsgenossenschaft — antragen. — Vgl. § 137 Abs. 1.

„Die Klage darf nicht vor Ablauf eines Monats nach der Zu„stellung dieser Mitteilung, und nur dann angestellt werden, wenn „nicht innerhalb dieser Frist die Beschlußfassung seitens des Ersatz„pflichtigen angerufen ist. Ist letzteres der Fall, so ist die Be„schlußfassung der Genossenschaftsversammlung abzuwarten." — § 137 Abs. 2.

Ein entsprechendes Verfahren ist einzuschlagen, wenn der Ersatzanspruch gemäß § 96 Abs. 2 GG. mittels Aufrechnung geltend gemacht werden soll.

7. Rechtliche Konstruktion der Regreßansprüche.

Der Anspruch der Berufsgenossenschaften, Krankenkassen 2c. läßt sich von verschiedenen Gesichtspunkten aus rechtlich konstruieren.

Zunächst ließe sich annehmen, daß der Anspruch sich als ein cedierter Entschädigungsanspruch in begrenzter Höhe darstelle. Die Forderung des Verletzten oder dessen Hinterbliebenen — so könnte man sagen — sei kraft Gesetzes von letzteren auf die Berufsgenossenschaften und Krankenkassen übergegangen. Dieser Gesichtspunkt ist aber nicht der richtige. Die Berufsgenossenschaften oder Krankenkassen, welche ihre Regreßrechte aus § 136 geltend machen, klagen nicht als Rechtsnachfolger des Verletzten oder dessen Hinterbliebenen, sie klagen vielmehr kraft eigenen Rechts.

Weiter könnte man annehmen, der Anspruch der Berufsgenossenschaften und Krankenkassen sei der quasikontraktliche Anspruch aus einer Geschäftsführung ohne Auftrag. Die Berufsgenossenschaft und die Krankenkasse hätten die Geschäfte Desjenigen, welcher den Unfall herbeigeführt hat, nützlich geführt und hätten dabei Auslagen gehabt, deren Ersatz beansprucht werde. Auch diese Konstruktion ist unrichtig, da die Berufsgenossenschaften und Krankenkassen die Aufwendung zur Erfüllung einer ihnen selbst, also nicht einem Anderen obliegenden Verbindlichkeit gemacht haben.

Der Anspruch der Berufsgenossenschaften und Krankenkassen ist vielmehr[44]) einzig und allein auf das Gesetz und zwar auf die ausdrückliche

---

[44]) Vgl. Riesenfeld S. 218ff., bes. 221, 238.

Bestimmung des § 136 GG. gestützt, ist somit eine obligatio ex lege; denn der Rechtsgrund ihrer Leistung liegt in der Erfüllung der ihnen vom Gesetzgeber auferlegten Verpflichtungen, wenn hierzu die Voraussetzungen, d. i. insbesondere der „Betriebsunfall“, gegeben sind.

Der innere Grund ihrer Ersatzforderung liegt in der Vermeidung einer Doppelentschädigung auf Seite des Verletzten und einer ungerechtfertigten Bereicherung auf Seite des privatrechtlich durch seine That haftpflichtig Gewordenen; denn letzterer würde infolge der Entschädigungsleistung der Berufsgenossenschaften, Krankenkassen ꝛc. Aufwendungen ersparen, die ihm nach allgemeinem Schadensersatzrecht obliegen würden.

Die genannten Versicherungsträger klagen somit kraft eigenen — nicht auf Grund eines cedierten — Rechts Leistungen ein, die ihnen „gesetzlich“ **selbst** obliegen. Die Regreßklage der Berufsgenossenschaften und Krankenkassen ꝛc. gegen den schadenstiftenden Betriebsunternehmer ꝛc. stellt sich mithin als eine actio ex lege im Sinne des gemeinen Rechtes dar.

Aus dieser rechtlichen Konstruktion ergibt sich folgendes:

Der Anspruch der Berufsgenossenschaften, Krankenkassen ꝛc. ist davon unabhängig, ob nach dem bürgerlichen Recht der Verurteilte dem Verletzten zum Schadensersatz verpflichtet ist oder nicht. Maßgebend ist nur die Vorschrift des GG.

Der Anspruch der Berufsgenossenschaften, Krankenkassen ꝛc. wird dadurch nicht berührt, daß der Schadensstifter dem Verletzten die volle Entschädigung freiwillig ausbezahlt hat. Ob in diesem Falle der Schadensstifter, wenn er von der Berufsgenossenschaft oder Krankenkasse in Anspruch genommen wird, seinerseits das Gezahlte von dem Verletzten wieder zurückverlangen kann, richtet sich nach dem BGB. und dessen Grundsätzen über ungerechtfertigte Bereicherung, insoweit die öffentlichen Organisationen Aufwendungen gemacht haben. Sie sind lediglich die zunächst zur Leistung Verpflichteten.

Ohne Einfluß auf den Anspruch der Berufsgenossenschaften, Krankenkassen ꝛc. ist es sogar, wenn dem Verletzten in einem von diesem gegen den Schadensstifter angestrengten Rechtsstreite infolge unrichtiger Behandlung der Sache die volle Entschädigung oder in einem gegen denselben anhängigen Strafprozesse die volle Buße zugesprochen worden ist. Sie können gleichwohl ihre Aufwendungen vom Schadensstifter ersetzt verlangen, welcher in dieser Höhe ein Rückforderungsrecht gegen den Verletzten hat.

8. Verhältnis des § 136 GG. zu § 57 Abs. 4 KG.[45]).

Der Wortlaut des § 136 GG. ist uns bereits bekannt, mit ihm sei § 57 Abs. 4 KG. verglichen, welcher lautet:

„Ist von der Gemeinde-Krankenversicherung oder von der Orts-„Krankenkasse Unterstützung in einem Krankheitsfalle geleistet, für „welchen dem Versicherten ein gesetzlicher Entschädigungsanspruch „gegen Dritte zusteht, so geht dieser Anspruch in Höhe der geleisteten „Unterstützung auf die Gemeinde-Krankenversicherung oder die Orts-„Krankenkasse über."

Beide Paragraphen handeln von Regreßanspüchen der Krankenkassen. Wie verhalten sich diese Bestimmungen zu einander?

Der § 57 Abs. 4 begründet einen gesetzlichen Forderungsübergang der Entschädigungsansprüche, welche den gegen Krankheit Versicherten gegen Dritte zustehen, während der § 136 GG. von Ansprüchen handelt, welche der Krankenkasse kraft eigenen Rechts zustehen.

Der § 57 Abs. 4 KG. handelt von der Regreßpflicht eines jeden Dritten, d. h. hier anderer Rechtssubjekte als der Krankenkassen. Der § 136 GG. dagegen hat nur die Regreßpflicht des Betriebsunternehmers und der Betriebsbeamten im Auge und auch nur die Fälle, in welchen gegen Unfall versicherte Personen durch einen „Betriebsunfall" verletzt sind. § 136 bedeutet also für die Krankenkassen insofern eine Einengung gegenüber dem § 57 Abs. 4, als ihr Anspruch gegen die Betriebsunternehmer bezw. Betriebsbeamten an die Voraussetzungen des § 136, d. i. die strafgerichtliche Feststellung des Verschuldens, gebunden sind.

9. Rückblick.

Nachdem die Haftpflicht des Betriebsunternehmers und seiner Beamten gegenüber dem Verletzten und seinen Hinterbliebenen einerseits, sowie gegenüber den Berufsgenossenschaften, Krankenkassen rc. andererseits erörtert worden ist, sei folgender Rückblick gestattet.

I. Bezüglich der Betriebsunternehmer.

Im Geltungsbereich der Unfallversicherung ist:

1. Zunächst einmal die Haftpflicht des Betriebsunternehmers für

[45]) Vgl. auch § 65 Abs. 3 u. § 72 Abs. 3 § 73 Abs. 1 und § 76 KG.

fremdes Verschulden, d. h. also für Verschulden seiner Leute[46]), **völlig beseitigt.**

2. Der Summe nach in gleicher Höhe wie nach allgemeinem Haftpflichtrecht haftet der Betriebsunternehmer dem Verletzten und dessen Hinterbliebenen **nur** für den Fall der **vorsätzlichen** Herbeiführung des Betriebsunfalls und zwar in der Regel[47]) nur, wenn das Vorliegen des Vorsatzes **strafgerichtlich** festgestellt ist, und nur mit der Einschränkung, daß von den Genannten lediglich der sogen. **Differenzanspruch** gegen ihn geltend gemacht werden kann, während die Berufsgenossenschaften, Krankenkassen rc. sich wegen Erstattung ihrer Aufwendungen an ihn halten.

3. Wegen **qualifizierter Fahrlässigkeit** haftet er nur gewissen im Gesetze aufgezählten Verbänden rc., sodann in der Regel[48]) nur, wenn sein Verschulden durch strafgerichtliches Urteil festgestellt ist und nur für den geringeren Betrag der Aufwendungen jener Verbände.

4. Wegen einfacher Fahrlässigkeit haftet er überhaupt nicht; ebenso nicht für Zufall.

II. Dasselbe gilt in gleicher Weise[49]) bezüglich der Betriebsbeamten, welche primär[50]) haftpflichtig sind; d. h. mit anderen Worten: gegen den bestraften Betriebsbeamten kann nur mehr der Verletzte bezw. der betr. Unfallfürsorgeverband direkt herantreten, nicht mehr — wie dies nach RHPG. der Fall war — im Regreßwege der Betriebsunternehmer.

Schließlich liegt in dem Umstand, daß der Strafrichter die Schuld des in Anspruch Genommenen vor der Geltendmachung des Entschädigungsanspruchs festzustellen hat, eine bedeutende Erleichterung der Haftpflicht der Betriebsunternehmer und Betriebsbeamten gegenüber dem allgemeinen Haftpflichtrecht.

---

[46]) Welche bes. nach dem RHaftpflichtgesetz eine sehr strenge war. Vgl. Abh. oben S. 97 ff.

[47]) Ausnahme: § 139; vgl. Abh. oben S. 205 fg.

[48]) Ausnahme: § 136 Abs. 1 Satz 2; sodann § 139; vgl. Abh. oben S. 205 fg.

[49]) Das unter I Ziff. 1 Ausgeführte trifft bei ihnen überhaupt kaum zu.

[50]) Im Gegensatz zum RHaftpflichtgesetz; dort werden sie subsidiär, d. h. ihrerseits nach allgemeinem Haftpflichtrecht dem Betriebsunternehmer gegenüber haftpflichtig, während dieser primär haftet. Vgl. Abh. oben S. 101.

§ 26.

III. Die Haftpflicht Dritter.

Bezüglich des Rechtsverhältnisses dritter Personen, d. i. anderer Personen als der Betriebsunternehmer und seiner Beamten, zu dem Verletzten oder dessen Hinterbliebenen einerseits und den Berufsgenossenschaften und Krankenkassen andererseits gelten folgende Bestimmungen:

a) § 140 GG.: „Die Haftung dritter, in den §§ 135, 136 „nicht bezeichneter Personen bestimmt sich nach den sonstigen gesetzlichen Vorschriften. Insoweit den nach Maßgabe dieses „Gesetzes entschädigungsberechtigten Personen ein gesetz„licher Anspruch auf Ersatz des ihnen durch den Unfall „entstandenen Schadens gegen Dritte erwachsen ist, geht „dieser Anspruch auf die Berufsgenossenschaft[1]) im Umfang „ihrer durch dieses Gesetz begründeten Entschädigungs„pflicht über."

b) § 57 Abs. 4 KG.: „Ist von der Gemeinde-Krankenversiche„rung oder von der Orts-Krankenkasse Unterstützung in einem Krank„heitsfalle geleistet, für welchen dem Versicherten ein gesetzlicher „Entschädigungsanspruch gegen Dritte zusteht, so geht dieser Anspruch „in Höhe der geleisteten Unterstützung auf die Gemeinde-Kranken„versicherung oder die Orts-Krankenkasse über."

Die Bestimmung des § 57 Abs. 4 KG. gilt auch für die übrigen Krankenkassen[2]).

1. Die Ansprüche des Verletzten bezw. der Hinterbliebenen des Getöteten gegen dritte Schadensstifter.

Als oberster Grundsatz auf dem ganzen Gebiete des Haftpflichtrechtes gilt: Das allgemeine Schadensersatz- und Haftpflichtrecht ist und bleibt solange maßgebend, als nicht die besonderen Bestimmungen der UVGesetze zur Anwendung kommen müssen[3]). Diesen Gedanken

[1]) Bezw. auf das Reich oder den Bundesstaat, für dessen Rechnung die Verwaltung geführt wird, § 128 GG.

[2]) Vgl. §§ 65, Abs. 3; 72 Abs. 3; 73 Abs. 1 u. 76 KG. — Riesenfeld S. 140.

[3]) Vgl. auch Riesenfeld S. 96ff., S. 182 u. bes. S. 192; Piloty S. 145; Weyl S. 960.

will § 140 in seinem ersten Satz zum Ausdruck bringen: An den Vorschriften über die dem Verletzten gegenüber bestehende Haftung anderer als der in den §§ 135, 136 aufgeführten Personen[4]) wird **materiell nichts** geändert[5]). Diese Personen, aber auch nur **diese** haften unter der ihre Haftbarkeit einschränkenden Erschwerung der Unfallversicherungsgesetze (strafgerichtliche Feststellung ihres eigenen Verschuldens)[6]).

Enthält somit § 140 in seinem ersten Satz eine deklarative Bestimmung, so enthält der zweite Satz eine solche konstitutiver Natur: er ist als eine lediglich **formelle Modifikation** der im ersten Satz aufrecht erhaltenen Anspüche zu betrachten[7]). Hiervon wird unten näher gesprochen werden. Hier handelt es sich um die Darstellung der Folgerungen aus § 140. Unter wohl zu beachtender Ausscheidung der in den §§ 135 und 136 aufgeführten und zu den „Dritten" im Gegensatz stehenden Personen ist zu erörtern, welche Personen unter dem Ausdruck „Dritte" im Sinne des § 140 zu verstehen sind.

Der Ausdruck „Dritte" würde besser durch „Andere" gegeben sein[8]), und sind darunter im Sinne des § 140 alle diejenigen Personen zu verstehen, welche unmittelbar oder mittelbar[9]) für die Folgen eines Unfalles nach allgemeinem Schadensersatz- und Haftpflichtrecht verantwortlich sind. Dies gilt vor allem hinsichtlich der Voraussetzung des Schuldgrundes für einen Unfall, dessen Beurteilung sich nach dem allgemeinen Haftpflichtrecht, somit nach zivilrechlichen, nicht nach strafrechtlichen Gesichtspunkten richtet[10]). Abgesehen von der selbstver-

---

[4]) D. s. Betriebsunternehmer, Bevollmächtigte, Repräsentanten, Betriebs- und Arbeiteraufseher.

[5]) Hierher gehört auch das Recht des Verletzten auf Zuerkennung einer Buße gegen den „Dritten", vgl. Riesenfeld S. 197; auch Abh. oben S. 159/160.

[6]) Vgl. Riesenfeld S. 96 u. 102.

[7]) Vgl. Abh. unten zu Ziff. 2 S. 220 fg.

[8]) Wie dies thatsächlich im BFG. § 12 Abs. 3 geschehen ist: vgl. auch Riesenfeld S. 101.

[9]) So Derjenige, welcher die Folgen eines Unfalles verschlimmert hat, z. B. der durch einen Betriebsunfall Verletzte stirbt infolge Kunstfehlers des Arztes; der Arzt ist regreßpflichtiger „Dritter"; vgl. Riesenfeld S. 98; Seuff. Arch. **45** Nr. 40 S. 80–83; EEE. 7 S. 257–260.

[10]) Auch eine juristische Person haftet nach allgemeinem Haftpflichtrecht; da es hier nicht auf strafgerichtliche Feststellung ankommt; Riesenfeld S. 97.

ständlichen Haftung für eigenes Verschulden kommt hierbei also die nach allgemeinem Haftpflichtrecht bestehende Haftung für fremdes Verschulden in Frage, desgleichen die Haftung für die durch Tiere oder Gebäude verursachten Schäden, die Haftung für Zufall und die Haftung ohne Rücksicht auf die Unfallursache[11]).

Als „Dritte" im Sinne des § 140 erscheinen vor allem die einfachen Betriebsarbeiter, durch deren Verschulden ein Mitarbeiter oder ein versicherter Betriebsbeamter verletzt oder getötet worden ist; ebenso z. B. Besucher[12]) einer Fabrik, Gewerbeinspektoren, Steuerbeamte; sodann Angehörige des Betriebsunternehmers[13]) oder dessen Dienstboten[14]). In letzterem Falle dürfte der Betriebsunternehmer kaum in dieser Eigenschaft als solcher haften, als vielmehr in seiner Eigenschaft als Privatmann, und zwar nach allgemeinem Schadensersatzrecht.

Aber auch „Betriebsunternehmer" und „Betriebsbeamte" können unter Umständen selbst in dieser Eigenschaft unter den Begriff „Dritte" im Sinne des § 140 fallen[15]). Fallen Versicherungsbetrieb und Verunglückungsbetrieb nicht zusammen, m. a. W. führt eine Person, die Betriebsunternehmer im allgemeinen Sinne ist, in einem fremden, nicht in dem eigenen Betriebe einen Unfall herbei, so gilt sie als „Dritter" im Sinne des § 140 und ist dem Verletzten nach allgemeinem Haftpflichtrecht für den Schaden verantwortlich[16]). Das Gleiche ist der Fall, wenn zwar Ver-

---

[11]) Vgl. auch Riesenfeld S. 194 u. S. 236; Weyl S. 960.

[12]) Z. B. bei Besichtigung einer Fabrik setzt ein Besucher fahrlässig den Hebel des Fahrstuhles in Bewegung und der mit der Führung betraute Fabrikarbeiter erleidet infolge des Absturzes des Fahrstuhles innere Verletzungen; der Unfall ist für den Arbeiter ein Betriebsunfall, der Besucher ist „Dritter" im Sinne des § 140.

[13]) Z. B. der zwölfjährige Sohn des Fabrikherrn schießt einem bei der Arbeit beschäftigten Arbeiter durch unglücklichen Zufall ein Auge aus; — in diesem Falle ist es allerdings zweifelhaft, ob das Vorliegen eines „Betriebsunfalles" anzunehmen ist.

[14]) Z. B. der Koch des Fabrikherrn gibt an Fabrikarbeiter verdorbene Speisen ab.

[15]) Was hier und im folgenden von den „Betriebsunternehmern" gesagt wird, gilt in gleicher Weise von den übrigen Personen dieser Gruppe, den Betriebsbeamten, Repräsentanten u. s. w., welche bei diesem Betriebsunternehmer als sein Personal angestellt sind.

[16]) So auch Riesenfeld S. 77 u. 97; Handbuch S. 426 Note 2 zu § 98

sicherungs- und Verunglückungsbetrieb zusammen fallen, aber der für den Verletzten eingetretene Betriebsunfall durch den Betriebsunternehmer oder Betriebsbeamten eines anderen Betriebs verursacht wurde; z. B. ein Arbeiter in einer Papierfabrik kommt aus Versehen einer elektrischen Stromleitung zu nahe, welche fahrlässigerweise von dem Installateur der Firma X unverwahrt gelassen wurde. Damit Jemand als Betriebsunternehmer[17]) im Sinne der §§ 135 und 136 in Anspruch genommen werden kann, welcher somit **nur** nach Maßgabe der UVGesetze zu haften hat, wird vorausgesetzt, daß Versicherungsbetrieb und Verunglückungsbetrieb zusammen fallen, d. h. daß der Verletzte in dem Verunglückungsbetriebe als Arbeiter oder versicherter Betriebsbeamter beschäftigt war[18]). Das Vorliegen bezw. Nichtvorliegen eines Arbeitsverhältnisses ist im allgemeinen das Kriterium dafür, ob der Anspruch des Verletzten nach allgemeinem bürgerlichen Recht oder nach den Unfallversicherungsgesetzen zu beurteilen ist. Besteht kein solches Verhältnis, so ist die in Anspruch genommene Person „Dritter" im Sinne des § 140, besteht ein solches, so ist sie nur nach §§ 135, 136 GG. haftpflichtig[19]).

Im Anschluß an diese letzte Erörterung ist noch eine Frage zu besprechen; nämlich welche Vorschriften zur Anwendung kommen, wenn ein Unternehmer[20]) mehrere für sich gesonderte Betriebe hat

(= § 140), z. B. ein landwirtschaftlicher Arbeiter verunglückt anläßlich eines Viehtransports — einer Betriebshandlung — bei einem Eisenbahnunfall. Das ist ein gleichzeitig für jede der beiden Unternehmungen sich als „Betriebsunfall" darstellendes Ereignis. Die Eisenbahnverwaltung haftet als „Dritter" einerseits dem Verunglückten, andererseits der den Unfall entschädigenden landw. Berufsgenossenschaft. Weyl S. 418; Seuff. Arch. **45** Nr. 122 = RG. **23** S. 51; **24** S. 126; A. N. **92** S. 311 fg.; auch Reindl S. 16 Anm. 37.

[17]) Man beachte vorangehende Note 15.

[18]) Vgl. Abh. oben S. 153. Es war ja gerade einer der Hauptausgangspunkte für die Schaffung der Unfallversicherungsgesetze der Gedanke, die Streitigkeiten zwischen Arbeitgebern und Arbeitnehmern zu vermeiden; als letzter Rest der Zulässigkeit solcher Streitigkeiten erscheint § 135. S. auch Abh. oben S. 152 u. 157.

[19]) Alle anderen Betriebsbeamte, welche nicht Betriebsbeamte des Arbeitgebers sind, sind „Dritte" im Sinne des § 140 GG. Riesenfeld S. 91; Handbuch S. 423 Note 2.

[20]) Dies kann eine physische oder juristische Person, z. B. eine Aktiengesellschaft, sein, welche verschiedene Fabriken, so eine Baumwollspinnerei und

und der in dem einen Betriebe ausschließlich versicherte Arbeiter durch Verschulden des Betriebsunternehmers bezw. seiner Beamten in einem anderen Betriebe **desselben** Unternehmers einen Unfall erleidet, wenn also zwischen dem Unternehmer des „Versicherungsbetriebes“ und jenem des „Verunglückungsbetriebes“ Personenidentität vorliegt.

Eine Spaltung in eine juristische Personenmehrheit einmal qua Betriebsunternehmer für den Versicherungsbetrieb und qua Dritter für den Verunglückungsbetrieb hat keine gesetzliche Berechtigung. Das den Betriebsunternehmer und mit ihm seine Betriebsbeamten von der Inanspruchnahme nach allgemeinem Haftpflichtrecht befreiende Moment ist, daß er dem Verunglückten gegenüber seiner Versicherungspflicht genügt hat. Damit genießt er die Vorteile der besonderen Vorschriften des UVGesetzes, wonach er und seine Betriebsbeamten nur unter den erschwerenden Voraussetzungen der §§ 135, 136 in Anspruch genommen werden können[21]).

Hierher gehört z. B. der Fall, daß ein kgl. bayerischer oder württembergischer „Postbeamter im Dienste“ bei einem Eisenbahnunfall verunglückt. Unternehmer des Postbetriebs, wie des Eisenbahnbetriebs ist der Staat; der Staat ist aber auch zugleich Arbeitgeber des Postbeamten. Es fragt sich: steht in diesem Falle der Staat dem verunglückten Postbeamten als „Arbeitgeber“ gegenüber und haftet somit bloß nach Maßgabe des UVGesetzes unter dessen erschwerenden Voraussetzungen[22]) oder steht der Staat dem Verletzten als „Dritter“ gegenüber und haftet demzufolge nach allgemeinem Haftpflichtrecht, also nach § 1 des RHaftpflichtgesetzes[23])? Es dürfte nach dem Wortlaut des Gesetzes für die erste Entscheidung einzutreten sein und es kann sonach eine Person, welche in einem Betriebe verunglückt, in welchem sie nicht versichert ist, auf Grund

eine Papierfabrik betreibt, der Fiskus, als Eisenbahnfiskus oder Wasserbaufiskus, Reichs-Militär- oder Reichs-Postfiskus 2c.

[21]) Vgl. zum Ganzen Riesenfeld S. 79 u. 101.

[22]) So Riesenfeld S. 79; Piloty I S. 144 Note 2; RG. **21** S. 51ff., bes. S. 54 u. 57 a. E.; RG. 28. April 1893 in Jur. Wochenschr. 1893 S. 298 Spalte 1; vgl. auch Reindl S. 16 Anm. 36.

[23]) So 1. Aufl. S. 141. Wie der Postbeamte im Betriebe einer Privatbahngesellschaft verunglückt, ist letztere „Dritte“ im Sinne des § 140, weil kein Arbeitsverhältnis zwischen ihm und der Gesellschaft gegeben ist. Also genau dieselbe Rechtslage wie oben S. 217 Note 16.

des allgemeinen Haftpflichtrechts den Betriebsunternehmer des Verunglückungsbetriebs als „Dritten“ in Anspruch nehmen, ausgenommen den einen Fall, daß dieselbe Person Unternehmer des Verunglückungsbetriebs, zugleich aber auch Versicherer des Verunglückten in dem Versicherungsbetrieb ist, und es sich selbstredend um einen Unfall handelt, der sich als „Betriebsunfall“ im Sinne des UVGesetzes darstellt. Der Tendenz des Gesetzes nach — Streitigkeiten zwischen Arbeitgeber und Arbeitnehmer zu vermeiden — ist mit der Thatsache der Versicherung des Arbeiters durch den Unternehmer, dem zufällig beide Betriebe gehören, Genüge gethan. Er haftet also nur unter den erschwerenden Voraussetzungen des besonderen Haftpflichtrechts.

Die Personalunion des Unternehmers bezüglich seiner Betriebe hat sofort die eben besprochene Wirkung nicht mehr, wenn es sich im gegebenen Fall überhaupt um keinen Betriebsunfall handelt. Beispiel: Ein Holzhauer, der in einem für Rechnung des preußischen Staates verwalteten Forstbetriebe in Gumbinnen beschäftigt wird (Ausführungsbehörde: Kgl. Regierung, Abteilung für direkte Steuern, Domänen und Forsten in Königsberg i. Pr.) erleidet bei dem Besuche seiner Eltern im Bezirk der Kgl. Eisenbahndirektion in Köln einen Eisenbahnunfall. In diesem Falle würde er von dem Fiskus als dem Träger der forstwirtschaftlichen Versicherung eine Rente nicht erhalten können, weil ein Unfall „bei dem Forstbetriebe“ nicht vorliegt; wohl dagegen würde der Eisenbahnfiskus haften, weil § 135 dann keine Anwendung findet, wenn ein Betriebsunfall im Sinne des UVGesetzes nicht vorliegt.

Überhaupt haften der Betriebsunternehmer und seine Beamten unbeschränkt, wenn sie einen ihrer Arbeiter getötet oder körperlich verletzt haben, diese That sich aber nicht als ein Betriebsunfall qualifiziert, denn in diesem Falle ist ein Anspruch des Verletzten oder seiner Hinterbliebenen gegenüber der Berufsgenossenschaft ausgeschlossen.

Schließlich ist noch § 140 GG. mit § 57 Abs. 4 KG. zu vergleichen; in beiden ist von „Dritten“ die Rede; dieser Begriff deckt sich aber in beiden Gesetzen nicht; der § 57 Abs. 4 KG. wird beschränkt in seiner Anwendung durch § 140 GG., da die „Dritten“ des KG. § 57 Abs. 4, soweit sie Betriebsunternehmer oder Betriebsbeamte sind, nur unter der Voraussetzung der strafgerichtlichen Feststellung haften [24]).

2. **Das Verhältnis des Verletzten einerseits und der „Dritten" andererseits gegenüber den Berufsgenossenschaften und Krankenkassen** (§ 140 Satz 2 GG. u. § 57 Abs. 4 KG.).

Der Satz 2 des § 140 hat zum Inhalt ein durch Gesetz übertragenes Forderungsrecht [25]), wonach die dem Entschädigungsberechtigten gegen den Dritten zustehende Forderung in Höhe des von der Genossenschaft zu leistenden Betrages auf die letztere übergeht.

Die Bestimmung verfolgt den wirtschaftlichen Zweck, den mehrfachen Bezug einer Entschädigung seitens des Verletzten zu vereiteln.

Ihre Ergänzung findet diese Vorschrift in dem § 57 Abs. 4 KG. [26]), wonach der dem Versicherten gegen Dritte zustehende Anspruch auf Entschädigung in Höhe der von den Krankenkassen geleisteten Unterstützung auf die letztere übergeht.

Auch hier kann man von sogen. Differenzansprüchen reden; denn diejenigen Versicherten bezw. Hinterbliebenen, welche eine Unfallrente erhalten, können von dem Dritten nur die Differenz zwischen der ihnen nach dem allgemeinen Haftpflichtrecht gebührenden Entschädigung und der Entschädigung aus dem GG. verlangen [27]).

---

[24]) Riesenfeld S. 139. Arb.Versorg. 9 (1892) Nr. 15 S. 321—323 und Riesenfeld S. 102. Vgl. auch EEE. 7 S. 146; Hahn, KVG. II Aufl., Berlin 1898 Note 4c zu § 57 Abs. 4 S. 203; Rasp, KVG., München 1893, Note 4 zu § 57 Abs. 4 S. 211. S. auch Abh. oben S. 212 u. 214.

[25]) Gegen die Annahme einer „gesetzlichen Zession" vor allem Riesenfeld S. 222 insbes. S. 227 (obligatio ex lege); RG. **28** S. 92; Seuff. Arch. **48** Nr. 86 S. 136—138; für diese Annahme RG. in Jur. Wochenschr. 1893 S. 166 Ziff. 32; Weyl S. 960; Hahn, KVG. S. 203 Note 4 zu § 57 bes. S. 204 litt. c; eine Mittelmeinung nimmt Rosin S. 544 ff. ein, gesetzliche Zession ohne Erfordernis der Anzeigepflicht. Daher besser: gesetzlicher Forderungsübergang, denn es wird nichts zediert; vgl. auch Regelsberger, Arch. f. ziv. Pr. **63** S. 158 f.

[26]) Vgl. ebenso § 65 Abs. 3; §§ 72 Abs. 3, 73 Abs. 1 u. 76 KG.

[27]) Vgl. Riesenfeld S. 230; Bornhak in Hirth Annalen 1892 S. 613 Arb.Versorg. **5** (1888) S. 412; A. A. RG. vom 16. Oktober 1891 in Arb.Versorg. **9** (1892) Nr. 11 S. 231; RG. **28** S. 93; RG. vom 27. Oktober 1891 in Bolze **13** Nr. 204 S. 110.

Ebenso können die nach Maßgabe des KG. versicherten Personen nur die ihnen nach allgemeinem Haftpflichtrecht zustehende Entschädigung unter Abzug der erhaltenen Krankenunterstützung beanspruchen.

Der Unterschied zwischen dem Differenzanspruch aus § 140 und demjenigen aus § 135 besteht hauptsächlich darin, daß nach § 140 nicht das Vorliegen eines strafgerichtlichen Urteils erforderlich ist. Außerdem ist der Regreß der Versicherungsträger aus § 136 ein vollkommen selbständiger, unabhängig von einem Ersatzanspruch des Verletzten, während der Regreß aus § 140 bei seiner Entstehung unauflöslich mit dem Ersatzanspruch des Verletzten gegen den Schadensstifter verbunden ist[28]).

Daß auch für die Differenzklage aus § 140 ebenso wie für diejenige aus § 135 der Rechtsweg zulässig ist, ist bereits oben S. 140 fg. dargelegt worden.

Gegenstand des Forderungsüberganges ist die Forderung des Entschädigungsberechtigten, deren Ausübung kraft Rechtsvorschrift unmittelbar der Berufsgenossenschaft zu eigenem Rechte überlassen ist[29]). Die Forderung des Entschädigungsberechtigten wird ganz so, wie sie dem letzteren zustand, mit allen Vorteilen und Nachteilen, welche derselben anhaften, ex lege[30]) auf die Genossenschaft übertragen.

Durch falsche Übersetzung des im Gesetze gewählten Ausdrucks „geht über" mit „Zession" kam man zu einer irrigen rechtlichen Konstruktion. Es liegt keine „Zession" vor; dazu fehlt es an dem nötigen Zessionsakt. Die Berufsgenossenschaft macht vielmehr ihren Anspruch ex iure proprio, auf Grund des Gesetzes, als ursprüngliches, nicht ex iure cesso, als abgeleitetes Forderungsrecht geltend. Selbst ein einfacher „Forderungsübergang" liegt nicht vor, denn die Ansprüche der Berufsgenossenschaft entstehen „von Anfang an" mit dem „Moment des Unfalles" für die „Person des Versicherers" und nicht für den Beschädigten. Indessen, die richtige Auffassung zu

---

[28]) Vgl. den Wortlaut: „Insoweit . . . ein gesetzlicher Anspruch . . . erwachsen ist, geht dieser Anspruch . . . über."

[29]) Vgl. zum Folgenden auch: Oertmann, Die Vorteilsausgleichung § 16 S. 146 ff.

[30]) Vgl. auch Reindl S. 12 Anm. 25 u. 26.

Grunde gelegt, kann man die Bezeichnung „Forderungsübergang" beibehalten. Der Beschädigte ist nur hinsichtlich der Mehrforderung nach allgemeinem Haftpflichtrecht aktiv legitimiert, aber nicht hinsichtlich der Leistungen, die ihm auf Grund öffentlichen, d. i. des Unfallversicherungsrechts, zugeführt werden sollen. Dies ergibt sich daraus, daß er wegen Nichtleistung der letzteren nicht den Schadensstifter, sondern nur die öffentlichen Kassen belangen kann[31]).

Die Forderung der Berufsgenossenschaften gegen den Dritten entsteht ipso iure, d. i. ohne daß es der weiteren Mitwirkung der dabei in Betracht kommenden Personen bedarf. Der Übergang des Anspruchs von dem Verletzten auf die Berufsgenossenschaft vollzieht sich in dem Augenblick, in welchem es feststeht, daß der Verletzte oder dessen Hinterbliebene einen Anspruch auf die Unfallentschädigungssumme gegen die Berufsgenossenschaften haben.

Mithin ist es u. E. ohne Einfluß auf die Ansprüche der Berufsgenossenschaften aus § 140, wenn der Verletzte mit dem Schadensstifter einen Vergleich abschließt, wenn er diesem gegenüber auf seine Ansprüche verzichtet, wenn er ihm seine Schuld erläßt, wenn er in einem Strafverfahren gegen den Schadensstifter eine Buße zugesprochen erhält[32]), und endlich, wenn er in einem Zivilprozeß gegen den Schadensstifter infolge unrichtiger Behandlung der Sache mit seiner Klage abgewiesen wird[33]).

In allen diesen Fällen kann die Berufsgenossenschaft kraft eigenen Rechtes gegen den schadenstiftenden Dritten vorgehen und es steht ihr keine aus der Person des Verletzten hergeleitete Einrede entgegen, also weder die Einrede aus einem mit dem Verletzten abgeschlossenen Vergleich, Verzicht oder Erlaß, noch die Einrede der rechtskräftig entschiedenen Sache, noch die Einrede der Unzulässigkeit

---

[31]) Vgl. auch Piloty S. 147.

[32]) A. N. Berufsgenossenschaft 1898 S. 219. Der Schadensstifter wird trotz des Übergangs der Rechte des Verletzten auf einen Dritten — hier die Berufsgenossenschaft — befreit, wenn er in gutem Glauben, ohne Kenntnis des Übergangs an den Verletzten leistet, oder sich mit ihm abfindet — RG. **24** S. 126; **31** S. 25 — und dem steht der Fall gleich, wenn der Schadensstifter sich ohne Kenntnis von dem Übergang der Rechte im Strafverfahren auf den Anspruch des Verletzten einläßt und das auf Buße lautende Strafurteil rechtskräftig werden läßt.

[33]) Ebenso Riesenfeld S. 261. Vgl. auch Abh. oben S. 211.

eines weiteren Ersatzanspruchs. Mit dem Augenblick des Feststehens der öffentlichen Verbindlichkeit zur Fürsorge in der durch § 140 Satz 2 angegebenen Höhe ist hinsichtlich dieses Teils des Anspruchs die Verfügungsmacht des Verletzten erlöschen und ist hierfür die Berufsgenossenschaft selbständig und unabhängig vom Verletzten anspruchsberechtigt[34]).

Der Verletzte kann nur noch über den ihm nach § 140 verbleibenden Teil des Entschädigungsanspruches verfügen, bezüglich dieses Teils Rechtsgeschäfte abschließen, auf Zuerkennung einer Buße antragen, Klage erheben u. s. f.

In der Litteratur wird die Ansicht vertreten[35]), der Strafrichter dürfe dem Antrage auf Buße nicht stattgeben in denjenigen Fällen, in welchen nach Lage der von ihm amtlich festzustellenden Umstände der Verletzte Ansprüche auf öffentlich-rechtliche Fürsorge hat. Andererseits wird behauptet[36]), daß der Strafrichter keineswegs verpflichtet sei, dem Antrag auf Buße stattzugeben, daß es vielmehr in sein pflichtgemäßes Ermessen gestellt sei, ob er von der Ermächtigung Gebrauch machen will. Im Anschluß an letztere Ansicht wird zu sagen sein, daß der Strafrichter auf Buße erkennen darf, wenn er will, aber er muß, wenn er es thut, den Umstand beachten, daß der Verletzte auf Grund der Unfallversicherungsgesetze bereits — wenigstens teilweise — entschädigt wird.

An dieser Stelle ist noch eine andere Frage zu erörtern. Es könnte nämlich zweifelhaft sein, wie sich § 140 zu den vertragsmäßigen Entschädigungsansprüchen des Verletzten oder dessen Hinterbliebenen gegen „Dritte" verhält. Diese Entschädigungsansprüche bleiben nach dem Sinne und der Bedeutung des § 140 unberührt; denn § 140 spricht nur von einem gesetzlichen Anspruch. Ebenso gehen nach dem ausdrücklichen Wortlaut des § 57 Abs. 4 KG. nur gesetzliche Entschädigungsansprüche des Erkrankten auf die Krankenkassen über.

Ein wenig anders liegt die Sache auf dem Gebiete der Kranken-

[34]) Vgl. K. Hilse, Einfluß der Kranken- und Unfallfürsorge auf den Ersatzanspruch des Verletzten gegen den Beschädiger, Berlin 1888 S. 32 ff.; Handbuch S. 191.

[35]) K. Hilse a. a. O. S. 15 ff., insbes. 31.

[36]) Vgl. Riesenfeld S. 199.

versicherung. Zwar geht auch hier der Anspruch des Verletzten auf die betreffende Krankenkasse ipso iure über, allein der Übergang vollzieht sich hier erst mit der Leistung der betreffenden Kasse an den Verletzten, da nach dem Wortlaut des KG. hier der Anspruch „in Höhe der geleisteten Unterstützung" übergehen soll[37]).

Streitigkeiten zwischen der Krankenkasse und dem Schadensstifter werden von den ordentlichen Gerichten entschieden[38]).

3. Umfang der Ersatzforderung.

Der Umfang der Ersatzforderung ist für die Genossenschaften bezw. Krankenkassen gesetzlich beschränkt.

In dieser Beziehung haben wir wiederum zwischen Berufsgenossenschaften und Krankenkassen zu unterscheiden.

a) In Bezug auf die Forderungen der Berufsgenossenschaften ist zu sagen:

Der aus § 140 einzig Verpflichtete ist der haftende „Dritte". Aus § 140 entschädigungsberechtigt ist primär der Verletzte, und als dessen „gesetzliche Rechtsnachfolgerin" die Berufsgenossenschaft. Sie hat eine Ersatzforderung nur, wenn und soweit dem primär Berechtigten eine Entschädigungsforderung gegen den Dritten aus dem Unfall erwachsen ist, und diese Ersatzforderung kann sie nur bis zur Höhe ihrer durch die Unfallversicherungsgesetze begründeten Entschädigungspflicht geltend machen, also nur in der Höhe des Unfallanspruchs des Verletzten. Die Ersatzforderung entsteht mit dem Zeitpunkt, in welchem festgestellt ist, daß und in welchem Umfange Unfallentschädigung zu gewähren ist[39]). Es kommt — wie bereits erwähnt — nicht darauf an, ob die Genossenschaft ihren Verpflichtungen in der That nachgekommen ist. Sollte die Berufsgenossenschaft ihren Verpflichtungen noch nicht oder nicht im vollen Umfange genügt haben, so kann sich der Verletzte wegen seiner gesetzlichen Unfallentschädigungsansprüche nur an die Genossenschaft, nicht an den Dritten halten. Von letzterem wird nur die Ergänzung der Entschädigung gefordert werden können. Übrigens ist der Verletzte, wie das Reichsgericht annimmt,

[37]) Vgl. Riesenfeld S. 139.

[38]) Vgl. § 58 Abs. 2 KG., welcher seit der Novelle vom 10. April 1892 nicht mehr § 57 Abs. 4 zitiert. Vor der Novelle waren diese Streitigkeiten im Verwaltungsstreitverfahren bezw. von der Aufsichtsbehörde zu erledigen. S. auch Hahn zu § 58 KG. Note 2 S. 217.

[39]) Vgl. Handbuch S. 427 Anm. 3; RG. **24** S. 126 f.

nicht gehindert, wegen seines ganzen Entschädigungsanspruches nach allgemeinem Haftpflichtrecht unmittelbar den Dritten zu belangen [40]), kann sich aber dann, wenn er vom Dritten volle Entschädigung bekommen hat, selbstredend nicht nochmals an die Berufsgenossenschaft halten, weil keine Forderung mehr besteht, die auf sie übergehen könnte.

Eine Folgerung der angeführten Sätze ist, daß der Dritte der Berufsgenossenschaft nicht zu ersetzen hat, was diese in ungerechtfertigter Weise etwa über das gesetzliche Maß aufgewendet hat. Denn der Umfang der Haftpflicht des Dritten wird durch die Unfallversicherungsgesetze nicht erweitert [41]); vielmehr durch § 140 vom Gesetzgeber nur bezweckt, daß eine Doppelentschädigung an den Berechtigten vermieden werde [42]). Die Frage, ob und in welcher Höhe eine Entschädigungspflicht der Berufsgenossenschaft besteht, unterliegt in diesen Fällen der Nachprüfung des ordentlichen Richters [43]).

Ändern sich die Verhältnisse, d. h. tritt eine Besserung in dem Zustande des Verletzten ein, so hat der haftpflichtige Dritte die Umwandlungsklage gegen die Berufsgenossenschaft auf Herabsetzung der Rente [44]); im Falle der Verschlimmerung wird der Verletzte eine Erhöhung der Rente anstreben und wird dann auch für diesen Betrag der Dritte regreßpflichtig. Dies ist nur eine Konsequenz der Variabilität des Anspruchs [45]).

b) Was die Forderungen der Krankenkassen anlangt, so ist deren Höhe gemäß § 57 Abs. 4 KG. nach der Höhe der von den Krankenkassen thatsächlich geleisteten Unterstützungen zu bemessen.

---

[40]) RG. **24** S. 131.

[41]) Vgl. Hilse in der Berufsgenossenschaft **98** S. 186 ff., Verhältnis zwischen Unfallfürsorge und Haftpflicht.

[42]) RG. **24** S. 132.

[43]) § 135 Abs. 3 findet hier keine Anwendung.

[44]) Einen Einfluß auf das Rentenfestsetzungsverfahren hat der Dritte nicht, s. Hilse a. a. O.

[45]) Vgl. auch Hilse a. a. O.; Jaeger, Die Umwandlungsklage u. Abh. oben S. 89 f.

2. Kapitel.

Das Unfallversicherungsgesetz für Land- u. Forstwirtschaft.

§ 27.

I. Die Haftung des Unternehmers und seiner Beamten gegenüber dem Verletzten bezw. dessen Hinterbliebenen.

Die Bestimmungen des Unfallversicherungsgesetzes für Land- und Forstwirtschaft vom 30. Juni 1900 in der Fassung der Bekanntmachung vom 5. Juli 1900, welche sich mit der Haftpflicht des Betriebsunternehmers und seiner Beamten gegenüber dem Verletzten und dessen Hinterbliebenen beschäftigen, stimmen mit den §§ 135 u. 139 GG. wörtlich überein. — § 146 Abs. 1, 2 u. 4, § 150. Jedoch enthält der Abs. 3 des § 146 LG. eine Bestimmung, welche das GG. nicht kennt. Diese Bestimmung lautet folgendermaßen:

„Die auf **gesetzlichen**[1]) Bestimmungen beruhenden Ansprüche „eines Verletzten auf Ersatz des in Folge des Unfalles erlittenen „Schadens für die Dauer der ersten 13 Wochen nach dem Un„falle bleiben vorbehalten, wenn nicht durch die Landesgesetzgebung „oder durch statutarische Bestimmung eine den Vorschriften der „§§ 6 u. 7 des KG. bezw. der §§ 137 ff. des Gesetzes vom 5. Mai „1886[2]) (RGBl. S. 132) mindestens gleichkommende Fürsorge für „den Verletzten und seine Angehörigen getroffen ist, oder der Ver„letzte auf Grund des § 136 a. a. O. von der Krankenversicherungs„pflicht befreit ist." Näheres unten.

1. Die Berechtigten. Ebenso wie wir oben bei Erörterung des GG. zunächst den Kreis derjenigen Personen feststellen mußten, welche nach Maßgabe dieses Gesetzes versicherungspflichtig sind, so ist es auch hier unsere nächste Aufgabe, den Kreis der nach dem LG. versicherten Personen kennen zu lernen. Denn die Bestimmung des § 146 LG. über die Haftpflicht des Betriebsunternehmers und der Betriebsbeamten bezieht sich[3]) auf die Entschädigungsansprüche

---

[1]) Früher landesgesetzlichen.

[2]) Die §§ 133—142 des alten LG., soweit sie noch in Geltung waren (zu vgl. Art. 32 der Novelle z. KVG. vom 10. April 1892), sind durch das neue LG. vom 30. Juni 1900 nicht berührt.

[3]) Entsprechend der Bestimmung des § 135 GG.

der „nach Maßgabe dieses Gesetzes — d. i. des LG. — versicherten Personen".

a) Nach diesem Gesetze sind folgende Personen versicherungspflichtig:

1. „Alle in land- und forstwirtschaftlichen Betrieben[4]) be-„schäftigten Arbeiter und Betriebsbeamten[5]), letztere sofern ihr „Jahresarbeitsverdienst[6]) an Gehalt oder Lohn dreitausend Mark „nicht übersteigt." — § 1 Abs. 1.

Versicherungspflichtig sind ferner:

2. Arbeiter und Betriebsbeamte[7]) „in solchen Unter-„nehmungen, welche der Unternehmer eines land- und „forstwirtschaftlichen Betriebs neben seiner Land- oder „Forstwirtschaft, aber in wirtschaftlicher Abhängigkeit „von derselben betreibt (land- oder forstwirtschaftliche Neben-„betriebe). Hierzu sind insbesondere solche Betriebe zu „rechnen, welche ausschließlich oder vorzugsweise be-„stimmt sind:

„1. zur weiteren Bearbeitung oder Verarbeitung von „Erzeugnissen der Land- oder Forstwirtschaft des Unter-„nehmers,

---

[4]) „Welche Betriebszweige im Sinne dieses Gesetzes als land- und forst-„wirtschaftliche Betriebe anzusehen sind, bestimmt das Reichs-Versicherungsamt" — § 1 Abs. 8. — „Als landwirtschaftlicher Betrieb im Sinne dieses Gesetzes gilt auch „der Betrieb der gewerblichen Gärtnerei (Kunst- und Handelsgärtnerei, „Baumschule und Samengärtnerei), dagegen nicht die ausschließliche „Bewirtschaftung von Haus- und Ziergärten." — § 1 Abs. 7.

[5]) „Wer im Sinne dieses Gesetzes als Betriebsbeamter oder als eine „solche Person anzusehen ist, welche zum Unterschiede von den ge-„wöhnlichen land- und forstwirtschaftlichen Arbeitern eine, tech-„nische Fertigkeiten erfordernde besondere Stellung einnimmt „(z. B. Förster; Gärtner, Gärtnereigehilfen; gewerbliche Fach-„arbeiter, wie Brenner, Maschinenführer, Heizer, Müller, Ziegler, „Stellmacher, Schmiede u. a.) wird durch statutarische Bestimmung der „Berufsgenossenschaft (§ 33) für ihren Bezirk festgestellt. Bis zum Erlaß „entsprechender statutarischer Bestimmungen bleiben diese Per-„sonen den sonstigen Arbeitern gleichgestellt." — § 1 Abs. 6.

[6]) Über die Berechnung des Jahresarbeitsverdienstes hat das LG. ins einzelne gehende Bestimmungen getroffen §§ 4, 5; bezüglich der Rentenberechnung §§ 9, 10, 11, 12, 13.

[7]) „Mit den aus Abs. 3 Ziff. 1 u. 2 sich ergebenden Aus-„nahmen."

„2. oder zur Befriedigung von Bedürfnissen seiner „Land- oder Forstwirtschaft,

„3. oder zur Gewinnung oder Verarbeitung von „Bodenbestandteilen seines Grundstücks." — § 1 Abs. 2[8])[9]).

3. Als Teile des land- und forstwirtschaftlichen Betriebs und daher als land- oder forstwirtschaftlich versicherungspflichtig gelten:

„Die laufenden Reparaturen an den zum Betriebe der „Land- und Forstwirtschaft dienenden Gebäuden und die „zum Wirtschaftsbetriebe gehörenden Bodenkultur- und „sonstigen Bauarbeiten, insbesondere die diesem Zwecke „dienende Herstellung oder Unterhaltung von Wegen, „Dämmen, Kanälen und Wasserläufen, — wenn sie von „Unternehmern land- oder forstwirtschaftlicher Betriebe „ohne Übertragung an andere Unternehmer auf ihren „Grundstücken ausgeführt werden. Die kraft öffentlich- „rechtlicher Verpflichtung von Unternehmern land- oder „forstwirtschaftlicher Betriebe für Gemeindezwecke ge- „leisteten Arbeiten zur Herstellung oder Unterhaltung „von Gebäuden, Wegen, Kanälen und Wasserläufen „werden den land- oder forstwirtschaftlichen Betrieben „dieser Unternehmer zugerechnet." — § 1 Abs. 4.

b) Die Versicherungspflicht kann durch die Landesgesetzgebung ausgedehnt werden auf die Unternehmer der im § 1 Abs. 1 angeführten Betriebe.

Aber auch eingeschränkt kann sie werden, nämlich in der Weise, daß Familienangehörige, welche in dem Betriebe des Familienhauptes beschäftigt sind, von der Versicherung ausgeschlossen werden[10]). — § 1 Abs. 5.

---

[8]) Vgl. Graef S. 239 fg.

[9]) § 1 Abs. 3 zählt die Betriebe auf, welche nicht unter das LG. fallen; diese fallen meist thatsächlich schon unter das GG. Vgl. Graef S. 240, sowie die Bestimmungen des RVA., betr. die berufsgenossenschaftliche Zugehörigkeit der Nebenbetriebe land- und forstwirtschaftlicher Unternehmer, vom 16. Oktober 1901, A. N. 1901 S. 623 ff.

[10]) Z. B. sind nach verschiedenen Landesrechten Kinder unter 12 Jahren von der Versicherung ausgeschlossen (zu vgl. Bad. Ges. vom 24. März 1888 § 1 Abs. 2, Hess. Ges. vom 4. April 1888 Art. 1 Abs. 2, Württemb. Ges. vom 4. März 1888 Art. 1 Abs. 2).

c) Ferner bestimmt das LG. in § 2[11]):

„Die Versicherung erstreckt sich auf hauswirtschaftliche Verrichtungen und andere Dienste, zu denen die auf Grund dieses Gesetzes versicherten Personen, die hauptsächlich in der Land- oder Forstwirtschaft oder in deren Nebenbetrieben beschäftigt werden, von dem Arbeitgeber oder dessen Beauftragten herangezogen werden." — § 2 Satz 1.

Neben dem Versicherungs**zwang** besteht noch die Möglichkeit einer freiwilligen Unfallversicherung. So können sich insbesondere „kleine" Betriebsunternehmer selbst versichern[12]):

„Betriebsunternehmer, deren Jahresarbeitsverdienst dreitausend Mark nicht übersteigt, oder welche nicht regelmäßig mehr als zwei Lohnarbeiter beschäftigen, **sind berechtigt,** gegen die Folgen von Betriebsunfällen sich selbst zu versichern." — § 4 Abs. 2 Satz 1[13]).

d) Weitere Bestimmungen über Versicherungspflicht können durch Statut getroffen werden:

So kann „durch Statut die Versicherung für Betriebsunternehmer, die hauptsächlich in der Land- oder Forstwirtschaft beschäftigt sind, auf die mit der Land- oder Forstwirtschaft im Zusammenhange stehenden **hauswirtschaftlichen Verrichtungen** erstreckt werden." — § 2 Satz 2.

Ferner:

„Durch Statut kann die Versicherungspflicht auf Betriebsunternehmer, deren Jahresarbeitsverdienst dreitausend Mark nicht übersteigt, oder welche nicht regelmäßig mehr als zwei Lohnarbeiter beschäftigen, sowie auf Betriebsbeamte mit einem dreitausend Mark übersteigenden Jahresarbeitsverdienst erstreckt werden[14])." — § 4 Abs. 1 Satz 1.

---

[11]) In seinem 1. Satz analog dem § 3 GG.; durch die Novelle eingeführt.

[12]) Vgl. hierzu Riesenfeld S. 113f.; Piloty S. 183f. u. 235f.; Weyl S. 352f.

[13]) Durch Statut kann diese Berechtigung auf Unternehmer mit einem höheren Jahresarbeitsverdienst erstreckt werden § 4 Abs. 2 Satz 2.

[14]) „Bei der Versicherung von Betriebsbeamten ist, vorbehaltlich der Bestimmung des § 12, der volle Jahresarbeitsverdienst zu Grunde zu legen." § 4 Abs. 1 Satz 2.

Über die statutarische Erstreckung der freiwilligen **Selbst**versicherung von Betriebsunternehmern mit einem dreitausend Mark übersteigenden Jahresarbeitsverdienste siehe oben unter c) Note 13. — § 4 Abs. 2 Satz 2.

Da der Betriebsunternehmer nach Statut versicherungspflichtig sein kann und, wie wir oben sahen, die Möglichkeit hat, sich selbst zu versichern, so kann er auch im Falle eines Unfalls als Entschädigungsberechtigter in Betracht kommen, denn er gehört zu den „nach Maßgabe des Gesetzes versicherten Personen". Hinsichtlich des Betriebsunternehmers kann es sich natürlich nur um Ansprüche gegen seine Bevollmächtigten, Repräsentanten, Betriebs- und Arbeiteraufseher handeln[15]).

Durch Statut kann schließlich noch anderen nach §§ 1 u. 2 nicht versicherten, in dem Betriebe beschäftigten Personen die Versicherung zugänglich gemacht werden. Der diesbezügliche — durch die Novelle eingeführte — Abs. 3 des § 4 lautet:

„Durch Statut kann ferner bestimmt werden, daß und unter „welchen Bedingungen gegen die Folgen der bei dem Betrieb oder „Dienste sich ereignenden Unfälle versichert werden können:

„a) im Betriebe beschäftigte, aber nach § 1 nicht versicherte „Personen durch den Betriebsunternehmer[16]);

„b) nicht im Betriebe beschäftigte, aber die Betriebsstätte besuchende Personen durch den Betriebsunternehmer oder den Vor„stand der Berufsgenossenschaft;

„c) Organe oder Beamte der Berufsgenossenschaft durch deren „Vorstand." — § 4 Abs. 3.

Hierher gehören insbesondere solche Personen, welche die Betriebsräume betreten behufs Reinigung oder Herbeischaffung von Lebensmitteln; aber sie müssen doch zum Betrieb in einem gewissen, regelmäßigen Verkehr stehen, also z. B. nicht bloß Passanten sein, oder „Hausbewohner" (bei Hochbauten) oder Besucher bei Fabriken oder landwirtschaftlichen Betrieben.

---

[15]) Dies ist selbstverständlich, soll aber doch hier noch ausdrücklich hervorgehoben werden. S. auch Abh. oben S. 150.

[16]) Z. B. Volontäre, Forstlehrlinge, Schreiber, Rechnungsführer ꝛc.; vgl. zum früheren Rechtszustand vor der Novelle Riesenfeld S. 116 ff.; Piloty S. 237 f.; Weyl S. 352.

e) Keine Anwendung findet das LG. auf die im § 1 des Gesetzes, betr. die Fürsorge für Beamte und Personen des Soldatenstandes infolge von Betriebsunfällen, vom 15. März 1886[17]) bezeichneten Personen; auf Beamte, welche in Betriebsverwaltungen eines Bundesstaates oder eines Kommunalverbandes mit festem Gehalt und Pensionsberechtigung angestellt sind, sowie auf andere Beamte eines Bundesstaats oder Kommunalverbandes, für welche die in § 12[18]) a. a. O. vorgesehene Fürsorge in Kraft getreten ist. — § 6.

2. Die Verpflichteten. Verpflichtet sind nach dem LG., gleichwie nach dem GG., der Betriebsunternehmer und seine Beamten.

Es gelten daher die Erörterungen der vorigen Paragraphen über den Begriff des Betriebsunternehmers auch hier. Betriebsunternehmer ist hier Derjenige, für dessen Rechnung der land- oder forstwirtschaftliche Betrieb erfolgt. So sind auch Tagelöhner, welche ein Stückchen Land zu Eigen, als Nutznießer oder Pächter besitzen und bewirtschaften, als Unternehmer im Sinne des LG. zu betrachten[19]).

Auch in Betreff der Betriebsbeamten (der Bevollmächtigten, Repräsentanten, Betriebs- und Arbeiteraufseher) wird auf die entsprechenden Erörterungen im § 24 d. Abh. verwiesen. Es möge hier nur noch bemerkt werden, daß nach § 1 Abs. 6 die Berufsgenossenschaft durch statutarische Bestimmung für den Umfang ihres Bezirkes festzustellen hat, wer als Betriebsbeamter im Sinne des LG. anzusehen ist[20]). Daher ist die Möglichkeit gegeben, daß die Begriffsbestimmung dieser Personen im Deutschen Reiche eine verschiedene und schwankende ist, zumal die Grenze zwischen land- und forstwirtschaftlichen Arbeitern und Betriebsbeamten — z. B. einem gewöhnlichen Knecht und einem Oberknecht — häufig nicht klar festgestellt werden kann.

3. Die Regel und die Ausnahme des § 146. Die Ausführungen des § 24 der Abh. über die Beseitigung der Schadens-

---

[17]) Jetzt Gesetz vom 18. Juni 1901.

[18]) Jetzt § 14.

[19]) Nur dann nicht, wenn es sich ausschliesslich um die Bewirtschaftung eines Haus- oder Ziergartens handelt (§ 1 Abs. 7 LG.).

[20]) Vgl. Abh. oben S. 227 Note. 5.

ersatzansprüche und die ausnahmsweise Zulassung derselben zu Gunsten der nach Maßgabe des LG. versicherten Personen, sowie die Voraussetzungen ihrer Zulassung finden hier — vorbehaltlich der gleich zu erwähnenden Sonderbestimmungen des LG. — in gleicher Weise Anwendung, wie bei dem GG.

4. Die Sonderbestimmungen des LG. Die Abweichungen des LG. von den Bestimmungen des GG. bezüglich der Haftpflicht des Unternehmers und seiner Beamten sind die folgenden:

Nach dem GG. sind die Entschädigungsansprüche der Versicherten und ihrer Hinterbliebenen gegenüber dem Betriebsunternehmer und seinen Leuten, vorbehaltlich der im § 135 GG. ausdrücklich zugelassenen Ausnahmen, beseitigt. Dagegen unterscheidet das LG. zwischen dem Schaden, welcher **während der ersten 13 Wochen nach dem Unfalle** entstanden, und demjenigen Schaden, welcher nach dieser Zeit eingetreten ist. Den Anspruch auf Ersatz des ersteren läßt das LG. der Regel nach bestehen, während es die Ansprüche auf Ersatz des letzteren der Regel nach ebenso beseitigt, wie das GG.

Für den Geltungsbereich des GG. sind die Entschädigungsansprüche der nach Maßgabe dieses Gesetzes versicherten Personen in ihrer ganzen Höhe beseitigt, weil für diese Personen während der ersten 13 Wochen ihrer Krankheit gesorgt ist. Das LG. konnte dagegen soweit nicht gehen; denn einmal besteht nach dem KG. für land- und forstwirtschaftliche Arbeiter ein Versicherungszwang[21]) **nicht**, zum anderen enthält das LG. keine dem § 12 Abs. 2 GG. analoge Bestimmung, wonach der Betriebsunternehmer aus eigenen Mitteln für die nicht gegen Krankheit versicherten land- und forstwirtschaftlichen Arbeiter und versicherungspflichtigen Betriebsbeamten während der ersten 13 Wochen zu sorgen hat.

Zwar hat das LG. in seinem § 27 für die ersten 13 Wochen nach dem Unfall die notwendigste Fürsorge für die nicht gegen Krankheit versicherten Arbeiter getroffen[22]). Diese Fürsorge erstreckt sich aber, wie hier gleich bemerkt werden möge, nicht auf die Be-

---

[21]) Ein solcher Zwang kann durch die Landesgesetzgebung oder durch statutarische Bestimmung von Gemeinden und weiteren Kommunalverbänden eingeführt werden. Vgl. Piloty S. 116ff.; Handbuch S. 616 f.; Abh. unten S. 234.

[22]) Vgl. Weyl S. 356 u. 408; Piloty S. 116ff.; Abh. unten S. 238.

triebsbeamten[23]). Nach dieser Bestimmung hat während der ersten 13 Wochen nach dem Unfall eines Arbeiters die Gemeinde, in deren Bezirk der Verletzte beschäftigt war, die sogen. „Beschäftigungsgemeinde" [24]), die Kosten des Heilverfahrens, d. i. freie ärztliche Behandlung, Arznei, Brillen, Bruchbänder und ähnliche Heilmittel[25]), zu gewähren, — dagegen kein Krankengeld[26]). Allein diese subsidiäre Fürsorge der Gemeinden, die sogen. „Nothilfe" fällt weg, wenn dem Verletzten auf Grund gesetzlicher Bestimmungen ein Anspruch auf gleiche Fürsorge zusteht[26a]).

Da also für die Zeit der ersten 13 Wochen nach dem Unfall für den verunglückten land- und forstwirtschaftlichen Arbeiter irgend welche Fürsorge für den Fall nicht getroffen ist, daß er auf Grund des bürgerlichen Rechts entschädigungsberechtigt ist, so hat der Abs. 3 des § 146 LG. die zivilrechtlichen Ansprüche auf Schadensersatz für die ersten 13 Wochen nach dem Unfall bestehen gelassen.

Von der Regel des § 146 Abs. 3, daß die civilrechtlichen Ansprüche auf Ersatz des Schadens für die ersten 13 Wochen vorbehalten bleiben, gibt es drei Ausnahmen:

1. Wenn durch die Landesgesetzgebung eine den Vorschriften der §§ 6 u. 7 KG. bezw. den §§ 137 ff. des LUVG. vom 5. Mai 1886 mindestens gleichkommende Fürsorge für den Verletzten und seine Angehörigen getroffen ist;

2. Wenn durch statutarische Bestimmung eine derartige Fürsorge getroffen ist;

3. Wenn der Verletzte von der Krankenversicherungspflicht auf Grund des § 136 des LUVG. vom 5. Mai 1886 befreit ist.

Liegt einer dieser drei Ausnahmefälle vor, so kommen die Bestimmungen des § 146 Abs. 1 u. 2 wieder zur Anwendung.

---

[23]) Die nicht gegen Krankheit versicherten Betriebsbeamten haben mithin während der ersten 13 Wochen für sich allein zu sorgen.

[24]) Für Personen, welche zur Beschäftigung an wechselnden, in verschiedenen Gemeindebezirken belegenen Orten angenommen sind, gilt als „Beschäftigungsort" der „Betriebssitz"; vgl. § 28 LG.

[25]) Vgl. Abh. oben S. 189 f.

[26]) Da kein Krankengeld gezahlt wird, so findet auch die Vorschrift des § 15 Abs. 1 LG. auf diese Fälle keine Anwendung; denn hier kann von einer lückenlosen Fortsetzung der Barunterstützungen keine Rede sein.

[26a]) Näheres Laß, Verhältnis zwischen § 617 BGB. und § 27 LG., Preuß. Verwaltungs-Blatt, 23. Jahrgang (vom 12. Okt. 1901) S. 17 fg.

Die erste Ausnahme betrifft den Fall, daß die Landesgesetzgebung die nach dem LG. versicherten Personen der Krankenversicherungspflicht unterwirft. — Vgl. § 133 des Gesetzes vom 5. Mai 1886. Die Landesgesetzgebung ist nämlich durch das KG. nicht gehindert, ihrerseits in Beziehung auf die Krankenversicherung Bestimmungen zu treffen, welche selbstverständlich aber mit den auf diesem Gebiete erlassenen reichsrechtlichen Vorschriften nicht in Widerspruch treten dürfen[27]).

Die zweite Ausnahme hat den Fall im Auge, daß nach § 2 KG. durch statutarische Bestimmung eine Gemeinde für ihren Bezirk oder ein weiterer Kommunalverband für seinen Bezirk oder Teile desselben den Versicherungszwang für land- und forstwirtschaftliche Arbeiter eingeführt hat. — KG. § 2 Abs. 1 Ziff. 6; § 133 fg. des Gesetzes vom 5. Mai 1886 (im Folgenden zitiert LUVG.).

Diese beiden Ausnahmen setzen voraus, daß dem Versicherten oder dessen Angehörigen eine den Vorschriften der §§ 6 u. 7 des KG. oder der §§ 137 fg. des Gesetzes vom 5. Mai 1886 mindestens gleichkommende Fürsorge gewährt wird.

Der Umfang der Leistungen, welche nach den §§ 6 u. 7 KG. zu gewähren sind, ist oben S. 189 ff. bereits angegeben. Daher haben wir hier nur noch die Bestimmungen der §§ 137 fg. des Gesetzes vom 5. Mai 1886, soweit sie hier in Betracht kommen, zu besprechen[28]).

Die §§ 137 fg. LUVG. treffen nähere Vorschriften für den Fall, daß die versicherten land- und forstwirtschaftlichen Arbeiter auf Grund und für die Geltungsdauer ihres Arbeitsvertrages gegen ihre Arbeitgeber einen Rechtsanspruch auf Fortgewährung der als Lohn bedungenen Naturalleistungen[29]) für mindestens 13 Wochen nach der Erkrankung haben.

Das Gesetz geht davon aus, daß in solchen Fällen der Bezug der vollen Krankenunterstützung zur wirtschaftlichen Sicherstellung der Arbeiter und ihrer Familien nicht erforderlich sei, und bestimmt daher, daß den bezeichneten Personen im Falle einer Krankheit kein

---

[27]) Vgl. über den Stand der verschiedenen Landesgesetzgebungen die Zusammenstellung i. d. Statistik des Deutschen Reichs. N. F. **133** (1901) S. 2*.

[28]) S. Text auch in Graef S. 338 fg.

[29]) In Ansehung der Höhe dieser Leistungen erfordert das Gesetz (§ 137 Abs. 1 Pos. 1) einen bestimmten Mindestbetrag.

Krankengeld[30]), sondern nur freie ärztliche Behandlung, Arznei und kleine Heilmittel gewährt werden sollen. Die Bestimmung bezweckt die in vielen Teilen Deutschlands noch bestehende Naturalwirtschaft zu erhalten. Nach diesem Wirtschaftssystem wird der Lohn der Arbeiter nicht in Geld, sondern in Naturalien — gewissen Quantitäten Frucht, freier Wohnung, in Überlassung von Land zur selbständigen Bebauung, sogen. Kartoffelland u. dergl. — gewährt.

Die wesentlichsten hier in Betracht kommenden Bestimmungen sind die folgenden:

„Für versicherungspflichtige Personen, welche erweislich auf „Grund eines mindestens für die Dauer eines Jahres abgeschlossenen „Arbeitsvertrages

„1. jährliche Naturalleistungen mindestens im 300fachen Werte „des von der Gemeinde-Krankenversicherung bezw. Krankenkasse „für einen Krankentag zu zahlenden Krankengeldes beziehen, „oder für den Krankentag einen Arbeitslohn an Geld oder „Naturalleistungen erhalten, welcher dem von der Gemeinde-„Krankenversicherung bezw. Krankenkasse zu zahlenden täglichen „Krankengelde mindestens gleichkommt, und

„2. auf Fortgewährung dieser Leistungen innerhalb der Geltungs-„dauer des Arbeitsvertrages für mindestens 13 Wochen nach „der Erkrankung einen Rechtsanspruch haben,

„tritt auf Antrag des Arbeitgebers während der Geltungsdauer des „Arbeitsvertrags eine Ermäßigung der Versicherungsbeiträge ein, wo-„gegen das Krankengeld in Wegfall kommt.“ — § 137 Abs. 1 LUVG.

„Als Gehalt oder Lohn gelten auch Tantiemen, Natural-„bezüge und sonstige Bezüge, welche den Versicherten, wenn „auch nur gewohnheitsmäßig gewährt werden und ganz „oder teilweise an Stelle des Gehalts oder Lohnes treten. „Der Wert der Naturalbezüge ist nach Ortsdurchschnittspreisen in „Ansatz zu bringen. Dieselben werden von der unteren Verwaltungs-„behörde festgesetzt.“ — § 5 LG.

Eine dem § 137 Abs. 1 LUVG. ähnliche Bestimmung ist im § 138 LUVG getroffen für solche Versicherte, welche in Krankheitsfällen auf Grund ihres Arbeitsvertrages einen geringeren Lohn oder geringere

---

[30]) Dafür tritt eine Ermäßigung der Versicherungsbeiträge ein. — § 137 Abs. 1 LUVG.

Naturalleistungen beziehen, als solche im § 137 Abs. 1 vorgesehen sind. In diesem Falle soll nicht das volle Krankengeld, sondern nur ein verhältnismäßiger Teil desselben in Wegfall kommen. Die Anordnung erfolgt durch Statut einer Gemeinde oder eines weiteren Kommunalverbandes[31]).

Ferner können durch statutarische Bestimmung einer Gemeinde oder eines weiteren Kommunalverbandes für seinen Bezirk oder Teile desselben nicht ständige, d. h. bald hier bald dort beschäftigte, land- und forstwirtschaftliche Arbeiter für diejenige Zeit, in welcher eine Beschäftigung gegen Lohn nicht stattfindet, und solange sie nicht zu einer die Versicherungspflicht begründenden Beschäftigung in einen anderen Erwerbszweig übergehen, der Krankenversicherungspflicht unterworfen werden. — Vgl. § 142 LUVG.

Die dritte Ausnahme von der im § 146 Abs. 3 LG. ausgesprochenen Regel betrifft den Fall, daß der Verletzte auf Grund des § 136 LUVG. von der Versicherungspflicht befreit ist.

Der § 136 LUVG. lautet, insoweit er hier in Betracht kommt, folgendermaßen:

„Personen, welche erweislich mindestens für 13 Wochen nach „der Erkrankung dem Arbeitgeber gegenüber einen Rechtsanspruch[32]) „auf eine den Bestimmungen des § 6 des Krankenversicherungsgesetzes „entsprechende oder gleichwertige Unterstützung haben, sind auf den „Antrag des Arbeitgebers von der Versicherungspflicht zu befreien, „sofern die Leistungsfähigkeit desselben genügend gesichert ist."

Solche Rechtsverhältnisse zwischen Arbeiter und Arbeitgeber — welche der § 136 LUVG. zur Voraussetzung hat — kommen gerade in der Land- und Forstwirtschaft mehr wie in irgend einem anderen Erwerbszweige vor.

Abweichend von der oben besprochenen Bestimmung des § 137 LUVG. darf hier die Verpflichtung des Arbeitgebers auf Gewährung der Krankenunterstützung nicht auf die Geltungsdauer des Arbeitsvertrages beschränkt sein, muß vielmehr über die Zeit des Vertragsverhältnisses hinaus fortdauern.

---

[31]) Über Naturalleistungen und deren Behandlung vgl. Weyl S. 363 u. bes. Piloty I S. 232 u. II S. 558 ff. (§ 71).

[32]) Es genügt nicht, daß durch Sitte oder Herkommen eine solche Unterstützung gewährt wird; der Anspruch muß vielmehr im Wege der Klage verfolgbar sein. — Vgl. Fuld S. 152.

Unter die Ausnahmen des § 146 Abs. 3 LG. gehört nicht der Fall, daß ein land- oder forstwirtschaftlicher Arbeiter auf Grund des § 4 Abs. 2 KG. freiwillig der Gemeinde-Krankenversicherung beitritt, da derselbe weder nach der Landesgesetzgebung noch nach statutarischer Bestimmung versicherungspflichtig ist. Einem solchen wird der Ersatzanspruch durch den § 146 Abs. 3 nicht genommen, und zwar deshalb nicht, weil der Arbeitgeber für die freiwilligen Mitglieder der Gemeinde-Krankenversicherung zu Beitragsleistungen nicht verpflichtet ist.

Der Entschädigungsanspruch dieser Personen geht indessen nach Maßgabe der Vorschrift des § 57 Abs. 4 KG. in Höhe der von der Krankenkasse geleisteten Unterstützung auf die letztere über.

5. Die Höhe des Differenzanspruchs im LG. Zum Schlusse ist die Höhe des Betrages zu besprechen, welche die nach Maßgabe des LG. versicherten Personen oder deren Hinterbliebene von dem Betriebsunternehmer bezw. dessen Beamten unter den im § 146 angeführten Voraussetzungen beanspruchen können.

Ebenso wie bei dem GG. beschränkt sich auch hier der Anspruch auf den Betrag, um welchen die den Berechtigten nach den anderen gesetzlichen Vorschriften gebührende Entschädigung diejenige übersteigt, auf welche sie nach dem LG. Anspruch haben. — § 146 Abs. 2.

Der Umfang des Entschädigungsbetrages, welcher dem Verletzten bezw. dessen Hinterbliebenen auf Grund der anderen gesetzlichen Bestimmungen zusteht, ist im 1. Teil dieser Schrift erörtert worden. Daher ist hier nur noch zu besprechen, welche Entschädigung dem Versicherten oder dessen Hinterbliebenen auf Grund des LG. gebührt.

Das LG. enthält über die Höhe der Entschädigung im wesentlichen dieselben Bestimmungen wie das GG.

§ 8 LG. entspricht dem § 9 GG. S. Abh. oben S. 175 ff. § 16 LG. entspricht dem § 15 GG., nur bezieht sich der Abs. 2 des § 16 lediglich auf Betriebsbeamte und Personen mit Betriebsbeamteneigenschaft, nicht auf Arbeiter, da bei diesen der Berechnung der Hinterbliebenenrente nicht der Individuallohn oder der Lohn eines gleichartigen Arbeiters, sondern der von der höheren Verwaltungsbehörde allgemein festgesetzte Durchschnittslohn der landwirtschaftlichen Arbeiter zu Grunde gelegt wird — selbst wenn diese schon teilweise erwerbsunfähig sind.

§ 17 LG.	entspricht	dem	§ 16 GG.,	
§ 18	„	„	§ 17	„
§ 19	„	„	§ 18	„
§ 20	„	„	§ 19	„
§ 21	„	„	§ 20	„
§ 22	„	„	§ 21	„
§ 23	„	„	§ 22	„ .

Auf diese oben S. 179—183 angeführten Bestimmungen wird hiermit Bezug genommen [33]).

Besonders zu erwähnen ist noch der § 26 LG., welcher, wie der § 137 des Gesetzes vom 5. Mai 1886, bezweckt, die vielfach noch bestehende Naturalwirtschaft zu erhalten; eine ähnliche Bestimmung enthält das GG. nicht.

§ 26 läßt die Gewährung der Rente in Naturalien zu [34]), aber knüpft dieselbe an verschiedene Voraussetzungen:

1. nach Herkommen muß der Lohn in Naturalien gewährt werden;
2. der Rentenempfänger muß im betreffenden Bezirke wohnen;
3. der Rentenempfänger muß innerhalb dieses Bezirks seinen Lohn in Naturalien bezogen haben;
4. er muß zustimmen, daß ihm die Rente in Naturalien gewährt werde.

Die Rente darf zu nicht mehr als zu zwei Dritteln in Naturalien gewährt werden [35]).

§ 27. „Während der ersten 13 Wochen nach dem Unfalle „eines Arbeiters hat die Gemeinde, in deren Bezirk der Verletzte „beschäftigt war, demselben die Kosten des Heilverfahrens in dem „im § 6 Abs. 1 Ziff. 1 des Krankenversicherungsgesetzes bezeich„neten Umfange zu gewähren. Diese Verpflichtung besteht nicht, „insoweit die Verletzten auf Grund gesetzlicher Bestimmungen An„spruch auf eine gleiche Fürsorge haben oder nach § 136 des

---

[33]) Über die Berechnung des Jahresarbeitsverdienstes stellt das LG. in §§ 9—13 einschließlich eingehende Bestimmungen auf, welche vielfach mit denen des GG. übereinstimmen, hier aber nicht weiter interessieren.

[34]) Z. B. Wohnung, Beheizung, Beleuchtung, Nahrungsmittel, Landnutzung, Kleidung 2c. Die Bestimmung hierüber hat durch Statut einer Gemeinde oder eines weitern Kommunalverbandes zu erfolgen.

[35]) Vgl. Graef S. 257 fg.; vgl. auch Isenbart-Spielhagen, Kommentar zum IG. S. 169 fg.

„Gesetzes vom 5. Mai 1886 von der Versicherungspflicht befreit „sind, oder sich im Auslande aufhalten. Soweit aber solchen Per= „sonen die in § 6 Abs. 1 Ziff. 1 des Krankenversicherungsgesetzes „bezeichneten Leistungen von den zunächst Verpflichteten nicht ge= „währt werden, hat die Gemeinde dieselben mit Vorbehalt des Ersatz= „anspruches zu übernehmen. Die zu diesem Zweck gemachten Auf= „wendungen sind von den Verpflichteten zu ersetzen."

„Für außerhalb des Gemeindebezirkes wohnhafte Arbeiter hat „die Gemeinde ihres Wohnortes die im Abs. 1 bezeichneten Leistungen „unter Vorbehalt des Anspruches auf Ersatz der aufgewendeten Kosten „zu übernehmen[36])."

Der § 27 LG. hat, wie § 12 Abs. 2 GG., den Zweck, für die= jenigen Verunglückten, welche nicht gegen Krankheit versichert sind, eine Fürsorge während der ersten 13 Wochen zu begründen.

Die Streitigkeiten über Ersatzansprüche aus § 27 LG. werden nicht vom ordentlichen Richter entschieden, sondern im Verwaltungs= streitverfahren, und wo ein solches nicht besteht, von der Aufsichts= behörde der in Anspruch genommenen Gemeinde, Gemeinde=Kranken= versicherung oder Krankenkasse. Vgl. § 29 Abs. 2.

6. In Betreff der Veränderung der Verhältnisse, welche für die Höhe der festgesetzten Unfallentschädigung maßgebend gewesen sind, und der daraus erwachsenden Folgen enthält das LG. in §§ 94 ff. dieselben Bestimmungen wie §§ 88 fg. GG. Die oben S. 192 ff. entwickelten Grundsätze gelten daher für die land= und forstwirt= schaftliche Unfallversicherung in gleicher Weise wie für die Unfall= versicherung in der Industrie.

7. Hinsichtlich der Verjährung wird auf die diesbezüglichen Ausführungen oben S. 195 fg. Bezug genommen.

§ 28.

II. Die Haftpflicht des Unternehmers und seiner Beamten gegenüber den Berufsgenossenschaften, Krankenkassen 2c.

Über die Regreßansprüche der Berufsgenossenschaften 2c. gegen den Betriebsunternehmer und seine Beamten enthält das LG. in seinen §§ 147 bis 150 dieselben Vorschriften wie das GG. in den

[36]) Vgl. Laß, Preuß. Verwaltungsblatt, 23. Jahrgang S. 17 fg., auch Weyl S. 356. — Zu beachten oben Note 23.

§§ 136 bis 139 und genügt eine Verweisung auf das oben S. 196ff. Gesagte.

1. Das Regreßrecht der Gemeinde.

Von besonderer Wichtigkeit ist hier das Regreßrecht der Gemeinde, weil diese nach der gesetzlichen Vorschrift des § 27 LG. Abs. 1 zur „Nothilfe" während der ersten 13 Wochen verpflichtet ist[1]).

Diese Verpflichtung der Gemeinden fällt fort, soweit die Verletzten:

a) auf Grund gesetzlicher Bestimmungen Anspruch auf eine gleiche Fürsorge haben oder

b) nach § 136 des Gesetzes vom 5. Mai 1886 von der Versicherungspflicht befreit sind oder

c) sich im Auslande aufhalten.

Aber auch in diesen Ausnahmefällen hat die Gemeinde die bezeichneten Leistungen unter Vorbehalt des Ersatzanspruches zu übernehmen, wenn die zunächst Verpflichteten ihren Verbindlichkeiten nicht nachkommen. — § 27 Abs. 1.

2. Das Verhältnis der Regreßansprüche der Gemeinden aus § 147 zu denen aus § 27 Abs. 1 LG.

Hat die Gemeinde ihren Verpflichtungen aus Abs. 1 des § 27 LG. genügt, so haften für diese Aufwendungen einmal der Betriebsunternehmer und seine Beamten, wenn die Voraussetzungen des § 147 vorliegen, zum anderen aber auch die im § 27 Abs. 1 bezeichneten Verpflichteten.

In welchem Verhältnisse stehen nun diese Bestimmungen zu einander?

Zunächst möge vorausgeschickt werden, daß wegen der Ersatzansprüche der Gemeinden aus § 27 Abs. 1 der Rechtsweg ausgeschlossen ist[2]), während die Ersatzansprüche der Gemeinden aus § 147 vor den ordentlichen Gerichten geltend zu machen sind.

Hier haben wir es lediglich mit den Ansprüchen der Gemeinden gegen den Betriebsunternehmer und seine Beamten zu thun. Letztere sind nach § 27 Abs. 1 den Gemeinden wegen ihrer Aufwendungen ersatzpflichtig, wenn und soweit sie dem Verletzten auf Grund gesetzlicher Bestimmungen die bezeichneten Leistungen zu gewähren ver-

---

[1]) Vgl. das Nähere Abh. oben S. 233.

[2]) Vgl. Abh. vorangehende Seite.

pflichtet sind. Dieses ist indessen nach § 146 nur dann der Fall, wenn durch strafgerichtliches Urteil festgestellt worden ist, daß sie den Unfall vorsätzlich herbeigeführt haben. Im übrigen haben die Verletzten jetzt keine Ansprüche mehr an die genannten Personen.

Hieraus ergibt sich, daß die Gemeinden gegen den Betriebsunternehmer und seine Beamten nach § 27 LG. Ersatzansprüche nur in diesem beschränkten Umfange haben. Es steht ihnen namentlich ein solcher Anspruch nicht zu, wenn eine der genannten Personen den Unfall aus Fahrlässigkeit verursacht hat.

Anders die Bestimmung im § 147 LG. Hier ist den Gemeinden wegen ihrer auf Grund des § 27 gemachten Aufwendungen stets dann ein Ersatzanspruch gegeben, wenn die Voraussetzungen des § 147 vorliegen, ohne Rücksicht darauf, ob dem Verletzten ein zivilrechtlicher Anspruch auf Entschädigung gegen den Thäter zusteht. Insbesondere hat die Gemeinde einen Anspruch gegen denjenigen Unternehmer und Betriebsbeamten, welcher den Unfall aus Fahrlässigkeit unter Außerachtlassung seiner Berufspflicht herbeigeführt hat und dies durch strafgerichtliches Urteil festgestellt ist.

Während die Ersatzansprüche der Gemeinden nach § 27 zur Voraussetzung haben, daß dem Verletzten ein Anspruch auf Entschädigung gegen den Betriebsunternehmer und seine Beamten zusteht, fällt diese Voraussetzung nach § 147 fort. Denn die Regreßpflicht des Betriebsunternehmers und seiner Beamten für die von der Gemeinde gemachten Aufwendungen ist durch § 147 gesetzlich begründet[3]); der § 147 sagt ganz kategorisch: „Der Betriebsunternehmer u. s. w., gegen welche festgestellt worden ist, haften . . .“ Anders der § 27, nach dessen ausdrücklichem Wortlaut der Ersatzanspruch der Gemeinden einen mindestens gleich hohen Anspruch des Verletzten auf Grund gesetzlicher Bestimmungen zur Voraussetzung hat.

Aus Vorstehendem ergibt sich, daß die Gemeinden im Falle des durch Strafurteil festgestellten Verschuldens in der Lage sind, ihre Ansprüche gegen die Betriebsunternehmer oder dessen Beamte auf zwei verschiedenen Wegen zu verfolgen:

---

[3]) Diese Ersatzansprüche sind originär, d. h. unabhängig von einem gleichzeitigen Entschädigungsanspruch des Verletzten; ist also z. B. eine Buße dem Verletzten zuerkannt worden, so ist dieser Umstand für die Gemeinde unerheblich; s. auch Abh. oben S. 211.

a) auf Grund des § 27 Abs. 1 in dem durch § 29 Abs. 2 geordneten Verfahren und

b) im Wege des Zivilprozesses vor dem ordentlichen Richter.

3. Vergleich der §§ 146, 147 und 27 LG. einerseits **mit** den §§ 135, 136 GG. und § 57 Abs. 4 KG. andererseits.

Die §§ 146 und 147 LG. verhalten sich zu § 27 LG. ähnlich wie die §§ 135 und 136 GG. zu § 57 Abs. 4 KG.

Die §§ 27 Abs. 1 LG. und § 57 Abs. 4 KG. gewähren der Gemeinde bezw. der Krankenkasse Ersatzansprüche wegen ihrer Aufwendungen im allgemeinen gegen jeden Dritten, welcher dem Verletzten gesetzlich zur Entschädigung verpflichtet ist. Dieser Satz ist in seiner Allgemeinheit durch die §§ 135 GG. und 146 LG. zu Gunsten des Betriebsunternehmers und seiner Beamten eingeschränkt worden[4]. Die genannten Personen haften den Verletzten nicht mehr wie jeder Dritte, sondern nur im Falle des strafgerichtlich festgestellten **Vorsatzes**. Hieraus folgt, daß auch die Ersatzansprüche der Gemeinden und Krankenkassen gegen den Betriebsunternehmer und dessen Beamte aus § 27 Abs. 1 LG. und § 57 Abs. 4 KG. an diese Voraussetzungen geknüpft sind.

Diese Einschränkung der Ersatzansprüche ist sowohl in Ansehung der Gemeinden als auch der Krankenkassen wieder **erweitert** worden durch die Vorschriften in den § 136 GG. und § 147 LG., wonach die Regreßansprüche der Gemeinden und Krankenkassen auch zugelassen werden, wenn der Betriebsunternehmer oder die Betriebsbeamten den Unfall **fahrlässig** unter Außerachtlassung ihrer Berufspflicht herbeigeführt haben und diese Fahrlässigkeit durch strafgerichtliches Urteil festgestellt worden ist.

Was oben S. 209 von der Verjährung gesagt wurde, gilt auch hier.

§ 29.

III. Die Haftpflicht Dritter.

Die Bestimmungen des LG. in Betreff der Haftung Dritter gegenüber dem Verletzten und dessen Hinterbliebenen einerseits und den Berufsgenossenschaften andererseits finden sich in dem § 151

---

[4]) Vgl. auch Begründung zum Entwurf des industr. UVG. 4. Sess. 1884 Nr. 4 S. 81.

dieses Gesetzes[1]), welcher mit dem oben behandelten § 140 GG. wörtlich übereinstimmt.

Was speziell das Ersatzrecht der Gemeinde anlangt, so ergibt sich dieses nicht aus § 151, sondern schon aus § 27 Abs. 1 LG. Nur sind diese Ersatzansprüche wegen der Nothilfe im Wege des Verwaltungsstreitverfahrens event. vor der Aufsichtsbehörde der in Anspruch genommenen Gemeinde geltend zu machen. LG. § 29 Abs. 2.

Sind die in der Land- und Forstwirtschaft beschäftigten Personen gegen Krankheit versichert[2]), so findet der § 57 Abs. 4 auch hier Anwendung.

3. Kapitel.

Das Bau-Unfallversicherungsgesetz.

§ 30.

I. Die Haftpflicht des Unternehmers und seiner Beamten gegenüber dem Verletzten bezw. dessen Hinterbliebenen.

Das Bau-Unfallversicherungsgesetz[1]) vom 30. Juni 1900 in der Fassung der Bekanntmachung vom 5. Juli 1900 enthält über die Haftpflicht folgende Bestimmung:

§ 45. „Für Arbeiter, welche bei Bauarbeiten der im § 6 Ziff. 4 „Abs. 1 bezeichneten Art beschäftigt, aber nicht nach den Bestimmungen „des KG. gegen Krankheit versichert sind, bleiben die auf gesetzlichen „Bestimmungen beruhenden Ansprüche auf Ersatz des infolge eines „Unfalls erlittenen Schadens für die Dauer der ersten 13 Wochen „nach dem Unfalle vorbehalten." — Abs. 1.

„Im übrigen finden die Vorschriften der §§ 135, 139—155 „des GG. entsprechende Anwendung." — Abs. 2.

Die Bestimmungen des § 45 gelten auch für Baugewerbetreibende bei den im Geltungsbereiche des GG. errichteten Berufsgenossenschaften. — § 44.

---

[1]) Früher § 119; vgl. Handbuch S. 618.

[2]) KG. § 2 Ziff. 6 u. LUVG. vom 5. Mai 1886 § 133.

[1]) Vgl. Graef S. 345 ff. Handbuch S. 627 ff.

Hinsichtlich der Haftpflicht des Betriebsunternehmers und seiner Beamten gegenüber dem Verletzten und dessen Hinterbliebenen ist:

a) der § 135 GG. in seiner Anwendung auf die Bau-Unfallversicherung, und sodann

b) die Sonderbestimmung des § 45 Abs. 1 BG. zu erörtern.

Den Inhalt der Bestimmungen im § 135 GG. kennen wir bereits. Daher ist hier nur zu untersuchen, inwieweit diese Bestimmungen entsprechend auf die Bau-Unfallversicherung anzuwenden sind.

1. Die Berechtigten[2]). Zunächst haben wir diejenigen Personen zu bezeichnen, welche nach der entsprechenden Anwendung des § 135 GG. in dem Bereiche der Bau-Unfallversicherung berechtigt und welche hiernach verpflichtet sind.

Berechtigt sind die nach Maßgabe des BG. versicherten Personen und deren Hinterbliebene.

Die gesetzlichen Bestimmungen sind folgende:

a) „Arbeiter, welche bei der Ausführung von Bauarbeiten be- „schäftigt und nicht auf Grund des GG. oder LG. gegen Unfall „versichert sind[3]), werden gegen die Folgen der bei den Bauarbeiten „sich ereignenden Unfälle nach Maßgabe der Bestimmungen dieses „Gesetzes versichert." — § 1 Abs. 1.

„Dasselbe gilt von den Betriebsbeamten und den ihnen im „Sinne dieses Gesetzes gleichgestellten Werkmeistern und „Technikern, sofern ihr Jahresarbeitsverdienst an Lohn oder Gehalt „dreitausend Mark nicht übersteigt." — § 1 Abs. 2.

„Die Versicherung erstreckt sich auf häusliche und andere Dienste, „zu denen versicherte Personen neben der Beschäftigung im Betriebe „von ihren Arbeitgebern oder von deren Beauftragten herangezogen „werden." — § 2 BG.[4]).

Neben der gesetzlichen Versicherungspflicht ist die Erstreckung der Versicherungspflicht kraft Statuts der Berufsgenossenschaft zugelassen:

„Durch Statut kann die Versicherungspflicht auf Gewerbe- „treibende, deren Jahresarbeitsverdienst dreitausend Mark

---

[2]) Vgl. Weyl S. 346; Handbuch S. 627—645 Anm. 1—11.

[3]) Vgl. § 1 Abs. 1 Ziff. 2 GG. u. § 1 Abs. 4 LG.

[4]) Neu; durch die Novelle eingeführt.

„nicht übersteigt, oder welche nicht regelmäßig mehr als zwei „Lohnarbeiter beschäftigen, sowie auf Betriebsbeamte mit einem „dreitausend Mark übersteigenden Jahresarbeitsverdienst erstreckt „werden." -- § 4 Abs. 1.

Ferner ist die Versicherungsberechtigung -- Versicherungsrecht im subjektiven Sinne — zu erwähnen:

„Unternehmer von Bauarbeiten, deren Jahresarbeitsverdienst „dreitausend Mark nicht übersteigt, oder welche nicht regelmäßig „mehr als zwei Lohnarbeiter beschäftigen, sind berechtigt, „gegen die Folgen von Betriebsunfällen sich selbst zu ver„sichern[5])." — § 4 Abs. 3 Satz 1. Diese Selbstversicherung kann durch Statut auf Unternehmer mit einem **höheren** Jahresarbeitsverdienst als dreitausend Mark noch erstreckt werden. — Vgl. § 4 Abs. 3 Satz 2. Infolge der statutarischen Versicherungspflicht, bezw. der Selbstversicherung erscheint der Betriebsunternehmer als eine „nach Maßgabe des Gesetzes versicherte Person" und ist somit Entschädigungsberechtigter[6]).

Schließlich kann durch Statut bestimmt werden, daß auch noch andere Personen versichert werden können. Vgl. § 4 Abs. 4 BG. mit den Parallelparagraphen § 5 Abs. 3 GG. und § 4 Abs. 3 LG. S. auch oben S. 150.

„Auf die im § 1 des Gesetzes, betr. die Fürsorge für Be„amte und Personen des Soldatenstandes infolge von Betriebs„unfällen, vom 15. März 1886[7]) bezeichneten Personen, auf Beamte, „welche in Betriebsverwaltungen eines Bundesstaates oder eines „Kommunalverbandes mit festem Gehalt und Pensionsberechtigung an„gestellt sind, sowie auf andere Beamte eines Bundesstaates oder eines „Kommunalverbandes, für welche die im § 12 a. a. O.[8]) vorgesehene „Fürsorge in Kraft getreten ist, findet dieses Gesetz keine Anwendung. „Die Ausführung von Bauarbeiten gilt als Betrieb im Sinne des „Gesetzes vom 15. März 1886." — § 1 Abs. 3.

2. Die Verpflichteten. Verpflichtet sind nach § 45 BG.

---

[5]) Vgl. Riesenfeld S. 114; Piloty S. 183 f.

[6]) Vgl. auch Abh. oben S. 150 u. 230.

[7]) Jetzt Gesetz vom 18. Juni 1901.

[8]) Jetzt § 14 des Gesetzes vom 18. Juni 1901.

bezw. 135 GG. „die Betriebsunternehmer, Bevollmächtigten, Repräsentanten, Betriebs- und Arbeiteraufseher".

„Als Betriebsunternehmer im Sinne des BG. gilt:

„a) bei Bauarbeiten, welche in einem gewerbsmäßigen Bau- „betriebe ausgeführt werden, der Baugewerbetreibende, für dessen „Rechnung dieser Betrieb erfolgt;

„b) bei anderen Bauarbeiten derjenige, für dessen Rechnung sie „ausgeführt werden." — § 5[9]).

Betriebsunternehmer kann auch eine juristische Person, z. B. das Deutsche Reich, ein Bundesstaat, ein Kommunalverband oder sonstige Korporation sein.

Da im übrigen die obigen Ausführungen über die Verpflichteten hier in gleicher Weise zutreffen wie im GG., erübrigt es sich, auf weitere Einzelheiten hier noch einzugehen.

3. Die Sonderbestimmung des BG.[10]). Die Sonderbestimmung des BG. im § 45 Abs. 1 entspricht dem § 146 Abs. 3 LG. Es handelt sich hier wie dort um Arbeiter, welche gegen Krankheit nicht versichert und daher bei Eintritt eines Unfalles während der ersten 13 Wochen nicht genügend[11]) versorgt sind. Aus diesem Grunde ist durch das BG. bestimmt, daß solche Arbeiter ihre auf Gesetz beruhenden Entschädigungsansprüche für die Dauer der ersten 13 Wochen nach dem Unfall behalten sollen[12]). Der Wille des Gesetzgebers geht dahin, daß für den bezeichneten Zeitraum deren zivilrechtliche Ansprüche nur dann beseitigt sein sollen, wenn dem Arbeiter ein Anspruch auf Krankengeld zusteht.

Der § 45 Abs. 1 erwähnt nur solche Arbeiter, „welche bei Bauarbeiten der im § 6 Ziff. 4 Abs. 1 bezeichneten Art beschäftigt sind". Diese Gesetzesbestimmung handelt von Bauarbeiten, deren Ausführung

---

[9]) Vgl. Handbuch S. 657 fg. Anm. 1—5. Hier sind namentlich sogen. Regie-(Eigen-)Bauten gemeint. Regiebauten sind Bauarbeiten, die Privatpersonen oder private Körperschaften nicht gewerbsmäßig für eigene Rechnung ausführen. Den Hauptfall bildet, daß ein Privatmann eine Bauarbeit, z. B. ein Landwirt eine Scheune, durch eigene angenommene Arbeiter selbst — also ohne Übertragung an einen Baugewerbetreibenden — ausführt.

[10]) Vgl. Piloty I S. 122 ff.

[11]) Vgl. § 10 Abs. 2—6 BG., s. Abh. unten S. 248.

[12]) Vgl. Abh. oben S. 232 u. 233.

a) entweder von **anderen** Verbänden und Korporationen als von dem Reich, einem Bundesstaat, einem Kommunalverband oder einer sonstigen öffentlichen Korporation,

b) oder deren Ausführung nicht gewerbemäßig

erfolgt.

Namentlich sind hier solche Arbeiter gemeint, die von dem Bauherrn — nicht einem Baugewerbetreibenden — unmittelbar angenommen und bei einem Regie-(Eigen-)Bau des Bauherrn beschäftigt sind. Auf diese Arbeiter findet die Vorschrift des § 12 Abs. 2 GG.[13]) über die Unterstützungspflicht des Unternehmers keine Anwendung. § 10 Abs. 1 BG.

Ausdrücklich wird noch bemerkt, daß die Bestimmung des § 45 Abs. 1 nur für Bau**arbeiter** gilt, nicht auch für Betriebsbeamte.

4. Betrag der Differenz nach dem BG. Was die Höhe des Differenzanspruchs anbelangt, so gilt hier bezüglich des Minuendus dasselbe wie in dem GG.; dagegen bestimmt sich der Subtrahendus hier nach dem Betrag, welcher dem Versicherten auf Grund des BG. zusteht.

Das BG. hat im § 9 bestimmt, daß der Umfang der Entschädigung, vorbehaltlich der Vorschriften in den §§ 10 und 11, ebenso bemessen werden soll wie nach dem GG.

Der Inhalt der Bestimmungen des GG. über den Umfang der Entschädigung ist bereits oben S. 175 ff. besprochen.

Die §§ 10 und 11 des BG. enthalten folgende hier in Betracht kommende Sonderbestimmungen:

„Bei Unfällen eines Arbeiters, welche sich bei Bauarbeiten der „im § 6 Ziff. 4 Abs. 1 bezeichneten Art ereignen, finden die Be„stimmungen der §§ 12—14 GG. keine Anwendung." — § 10 Abs. 1.

„Bei solchen Unfällen hat die Gemeinde, in deren Bezirk der „verletzte Arbeiter beschäftigt war, demselben während der ersten „13 Wochen nach dem Unfalle die im § 6 Abs. 1 Ziff. 1 des KG. „bezeichneten Leistungen zu gewähren, sofern nicht der verletzte Ar„beiter sich im Auslande aufhält oder auf Grund der Krankenver„sicherung oder anderer Rechtsverhältnisse Anspruch auf eine mindestens „gleiche Fürsorge hat. Soweit solchen Personen diese Leistungen von „den zunächst Verpflichteten nicht gewährt werden, hat die Gemeinde

[13]) Vgl. Abh. oben S. 177/178.

„dieselben zu übernehmen. Die zu diesem Zweck gemachten Auf„wendungen sind von den Verpflichteten zu ersetzen." — § 10 Abs. 2.

„Für außerhalb des Gemeindebezirks wohnhafte versicherte Per„sonen hat auf Verlangen der verpflichteten Gemeinde die Gemeinde „ihres Wohnortes die im Abs. 2 bezeichneten Leistungen vorbehalt„lich des Kostenersatzes zu übernehmen." — § 10 Abs. 3[14]).

Durch statutarische Anordnung eines weiteren Kommunalverbandes kann übrigens der Kostenersatz aus Mitteln dieses Kommunalverbandes geleistet werden[15]).

„Die Versicherungsanstalt (§ 18) ist befugt, die im Abs. 2 be„zeichneten Leistungen selbst zu übernehmen." — § 10 Abs. 6.

„Streitigkeiten über Unterstützungsansprüche, welche aus der „Bestimmung des § 10 zwischen den Verletzten einerseits und den „Gemeinden andererseits entstehen, werden von der Aufsichtsbehörde „entschieden. Die Entscheidung ist vorläufig vollstreckbar. Dieselbe „kann innerhalb eines Monats im Verwaltungsstreitverfahren, „wo ein solches nicht besteht, im Wege des Rekurses nach Maßgabe „der Vorschriften der §§ 20, 21 der Gewerbeordnung angefochten „werden." — § 11 Abs. 1. Über Abs. 3 s. Abh. unten S. 251.

Der Grund der Sondervorschriften des BG. ist wie für jene des LG. der, daß diejenigen Verunglückten, welche nicht gegen Krankheit versichert sind, eine Fürsorge während der ersten 13 Wochen genießen sollen. Namentlich ist bemerkenswert, daß die Vorschriften des § 12 Abs. 1 und 2 GG., ebenso wie im LG. hier keine Anwendung finden[17]).

5. Veränderung der Verhältnisse. Über die Folgen, welche durch die Veränderung der für die Feststellung der Unfallentschädigung maßgebend gewesenen Verhältnisse eintreten, bestimmt der § 37 BG., daß die Vorschriften der §§ 88 ff. GG. entsprechende Anwendung finden sollen. Es gelten also auch hier die Ausführungen Abh. oben S. 192 ff.

6. Hinsichtlich der Verjährung finden die oben S. 195 erörterten Grundsätze Anwendung.

---

14) Abs. 4 bestimmt, was als Kostenersatz gilt.

15) Vgl. § 10 Abs. 5.

16) Näheres Gräf S. 354.

17) Vgl. Riesenfeld S. 54.

§ 31.

II. Die Haftpflicht des Unternehmers und seiner Beamten gegenüber den Berufsgenossenschaften, Krankenkassen, Gemeinden rc.

Die Haftung des Bau-Betriebsunternehmers und seiner Beamten den Berufsgenossenschaften (bezw. deren Versicherungsanstalten), Krankenkassen, Kommunalverbänden rc. gegenüber bestimmt sich nach den Vorschriften der §§ 46—48 BG. Diese Vorschriften stimmen mit denjenigen der §§ 136—138 des GG. überein, das BG. enthält nur folgende Erweiterung der Regreßpflicht*):

„Diejenigen Betriebsunternehmer, Bevollmächtigten oder Repräsentanten, Betriebs- oder Arbeiteraufseher, gegen welche durch strafgerichtliches Urteil festgestellt worden ist, daß sie den Unfall ... dadurch herbeigeführt haben, daß sie bei der Leitung oder Ausführung eines Baues wider die allgemein anerkannten Regeln der Baukunst verstießen, haften für alle Aufwendungen, welche in Folge des Unfalls auf Grund dieses Gesetzes oder des KG. von den Kommunalverbänden (§ 25 Abs. 1 des GG. § 10 Abs. 2, 5 dieses Gesetzes) oder Krankenkassen gemacht sind."

Diese Sondervorschrift richtet sich im wesentlichen gegen die Regiebau-Unternehmer, bei welchen von einer Zuwiderhandlung gegen Amts-, Berufs- oder Gewerbepflichten keine Rede sein kann.

Besonders hervorzuheben ist, daß diese Personen — wie nach dem GG. — der Genossenschaft auch ohne Feststellung durch strafgerichtliches Urteil haften. Dagegen ist in diesen Fällen der Genossenschaftsversammlung die Befugnis, von der Verfolgung des Anspruchs abzusehen, durch das Gesetz nicht gewährt worden.

1. Die Berechtigten. Regreßberechtigt sind nach § 46 die Berufsgenossenschaften, Kommunalverbände (§ 25 Abs. 1 GG., § 10 Abs. 2 u. 5 BG.) und Krankenkassen.

a) Das BG. kennt also noch andere Träger der Versicherung, nämlich außer den bereits erwähnten Berufsgenossenschaften bezw. dem Reich und Staat, noch[1]) die für leistungsfähig erklärten Kommunalverbände. Es bestimmt, daß bei Bauarbeiten, welche in

---

*) Die Abweichungen des BG. von den Vorschriften des GG. sind durch gesperrten Druck hervorgehoben.

[1]) Vgl. Piloty II S. 481 ff.; Handbuch S. 666 ff.; § 6 BG.

anderen als Eisenbahnbetrieben von einem Kommunalverbande oder einer anderen öffentlichen Korporation als Unternehmer ausgeführt werden, der Kommunalverband oder die Korporation der Träger der Versicherung sei, sofern diese Körperschaften zur Übernahme der durch die Versicherung entstehenden Lasten für leistungsfähig erklärt sind[2]).

b) Die Unfallversicherungsanstalt[3]).

Das BG. kennt ferner eine eigentümliche Einrichtung, die Unfallversicherungsanstalt. Eine solche besteht in jeder Berufsgenossenschaft von Baugewerbetreibenden, den Tiefbau- und den Baugewerks-Berufsgenossenschaften.

Die Versicherungsanstalt hat eine besondere Kasse, eine besondere Rechnungsführung, einen besonderen Reservefonds und ein besonderes Statut. Sie hat die Bestimmung, die Versicherung derjenigen Personen zu ermöglichen, welche von den in § 6 Ziff. 4 Abs. 1 bezeichneten Unternehmern bei Bauarbeiten beschäftigt werden §§ 18 ff.

Als Versicherte gehören ihr in erster Linie diejenigen Personen an, welche bei nicht gewerbemäßig betriebenen Bauarbeiten[4]) beschäftigt sind, sodann aber auch Personen in solchen Baubetrieben, deren Ausführung von anderen Verbänden und Korporationen als von dem Reich, einem Bundesstaat, einem leistungsfähigen Kommunalverband oder einer sonstigen öffentlichen Korporation erfolgt. Vgl. § 18[5]). Sodann kann die Versicherung der sogen. Kleinmeister bei ihr erfolgen, was bei einigen Baugewerks-Berufsgenossenschaften thatsächlich der Fall ist[6]).

Die Kosten der Unfallversicherung in der Unfallversicherungsanstalt haben nach näherer Bestimmung der §§ 23—36 die Unternehmer oder die Gemeindeverbände zu tragen.

Die Versicherungsanstalt ist kein selbständiges Rechtssubjekt, welches klagen und verklagt werden kann; Träger der Versicherungsanstalt ist vielmehr die Berufsgenossenschaft, deren Organe auch die

[2]) Bezüglich des durch die Novelle eingeführten § 7 BG. (= GG. § 28 Abs. 4), vgl. Abh. oben S. 198.

[3]) Vgl. Riesenfeld S. 135; Weyl S. 509 ff., insbes. S. 513 über deren Rechtsnatur; Piloty S. 472 ff.

[4]) Z. B. bei Bauarbeiten, welche von jedem beliebigen Hausbesitzer, Pächter oder einer sonstigen Person vorgenommen werden.

[5]) Vgl. Handbuch S. 697 ff.

[6]) Über den jetzigen Rechtszustand vgl. Laß-Zahn S. 24 Anm. 1.

Verwaltung der Anstalt führen[7]). Als ersatzberechtigtes Subjekt wegen der Aufwendungen der Versicherungsanstalt ist hiernach die Berufsgenossenschaft anzusehen, zu welcher die Versicherungsanstalt gehört.

Es kann mithin auch nicht zweifelhaft sein, daß der Bau-Betriebsunternehmer bezw. dessen Beamte für die von der Versicherungsanstalt geleisteten Aufwendungen unter den Voraussetzungen der §§ 46 ff. BG. haftbar sind[8]).

c) Besonders zu erwähnen sind hier noch die Gemeinden bezw. Kommunalverbände, welche die ihnen nach § 10 Abs. 2 des BG. obliegenden Verbindlichkeiten erfüllt haben. Diese sind nunmehr ersatzberechtigt, was sie nach bisherigem Rechte nicht waren[9]).

„Streitigkeiten über Ersatzansprüche, welche aus den Be-„stimmungen des § 10 entstehen, werden im Verwaltungsstreitver-„fahren, wo ein solches nicht besteht, von der Aufsichtsbehörde der in „Anspruch genommenen Gemeinde, Gemeinde-Krankenversicherung oder „Krankenkasse entschieden. Gegen die Entscheidung der Letzteren findet „der Rekurs nach Maßgabe der Vorschriften der §§ 20, 21 der Ge-„werbeordnung statt." — § 11 Abs. 2.

„Der Landeszentralbehörde bleibt überlassen, vorzuschreiben, daß „anstatt des Rekursverfahrens die Berufung auf den Rechtsweg „mittels Erhebung der Klage stattfindet." — § 11 Abs. 3[16]).

2. Die Verpflichteten. Haftbar sind nach § 46 BG: der Bau-Betriebsunternehmer, der Bevollmächtigte, Repräsentant, der Betriebs- und Arbeiteraufseher.

Wer als Unternehmer im Sinne des BG. anzusehen ist, haben wir bereits oben S. 246 gesehen.

Im übrigen wird auf die Ausführungen im § 25 dieser Schrift hiermit Bezug genommen.

§ 32.

III. Die Haftpflicht Dritter.

Das BG. verweist in Ansehung der Haftpflicht dritter Personen lediglich auf die Bestimmungen des GG., welche auf dem Gebiete

---

[7]) Die Bestellung besonderer Organe ist indessen zulässig (§ 21 Abs. 1 BG.).

[8]) So auch Riesenfeld S. 136.

[9]) Vgl. 1. Aufl. S. 134 u. Piloty I S. 142.

der Bau-Unfallversicherung entsprechende Anwendung finden sollen. — § 45 Abs. 2.

Maßgebend ist in dieser Richtung der § 140 des GG. Die entsprechende Anwendung dieses Paragraphen auf die Bau-Unfallversicherung bietet keine Schwierigkeiten.

Bemerkt sei noch, daß die Ersatzforderung des Berechtigten auch insoweit auf die Berufsgenossenschaft übergeht, als eine Unfallentschädigung aus der Versicherungsanstalt gezahlt wird. Dieses folgt daraus, daß die Versicherungsanstalt — wie oben ausgeführt — kein selbständiges Rechtssubjekt, sondern lediglich eine abgesonderte Kasse der Berufsgenossenschaft ist. Daher erscheinen die Zahlungen, welche aus der Versicherungsanstalt bewirkt werden, als Zahlungen der Berufsgenossenschaft selbst.

Hervorzuheben ist außerdem, daß die Gemeinde, welche an Stelle des säumigen Verpflichteten auf Grund des § 10 Abs. 2 BG. das Erforderliche vorgeschossen hat, auf Grund dieser Vorschrift gegen den Verpflichteten einen Ersatzanspruch hat, welcher indessen nach § 11 Abs. 2 im Verwaltungsstreitverfahren bezw. vor der Aufsichtsbehörde der Gemeinde geltend zu machen ist. Die Gemeinde hat auch nur Anspruch auf Erstattung derjenigen Aufwendungen, welche sie thatsächlich gemacht hat.

4. Kapitel.

Das See-Unfallversicherungsgesetz.

§ 33.

I. Die Haftpflicht des Unternehmers und seiner Beamten gegenüber dem Verletzten bezw. dessen Hinterbliebenen.

Das See-Unfallversicherungsgesetz vom 30. Juni 1900 in der Fassung der Bekanntmachung vom 5. Juli 1900 bestimmt über die Haftpflicht des Betriebsunternehmers und seiner Beamten dem Verletzten und dessen Hinterbliebenen gegenüber in § 133 folgendes:

„Die nach Maßgabe dieses Gesetzes versicherten Personen und „die in den §§ 22—25 bezeichneten Hinterbliebenen können, „auch wenn sie einen Anspruch auf Rente nicht haben, einen „Anspruch auf Ersatz des infolge eines Unfalls erlittenen Schadens „gegen den Betriebsunternehmer, gegen einen Mitrheder, Lootsen,

„Bevollmächtigten oder Repräsentanten, Betriebs- oder Arbeiter„aufseher, oder eine Person der Schiffsbesatzung desjenigen Fahr„zeugs bezw. Betriebs, in welchem der Unfall sich ereignet hat, „nur dann geltend machen, wenn durch strafgerichtliches Urteil fest„gestellt worden ist, daß der in Anspruch Genommene den Unfall „vorsätzlich herbeigeführt hat."

„In diesem Falle beschränkt sich der Anspruch auf den Betrag, „um welchen die den Berechtigten nach anderen gesetzlichen Vor„schriften gebührende Entschädigung diejenige übersteigt, auf welche „sie nach diesem Gesetze Anspruch haben."

„Auf die durch §§ 553 ff. des Handelsgesetzbuchs, §§ 48 fg. der „Seemannsordnung und § 14 dieses Gesetzes begründete Fürsorge„pflicht findet diese Bestimmung keine Anwendung [1])."

In dieser Bestimmung finden wir den § 135 GG. wieder, wie er den besonderen Verhältnissen der Seeschiffahrt angepaßt worden ist.

1. Die Berechtigten [2]). Als Berechtigte kommen nach dem SG. in Betracht die nach Maßgabe dieses Gesetzes versicherten Personen und deren Hinterbliebene.

Dieses sind: „Personen, welche

1. „auf deutschen Seefahrzeugen [3]) als Schiffer, Personen der „Schiffsmannschaft, Maschinisten, Aufwärter oder in anderer Eigen„schaft zur Schiffsbesatzung gehören (Seeleute), Schiffer jedoch nur [4]) „sofern sie Lohn oder Gehalt beziehen;"

2. „ohne zur Schiffsbesatzung zu gehören, auf deutschen See„fahrzeugen in inländischen Häfen beschäftigt werden, soweit sie nicht „auf Grund anderer gesetzlicher Bestimmungen gegen Unfall ver„sichert sind [5]);"

3. „in inländischen Betrieben schwimmender Docks und ähnlicher „Einrichtungen, sowie in inländischen Betrieben für die Ausübung „des Lootsendienstes, für die Rettung oder Bergung von Personen „oder Sachen bei Schiffbrüchen, für die Bewachung, Beleuchtung oder

---

[1]) Vgl. Piloty S. 144.

[2]) Vgl. Weyl S. 346; Piloty I S. 241 ff. u. 305 ff.; Handbuch S. 740 ff.

[3]) Über den Begriff: „deutsches Seefahrzeug" enthält das SG. genauere Bestimmungen. — Vgl. § 3 des Gesetzes.

[4]) Vgl. Riesenfeld S. 112.

[5]) Sogen. Lieger oder Gastrollengeber; diese Bestimmung ist durch die Novelle eingeführt. Näheres Graef S. 389 fg.

„Instandhaltung der dem Seeverkehr dienenden Gewässer beschäftigt sind.“ — § 1 Abs. 1.

„Auf Personen in Seeschiffahrts- und anderen unter Abs. 1 „fallenden Betrieben, welche wesentliche Bestandteile eines der Unfall-„versicherung unterliegenden sonstigen Betriebes sind, findet dieses „Gesetz **keine Anwendung**[6]). Von den Bestimmungen der §§ 3 fg. „sind ferner ausgeschlossen die im § 1 des Gesetzes, betr. die Für-„sorge für Beamte und Personen des Soldatenstandes infolge von „Betriebsunfällen, vom 15. März 1886[7]) bezeichneten Personen, „Beamte, welche in Betriebsverwaltungen eines Bundesstaates oder „eines Kommunalverbandes mit festem Gehalt und Pensionsberech-„tigung angestellt sind, sowie andere Beamte eines Bundesstaates „oder Kommunalverbandes, für welche die im § 12 a. a. O.[8]) vor-„gesehene Fürsorge in Kraft getreten ist.“ — § 1 Abs. 2.

Die Versicherung erstreckt sich ferner

„auf häusliche und andere Dienste, zu denen versicherte „Personen neben der Beschäftigung im Betriebe von ihren Arbeit-„gebern oder von deren Beauftragten herangezogen werden, sowie „auf Dienstleistungen versicherter Personen bei Rettung oder Bergung „von Personen oder Sachen.“ — § 2[9]).

Wo diese Dienstleistungen vorgenommen werden, auf See oder im Hafen ist gleichgültig. Die Thätigkeit ist als „Berufspflicht“ insbesondere selbst dann versichert, wenn die Hilfe der Besatzung oder Ladung eines „fremden“ Schiffes geleistet wird, zu dessen Besatzung der verunglückte und versicherte Seemann **nicht** gehört[10]).

Neben der gesetzlichen Versicherungspflicht besteht noch

1. die statutarische Erstreckung der Versicherungspflicht auf die Eigentümer kleinerer, mit geringer Besatzung versehenen Fahrzeuge, sofern diese von jenen selbst geführt werden, genauer „auf die Rheder, sofern „sie zur Besatzung des Fahrzeugs gehören und die letztere außer

[6]) Im Zweifel entscheidet über die Frage, ob es sich im einzelnen Fall um einen versicherungspflichtigen Betrieb handelt, das Reichs-Vers.Amt nach Anhörung des Genossenschaftsvorstandes; vgl. § 1 Abs. 3. Vgl. übrigens § 152 ff. SG. u. Abh. unten folgende Seite.

[7]) Jetzt Gesetz vom 18. Juni 1901.

[8]) Jetzt § 14.

[9]) Eingeführt durch die Novelle; Parallelparagraph zu § 3 GG.; vgl. Graef S. 391.

[10]) Vgl. Graef S. 391; dortselbst Motive.

„ihnen regelmäßig nicht mehr als zwei Personen umfaßt." — § 5 Abs. 1;

2. die Berechtigung zur Selbstversicherung „für Rheder, ... „Lootsen, welche ihr Gewerbe für eigene Rechnung betreiben, sowie „für Unternehmer der übrigen nach § 1 versicherten Betriebe". — Vgl. § 5 Abs. 2.

„Die Versicherung erstreckt sich auf einen Jahresarbeitsverdienst „bis einschließlich 3000 Mk.[11]). Durch Statut kann die Versicherung „auf einen höheren Jahresarbeitsverdienst erstreckt werden." § 6[12]).

Schließlich ist zu erwähnen, daß nach näherer statutarischer Bestimmung noch versichert werden können:

a) „im Betriebe beschäftigte, aber nicht schon versicherte Personen „durch den Betriebsunternehmer,"

b) „nicht im Betriebe beschäftigte, aber die Betriebsstätte be- „suchende oder auf derselben verkehrende Personen durch den Be- „triebsunternehmer oder den Vorstand der BG.;"

c) „Organe und Beamte der BG. durch deren Vorstand." § 7[12a]).

Der Kreis der Versicherten ist durch die Novelle zum SG. bedeutend erweitert worden, indem gemäß §§ 152ff. die Bestimmungen des SG. auch auf die Kleinbetriebe der Seeschiffahrt[13]) sowie auf die See- und Küstenfischerei ausgedehnt wurden, so daß sie nunmehr Anwendung finden:

„1. auf die Besatzung solcher Seefahrzeuge, welche nicht mehr „als fünfzig Kubikmeter Brutto-Raumgehalt haben, und dabei weder „Zubehör eines größeren Fahrzeugs noch auf die Fortbewegung „durch Dampf oder andere Maschinenkräfte eingerichtet sind;

„2. auf die Besatzung derjenigen Fahrzeuge, welche zur Aus- „übung der Fischerei in den im § 3 Abs. 2 bezeichneten Gewässern „bestimmt, und nicht bereits durch den Bundesrat auf Grund früherer „gesetzlicher Bestimmungen der Unfallversicherung nach Maßgabe der „§§ 1ff. unterworfen sind[14]);

---

[11]) Der Jahresarbeitsverdienst wird nach dem SG. nach bestimmten Grundsätzen ermittelt und berechnet: §§ 10, 11, 12.

[12]) Näheres noch Riesenfeld S. 112ff.; Piloty II S. 548ff.

[12a]) Durch die Novelle eingeführt, entsprechend den Parallelparagraphen 5 Abs. 3 GG., 4 Abs. 3 LG.

[13]) Seeschiffahrt mit kleinen Segelfahrzeugen; vgl. auch Graef S. 475ff.

[14]) Durch die Beschlüsse des Bundesrats vom 14. Juni 1895 (RGBl. S. 351)

„3. auf die Besatzung von Fahrzeugen, welche zur Ausübung „der Fischerei auf anderen mit der See in Verbindung stehenden, von „Seeschiffen befahrenen Gewässern innerhalb der vom Bundesrate „zu bestimmenden örtlichen Grenze bestimmt sind[14a]).“ — § 152.

„Der Versicherungspflicht unterliegen auch die Unternehmer „gewerblicher Schiffahrts- und Fischereibetriebe der im § 152 be- „zeichneten Art, sofern sie zur Besatzung des Fahrzeugs gehören „und bei dem Betriebe regelmäßig keinen oder nicht mehr als zwei „Lohnarbeiter beschäftigen.“ — § 153.

Hiermit ist ein gesetzlicher Zwang zur Selbstversicherung ausgesprochen, der den übrigen Unfallversicherungsgesetzen fremd ist[15]).

2. Die Verpflichteten[16]). Zu den Verpflichteten gehören zunächst: der Betriebsunternehmer, Bevollmächtigte oder Repräsentant, Betriebs- oder Arbeiteraufseher; sodann: die Mitrheder, die Lootsen, die Personen der Schiffsbesatzung desjenigen Fahrzeugs bezw. Betriebs, in welchem der Unfall sich ereignet hat[17]).

Mitrheder ist der Eigentümer einer Schiffspart und daher insofern Teilhaber an einem Seeschiffahrtsbetriebe. Er gilt aber nicht als Unternehmer im Sinne des SG. und muß aus diesem Grunde ausdrücklich aufgeführt werden, wenn er für haftbar erklärt werden soll.

Unternehmer im Sinne des SG. ist Derjenige, für dessen Rechnung der Betrieb erfolgt, bei Seeschiffahrtsbetrieben der Rheder. — § 32 Abs. 2.

---

und vom 6. Februar 1896 (RGBl. S. 53) sind die Besatzungen von Hochseefischereidampfern bezw. den Heringsloggern versicherungspflichtig erklärt. Vgl. auch A. N. **95** S. 207 u. **96** S. 216.

[14a]) S. Bekanntmachung des Reichskanzlers vom 26. Juni 1901, A. N. 1901 S. 449.

[15]) Vgl. Graef S. 476, dortselbst Motive.

[16]) Zum Begriff: Betriebsunternehmer im SG. vgl. Riesenfeld S. 80; Weyl S. 112.

[17]) Von dem Prinzip: Daß zwischen dem Betriebsunternehmer des Versicherungsbetriebs und jenem des Verunglückungsbetriebs Personenidentität bestehen müsse, widrigenfalls letzterer als „Dritter“ anzusehen sei, ist in § 138 SG. eine Ausnahme gemacht für den Fall eines Zusammenstoßes mehrerer Fahrzeuge. Alle bei einem solchen Zusammenstoße beteiligten Personen des Seerechts haften dem versicherten Verletzten nicht als Dritte, sondern nur unter den erschwerenden Voraussetzungen des besonderen Haftpflichtrechts. Somit haften z. B. auch Beamte ꝛc. derjenigen Rheder, welche nicht Arbeitgeber der verletzten Seeleute sind, nur nach Maßgabe der §§ 133 ff. SG. Vgl. Riesenfeld S. 81, 91 u. Abh. unten S. 291; s. auch oben S. 217 fg.

Als Rheder gilt nun wieder im Sinne des SG. der Eigentümer eines der unter das Gesetz fallenden Fahrzeuge[18]) und, sofern eine Rhederei besteht, die letztere. — § 3 Abs. 4.

Unter Rhederei versteht man eine Mehrheit von Personen, welche ein ihnen gemeinschaftlich gehörendes Schiff zum Erwerb durch die Seefahrt für gemeinschaftliche Rechnung verwendet. Die Rhederei ist mithin eine eigentümliche seerechtliche Gesellschaft[19]). — HGB. § 489.

Der Rheder ist nicht als Betriebsunternehmer zu betrachten, weil er Eigentümer des Schiffes ist, sondern weil er Inhaber des Rhedereigewerbes, des Schiffahrtsbetriebes, ist. Als Unternehmer des Seeschiffahrtsbetriebes muß also auch Derjenige betrachtet werden, welcher ein ihm nicht eigentümlich zustehendes Schiff zum Erwerbe durch die Seeschiffahrt verwendet[20]). Für den Begriff des Rheders ist es unerheblich, ob er das Geschäft selbst betreibt oder es durch Bevollmächtigte oder sonstige Beamte betreiben läßt.

Da die Rhederei als solche strafrechtlich — wie es der § 133 verlangt — nicht herangezogen werden kann, sind die einzelnen Mitglieder dieser Gesellschaft im § 133 der Haftpflicht unterworfen worden.

Die weiter unter den Verpflichteten aufgeführten Lootsen sind den Betriebsbeamten an die Seite zu stellen. Die Lootsen sind Seeleute, welche gewerbemäßig die Führung fremder Schiffe beim Passieren gewisser Fahrwasser übernehmen[21]). Unter gewissen Voraussetzungen ist der Schiffer gesetzlich verpflichtet, einen Lootsen anzunehmen (Zwangslootsen). Der Zwangslootse übernimmt mit dem Betreten des Schiffes behufs Ausübung seiner Dienstverrichtungen das Kommando und damit die volle Verantwortlichkeit für das Schiff. Während der Zeit, in welcher er das Kommando führt, ist der Lootse

---

[18]) Nach deutschem Seerecht ist Rheder „der Eigentümer eines ihm zum Erwerb durch die Seefahrt dienenden Schiffes" (HGB. § 489).

[19]) Lewis, Seerecht in Endemanns Handbuch IV S. 58.

[20]) Vgl. Lewis a. a. O. S. 41. A. A. Riesenfeld S. 80: Betriebsunternehmer im Schiffahrtsbetrieb ist der Rheder und Rheder ist der Eigentümer des Schiffes. Im SG. gibt die juristische Qualität als Eigentümer den Ausschlag; nicht dagegen bei den sonstigen versicherungspflichtigen Betrieben des SG. Vgl. § 32 Abs. 2.

[21]) Vgl. Lewis a. a. O. S. 117; vgl. auch Abh., oben 1. Teil, S. 121.

Führer des Schiffes und ist deshalb mit Recht in Ansehung der Haftpflicht dem Schiffer an die Seite gestellt. Der von dem Schiffer freiwillig angenommene Lootse ist, wenn ihm nicht das Kommando abgetreten wird, als Gehilfe des Schiffers für die Zeit, während er seine dienstlichen Funktionen ausübt, anzusehen und aus diesem Grunde den Schiffsbeamten gleichgestellt [22]).

Ferner ist die Haftpflicht der Personen der Schiffsbesatzung durch § 133 beschränkt. Die Schiffsbesatzung umfaßt nicht allein den Schiffer (Schiffsführer, Schiffskapitän) und die Schiffsmannschaft, d. h. die zum Schiffsdienst angestellten Personen [23]) (Schiffsoffiziere, Matrosen, Schiffsjungen), sondern auch andere auf dem Schiffe angestellte Beamte, z. B. den Schiffsarzt, Proviantmeister, Zahlmeister, das Maschinenpersonal (Ingenieur, Maschinisten, Maschinist-Assistenten, Heizer und Feuerleute), die Aufwärter und Köche u. s. w. — HGB. § 481 [24]).

Von der größten Bedeutung für die See-Unfallversicherung ist die Vorschrift, daß Unternehmer, Beamte und Schiffsbesatzung des sogen. Verunglückungsbetriebs — also desjenigen Fahrzeuges oder Betriebes, in welchem sich der Unfall ereignet hat [25]), von der Bestimmung des § 133 betroffen werden. Diese weitgehende Vorschrift erklärt sich daraus, daß die nach Maßgabe des SG. versicherten Personen nicht nur gegen Unfälle, welche ihnen auf ihrem eigenen Fahrzeuge zugestoßen, versichert sind, sondern auch gegen solche Unfälle, welche sie auf einem anderen deutschen Fahrzeuge, auf welchem sie beschäftigt sind, ohne daß sie zu der Besatzung desselben gehören, bei dem Betriebe erleiden. — § 4.

3. Gegen welche Unfälle versichert das SG.? Die besonders großen Gefahren der Seeschiffahrt erfordern, daß der Kreis der Unfälle, gegen welche das Gesetz versichert, hier ein größerer ist, als der der übrigen Unfallversicherungsgesetze. Nach dem SG. tritt die Versicherung nicht nur ein gegen die Folgen der bei dem

---

[22]) Vgl. ebenso Riesenfeld S. 95.

[23]) Reichs-Seem.-O. § 3. — Nicht gehören hierher nur vorübergehend auf dem Schiffe beschäftigte Arbeiter. — Ehrenberg a. a. O. S. 221; vgl. Abh. oben S. 114 in anderem Zusammenhang.

[24]) S. ebenso Riesenfeld S. 95; sodann in anderem Zusammenhang Abh. 1. Teil a. a. O.

[25]) Vgl. Piloty S. 143, 145; Riesenfeld S. 95.

Betriebe sich ereignenden Unfälle, sondern auch gegen die Folgen derjenigen Unfälle, welche während des Betriebes durch Elementarereignisse eintreten. — § 1 Abs. 1[26]). Die Versicherung erstreckt sich ferner, wie eben gesagt, auch auf Unfälle, welche die nach § 1 versicherten Personen auf einem deutschen Seefahrzeuge, auf welchem sie beschäftigt sind, ohne zur Besatzung desselben zu gehören, bei dem Betriebe erleiden. — § 4 Abs. 1. Endlich versichert das SG. auch gegen solche Unfälle, welche deutsche Seeleute bei der auf Grund des HGB., oder der Seemannsordnung vom 27. Dezember 1872, oder des Gesetzes, betr. die Verpflichtung deutscher Kauffahrteischiffe zur Mitnahme hilfsbedürftiger Seeleute, vom 27. Dezember 1872 ihnen gewährten freien Zurückbeförderung oder Mitnahme auf deutschen Seefahrzeugen erleiden. — § 4 Abs. 1.

„Ausgeschlossen von der Versicherung sind Unfälle, welche der „Versicherte während einer Zeit erleidet, in welcher er sich pflicht„widrig von Bord entfernt hatte, oder welche er während eines „**Urlaubs** an Land erleidet, wenn er in **eigener** Angelegen„heit das Schiff verlassen hat." — § 4 Abs. 2.

Nicht als Unfälle, sondern vielmehr als Berufskrankheiten gelten die klimatischen Krankheiten, und wird gegen deren Folgen vom Gesetz Versicherung nicht gewährt[27]).

4. Der Betrag des Differenzanspruchs nach dem SG.[28]). Die Höhe des Minuendus ist bei sämtlichen Unfallversicherungsgesetzen die gleiche, verschieden ist nur der Subtrahendus. Über die Höhe des letzteren enthält das SG. im wesentlichen dieselben Bestimmungen, wie das GG. Hier sollen nur die Abweichungen des SG. von den oben Seite 175 ff. erörterten Bestimmungen des GG. angeführt werden. Die Abweichungen sind folgende:

a) Im Falle der Verletzung sollen diejenigen Kosten des Heilverfahrens von der Berufsgenossenschaft getragen werden, welche nach Beendigung der gesetzlichen Fürsorgepflicht des Rheders oder soweit eine solche nicht besteht, vom Beginn der 14. Woche nach Eintritt des Unfalls an entstehen. — Vgl. § 9 Abs. 1 Ziff. 1.

---

[26]) Vgl. Weyl S. 368; Piloty I S. 184 f., 209.

[27]) Vgl. auch Graef S. 390 fg.

[28]) Zum Folgenden auch Weyl S. 355.

Die Rente soll von demselben Zeitpunkt ab gewährt werden. — Vgl. § 9 Abs. 1 Ziff. 2.

Die Höhe der Rente wird ebenso bemessen wie die Rente nach dem GG. — (§§ 9 u. 14). Nur sind die Vorschriften über die Berechnung des Jahresarbeitsverdienstes abweichend (§§ 10ff.).

b) Neben der im § 22 des GG. enthaltenen Vorschrift hat das SG. noch die Bestimmung getroffen, daß „mit Zustimmung des Verletzten an Stelle der freien Kur und Verpflegung in einer Heilanstalt freie Kur und Verpflegung an Bord eines Fahrzeuges gewährt werden" kann. — § 17 Abs. 2.

c) Die dem § 12 Abs. 2 des GG. entsprechende Bestimmung des SG., welche im § 14 Abs. 2 enthalten ist, hat in Berücksichtigung der eigentümlichen seerechtlichen Verhältnisse folgende Fassung[29]):

„Den nach § 1 versicherten Personen, welchen in Krankheits„fällen ein gesetzlicher Anspruch auf mindestens dreizehnwöchent„liche Krankenfürsorge weder gegen Rheder noch gegen Krankenkassen „zusteht, hat, sofern sie nicht mehr als 2000 Mark Jahres„arbeitsverdienst haben, in Fällen ihrer durch einen Betriebs„unfall herbeigeführten Verletzung der Betriebsunternehmer während „der ersten 13 Wochen nach Eintritt des Unfalls aus eigenen Mitteln „Fürsorge zu gewähren. Das Maß dieser Fürsorge richtet sich bei „Seeleuten nach den Bestimmungen des § 553 des Handelsgesetz„buchs und der §§ 48fg. der Seemannsordnung, bei den sonstigen „nach § 1 versicherten Personen nach den Bestimmungen der §§ 6 „und 7 des KG. und den Bestimmungen des vorstehenden Absatzes" — sc. § 14 Abs. 1 — „über den bei Unfällen zu gewährenden „Mehrbetrag des Krankengeldes."

Dann bestimmt der Zusatz zu Abs. 2 des § 14 das Gleiche wie § 12 Abs. 2 GG. unter Anpassung an die besonderen seerechtlichen Verhältnisse.

Über Streitigkeiten, welche aus Anlaß der in den § 14 [§§ 15 Abs. 3 u. 16] enthaltenen Bestimmungen entstehen, entscheiden, soweit es sich um Ansprüche von Seeleuten handelt, das Seemannsamt, im übrigen die im § 58 KG. bezeichneten Behörden. — Vgl. § 20 Abs. 2 u. 3.

---

[29]) Näheres Piloty I S. 115.

d) Was die Unfallentschädigung im Falle der Tötung anlangt, so enthält das SG. folgende von dem GG. abweichende Bestimmung:

An Stelle des § 15 Ziff. 1 GG. tritt folgende Vorschrift: „Im Falle der Tötung ist als Schadensersatz außerdem zu leisten:

„sofern nicht nach § 554 des Handelsgesetzbuchs oder § 51 der „Seemannsordnung der Rheder die Bestattungskosten zu tragen hat, „und sofern die Bestattung auf dem Lande erfolgt, als Sterbegeld „für Seeleute zwei Drittel des nach §§ 10, 12 Abs. 1 für den „Monat ermittelten Durchschnittsverdienstes, für die übrigen nach „§ 1 versicherten Personen der fünfzehnte Teil des nach §§ 11, 12 „zu Grunde zu legenden Jahresarbeitsverdienstes, jedoch mindestens „ein Betrag von 50 Mark." — § 21 Abs. 1 Ziff. 1.

Die Höhe der Rente, welche den Hinterbliebenen des Verstorbenen von dessen Todestage ab zu gewähren ist, besteht nach näherer Bestimmung der §§ 22—26 in einem Bruchteile seines nach §§ 10—12 ermittelten Jahresarbeitsverdienstes. [Diese Bestimmung stimmt überein mit derjenigen des GG.]. Vgl. § 21 Abs. 1 Ziff. 2.

Nach § 21 Abs. 2 steht der Anspruch auf Sterbegeld Demjenigen zu, welcher die Beerdigung besorgt hat.

„e) Den Angehörigen des Versicherten steht der Anspruch auf „Rente (§§ 21 ff.) auch dann zu, wenn das Fahrzeug, auf welchem „sich der Versicherte befunden hat, untergegangen oder nach den Be„stimmungen der §§ 862, 863 des Handelsgesetzbuchs als verschollen „anzusehen ist und seit dem Untergange bezw. seit den letzten Nach„richten von dem Fahrzeuge ein Jahr verflossen ist, ohne daß von „dem Leben des Vermißten glaubhafte Nachrichten eingegangen sind." — § 28.

5. Die Bestimmung des § 133 Abs. 3 SG. Der § 133 Abs. 3 des SG. hält die nach dem Handelsgesetzbuch bezw. der Seemannsordnung dem Rheder auferlegte Fürsorgepflicht[30]), welche im Falle der Erkrankung oder Verwundung eines Seemanns oder des Schiffers eintritt, ausdrücklich aufrecht.

Die in den angeführten Bestimmungen vorgesehene Fürsorgepflicht stellt sich nicht als eine Entschädigungspflicht dar, um welche es sich hier allein handelt. Deshalb schafft der Abs. 3 des

[30]) Vgl. Piloty I S. 113 u. 213 bezügl. der Dauer der Fürsorgepflicht.

§ 133 nicht neues Recht, sondern verfolgt lediglich den Zweck, Mißverständnisse zu vermeiden[31]).

Der Abs. 4 des § 133 stimmt wörtlich mit Abs. 3 des § 135 GG. überein[32]).

6. Bezüglich der Veränderung der Verhältnisse enthält das SG. in den §§ 92 fg., dieselben Vorschriften, wie das GG., auf welche deshalb verwiesen werden darf. Dasselbe gilt bezüglich der Verjährung[33]).

7. Für die Kleinbetriebe der Seeschiffahrt, sowie für die See- und Küstenfischerei bestimmt bezüglich der Fürsorge für die Verletzten während der ersten 13 Wochen nach Eintritt des Unfalls § 155 SG. im wesentlichen das Gleiche wie § 27 LG. und § 10 BG. Die sich ergebenden Streitigkeiten über Ersatzansprüche werden gemäß § 156 SG. analog den Bestimmungen der §§ 29 LG. und 11 BG. d. h. von der Aufsichtsbehörde bezw. im Verwaltungsstreitverfahren erledigt.

Hier wird auf die Ausführungen zu den genannten Gesetzen oben S. 238 fg. und 248 verwiesen.

§ 34.

II. Die Haftpflicht des Unternehmers und seiner Beamten gegenüber den Berufsgenossenschaften, Krankenkassen 2c.

Das SG. bestimmt in § 134:

„Diejenigen Betriebsunternehmer, Mitrheder, Lootsen, Bevoll-„mächtigten oder Repräsentanten, Betriebs- oder Arbeiteraufseher „oder Personen der Schiffsbesatzung, gegen welche durch strafgericht-„liches Urteil festgestellt worden ist, daß sie den Unfall vorsätzlich „oder durch Fahrlässigkeit mit Außerachtlassung derjenigen Aufmerk-„samkeit, zu der sie vermöge ihres Amts, Berufes oder Gewerbes „besonders verpflichtet sind, herbeigeführt haben, haften für alle Auf-„wendungen, welche infolge des Unfalls auf Grund dieses Gesetzes „oder des KG. von den Gemeinden, Armenverbänden,

[31]) Begründung des Ges.Entwurfs zu § 110--113. Stenogr. Ber. über die Verhandlungen des Reichstags 1887 1. Sess. 3 Nr. 6 S. 64 fg.

[32]) Vgl. Abh. oben S. 185.

[33]) Vgl. Abh. oben S. 192 ff. u. 195 fg.

„Krankenkassen und sonstigen Unterstützungskassen (§ 29 „Abs. 1) gemacht worden sind." — § 134 Abs. 1. Im übrigen lautet der Paragraph ebenso wie § 136 GG.

„In gleicher Weise haftet als Betriebsunternehmer eine Aktien= „gesellschaft, eine Innung oder eingetragene Genossenschaft für die „durch ein Mitglied ihres Vorstandes, sowie eine Handelsgesellschaft, „eine Innung oder eingetragene Genossenschaft für die durch eine „der Liquidatoren herbeigeführten Unfälle." — § 134 Abs. 2.

„Als Ersatz für die Rente kann in diesen Fällen deren Kapital= „wert gefordert werden." — § 134 Abs. 3.

„Der Anspruch verjährt in 18 Monaten von dem Tage, an „welchem das strafrechtliche Urteil rechtskräftig geworden ist, im „übrigen in zwei Jahren nach dem Unfalle". — § 136 SG.

1. Die Berechtigten sind die Berufsgenossenschaften — hier die See=Berufsgenossenschaft (§ 32) —, Gemeinden, Armenverbände, Krankenkassen und sonstigen Unterstützungskassen, dagegen gehört nicht dazu der Unternehmer, welcher die ihm nach § 14 also eine eigene, ex lege ihm obliegende Verbindlichkeit zur Krankenfürsorge erfüllt hat[1]).

Hinsichtlich der Entschädigungspflicht der Berufsgenossenschaft bei Unfällen in fremden Betrieben bestimmt § 32 Abs. 3 dasselbe, wie § 28 Abs. 4 GG., auf den hiermit Bezug genommen wird[2]).

Die Versicherungsanstalt des SG. im Besonderen.

Von der See=Berufsgenossenschaft ist die durch die Novelle zum SG. im § 158 — für die Unfallversicherung im Kleinbetriebe der Seeschiffahrt sowie in der See= und Küstenfischerei, — eingeführte Versicherungsanstalt wohl zu unterscheiden.

„Die Versicherung erfolgt durch eine in der Berufsgenossen= „schaft errichtete Versicherungsanstalt." — § 158 Abs. 1.

„Träger der Versicherungsanstalt ist die Berufsgenossenschaft." — § 158 Abs. 2 Satz 1.

Diese Versicherungsanstalt hat ihr Analogon in den Versicherungsanstalten der Tiefbau=BG. und der Baugewerks=BGen[3]) und gelten für sie im wesentlichen — unter Anpassung an die be=

---

[1]) Vgl. Piloty I S. 142.

[2]) Vgl. Abh. oben S. 198.

[3]) § 18 BG. u. Abh. oben S. 250.

sonderen Verhältnisse der ihrer Versicherung unterstehenden Betriebe, — die gleichen Bestimmungen wie für die Unfallversicherungsanstalten des BG., weshalb es erübrigt, hier auf dieselben weiter einzugehen.

2. Die Verpflichteten. Als regreßpflichtige Personen sind nach § 134 außer dem Betriebsunternehmer und den bei den bisher besprochenen Unfallversicherungsgesetzen erwähnten Beamten ferner die Mitrheder, Lootsen und Personen der Schiffsbesatzung angeführt.

Die Gründe, weshalb das SG. die Bestimmungen über die Haftpflicht auch auf diese Personen erstreckt hat, sind oben S. 256 ff. erörtert worden.

Die §§ 135 u. 137 SG. entsprechen wörtlich den §§ 137 u. 139 BG.

Im übrigen wird auf die Ausführungen oben S. 168 u. 209 verwiesen.

§ 35.

III. Die Haftpflicht Dritter.

Die Bestimmung des SG. über die Haftpflicht Dritter, welche sich im § 138 dieses Gesetzes findet, lautet folgendermaßen:

„Bei Zusammenstößen mehrerer unter dieses Gesetz fallender „Fahrzeuge finden die Bestimmungen der §§ 133 bis 137 auf die „Rheder oder Mitrheder, Lootsen, Bevollmächtigten und Repräsen„tanten, Betriebsaufseher oder Personen der Schiffsbesatzungen sämt„licher bei dem Zusammenstoße beteiligten Fahrzeuge Anwendung.“ — Abs. 1.

„Im übrigen bestimmt sich die Haftung dritter, in den §§ 133 „134 nicht bezeichneter Personen, nach den sonstigen gesetz„lichen Vorschriften. Insoweit den nach Maßgabe dieses „Gesetzes entschädigungsberechtigten Personen ein gesetz„licher Anspruch auf Ersatz des ihnen durch den Unfall „entstandenen Schadens gegen Dritte erwachsen ist, geht „dieser Anspruch auf die Berufsgenossenschaft im Um„fange ihrer durch dieses Gesetz begründeten Entschädi„gungspflicht über.“ — Abs. 2.

Abgesehen von der Bestimmung des Abs. 1 entspricht § 138 wörtlich dem § 140 GG. und den Parallelparagraphen der übrigen UVGesetze.

Ohne diese Sonderbestimmung des SG. im Abs. 1 des § 138 würde bei Zusammenstößen mehrerer Fahrzeuge der Rheder, Schiffer u. s. w. des einen Fahrzeuges der Besatzung des anderen Fahrzeuges ersatzpflichtig sein. Diese Personen würden letzteren gegenüber als „Dritte" anzusehen sein. In Erwägung des Umstandes, daß eine große Zahl von Unfällen durch Zusammenstoß mehrerer Fahrzeuge entsteht, und daß deshalb ohne die ausdrückliche Bestimmung des § 138 Abs. 1 der Zweck des SG. — den Rheder und Schiffer, nachdem für die Versicherten eine genügende Fürsorge getroffen, nach Möglichkeit zu entlasten — nur unvollkommen erreicht werden würde, hat man ausdrücklich bestimmt, daß die Vorschriften über die Haftpflicht des Unternehmers, seiner Beamten und der Personen der Schiffsbesatzung gegenüber dem Verletzten und seinen Hinterbliebenen einerseits und den Berufsgenossenschaften und Krankenkassen andererseits im Falle eines Zusammenstoßes mehrerer Fahrzeuge auf die Betriebsunternehmer, Beamten und Personen der Schiffsbesatzung sämtlicher bei dem Zusammenstoß beteiligter Fahrzeuge Anwendung finden sollen [1]).

5. Kapitel.

Das Beamten-Unfallfürsorgegesetz.

§ 36.

I. Die Haftpflicht der Betriebsverwaltungen und Betriebsbeamten gegenüber dem Verletzten und seinen Hinterbliebenen.

Durch das Gesetz, betr. die Unfallfürsorge für Beamte und für Personen des Soldatenstandes vom 18. Juni 1901 (RGBl. S. 211) wird den in unfallversicherungspflichtigen Betrieben beschäftigten Beamten der Reichs-Zivilverwaltung, des Reichsheeres und der Kaiserlichen Marine, sowie den in solchen Betrieben beschäftigten Personen des Soldatenstandes für die Folgen der durch Betriebs-

---

[1]) Vgl. Begründung des Gesetzentwurfs zu §§ 110—113 (in den Verhandl. des Reichstags 1886/87, Bd. III, Drucksache Nr. 6). Weyl S. 414, 415.

unfälle verursachten Dienstunfähigkeit eine Fürsorge gewährt. Diese Fürsorge erfolgt auf dienstpragmatischem Wege im Anschluß an die sonstigen Gesetze, welche die Gewährung eines Ruhegehalts zum Gegenstande haben. Die Unfallversicherungsgesetze finden auf die bezeichneten Personen keine Anwendung. Dieselben Grundsätze gelten bezüglich solcher Beamten, die in Betriebsverwaltungen eines Bundesstaates oder Kommunalverbandes mit festem Gehalt und Pensionsberechtigung angestellt sind, sowie von anderen Beamten eines Bundesstaates oder Kommunalverbandes, für welche eine gleichwertige Fürsorge in Kraft getreten ist[1]).

Das frühere Gesetz vom 15. März 1886 (RGBl. S. 53) ist nach der Neuregelung der Unfallversicherung durch die Gesetze vom 30. Juni 1900 revidiert und den Vorschriften dieser Gesetze angepaßt worden. Die Abweichungen des neuen Gesetzes waren hauptsächlich geboten durch die für die Verletzten und deren Hinterbliebenen günstigeren Vorschriften über die erweiterten Leistungen der Berufsgenossenschaften und sonstigen Versicherungsträger.

Das BFG. enthält über die Haftpflicht der Betriebsverwaltungen und Betriebsbeamten dem Verletzten oder dessen Hinterbliebenen gegenüber folgende Vorschriften:

§ 10.[2]) „Die in den §§ 1 und 2 bezeichneten Personen können, „auch wenn sie einen Anspruch auf Pension oder Rente „nicht haben, einen Anspruch auf Ersatz des durch den Unfall er„littenen Schadens gegen die Betriebsverwaltung in deren Dienste „der Unfall sich ereignet hat, überhaupt nicht, und gegen deren „Betriebsleiter, Bevollmächtigte oder Repräsentanten, Betriebs- oder „Arbeiteraufseher nur dann geltend machen, wenn durch strafgericht„liches Urteil festgestellt worden ist, daß der in Anspruch Ge„nommene den Unfall vorsätzlich herbeigeführt hat." — Abs. 1.

„Der hiernach zulässige Anspruch ermäßigt sich um denjenigen „Betrag, welcher den Berechtigten nach dem gegenwärtigen Gesetze „zusteht." — Abs. 2.

§ 11[3]). „Die in dem § 10 bezeichneten Ansprüche können, „auch ohne daß die daselbst vorgesehene Feststellung durch strafgericht-

[1]) Vgl. § 7 GG., § 6 LG., § 1 Abs. 3 BG., § 1 Abs. 2 SG.

[2]) Entspricht dem § 135 GG. u. dem bisherigen § 8; vgl. Reindl S. 12.

[3]) Früher § 9 = § 139 GG.

„liches Urteil stattgefunden hat, geltend gemacht werden, falls diese „Feststellung wegen des Todes oder der Abwesenheit des Betreffenden „oder aus einem anderen in seiner Person liegenden Grunde nicht „erfolgen kann.“

1. Die Berechtigten. Die in den §§ 1 und 2 BFG. bezeichneten Personen, für welche die vorstehenden Bestimmungen gelten, sind folgende:

a) Beamte[4]) der Reichs-Zivilverwaltung, des Reichsheeres[5]) und der Kaiserlichen Marine, sowie Personen[6]) des Soldatenstandes, welche in reichsgesetzlich der Unfallversicherung unterliegenden Betrieben[7]) beschäftigt sind. — § 1.

b) Die Hinterbliebenen dieser Personen, sofern letztere infolge eines im Dienste erlittenen Betriebsunfalls gestorben sind. — Vgl. § 2.

Auf diese Personen finden die reichsgesetzlichen Bestimmungen über Unfallversicherung keine Anwendung. — Vgl. § 13[8]).

c) Die oben angeführten Bestimmungen treffen auch zu für Staats- und Kommunalbeamte, sowie deren Hinterbliebenen, für welche durch die Landesgesetzgebung[9]) oder durch statutarische Festsetzung gegen die Folgen eines im Dienste erlittenen Betriebsunfalls eine den Vorschriften des BFG. (§§ 1—7) mindestens gleichkommende Fürsorge getroffen ist.

---

[4]) Hierher gehören nicht nur etatsmäßig angestellte, sondern auch kommissarisch und diätarisch beschäftigte Beamte (Begründung zu § 1 in den Verh. des Reichstags 1885—1886 **4** S. 53 fg.). Wer als Beamter anzusehen ist, ist nach allgemeinen dienstpragmatischen Vorschriften zu entscheiden.

[5]) Unter „Beamten des Reichsheeres und Personen des Soldatenstandes“ sind diejenigen Personen verstanden, welche nach § 38 des Militärgesetzes vom 2. Mai 1874 zum aktiven Militär gehören. — Vgl. auch Ges. vom 6. Mai 1880 u. 31. März 1885.

[6]) Unerheblich ist, ob diese Personen bereits auf Grund anderweiter Gesetze (Reichsbeamtengesetz, Militärpensionsgesetz) Pension zu beanspruchen haben oder nicht.

[7]) Dies sind z. B. die Reichs-Post-, -Telegraphen- und -Eisenbahnverwaltungen.

[8]) Vgl. RG. **21** S. 53.

[9]) Solche landesrechtliche Fürsorgebestimmungen bestehen z. B. für Preußen durch Gesetz vom 18. Juni 1887; in Bayern durch die Verordnungen vom 19. März 1891 u. 26. Juni 1894 rc. Diese landesrechtlichen Bestimmungen müssen bis zum 1. Jan. 1903 dem neuen BFG. angepaßt werden; vgl. Art. 2 Abs. 2 der Nov. vom 18. Juni 1901; vgl. auch Reindl S. 6 Anm. 12.

Ein reichsgesetzlicher Anspruch auf Ersatz des durch einen solchen Betriebsunfall erlittenen Schadens steht ihnen nur nach Maßgabe der §§ 10 bis 12 des BFG. zu. — Vgl. § 14.

Auch „auf solche Staats- und Kommunalbeamten, sowie deren „Hinterbliebenen finden die reichsgesetzlichen Bestimmungen über Un- „fallversicherung keine Anwendung". § 14 Satz 2.

Alle nicht unter §§ 1, 2 und 14 fallenden Personen — z. B. Staats- und Kommunalbeamte, für die eine dem § 14 entsprechende Fürsorge nicht besteht — behalten die ihnen nach bürgerlichem Recht zustehenden Entschädigungsansprüche unverändert. Auch finden die in dem BFG. enthaltenen Vorschriften keine Anwendung auf in versicherungspflichtigen Betrieben des Reiches, eines Bundesstaates oder Kommunalverbandes beschäftigte Arbeiter. Für letztere bleiben die Vorschriften der UVGesetze in Geltung.

2. Die Verpflichteten. Als Verpflichtete zählt das BFG. im § 10 auf:

a) die Betriebsverwaltung, in deren Dienst der Unfall sich ereignet hat;

b) deren Betriebsleiter, Bevollmächtigte oder Repräsentanten, Betriebs- oder Arbeiteraufseher.

Entgegen den Bestimmungen der übrigen Unfallversicherungsgesetze sind in dem BFG. unter den Berechtigten nicht aufgeführt „die Betriebsunternehmer", dafür finden sich daselbst „die Betriebsverwaltung und die Betriebsleiter".

Bezüglich der Betriebsverwaltung ist dann weiter, abweichend von den übrigen Unfallversicherungsgesetzen, ausdrücklich bestimmt, daß gegen dieselbe ein Ersatzanspruch der Verletzten und deren Hinterbliebenen überhaupt ausgeschlossen sein soll. In dieser — anscheinend dem BFG. eigentümlichen Bestimmung — liegt indessen nicht etwa ein besonderer Rechtsgedanke, welcher der übrigen Versicherungsgesetzgebung des Deutschen Reiches fremd ist. Der Gedanke ist vielmehr in allen übrigen Unfallversicherungsgesetzen indirekt enthalten. Die Betriebsverwaltung — als das Rechtssubjekt der Betriebe gedacht — fällt unter den Begriff des „Betriebsunternehmers" im Sinne der Unfallversicherungsgesetzgebung. An Stelle des „Betriebsunternehmers" konnte das BFG. die „Betriebsverwaltung" setzen, weil in sämtlichen unter das Gesetz fallenden Betrieben nicht eine natürliche, sondern eine juristische Person — das Reich, der Staat, der Kommunalverband — also eine Verwaltung, Betriebsunternehmer ist. Da nun die Betriebsverwaltung strafrechtlich nicht verfolgbar[10]) ist, und deshalb Ansprüche der Verletzten oder deren Hinterbliebenen, da von einer vorgängigen strafgerichtlichen Verurteilung abhängig, gegen dieselbe überhaupt nicht denkbar sind, so konnte das BFG., ohne eine neue materielle Bestimmung zu treffen, vorschreiben, daß Schadensersatzansprüche wegen eines Betriebsunfalls gegen die Verwaltung als solche überhaupt ausgeschlossen seien.

Neben der „Betriebsverwaltung“ werden in dem BFG. unter den Verpflichteten weiter besonders erwähnt: die Betriebsleiter. Aber auch hierin haben wir eine Sonderbestimmung des BFG. nicht zu erblicken. Der Betriebsleiter wird durch die Bestimmungen der übrigen Unfallversicherungsgesetze in gleicher Weise getroffen wie hier. Der Unterschied besteht nur darin, daß er hier ausdrücklich erwähnt, dort unter den Begriff des „Bevollmächtigten“ oder „Repräsentanten“[11]) zu stellen ist. Für das BFG. lag es nahe, den „Betriebsleiter“ besonders zu nennen, da hier — wie bereits erwähnt — stets eine nicht natürliche Person Unternehmer ist, mithin stets ein Betriebsleiter vorhanden sein muß.

3. In welchen Fällen tritt die Beamtenunfallfürsorge ein? Welches sind die Voraussetzungen für den Differenzanspruch nach § 10?

Die in dem BFG. vorgesehene Fürsorge tritt ein, wenn eine der berechtigten Personen infolge eines im Dienste erlittenen Betriebsunfalls dienstunfähig wird. Ein „im Dienste erlittener Betriebsunfall“ liegt z. B. dann nicht vor, wenn ein Soldat in einem versicherungspflichtigen Betriebe, so während seines Urlaubs bei der Erntearbeit in der Landwirtschaft, einen Unfall erleidet und er nicht etwa zu dieser Arbeit dienstlich kommandiert ist. In diesem Falle steht dem Verletzten, sofern er entweder als „Arbeiter“ oder als niedrig besoldeter „Betriebsbeamter“ oder etwa „selbstversicherter Unternehmer“ thätig gewesen ist, ein Anspruch auf Grund der Unfallversicherungsgesetze zu[12]).

---

[10]) Vgl. Reindl S. 12 und Anm. 27; Riesenfeld S. 82 und 96.

[11]) Riesenfeld S. 96 „Betriebsleiter“ werden sich meist mit den „Repräsentanten“ decken.

[12]) Vgl. auch Graef 3. Aufl. S. 74.

Die Dienstunfähigkeit kann entweder eine dauernde oder vorübergehende sein; im letzteren Falle unterscheidet man dann wieder zwischen einer völligen und einer teilweisen Erwerbsunfähigkeit.

Ist eine der berechtigten Personen infolge eines im Dienste erlittenen Betriebsunfalls gestorben, so tritt die Fürsorge für die Hinterbliebenen ein.

„Die Fürsorge erstreckt sich auf die Folgen von Unfällen „bei häuslichen und anderen Diensten, zu denen Personen der im „§ 1 bezeichneten Art neben der Beschäftigung im Betriebe von ihren „Vorgesetzten herangezogen werden." — § 3[13]).

Die Unfallfürsorge aus dem BFG. ist ausgeschlossen, „wenn „der Verletzte den Unfall vorsätzlich oder durch ein Verschulden her„beigeführt hat, wegen dessen auf Dienstentlassung oder auf Verlust „des Titels und Pensionsanspruchs gegen ihn erkannt oder wegen „dessen ihm die Fähigkeit zur Beschäftigung in einem öffentlichen „Dienstzweig aberkannt worden ist". — Vgl. § 7 Abs. 1.

„Der Anspruch kann, auch ohne daß ein Urteil der bezeichneten „Art ergangen ist, ganz oder teilweise abgelehnt werden, falls das „Verfahren wegen des Todes oder der Abwesenheit des Betreffenden „oder aus einem anderen in seiner Person liegenden Grunde nicht „durchgeführt werden kann." — § 7 Abs. 2[14]).

Das BFG. ist in dieser Beziehung strenger als die übrigen Unfallversicherungsgesetze, nach welchen der Fortfall der Rente nur bei vorsätzlicher Herbeiführung des Unfalls eintritt[15]).

Die Voraussetzungen des Differenzanspruchs, welcher den Verletzten bezw. deren Hinterbliebenen gegen die oben bezeichneten Verpflichteten — mit Ausnahme der Betriebsverwaltung — zusteht (vorsätzliche Herbeiführung des Unfalls, Vorliegen eines strafgerichtlichen Urteils, dessen Inhalt u. s. w.), sind in dem Bereich des BFG. dieselben wie in den übrigen Unfallversicherungsgesetzen.

4. Der Betrag des Differenzanspruches nach dem BFG. Der nach § 10 BFG. unter den angegebenen Voraussetzungen zulässige Anspruch auf Schadenersatz ermäßigt sich — in gleicher Weise wie bei den übrigen Unfallversicherungsgesetzen — um

[13]) Neu eingeführt; Parallelparagraph zu § 3 GG.

[14]) Neu eingeführt; Parallelparagraph zu § 8 Abs. 3 GG.

[15]) Vgl. auch Reindl S. 87.

denjenigen Betrag, welcher dem Berechtigten nach dem BFG. zusteht. Die Höhe des letzteren Betrages ist hier noch näher zu besprechen.

Die oben genannten Personen erhalten, „wenn sie infolge eines im „Dienst erlittenen Betriebsunfalls dauernd dienstunfähig werden, „als Pension[16]) 66²/₃ Prozent ihres jährlichen Diensteinkommens“[17])[18]). — § 1 Abs. 1.

„Personen der vorbezeichneten Art erhalten, wenn sie infolge „eines im Dienst erlittenen Betriebsunfalls nicht dauernd dienst- „unfähig geworden, aber in ihrer Erwerbsfähigkeit beeinträchtigt „worden sind, bei ihrer Entlassung aus dem Dienste als Pension:

„1. im Falle völliger Erwerbsunfähigkeit für die Dauer der- „selben den im ersten Absatze bezeichneten Betrag;

„2. im Falle teilweiser Erwerbsunfähigkeit für die Dauer der- „selben einen Bruchteil der vorstehend bezeichneten Pension, „welcher dem Maße der durch den Unfall herbeigeführten „Einbuße an Erwerbsfähigkeit entspricht.“ — Abs. 2.

„Ist der Verletzte infolge des Unfalls nicht nur völlig dienst- „oder erwerbsunfähig, sondern auch derart hilflos geworden, daß er „ohne fremde Wartung und Pflege nicht bestehen kann, so ist für „die Dauer dieser Hilflosigkeit die Pension bis zu 100 Prozent des „Diensteinkommens zu erhöhen.“ — Abs. 3.

„Solange der Verletzte aus Anlaß des Unfalls thatsächlich und „unverschuldet arbeitslos ist, kann in den Fällen des Abs. 2 Ziff. 2 „die Pension bis zum vollen Betrage des Abs. 1 vorübergehend er- „höht werden.“ — Abs. 4.

„Steht dem Verletzten nach anderweiter reichsgesetzlicher Vor- „schrift[19]) ein höherer Betrag zu, so erhält er diesen.“ — Abs. 5.

„Nach dem Wegfall des Diensteinkommens sind dem Verletzten

---

[16]) Der Anspruch wird hier also von dem Gesetz nicht, wie in den übrigen Unfallversicherungsgesetzen, als Schadensersatz, sondern als Pension (Ruhegehalt) charakterisiert.

[17]) Die Bestimmungen über die Berechnung des Diensteinkommens finden sich in §§ 4 u. 5 BFG.

[18]) Ergänze: soweit ihnen nicht nach anderweiter reichsgesetzlicher Vorschrift ein höherer Betrag zusteht. § 1 Abs. 5.

[19]) Z. B. Militärpensionsgesetz, Reichsbeamtengesetz.

„außerdem die noch erwachsenden Kosten des Heilverfahrens[20]) zu „ersetzen." — Abs. 6.

„Die Hinterbliebenen solcher in § 1 bezeichneten Personen, „welche infolge eines im Dienst erlittenen Betriebsunfalls gestorben „sind, erhalten:

„1. als Sterbegeld[21]), sofern ihnen nicht nach anderweiter Be-„stimmung Anspruch auf Gnadenquartal[22]) oder Gnaden-„monat zusteht, den Betrag des einmonatigen Dienstein-„kommens bezw. der einmonatigen Pension des Verstorbenen, „jedoch mindestens 50 Mark;

„2. eine Rente. Diese beträgt:

„a) für die Wittwe bis zu deren Tode oder Wiederverheiratung, „ebenso für jedes Kind bis zum Ablaufe des Monats, in „welchem das 18. Lebensjahr vollendet wird, oder bis „zur etwaigen früheren Verheiratung 20 Prozent des „jährlichen Diensteinkommens des Verstorbenen, jedoch für „die Wittwe nicht unter 216 Mark und nicht mehr als „3000 Mark, für jedes Kind nicht unter 160 Mark und „nicht mehr als 1600 Mark;

„b) für Verwandte der aufsteigenden Linie, wenn ihr Lebens-„unterhalt ganz oder überwiegend durch den Verstorbenen „bestritten worden war, bis zum Wegfall der Bedürftig-„keit insgesamt 20 Prozent des Diensteinkommens des Ver-„storbenen, jedoch nicht unter 160 Mark und nicht mehr „als 1600 Mark; sind mehrere Berechtigte dieser Art vor-„handen, so wird die Rente den Eltern vor den Groß-„eltern gewährt;

„c) für elternlose Enkel, falls ihr Lebensunterhalt ganz oder „überwiegend durch den Verstorbenen bestritten worden „war, im Falle der Bedürftigkeit bis zum Ablaufe des „Monats, in welchem das 18. Lebensjahr vollendet wird, „oder bis zur etwaigen früheren Verheiratung insgesammt „20 Prozent des Diensteinkommens des Verstorbenen, jedoch „nicht unter 160 Mark und nicht mehr als 1600 Mark."

---

[20]) § 9 Abs. 1 Nr. 1 GG.

[21]) Vgl. Weyl S. 167; Handbuch S. 174 Anm. 2. Anspruchsberechtigt ist, wer das Begräbnis bezahlt hat.

[22]) Z. B. Reichsbeamtengesetz §§ 7 u. 31.

„Die Renten dürfen zusammen 60 Prozent des Diensteinkommens „nicht übersteigen. Ergibt sich ein höherer Betrag, so haben die „Verwandten der aufsteigenden Linie nur insoweit einen Anspruch, „als durch die Renten der Wittwe und der Kinder der Höchstbetrag „der Renten nicht erreicht wird, die Enkel nur soweit, als der „Höchstbetrag der Renten nicht für Ehegatten, Kinder oder Ver„wandte der aufsteigenden Linie in Anspruch genommen wird. So„weit die Renten der Wittwe und der Kinder den zulässigen Höchst„betrag überschreiten, werden die einzelnen Renten in gleichem „Verhältnisse gekürzt."

„Steht nach anderweiter reichsgesetzlicher Vorschrift einem von „den Hinterbliebenen ein höherer Betrag zu, so erhält er diesen."

„Der Anspruch der Wittwe ist ausgeschlossen, wenn die Ehe „erst nach dem Unfall geschlossen worden ist." — § 2.

„Der Bezug der Pension beginnt mit dem Wegfalle des Dienst„einkommens, der Bezug der Hinterbliebenenrente mit dem Ablaufe „des Gnadenquartals oder Gnadenmonats, oder, soweit solche nicht „gewährt werden, mit dem Ablaufe derjenigen Zeit, für welche „nach § 2 Abs. 1 Ziff. 1 das Diensteinkommen oder die Pen„sion weiter bezogen ist." — § 6 Abs. 1.

„Gehört der Verletzte auf Grund gesetzlicher oder statutarischer „Verpflichtung einer Krankenkasse oder der Gemeinde-Krankenver„sicherung an, so wird bis zum Ablaufe der 13. Woche nach dem „Eintritte des Unfalls die Pension und der Ersatz der Kosten des „Heilverfahrens um den Betrag der von der Krankenkasse oder „der Gemeinde-Krankenversicherung geleisteten Krankenunterstützung „gekürzt. Der Anspruch auf das Sterbegeld und vom Beginne der „14. Woche ab auch der Anspruch auf die Pension sowie auf den „Ersatz der Kosten des Heilverfahrens geht bis zum Betrage des „von der Krankenkasse gezahlten Sterbegeldes bezw. bis zum Betrage „der von dieser gewährten weiteren Krankenunterstützung auf die „Krankenkasse über. Als Wert der freien ärztlichen Behandlung, „der Arznei und der Heilmittel (§ 6 Abs. 1 Ziff. 1 des KG.) gilt „die Hälfte des gesetzlichen Mindestbetrages des Krankengeldes." — § 6 Abs. 2.

„Fällt das Recht auf den Pensions- oder Rentenbezug im „Laufe des Monats, für welchen die Pension oder Rente gezahlt „war, fort, so ist von einer Rückforderung abzusehen. Wenn für

„einen Teil des Monats die Pension für den Verletzten mit der „Rente für die Hinterbliebenen zusammentrifft, so haben die Hinterbliebenen den höheren Betrag zu beanspruchen." — § 6 Abs. 3[23]).

§ 37.

II. Die Haftpflicht der Betriebsverwaltungen und Betriebsbeamten gegenüber dem Reich, Staat, Kommunalverband.

Das Beamten-Unfallfürsorgegesetz hat Bestimmungen, wie solche in den §§ 136—139 GG. enthalten sind, nicht getroffen. Es war dieses um deswillen nicht möglich, weil nach dem System des BFG. für die versicherungspflichtigen Betriebe Berufsgenossenschaften überhaupt nicht gebildet werden, vielmehr das Reich, der Staat, der Kommunalverband die Träger der Unfallfürsorge sind. Diesen ist ein Ersatzanspruch gegen ihre eigenen Beamten, welche den Unfall vorsätzlich oder aus Fahrlässigkeit herbeigeführt haben, durch das BFG. nicht gewährt[1]).

Anders liegt die Sache bezüglich der Krankenkassen, welchen die in Betriebsverwaltungen des Reiches ohne ein festes Gehalt und mit weniger als 2000 Mark Jahresverdienst beschäftigten Beamten angehören. Die Krankenkassen sind nämlich hinsichtlich des Sterbegeldes sowie der von ihr vom Beginne der 14. Woche an gewährten weiteren Krankenunterstützung nach Maßgabe des § 6 Abs. 2 BFG.[2]) regreßberechtigt.

§ 38.

III. Die Haftpflicht Dritter.

Über die Haftung Dritter gegenüber dem Verletzten und seinen Hinterbliebenen bestimmt das BFG. in seinem § 12[1]) folgendes:

„Die dem Verletzten oder dessen Hinterbliebenen auf Grund „des § 1 des Gesetzes, betr. die Verbindlichkeit zum Schadenersatze „für die bei dem Betriebe von Eisenbahnen, Bergwerken u. s. w.

---

[23]) Neu eingeführt; Parallelparagraph zu § 93 Abs. 3 GG.

[1]) Vgl. auch Riesenfeld S. 137f.

[2]) S. Abh. vorangehende Seite.

[1]) Entspricht dem § 140 GG.; Reindl S. 12f.

„herbeigeführten Tötungen und Körperverletzungen, vom 7. Juni „1871[2]) gegen Eisenbahn-Betriebsunternehmer zustehenden Ansprüche „gehen auf die Betriebsverwaltung, welche dem Verletzten oder dessen „Hinterbliebenen auf Grund des gegenwärtigen Gesetzes oder ander„weiter reichsgesetzlicher Vorschrift Pensionen, Kosten des Heil„verfahrens, Renten oder Sterbegelder zu zahlen hat, in Höhe dieser „Bezüge und vorbehaltlich der Bestimmungen des Artikels 8 des Ge„setzes vom 20. Dezember 1875[3]) über." — Abs. 1.

„Weitergehende Ansprüche als auf diese Bezüge stehen dem Ver„letzten und dessen Hinterbliebenen gegen das Reich und die Bundes„staaten nicht zu." — Abs. 2.

„Die Haftung anderer, in dem § 10 nicht bezeichneter Per„sonen, bestimmt sich nach den sonstigen gesetzlichen Vorschriften. „Jedoch geht die Forderung des Entschädigungsberechtigten an den „Dritten auf die Betriebsverwaltung insoweit über, als sie zu den „im Absatz 1 gedachten Zahlungen auf Grund dieses Gesetzes ver„pflichtet ist." — Abs. 3.

Die Sondervorschriften des BFG. haben folgende Bedeutung:

A. Der Abs. 1 hat den Zweck, etwaige Zweifel über die Weitergeltung des Reichshaftpflichtgesetzes, welche bei der wörtlichen Herübernahme des früheren § 98 UVG. auftauchen konnten, zu beseitigen[4]).

Der § 98 des früheren UVG. sprach nämlich von solchen Personen, welche den Unfall vorsätzlich herbeigeführt oder durch Verschulden verursacht haben. Wenn man lediglich den Wortlaut dieser Bestimmung ins Auge faßt, könnte man annehmen, daß die Haftpflicht der Eisenbahnverwaltungen durch § 98 ganz unberührt gelassen sei, da der Eisenbahnunternehmer für **alle** bei dem Betriebe der Eisenbahn sich ereignenden Unfälle auch ohne den Nachweis eigenen Verschuldens haftet. Die Grundsätze des § 98 UVG.

---

[2]) Zu vgl. jetzt Art. 42 des EG. z. BGB. und oben § 17 der Abh.; anders bei Ansprüchen gegen Privateisenbahnen s. Motive z. BFG. bei Landmann, Comm. z. UVG. 1886 S. 325 Anm. 3; Reindl S. 13 dortselbst im allgem. näheres in Anm. 28—31.

[3]) Reichsgesetzblatt S. 318.

[4]) Vgl. Begründung des Gesetzentwurfs in den Verhandlungen des Reichstags 1885/86 **4** S. 55.

haben aber nach der Absicht des Gesetzgebers[5]) auch auf das Haftpflichtgesetz Anwendung zu finden. Dieser Gedanke wird in dem BFG. ausdrücklich ausgesprochen, weil hier die Frage nach dem Fortbestand des Reichs-Haftpflichtgesetzes besonders nahe liegt.

Aufrecht erhalten ist durch § 12 Abs. 1 ferner der Art. 8 des Gesetzes vom 20. Dezember 1875. Dieses Gesetz hat die Abänderung des § 4 des Gesetzes über das Postwesen des Deutschen Reiches vom 28. Oktober 1871 zum Gegenstande. Der Art. 8 des genannten Gesetzes regelt das Verhältnis zwischen Eisenbahn- und Postverwaltung in den Fällen, in welchen bei dem Betrieb einer Eisenbahn ein im Dienst befindlicher Postbeamter getötet oder körperlich verletzt worden ist. Der Art. 8 lautet:

„Wenn bei dem Betriebe einer Eisenbahn ein im Dienst be-„findlicher Postbeamter getötet oder körperlich verletzt worden ist, „und die Eisenbahnverwaltung den nach den Gesetzen ihr obliegen-„den Schadensersatz dafür geleistet hat, so ist die Postverwaltung „verpflichtet, derselben das Geleistete zu ersetzen, falls nicht der Tod „oder die Körperverletzung durch ein Verschulden des Eisenbahn-„betriebsunternehmers oder einer der im Eisenbahnbetrieb verwendeten „Personen herbeigeführt worden ist."

B. Eine weitere Abweichung von den entsprechenden Bestimmungen der übrigen Unfallversicherungsgesetze enthält der § 12 Abs. 2 des Gesetzes. Hiernach sollen Reichsbeamte oder deren Hinterbliebene, welche auf Grund des BFG. entschädigt sind, gegen das Reich oder einen Bundesstaat weitergehende Ansprüche nicht geltend machen können.

Bei dieser Bestimmung ist hauptsächlich an den Fall gedacht, daß ein Reichsbeamter bei dem Betriebe einer Reichs- oder Staatseisenbahn, in deren Dienst er nicht gestanden hat[6]), einen Unfall erleidet. In einem solchen Falle sollen sich der Verletzte und seine Hinterbliebenen mit der ihnen nach dem BFG. zu gewährenden Pen-

---

[5]) Vgl. Begründung zu § 140 GG. (= § 98 des früheren Gesetzes) S. 118 u. 119; die Worte: wenn sie „den Unfall vorsätzlich herbeigeführt oder „durch Verschulden verursacht haben" sind als entbehrlich und irreführend in dem neuen Gesetz gestrichen worden.

[6]) Z. B. ein Reichspostbeamter, welcher wegen seiner Entschädigungsansprüche vom Postfiskus abgefunden ist.

sion oder Rente begnügen. Die Erhebung weitergehender Ansprüche aus dem § 1 des Reichs-Haftpflichtgesetzes soll für diese Personen ausgeschlossen sein[7]).

Anders liegt die Sache bei Unfällen auf Privateisenbahnen. In diesem Falle behält der verletzte Beamte seine Ansprüche aus dem allgemeinen Haftpflichtrecht, jedoch mit der Maßgabe, daß diese Ansprüche in Höhe der ihm gewährten Pension auf die die Pensionslast tragende Betriebsverwaltung übergehen.

Die dem § 12 Abs. 2 entsprechende Vorschrift für die Staats- und Kommunalbeamten findet sich im § 14 des BFG., dessen Inhalt oben S. 267 unter c angegeben ist.

Das BFG. hat über die Fürsorge der Staats- und Kommunalbeamten allgemeine Vorschriften nicht getroffen und konnte sie auch nicht treffen, weil die Reichsgesetzgebung auf dem Gebiete der Dienstpragmatik der Einzelstaaten nicht zuständig ist. In einer Beziehung mußte indessen die Reichsgesetzgebung eingreifen, um eine Übereinstimmung der Bestimmungen des Landes- bezw. Statutarrechts mit dem Reichsrecht zu ermöglichen. Sie mußte, ebenso wie es bezüglich der Reichsbeamten geschehen ist, die weiter gehenden Ansprüche aus dem Haftpflichtgesetz auch in Ansehung der Staats- und Kommunalbeamten, für welche eine dem BFG. mindestens gleichkommende Fürsorge getroffen ist, beseitigen. Diese Aufgabe konnte das Reich der Landesgesetzgebung oder gar der statutarischen Feststellung nicht überlassen, weil diese ein Reichsgesetz — das Reichshaftpflichtgesetz — abzuändern nicht im stande sind.

6. Kapitel.

Das Gefangenen-Unfallfürsorgegesetz.

§ 39.

Das Gesetz, betr. die Unfallfürsorge für Gefangene, vom 30. Juni 1900 (RGBl. S. 536) behandelt die hierher gehörige Frage der Haftpflicht in den §§ 23—26[1]).

---

[7]) Vgl. RG. **21** S. 53 (vom 31. Mai bezw. 14. Juni 1888).

[1]) Vgl. auch Reindl S. 13 f. u. Anm. 32.

„Die nach Maßgabe dieses Gesetzes entschädigungsberechtigten „Personen und deren Hinterbliebene können, auch wenn sie eine „Entschädigung nicht erhalten, einen Anspruch auf Ersatz des infolge „eines Unfalls erlittenen Schadens gegen die Anstalt nicht geltend „machen, gegen die Beamten der Anstalt, den Unternehmer (§ 7 „Abs. 4)[2]), dessen Vertreter und Beauftragte nur dann, wenn gegen „diese Personen durch strafgerichtliches Urteil festgestellt worden ist, „daß sie den Unfall vorsätzlich herbeigeführt haben." — § 23 Abs. 1.

Die Absätze 2 u. 3 des § 23 stimmen mit § 135 Abs. 2 u. 3 GG. inhaltlich überein. Es wird deshalb auf die Ausführungen oben S. 144 u. 185 verwiesen.

1. Die Berechtigten sind „Gefangene, wenn sie einen Unfall „bei einer Thätigkeit erleiden, bei deren Ausübung freie Arbeiter „nach den Bestimmungen der Reichsgesetze über Unfallversicherung „versichert sein würden." — § 1 Abs. 1.

Im einzelnen Fall ist somit festzustellen, ob die betr. Thätigkeit einem der oben erörterten UVGesetze unterliegen würde. Bejahendenfalls ist die Anwendbarkeit des GFG. begründet.

„Den Gefangenen werden die in öffentlichen Besserungsanstalten, „Arbeitshäusern und ähnlichen Zwangsanstalten untergebrachten Per„sonen gleichgestellt, ebenso die zur Forst- oder Gemeindearbeit oder „zu sonstigen Arbeiten auf Grund gesetzlicher oder polizeilicher Be„stimmung zwangsweise angehaltenen Personen." — § 1 Abs. 2.

„Die Entschädigung tritt bei Körperverletzung oder Tötung ein." — § 2 Abs. 1.

Sie tritt nicht ein bei vorsätzlicher Herbeiführung des Unfalls durch den Verletzten; sie kann ganz oder teilweise versagt werden, wenn der Verletzte sich den Unfall bei Begehung einer strafbaren Handlung oder bei grober Verletzung der Hausordnung zugezogen hat. — Vgl. § 2 Abs. 2.

An Stelle der Versagung kann vollständige oder teilweise Überweisung an dessen Angehörige treten, vorausgesetzt, daß solche, welche im Falle seines Todes eine Rente erhalten würden, vorhanden sind

[2]) D. s. Unternehmer, welche auf Grund eines Vertrags mit der Anstaltleitung Gefangene beschäftigen, § 7 Abs. 4.

und ferner vorausgesetzt, daß dieselben im Inlande wohnen. Vgl. § 2 Abs. 2 a. E.

Daß zwischen dem Unfall und der strafbaren Handlung ein ursächlicher Zusammenhang festgestellt sein muß, wurde schon oben S. 164fg. betont. Das GFG. ist namentlich insofern strenger als das GG., indem im GG. nur Verbrechen und vorsätzliches Vergehen[3]) den Ausschluß der Entschädigung zur Folge hat, hier sogar schon eine „strafbare Handlung", selbst eine Übertretung wie die Verletzung der Hausordnung, diese Wirkung hat.

Dem § 9 GG. entspricht § 3 GFG.

„Im Falle der Verletzung wird als Entschädigung außer freier „ärztlicher Behandlung 2c. für die Dauer der Erwerbsunfähigkeit dem „Verletzten nach der Entlassung aus der Anstalt eine Rente ge„währt. Gehört der Verletzte auf Grund gesetzlicher oder statutari„scher Verpflichtung einer Krankenkasse oder der Gemeinde-Kranken„versicherung an, so fällt die Entschädigung für die Zeit bis zum „Ablaufe der 13. Woche nach dem Unfall fort." — Abs. 1.

Für die Berechnung der Rente ist im § 3 eine von den übrigen Unfallversicherungsgesetzen notwendig abweichende Bestimmung getroffen:

„Die Rente beträgt:

„a) Im Falle völliger Erwerbsunfähigkeit für deren Dauer „als Vollrente den 200fachen Betrag desjenigen ortsüblichen Tage„lohns gewöhnlicher Tagearbeiter (§ 8 KG.), welcher für den Ort „der letzten mindestens 3 Monate währenden Beschäftigung festgesetzt „ist, die der Gefangene innerhalb des letzten Jahres vor Antritt der „Haft gehabt hat. Kann ein solcher Beschäftigungsort im Inlande „nicht ermittelt werden, so ist der niedrigste Satz zu Grunde zu „legen, welcher in dem Bezirk der für den Sitz der Anstalt zu„ständigen höheren Verwaltungsbehörde als ortsüblicher Tagelohn „gewöhnlicher erwachsener männlicher bezw. weiblicher Tagearbeiter „festgesetzt ist." — Abs. 1.

Sodann beträgt die Rente

„b) im Falle teilweiser Erwerbsunfähigkeit für deren Dauer „denjenigen Teil der Vollrente, welcher dem Maße der durch den „Unfall herbeigeführten Einbuße an Erwerbsfähigkeit entspricht." — Abs. 2.

---

[3]) Vgl. Abh. oben S. 166.

„Der Höchstbetrag der Vollrente ist 300 Mark[4])." — Abs. 3.

„Im Falle der Tötung ist — von dem Zeitpunkt ab, mit „welchem der Gefangene, wenn er am Leben geblieben wäre, in-„folge der Strafverbüßung oder des Straferlasses entlassen worden „wäre — an dessen Hinterbliebene eine Rente zu zahlen, welche „beträgt:

„1. für die Wittwe des Getöteten bis zu deren Tode oder „Wiederverheiratung,

„2. für jedes hinterbliebene Kind bis zu dessen zurückgelegtem „15. Lebensjahre

„den 60fachen Betrag des nach § 3 zu Grunde zu legenden „Tagelohns, jedoch nicht mehr als 90 Mark." — § 4 Abs. 1.

Die Rente wird — und dies ist besonders zu betonen — gewährt von dem Zeitpunkt ab, mit welchem der Gefangene, wenn er am Leben geblieben wäre, infolge der Strafverbüßung oder des Straferlasses entlassen worden wäre[5]).

Nach § 6 wird Ausländern und deren Hinterbliebenen die Rente nicht gewährt.

2. Die Verpflichteten. Die nach § 23 des Gesetzes Verpflichteten decken sich selbstredend nicht mit den Entschädigungsverpflichteten des § 7. Die **Haft**pflichtigen sind vielmehr nur die Beamten der Anstalt, die Unternehmer, welche vertragsmäßig Gefangene beschäftigen, deren Vertreter[6]) und Beauftragte.

Nicht haftpflichtig ist die Anstalt als solche[7]). Diese Vorschrift ist derjenigen über die Nichthaftung der Betriebsverwaltung im BFG. — vgl. oben S. 268 — entsprechend.

Bezüglich der Haftpflicht der „Unternehmer, sowie deren Ver-

[4]) Abs. 4 des § 3 stellt die Normen auf für die Rentenberechnung bei Personen, welche schon vor dem Unfalle ganz oder teilweise erwerbsunfähig waren.

[5]) § 4 Abs. 2, 3, 4 u. 5 enthalten noch Bestimmungen über Maximalhöhe der Gesamtrenten; über Abfindung im Falle der Wiederverheiratung; über Fortfall der Hinterbliebenenrente und Gewährung derselben, wenn die getötete Person eine Frauensperson ist. § 5 behandelt die Heilanstaltsverpflegung und die Bestimmung über Einleitung eines neuen Heilverfahrens.

[6]) Hier ist einmal von dem Worte „Repräsentant" Umgang genommen worden. Vgl. Riesenfelds berechtigten Angriff S. 93 fg.

[7]) Sei es, daß sie vom Staat, einer Gemeinde oder einem öffentlich-rechtlichen Verbande unterhalten wird.

treter und Beauftragten", deren Vorsatz bezw. qualifizierte Fahrlässigkeit durch strafgerichtliches Urteil festgestellt worden ist[8]), bestimmt § 24, daß sie „für alle Aufwendungen haften, welche infolge „des Unfalls auf Grund dieses Gesetzes — d. i. des GFG. — „oder des KG. von Gemeinden, Armenverbänden, oder von Kranken- „und sonstigen Unterstützungskassen gemacht worden sind." Vgl. Abs. 1 Satz 1.

„Dieselben Personen haften den auf Grund dieses Gesetzes „Entschädigungsverpflichteten[9]) für deren Aufwendungen auch ohne „Feststellung durch strafgerichtliches Urteil." — Abs. 1 Satz 2.

Ist der Unfall durch sogen. „qualifizierte" Fahrlässigkeit herbeigeführt, so ist die Ausführungsbehörde[10]) befugt, von der Verfolgung des Anspruchs abzusehen. — Abs. 1 Satz 3.

Die Absätze 2 u. 3 des § 24 GFG. stimmen wörtlich mit den Absätzen 2 u. 3 des § 136 GG. überein, desgleichen Abs. 4 GFG. mit Abs. 1 erster Satz des § 138 GG. (Verjährung); — Abs. 5 mit Abs. 2 des § 138. Schließlich entsprechen die §§ 25 (Unmöglichkeit der strafgerichtlichen Feststellung) u. 26 GFG. (Haftung Dritter) den §§ 139 u. 140 GG., weshalb auf die Ausführungen zu letzteren S. 168 u. 214ff. verwiesen werden darf.

Die Veränderung der Verhältnisse und deren Einwirkung auf eine anderweitige Feststellung der Entschädigung ist in § 13 GFG. behandelt und gilt auch hierfür im wesentlichen dasselbe, was zu §§ 88ff. GG. oben S. 192fg. ausgeführt wurde.

7. Kapitel.

Das Invalidenversicherungsgesetz.

§ 40.

Allgemeiner Überblick.

Das Invalidenversicherungsgesetz, vom 13. Juli 1899 in der Fassung der Bekanntmachung vom 19. Juli 1899, versichert gegen die Folgen der Invalidität[1]) und des Alters; es verleiht den Ver-

[8]) Text gleichlautend mit § 136 GG.

[9]) S. § 7 GFG. (Bundesstaat oder die nach Landesgesetz zur Entschädigung verpflichteten anderen Stellen.)

[10]) Vgl. § 8 GFG.

[1]) Die Ursachen der Invalidität — allmähliche Abnützung der Kräfte, Marasmus, Siechtum, Unfälle ꝛc. — sind unerheblich.

sicherten dementsprechend Anspruch auf Gewährung entweder einer Invaliden- oder einer Altersrente[2]). — § 15 Abs. 1.

Hier bedarf es der Erörterung der Frage, wie sich dieses Gesetz zu dem allgemeinen Haftpflichtrecht auf der einen Seite und zu dem Unfallversicherungsrecht auf der anderen Seite verhält.

Invalidenrente erhält ohne Rücksicht auf das Lebensalter derjenige Versicherte, welcher im Sinne des § 5 Abs. 4 „dauernd „erwerbsunfähig ist," d. h. wenn der Versicherte „nicht mehr im „stande ist, durch eine seinen Kräften und Fähigkeiten entsprechende „Thätigkeit, die ihm unter billiger Berücksichtigung seiner Ausbildung „und seines bisherigen Berufs zugemutet werden kann, ein Drittel „desjenigen zu erwerben, was körperlich und geistig gesunde Per- „sonen derselben Art mit ähnlicher Ausbildung in derselben Gegend „durch Arbeit zu verdienen pflegen[3])." — § 15 Abs. 2 mit § 5 Abs. 4.

Die Invalidenrente wird aber auch demjenigen Versicherten gewährt, der als „dauernd erwerbsunfähig" nicht bezeichnet werden kann, aber bereits während 26 Wochen (d. i. eines halben Jahres) ununterbrochen erwerbsunfähig gewesen ist, für die weitere Dauer seiner Erwerbsunfähigkeit. — Vgl. § 16.

Dagegen gewährt das Gesetz dem Halbinvaliden keine Ansprüche, ebenso nicht den Wittwen, Waisen[4]) und Ascendenten des Verletzten.

Innerhalb der Invalidenversicherung beschäftigt uns hier nur der Fall, daß die Invalidität des Versicherten durch eine Körperverletzung herbeigeführt worden ist. In diesem Falle können für eine nach Maßgabe des JG. versicherte Person möglicherweise drei Ansprüche in Frage kommen:

1. Der Anspruch aus dem allgemeinen Haftpflichtrecht (dem BGB., dem Reichshaftpflichtgesetz u. s. w.).

2. Ein Anspruch aus einem Unfallversicherungs- oder Unfall-

---

[2]) Die Bestimmungen des Gesetzes über die Altersrente und die Rückerstattung von Beiträgen kommen für uns nicht in Betracht.

[3]) Vgl. Näheres Laß-Zahn S. 114. Der Ausdruck „Erwerbsunfähigkeit", d. h. Invalidität im Sinne des JG., deckt sich nicht etwa mit dem Begriff: „völlige Erwerbsunfähigkeit".

[4]) Abgesehen von ihren Ansprüchen auf Rückerstattung von Beiträgen aus Anlaß des Todes des Ehegatten bezw. Elternteils vor Eintritt des Versicherungsfalles; vgl. § 44 des Gesetzes.

fürsorgegesetz, sofern die verletzte Person nach Maßgabe des betreffenden Unfallversicherungs-rc.gesetzes versichert ist.

3. Der Anspruch auf Invalidenrente.

In der Regel wird der Anspruch auf Grund des allgemeinen Haftpflichtrechts dem Umfang nach der höchste sein (der ganze Schaden), dann folgt der Anspruch aus dem Unfallversicherungsgesetz (bis zu zwei Drittel des Schadens) und endlich folgt als der niedrigste der Anspruch nach Maßgabe des JG.

Wie verhalten sich nun diese drei Ansprüche zu einander?

Das Verhältnis der Ansprüche zu 1 u. 2 war Gegenstand der Erörterung in den §§ 23 ff. Das Verhältnis der Ansprüche unter 1 u. 3 wird im folgenden Paragraphen besprochen, und das Verhältnis der Ansprüche unter 2 u. 3 soll in dem darauffolgenden Paragraphen erörtert werden.

§ 41.

I. Das Verhältnis des Invalidenversicherungsgesetzes zu dem allgemeinen Haftpflichtrecht.

Bei Erörterung des Verhältnisses des JG. zum allgemeinen Haftpflichtrecht ist in dem gegenwärtigen Paragraphen an den Fall gedacht, daß der gegen Invalidität versicherte Verletzte Ansprüche aus dem allgemeinen Haftpflichtrecht gegen den Schadensstifter geltend machen kann, aber nicht nach Maßgabe eines der Unfallversicherungsgesetze versichert ist.

Zunächst ist in dieser Beziehung die Vorschrift des § 49 Abs. 1 JG. zu erwähnen, wonach: „sonstige gesetzliche . . . Verpflichtungen „zur Fürsorge für . . . erwerbsunfähige Personen durch dieses Ge-„setz nicht berührt“ werden.

Sodann gehört hierher § 54 JG.[1]), welcher die einzige Modifikation des allgemeinen Haftpflichtrechts enthält. Er lautet:

„Insoweit den nach Maßgabe der reichsgesetzlichen Bestimmungen „zum Bezuge von Invalidenrenten berechtigten Personen ein gesetz-„licher Anspruch auf Ersatz des ihnen durch die Invalidität ent-„standenen Schadens gegen Dritte zusteht, geht derselbe auf die Ver-„sicherungsanstalt bis zum Betrage der von dieser zu gewährenden „Rente über.“

[1]) Diese Vorschrift gilt auch für die zugelassenen Kasseneinrichtungen, § 173.

Dieser § 54 JG. erinnert an die Bestimmung des § 140 GG., sowie der Parallelparagraphen der übrigen Unfallversicherungsgesetze.

Der § 54 JG. hat den Zweck zu verhindern, daß der Verletzte denjenigen Betrag seiner Ersatzforderung, den er auf Grund des JG. in Gestalt einer Invalidenrente erhalten hat, nicht noch einmal von dem schadenstiftenden und daher ersatzpflichtigen Dritten beitreibt. Dieser Zweck wird durch die Vorschrift erreicht, daß der Anspruch des Verletzten in Höhe der von der Versicherungsanstalt zu gewährenden Leistungen auf die letztere übergeht. Dieser Forderungsübergang zu Gunsten der Versicherungsanstalt ist, wie wir sahen, nichts anderes als die Wirkung der „Übertragung einer Forderung kraft Gesetzes" und finden auf diese Forderung „die Vorschriften der §§ 399—404 u. §§ 406—410 BGB. entsprechende Anwendung"[2]. Die Versicherungsanstalt wird kraft Gesetzes gegenüber dem Dritten in Höhe der von ihr zu gewährenden Rente Gläubiger; bis zu diesem Betrage verliert der Verletzte seine Gläubigerrechte gegenüber dem Dritten und muß seine Invalidenrente von vornherein von seiner Ersatzforderung in Abzug bringen[3]. Der Zeitpunkt der Abtretung der Forderung ist der Moment der Feststellung, daß und in welchem Umfange an den Verletzten Rente zu zahlen sei[4]. Allerdings solange der Dritte in gutem Glauben an den ursprünglich empfangsberechtigten Verletzten leistet, ist er befreit[5], d. h. er braucht nicht nochmal an den neuen Gläubiger (die Versicherungsanstalt) zu zahlen. Die Versicherungsanstalt kann viel-

---

[2]) S. BGB. § 412; vgl. auch Weyl S. 706 bezügl. der Terminologie „Zession". Zur Entscheidung der Frage des Rentenüberganges sind die ordentlichen Gerichte, nicht die Rentenfestsetzungsinstanzen zuständig, so auch Weymann Komm. S. 220 u. 221.

[3]) Weymann, Komm. S. 222 ff. vertritt die Ansicht, zur Begründung der Klage der Versicherungsanstalt gegen den Haftpflichtigen gehöre der Nachweis, daß die volle Befriedigung (unter Anrechnung der JRente) des Erstberechtigten erfolgt oder doch in unzweifelhafter Weise gesichert sei. Diese Ansicht findet aber u. E. keine hinreichende Stütze im Gesetz. Denn die Forderungen der Versicherungsanstalt und des Rentenberechtigten gegenüber dem Haftpflichtigen stehen gleichberechtigt neben einander, eine bestimmte Rangordnung, welche im Falle der teilweisen Zahlungsunfähigkeit von erheblicher praktischer Bedeutung sein würde, hat das Gesetz nicht vorgesehen.

[4]) RG. **24** S. 126. Vgl. auch Abh. oben S. 221 fg.

[5]) Vgl. Gebhard u. Düttmann Anm. 7 zu § 54 S. 369.

mehr nach § 55 Abs. 2 — zur Vermeidung einer Bereicherung des Verletzten — auf die von ihr dem Verletzten zu gewährende Rente das aufrechnen, was dieser von dem gutgläubig zahlenden Dritten erhalten hat.

§ 55 Abs. 2 lautet, soweit er hierher gehört:

„Die Rentenforderungen dürfen nur auf Ersatzforderungen für „bezogene . . . Entschädigungen, soweit der Anspruch auf diese nach „§ 54 . . . auf die Versicherungsanstalt übergegangen ist, . . . „aufgerechnet werden[6]."

Zwischen dem JG. und den Unfallversicherungsgesetzen besteht aber insofern ein Unterschied, als der Begriff des „Dritten" im JG. ein anderer ist als in den Unfallversicherungsgesetzen. Nach den letzteren ist „Dritter" jede andere Person außer dem Betriebsunternehmer und seinen Beamten, nach dem JG. dagegen jede andere Person außer der Versicherungsanstalt. Mithin fallen unter den Begriff des Dritten im Sinne des JG. auch die Betriebsunternehmer und Betriebsbeamten.

Außer den vorstehenden Bestimmungen enthält das JG. keine Vorschriften, welche den §§ 135—140 des GG. und den entsprechenden Paragraphen der übrigen Unfallversicherungsgesetze an die Seite gestellt werden könnten.

Das allgemeine Haftpflichtrecht bleibt mithin grundsätzlich unverändert mit der alleinigen Ausnahme des im § 54 JG. enthaltenen gesetzlichen Forderungsübergangs.

§ 42.

II. Das Verhältnis des Invalidenversicherungsgesetzes zu der Unfallversicherungsgesetzgebung[1]).

Das JG. gewährt in dem Falle der Erwerbsunfähigkeit[2])

---

[6]) Vgl. bezüglich der prinzipiellen Nichtaufrechenbarkeit von Forderungen, welche der Pfändung nicht unterworfen sind, BGB. § 394; es besteht also hier eine gesetzlich bestimmte Ausnahme. Gebhard u. Düttmann Note 8 zu § 55 S. 372.

[1]) Zum folgenden vgl. auch Piloty II S. 577 ff.; Weyl S. 411 ff.; sodann Piloty, Z. f. die Inval.- u. Altersvers. von Fey u. Zeller 1 (1890) S. 9 ff.: „Das Zusammentreffen von Ansprüchen aus Kranken-, Unfall-, Invaliditäts- und Altersversicherung."

[2]) Erwerbsunfähigkeit im Sinne des JG. (§ 5 Abs. 4 u. § 15 Abs. 2 d. Ges.). Beckmann, Arch. f. Gewerbe-Recht 2 (1901) S. 103.

des Versicherten bestimmte Leistungen. Dasselbe ist aber auch nach den Unfallversicherungsgesetzen der Fall, wenn die Erwerbsunfähigkeit[3]) durch einen „Betriebsunfall" herbeigeführt worden ist.

Bei dieser Sachlage entsteht die Frage, wie sich die beiden Gesetzgebungen zu einander verhalten, wenn eine sowohl gegen Unfälle als auch gegen Invalidität versicherte Person durch einen nach Maßgabe der Unfallversicherungsgesetze zu entschädigenden Unfall im Sinne des JG. erwerbsunfähig wird. Erhalten diese Personen von beiden Seiten her Unterstützungen bezw. Renten, oder nur von einer und von welcher Seite?

Die Antwort auf diese Frage geben uns die §§ 15 Abs. 2 und 48 JG.[4]).

1. Die Vorschrift des § 15 Abs. 2 JG.

Der § 15 Abs. 2 bestimmt, soweit er hier in Betracht kommt:

„Eine durch einen Unfall herbeigeführte[5]) Erwerbsunfähigkeit[6]) „begründet unbeschadet der Vorschriften des § 113 den Anspruch „auf Invalidenrente nur insoweit, als die zu gewährende Invaliden„rente die gewährte Unfallrente übersteigt."

In erster Linie tritt also die Unfallversicherung ein, und erst in zweiter Linie die Invalidenversicherung. Ein Anspruch auf Invalidenrente besteht nur insoweit[7]), als nicht eine Unfallrente zu zahlen ist. Soweit hiernach ein Anspruch auf Invalidenrente nicht begründet ist, besteht — abgesehen von dem gleich zu erwähnenden Anspruch auf vorläufige Gewährung der Invalidenrente gemäß § 113

[3]) Hier Erwerbsunfähigkeit im Sinne der UVGesetze. Vgl. näheres bei Laß-Zahn S. 95 ff.

[4]) Zum folgenden bes. Weyl S. 410 fg.

[5]) Hat der Unfall die Erwerbsunfähigkeit nicht allein herbeigeführt, haben vielmehr noch andere Ursachen wesentlich mitgewirkt, so besteht der Anspruch auf Invalidenrente; beide Ansprüche werden in diesen Fällen durch § 48 Ziff. 1 des Gesetzes nur beschränkt. RE. 372, 373, 374, 495, A. N. **94** S. 145 ff.; **96** S. 253, Isenbart-Spielhagen S. 149.

[6]) § 15 Abs. 2 gilt auch für die Fälle des § 16.

[7]) Die Invalidenrente ist hiernach voll für die Zeit zu gewähren, für welche der Versicherte Unfallrente nicht erhält, also in der Regel während der Wartezeit. Ferner ist Invalidenrente zu gewähren, wenn der Anspruch auf Unfallrente infolge von Verjährung, Versäumung von Rechtsmittelfristen ꝛc. verloren ist, weil dann von einer „gewährten Unfallrente" nicht die Rede sein kann; vgl. RE. 566 u. 597, A. N. **97** S. 290 u. S. 412.

des Gesetzes — überhaupt kein Anspruch gegen die Versicherungsanstalt.

Der ausdrücklich gemachte Vorbehalt hat folgende Bedeutung: Der § 113 JG. will die Versicherten, welche erwerbsunfähig geworden sind, mit thunlichster Beschleunigung in den Besitz der Invalidenrente setzen. Er bestimmt deshalb, daß die bloße Annahme, die Erwerbsunfähigkeit sei von den Berufsgenossenschaften zu entschädigen, nicht ohne weiteres die Ablehnung des Anspruchs auf Invalidenrente rechtfertigen solle, daß vielmehr, sofern im übrigen der Anspruch gerechtfertigt erscheine, die Invalidenrente festzustellen sei. Hat die Versicherungsanstalt auf Grund dieser Vorschrift vorläufig gezahlt, so steht ihr ein Anspruch auf Rückerstattung gegen die entschädigungspflichtige Berufsgenossenschaft zu[8]). — § 113 Abs. 2.

2. Die Vorschrift des § 48 JG.[9]).

Über den gleichzeitigen Bezug der Unfall- und Invalidenrente enthält der weiter für unsere Frage in Betracht kommende § 48 JG. nähere Vorschriften. Er bestimmt:

„Das Recht auf Bezug der Rente ruht für diejenigen Per-„sonen, welche auf Grund der reichsgesetzlichen Bestimmungen über „Unfallversicherung eine Rente beziehen, solange und soweit die Un-„fallrente unter Hinzurechnung der diesen Personen nach dem gegen-„wärtigen Gesetze zugesprochenen Rente den $7^1/_2$fachen Grundbetrag „der Invalidenrente[10]) übersteigt[11])."

Nach dieser Bestimmung soll ein Teil des Gesamtbetrages beider Renten 2c. unter der angegebenen Voraussetzung nicht zur Auszahlung kommen. Die Versicherungsanstalt ist indessen verpflichtet, sobald aus irgend einem Grunde die Unfallrente vermindert wird oder wegfällt, die einstweilen ruhende Invalidenrente zu entrichten. Maßgebend ist der Augenblick, in welchem der gesetzliche Höchstbetrag

---

[8]) Über das Verfahren bei Geltendmachung der Erstattungsansprüche vgl. § 113 Abs. 3, 4 u. 6, auch § 55 Abs. 2 des Gesetzes.

[9]) Vgl. Weyl S. 644.

[10]) Vgl. § 36 Abs. 2, 3 des Gesetzes.

[11]) Der Höchstbetrag beider Renten war bisher 415 Mk.; nun ist er nach den Lohnklassen verschieden und beträgt in Lohnklasse I: 450 Mk.; II: 525 Mk.; III: 600 Mk.; IV: 675 Mk.; V: 750 Mk.; vgl. auch Redenbacher S. 69; Gebhard u. Düttmann S. 340 ff.; Isenbart u. Spielhagen S. 298.

erreicht ist, nicht etwa der Tag der Zustellung des Bescheides, der das Ruhen ausspricht[12]).

3. **Die Regreßansprüche der Versicherungsanstalt bei dem Zusammentreffen von Invaliden- und Unfallrente.** Betrachten wir an der Hand des IG. und der Unfallversicherungsgesetze schließlich noch einmal die Regreßansprüche der Versicherungsanstalten, wie sich dieselben bei dem Zusammentreffen von Invaliden- und Unfallrente gestalten! Die Versicherungsanstalt hat in Höhe der von ihr gewährten Rente einen Regreßanspruch:

a) Gegen den Betriebsunternehmer und seine Beamten nur dann, wenn durch strafgerichtliches Urteil festgestellt worden ist, daß diese Personen den Unfall vorsätzlich herbeigeführt haben. Diese Beschränkung ergibt sich daraus, daß nach Maßgabe der Unfallversicherungsgesetze nur in diesem Falle der Verletzte einen Anspruch auf Schadensersatz gegen diese Personen hat, und daß nach § 54 IG. ein solcher Anspruch des Verletzten die Voraussetzung für die Regreßnahme der Versicherungsanstalten bildet.

b) Keine Regreßansprüche hat nach dem IG. die Versicherungsanstalt gegen den Betriebsunternehmer oder die Betriebsbeamten, wenn durch strafgerichtliches Urteil festgestellt ist, daß eine dieser Personen den Unfall durch sogen. qualifizierte Fahrlässigkeit verursacht hat, denn in diesem Falle hat **auch der Versicherte keinen Anspruch** gegen den Betriebsunternehmer und seine Beamten.

Etwas anderes gilt für die Berufsgenossenschaften. Ihnen ist durch § 136 GG. und die entsprechenden Vorschriften der übrigen Unfallversicherungsgesetze in diesem Falle ausdrücklich ein Regreßanspruch gewährt. Eine gleiche Bestimmung fehlt für den Geltungsbereich des IG. Es sind sonach in dieser Richtung die Versicherungsanstalten schlechter gestellt als die Berufsgenossenschaften.

c) Gegenüber „dritten" Personen im Sinne der Unfallversicherungsgesetze kann die Versicherungsanstalt ohne Rücksicht auf die Schranken des § 135 GG. und der entsprechenden Paragraphen der übrigen Unfallversicherungsgesetze nach Maßgabe des § 54 IG. Regreß nehmen, da nach den Unfallversicherungsgesetzen die zivilrechtlichen Ansprüche der Versicherten diesen Personen gegenüber nicht aufgehoben sind.

---

[12]) RE. 556, A. N. **97** S. 275. Streitigkeiten über das Ruhen der Rente werden nach §§ 112 ff. (also im Rentenfeststellungsverfahren) entschieden.

Schlußbetrachtungen.

§ 43.

I. Übersicht über die Fortgeltung des allgemeinen Haftpflichtrechts auf dem Gebiete der Reichs-Versicherungsgesetzgebung.

Nachdem nunmehr das allgemeine Schadensersatz- und Haftpflichtrecht und die besonderen Bestimmungen der sozialpolitischen Gesetze erörtert worden sind, soll hier noch kurz beleuchtet werden, welche große praktische Bedeutung das allgemeine Schadensersatz- und Haftpflichtrecht trotz der Vorschriften der Unfallversicherungsgesetze noch jetzt hat. Die wichtigsten Anwendungsfälle sind im folgenden zusammengestellt. Das allgemeine Schadensersatz- und Haftpflichtrecht gilt unverändert fort[1]):

1. Wenn es sich um Ansprüche solcher Personen handelt, welche in einem der Unfallversicherung nicht unterliegenden Betriebe beschäftigt sind. Namentlich gehören hierher die meisten Handwerksbetriebe, das Handelsgewerbe u. s. w.

2. Wenn es sich um Entschädigungsansprüche solcher Personen handelt, welche zwar in einem gegen Unfall versicherten Betriebe beschäftigt sind, aber nicht zu den Arbeitern oder Betriebsbeamten gehören. Hier sind in erster Linie die nicht technischen Beamten (Buchhalter, Korrespondenten) oder die zu rein wissenschaftlichen Zwecken angestellten Beamten zu nennen. Eine Ausnahme besteht

---

[1]) Vgl. zum folgenden: Riesenfeld S. 271 ff.; Piloty S. 137, 143 bis 145; neuestens Reindl S. 14 ff.; Elster in Handwörterb. f. Staatsw. **4** II. Aufl. 1900 S. 949 unter „Haftpflichtrecht". Über die verhältnismäßig seltene Anwendbarkeit des § 135 GG. und der entsprechenden Bestimmungen der übrigen UVG.: Rutz, Bl. f. R.A. **64** S. 3. Die Ziffer 4 der ersten Auflage S. 154 fällt nach der jetzigen Lage der Gesetzgebung weg. A. A. Reindl S. 17 Ziff. 7.

dann, wenn diese Personen gemäß § 5 Abs. 3 GG. und den entsprechenden Vorschriften der übrigen UVGe. versichert sind.

3. Wenn als Beschädigte in Frage kommen Betriebsbeamte in einem versicherten Betriebe, deren Jahresgehalt 3000 Mark übersteigt, und auf welche die Versicherung nicht ausgedehnt ist.

4. Der § 1 des Reichshaftpflichtgesetzes kommt vor allem in Anwendung, wenn es sich um Entschädigungsansprüche der Reisenden, der Adjacenten, der auf Perrons oder in den Wartesälen befindlichen Personen handelt[2]).

Ferner — wie bei dem Haftpflichtrecht überhaupt — wenn als Berechtigte in Frage kommen Eisenbahnbeamte, welche nicht Betriebsbeamte sind, und solche Betriebsbeamte, deren Jahresverdienst 3000 Mark übersteigt, sofern auf sie die Versicherungspflicht nicht ausgedehnt und für sie eine den Vorschriften des BFG. gleichkommende Fürsorge nicht geschaffen ist[3]).

5. Der § 2 des Reichshaftpflichtgesetzes kommt in folgenden Fällen unverändert zur Anwendung:

a) Wenn Entschädigungsansprüche solcher Personen in Frage kommen, welche nicht im Dienste des Unternehmers stehen, überhaupt nicht die Eigenschaft eines Arbeiters oder Betriebsbeamten haben. Hierher gehören außer den freiwilligen Besuchern der Bergwerke, Fabriken, Steinbrüche u. s. w. auch solche Personen, deren Beruf ein Verweilen in diesen Betriebsstätten erfordert, z. B. Gewerbeinspektoren, Steuerrevisionsbeamte, Zollbeamte[4]), technische Aufsichtsbeamte der BG., wenn diese nicht gemäß § 5 Abs. 3 GG. und den entsprechenden Vorschriften der übrigen UVG. versichert sind[5]).

b) Wenn es sich um Ansprüche solcher Beamten handelt, welche nicht zu den Betriebsbeamten gehören. Ausnahme: die Fälle des § 5 Abs. 3 GG. 2c.

c) Wenn Ansprüche solcher Betriebsbeamten in Frage stehen, deren Jahresarbeitsverdienst 3000 Mark übersteigt, auf welche die

---

[2]) Vgl. RG. **21** S. 55 fg.

[3]) Z. B. in Bayern ein pragmatischer Staatsbeamter; s. auch Reindl S. 16 Nr. 6 u. Anm. 38.

[4]) EEE. **14** S. 323.

[5]) Vgl. Graef S. 72.

Versicherungspflicht nicht ausgedehnt ist und welche auch nach Maßgabe des § 5 Abs. 3 nicht versichert sind.

d) Wenn der Unfall in einem durch Beschluß des Bundesrates eximierten Betriebe vorgekommen ist.

6. Ein einfacher Arbeiter haftet nach allgemeinem HPR., wenn er einen Mitarbeiter oder Betriebsbeamten oder selbst den betreffenden Unternehmer schuldhafterweise körperlich verletzt oder getötet hat.

7. Das allgemeine HPR. kommt ferner zur Anwendung, wenn es sich um einen Unfall handelt, der nicht „Betriebsunfall" im Sinne der Reichs-Versicherungs- oder -Fürsorgegesetzgebung ist. In diesem Falle haften auch Betriebsunternehmer und Betriebsbeamte nach allgemeinem HPR., z. B. bei Beschädigungen durch Tiere, Ausgießen oder Herauswerfen von Gegenständen, Einsturz eines Gebäudes, Beschädigungen, welche sich meistens nicht als Betriebsunfälle darstellen werden[6]).

8. Sodann können selbst versicherungspflichtige Personen oder deren Hinterbliebene ihre Ansprüche wegen Körperverletzung oder Tötung unabhängig von den Voraussetzungen der Unfallversicherungsgesetze geltend machen, wenn sie in einem anderen Betriebe verunglücken als in demjenigen, in welchem sie versichert sind[7]), ohne daß der Unfall gleichzeitig als bei beiden Betrieben eingetreten anzusehen ist. Vorausgesetzt wird also, daß die verschiedenen Betriebe verschiedene Unternehmer haben, und daß ein Fall, wie ihn § 28 Abs. 4 GG. und die entsprechenden Vorschriften der übrigen UVGe. im Auge haben, nicht in Frage steht.

9. Erleidet ein versicherter Arbeiter in seinem Beschäftigungsbetrieb einen Betriebsunfall, und ist der Schadensstifter ein Betriebsbeamter, der **nicht** vom Unternehmer **dieses** Betriebes angestellt ist, aber gleichwohl in Ausübung seiner Dienstesverrichtung in diesem Betriebe durch sein Verschulden den Unfall herbeigeführt hat, so ist der Arbeitgeber des schuldigen Betriebsbeamten „Dritter" im Sinne der UVGe.[8]) und dem Verletzten nach

---

[6]) Vgl. Reindl S. 17 u. Anm. 40; Riesenfeld S. 279 fg.

[7]) Ebenso auch Riesenfeld S. 279 unter 1b.

[8]) Vgl. Riesenfeld S. 281 f. Diese Fälle kommen in der Praxis nicht selten vor, z. B. bei der Einrichtung einer elektrischen Leitung in einer Papierfabrik verunglückt durch Berührung mit der Stromleitung ein mit dem Anstreichen der

§ 2 des Reichshaftpflichtgesetzes entschädigungspflichtig in Bezug auf die Differenz zwischen voller Schadenshöhe und der Unfallversicherungssumme, der Berufsgenossenschaft in Bezug auf die von ihr in Erfüllung ihrer Fürsorgepflicht gemachten Aufwendungen. Selbstredend haftet auch der Schadensstifter als solcher aus seiner eigenen schuldhaften Handlung.

10. Das allgemeine Haftpflichtrecht kommt endlich in beschränktem Umfange[9]) namentlich zur Anwendung in folgenden Fällen, in denen die Ansprüche auf Schadensersatz für die Dauer der ersten 13 Wochen nach dem Unfalle aufrecht erhalten sind:

A. Im Geltungsbereich des LG., wenn es sich um Entschädigungsansprüche einer nach LG. versicherten Person oder deren Hinterbliebene handelt, und keine der Ausnahmebestimmungen des § 146 Abs. 3 LG. vorliegt, also:

a) bei kleineren Unfällen, bei welchen die Folgen der Verletzung vor Ablauf der 13. Woche beseitigt sind;

b) bei größeren Unfällen für die ersten 13 Wochen der Krankheit.

B. Bei Verletzungen und Tötungen von Arbeitern, welche bei Bauarbeiten der im § 6 Ziff. 4 Abs. 1 BG. bezeichneten Art (Hauptfall: bei Regiebauten) beschäftigt, aber nicht gegen Krankheit versichert sind. Diese Arbeiter können ihre Ansprüche auf Schadensersatz für die angegebene Zeit nicht allein gegen dritte Personen, sondern auch gegen Betriebsunternehmer und Betriebsbeamte geltend machen (§ 45 BG.).

§ 44.

II. Die berufsgenossenschaftliche Haftpflichtversicherung der Unternehmer ꝛc.

Noch auf einen Punkt soll zum Schlusse hingewiesen werden, nämlich auf die Bestimmung des § 23 des HG.[1]), welche lautet:

Isolierplatte beschäftigter Lackierer deshalb, weil der Betriebsbeamte (d. h. der Beamte des die elektrische Leitung ausführenden Unternehmers) unachtsamerweise vergessen hatte, den Strom auszuschalten.

[9]) Vgl. Riesenfeld S. 280 f., bes. S. 281.

[1]) Stenogr. Ber. über die Verhandlungen des Reichstags 10. Leg.-Per. I. Sess. 1898—1900 Akt. Stück Nr. 523.

„Die Berufsgenossenschaften sind berechtigt, Einrichtungen zu „treffen:

„1. zur Versicherung der Betriebsunternehmer und der ihnen „in Bezug auf Haftpflicht gleichgestellten Personen gegen Haft„pflicht . . .[2]);

„Die Teilnahme an diesen Einrichtungen ist freiwillig.“ — Abs. 2 Satz 1.

„Soweit es sich um Haftpflichtansprüche aus der reichsgesetz„lichen Unfallversicherung handelt, darf bei der Einrichtung unter 1 „nicht mehr als zwei Drittel durch Versicherung gedeckt werden.“ — Abs. 2 Satz 2.

„Beschlüsse der Genossenschaftsversammlung, durch welche Ein„richtungen der im Abs. 1 bezeichneten Art getroffen werden, sowie „die hierfür erlassenen Statuten und deren Abänderung bedürfen der „Genehmigung des Bundesrats.“ — Abs. 3.

„Die Berufsgenossenschaften unterliegen auch in Bezug auf „diese Einrichtungen der Aufsicht des Reichs-Versicherungsamts.“ — Abs. 4, — bezw. des Landes-Versicherungsamts (§ 127 GG. und die Parallelvorschriften der übrigen UVGesetze).

Der sozialpolitische Grundgedanke der Reichs-Unfallversicherungsgesetzgebung geht — wie wir gesehen haben — dahin, dem durch Betriebsunfall Verunglückten eine gesetzlich garantierte, nicht versagende Hilfe zu verschaffen, ihm einen Rechtsanspruch zu gewährleisten. Dieser Zweck wurde erreicht durch Sammlung der Kapitalkräfte, welche die Unfallentschädigungen zu tragen haben; man schuf eine Haftung der Gesamtheit der Unternehmer gegenüber dem Arbeiterstand.

Diesem Prinzip gegenüber stellen sich die Bestimmungen der §§ 135ff. GG. bezw. der entsprechenden Paragraphen der übrigen Unfallversicherungsgesetze als Ausnahme dar, indem sich in ihnen der Rest einer Haftpflicht des einzelnen Unternehmers bezw. Betriebsbeamten ꝛc. gegenüber den eigenen Arbeitern und niedrig besoldeten Betriebsbeamten verkörpert[3]).

Ausgehend nun von der Erwägung, daß auch dieser Rest von

[2]) Ziffer 2 interessiert hier nicht.

[3]) Vgl. Abh. oben S. 140.

Haftpflicht besonders dem kleineren Betriebsunternehmer wirtschaftlich verhängnisvoll werden kann, hat es der Gesetzgeber den Unternehmern in deren freien Willen gestellt, sich zu ihrer eigenen Sicherung gegen diese Haftpflichtansprüche solidarisch zusammenzuschließen. Den Berufsgenossenschaften ist es in die Hand gegeben, die erforderlichen Einrichtungen zu treffen.

Bisher schützten sich die Unternehmer vielfach durch Haftpflichtversicherung teils bei Privatversicherungsgesellschaften, teils mittels Haftpflichtversicherungsverbände auf Gegenseitigkeit[4]).

Das Gesetz bestimmt jedoch, daß die Abgabe des Risikos an die berufsgenossenschaftliche Haftpflichtversicherungseinrichtung nicht bis zu dessen voller Höhe, sondern bloß bis zu zwei Drittel erfolgen darf. Ein Drittel der Haftung kann der Unternehmer nicht abwälzen; der Grund hierfür ist — wie die Motive[5]) sagen — darin zu erblicken, daß ein sehr wesentlicher Antrieb für die Unternehmer, Unfälle zu vermeiden, verloren ginge, wenn ihnen auch dieser kleine Rest von Haftung abgenommen würde.

[4]) Näheres auch bei Laß-Zahn S. 223 u. 224.
[5]) S. Begründung Stenogr. Ber. S. 3069.

Sachregister.

(Die Ziffern verweisen auf die Seiten.)
(I = Reichszivilrecht; II = Reichs-Versicherungsrecht.)

C.

D.

E.

S.

Sch.

St.

T.

U.

V.

W.

Z.

FSC
www.fsc.org
MIX
Papier | Fördert gute Waldnutzung
FSC® C083411

Kolibri 360 GmbH
Ferdinand-Jühlke-Straße 7
99095 Erfurt, Deutschland
produktsicherheit@kolibri360.de